赵忠心 1941年出生，河北省蠡县人。1965年毕业于北京师范大学教育系，后长期担任教育行政和教学工作。1980年起开始专门从事家庭教育理论研究工作。曾任国家基础教育实验中心社区与家庭教育研究所所长，北京师范大学教育学部教授，中国教育学会家庭教育专业委员会理事长，中国家庭教育学会副会长。1986年率先在我国高等学校开设家庭教育学课程。1992年成为我国第一位家庭教育研究生导师。曾主持多项国家级或省部级科研课题。曾到全国各地（包括台湾、香港地区）讲学一千多场次，直接听众达二百多万人次，为宣传、普及家庭教育学理论做出了突出贡献。主要著作有《家庭教育学》、《中外家庭教育荟萃》、《中国家庭教育丛书》、《中国家庭教育五千年》、《中国神童》、《给年轻父母的一百个建议》、《中国家庭教育观察》等。其中，《家庭教育学》一书是我国家庭教育界第一部被教育部推荐为全国中小学教师继续教育用书的学术著作，该书在1995年第四次世界妇女大会期间，荣获由中国出版工作者协会和全国妇联共同主办的第二届全国优秀妇女读物二等奖；在1996年荣获北京市第四届哲学社会科学优秀科研成果一等奖。

高等学校文科教材

第三版

家庭教育学

——教育子女的科学与艺术

赵忠心 / 著

人民教育出版社
·北京·

图书在版编目（CIP）数据

家庭教育学：教育子女的科学与艺术/赵忠心著. —3版. —北京：人民教育出版社. 2017.9（2019.6重印）
高等学校文科教材
ISBN 978-7-107-31863-4

Ⅰ. ①家… Ⅱ. ①赵… Ⅲ. ①家庭教育—高等学校—教材 Ⅳ. ①G78

中国版本图书馆CIP数据核字（2017）第250015号

家庭教育学——教育子女的科学与艺术

出版发行 人民教育出版社
（北京市海淀区中关村南大街17号院1号楼 邮编：100081）
网 址 http://www.pep.com.cn
经 销 全国新华书店
印 刷 保定市中画美凯印刷有限公司
版 次 2017年9月第3版
印 次 2019年6月第6次印刷
开 本 787毫米×1 092毫米 1/16
印 张 28.75
插 页 1
字 数 435千字
印 数 14 001~19 000册
定 价 48.60元

第三版出版说明

作为新中国成立后第一部研究家庭教育基础理论的著作和全国通用的高等学校文科教材，赵忠心教授著的《家庭教育学》既从宏观上阐释了家庭教育的普遍规律，又具体论述了家庭教育的艺术与方法，对家庭教育具有重要指导价值。本书1994年7月初版，2001年6月印行第二版。截至2016年6月，本书累计印刷20多次，累计印数20多万册，是同类教材中发行量最大的。本书自出版以来，受到广大读者的欢迎和好评，多次获奖，并被教育部指定为全国中小学教师继续教育用书（人民教育出版社2000年版）。

为适应家庭教育发展的需要，我社对本书进行了修订，印行第三版。本次修订主要做了以下几项工作：一是结合最新编辑出版规范，对文字、标点符号等进行必要的技术性处理；二是核对书中的引文，有新版本的则按新版本进行替换；三是更新资料和观点，对一些与当前家庭教育发展情况不相契合的表述，适当加以删改；四是对附录予以更新和扩充，增加了与家庭教育有关的最新法规文献。

欢迎专家学者和广大师生继续对本书的编辑出版工作提出宝贵意见和建议，以使本书更臻完善。

人民教育出版社

教师教育课程教材研究开发中心

2017年6月

第二版 著者说明

我这本《家庭教育学》的第一版是 1994 年 7 月出版的。出版以后，年年加印数千册，受到社会各界的欢迎和好评。许多高等师范院校、妇女干部院校、共青团院校选用它作为教材，并且流传到日本、韩国等国家和我国的台湾、香港地区。不久前，教育部师范教育司组织专家评审，给予本书较高的评价，并指定它为全国中小学教师继续教育学习参考书，成为目前家庭教育领域第一部也是唯一的一部被教育部指定为教师继续教育用书的著作。这既是对我的学术成果的肯定，也是对我的鼓舞和鞭策。

记得当初我选定家庭教育这个研究方向的时候，无人“喝彩”，无人支持。有人认为家庭教育是“婆婆妈妈管小孩子的事”，没有什么学问，因此也就没有什么规律值得探索。但我却坚定地认为，家庭教育作为一种独立的教育形态一直存在，没有被高度发展的学校教育和社会教育所替代，必定有其存在的基础，有它矛盾的特殊性。而矛盾的特殊性，决定事物特殊的本质，决定它必定有其特殊的规律性。另外，凭直觉，我感到随着改革开放的不断深入，独生子女的大批出现，社会上对家庭教育理论的需求势必会越来越强烈。所以，我不怀疑我的选择，坚定不移地执着地开展了家庭教育理论的研究工作。

我刚开始投入家庭教育理论研究的时候，已届不惑之年，从事理论研究的起点已经很晚了。但我没有灰心丧气，决心在家庭教育理论建设上做些事情。于是，我坚持了下来。这一干，就是二十年。我对我当初的选择，从来没有动摇、后悔过；今后，我还将一如既往地在我洒下汗水的这片土地上，继续孜孜不倦地耕耘。

改革开放二十多年来，我国的家庭教育事业得到了蓬蓬勃勃的发展，一个人人重视子女教育、家家户户讲究科学育人的局面正在形成。家庭教育实践的丰富，不仅给理论研究提供了丰富的实践经验，也对家庭教育的理论指导提出了越来越高的要求。据此，我对本书中那些过时了的观点和有关资料，做了修订或调整，以期能跟上形势的发展。从整体上看，这部家庭教育著作的时代特点还是比较鲜明的，对于今天的家庭教育仍然具有参考价值。因为它毕竟诞生于改革开放的年代。

新中国成立以后的前三十年，我国家庭教育的理论研究几乎是一片空白。近二十年来，虽然人们也进行了一些研究，但多侧重于应用研究，对家庭教育基础理论的研究并没有给予应有的重视。这不能不说是一个缺憾。我的这部《家庭教育学》试图在基础理论的研究上做些探索，虽然还不能说是很完善的，但它毕竟是新中国成立以后的第一部《家庭教育学》，至少对从事家庭教育基础理论研究和家庭教育指导工作的同行来说，会起到一个铺路石的作用。

教育部推荐本书为全国中小学教师继续教育学习参考书，将会有更多的读者看到它。我希望听到更多的意见和建议，以便使它更加趋于完善。

赵忠心

2000年4月6日

于北京师范大学

第一版序言

［顾明远］

人们常常有一种错觉，一说起教育，总以为这是学校和教师的事情。其实，一个人的成长总是要接受三方面的教育，即家庭教育、学校教育和社会教育。而家庭教育在人的成长过程中起着特殊的极为重要的作用。

其一，家庭教育是最早期的教育，是一切教育的基础。学校教育和社会教育都是在家庭教育的基础上进行的。儿童从出生的第一天起就开始接受家庭教育，父母就是他们的第一任教师。如果儿童从小在家庭里受到良好的教育，以后学校教育就能顺利地进行；如果儿童在家庭里受到不良的教育，就会使他们在接受学校教育时发生困难，学校就需要用很大的力气去矫正他们的错误和缺点。生活的经验告诉我们，从幼年时期开始教育是不那么困难的，但以后矫正缺点的再教育就困难得多。因此家庭教育把好第一关，打好教育的基础是十分重要的。

其二，家庭教育的影响最深刻。父母是儿童的亲人，他们是儿童最亲密、最信赖的人；同时他们共同生活在一个家庭里，接触的时间最多，父母的一言一行、一举一动时时刻刻在潜移默化地影响着儿童。所以，父母的教育往往在儿童心灵上起着决定作用。

其三，儿童的可塑性最大，最容易接受教育。过去有些教育家把儿童比作一张白纸，可以任凭成人在上面画什么画。这种比喻虽然不很确切，因为儿童的发展要受到遗传、环境和教育三种因素的影响，但是这种比喻不是没有一点道理的。因为遗传素质只是发展的前提，对人的发展起决定作用的是环境和教育，而教育又是起主导作用的，它可以改变一定的环境，或者利用一定的环境，使它有利于儿童的发展。所以，懂得家庭教育的父母，可以根据儿童的先天素质和环境设计最美好的图画。

其四，家庭教育的时间最长。儿童从出生到他能够不依赖家庭而独立生活以前都在不同程度上接受家庭教育，越是年龄小的时候接受家庭教育越多。儿童上了学校，家庭教育的影响就逐步让位给学校教育，但家庭教育仍然在起作用。

以上几个方面都说明，家庭教育是培养人的一个不可缺少的重要环节。因此，我们应该把家庭教育作为一门科学来研究。每个父母都要学习这门科学，懂得家庭教育的规律、内容和方法，使每个儿童都能在家庭中受到科学的、良好的教育，为儿童入学打好基础。在儿童入学以后，配合学校做好家庭里的教育工作，使他们茁壮成长，成为建设社会主义的人才。

家庭教育不同于学校教育，它有自己的规律。例如，学校教育包括三个要素，这就是教师、学生、教材，学校教育过程是这三者相互作用的过程。而家庭教育只有两个要素，即父母与儿童。家庭教育没有教材，没有课堂，它的教育力量全在于父母的榜样作用。家庭教育与学校教育的这种区别就构成了家庭教育是教育学科中的一个特定领域。但是，过去教育理论界很少研究家庭教育的特殊规律，只是把学校教育的一般规律搬到家庭教育中。诚然，作为教育的一个领域，家庭教育与学校教育有许多共同的规律和原则。但家庭毕竟不是学校，父母毕竟不是教师，家庭教育的过程不同于学校教育的过程，家庭教育必然有自己特殊的规律。只有认真地研究这些规律，掌握这些规律，才能把家庭教育建立在科学的基础上，使家庭教育顺利进行，取得良好的效果。我想，赵忠心同志撰写的《家庭教育学》的意义就在于此。

把家庭教育作为一门学科来研究，既有悠久的历史，但又很年轻。在国外，如夸美纽斯的《母育学校》、卢梭的《爱弥儿》、马卡连柯的《父母必读》、苏霍姆林斯基的《家长教育学》等，都是讲家庭教育的；我国研究家庭教育的历史更长，颜之推的《颜氏家训》、司马光的《温公家范》，直到近代的鲁迅、陈鹤琴等都对家庭教育问题进行过论述。但一般都是描述性的，属于经验型的，并没有建立在现代科学的基础上，对于家庭教育的基本规律缺少深入的研究和探讨，在理论上有较大的局限性。

我们中国本来具有悠久的家庭教育传统，前人积累了丰富的家庭教育实践经验。但新中国成立以后的几十年里，家庭教育理论研究几乎无人问津，在教育科学领域里，家庭教育学科研究也几乎是一片空白。赵忠心同志在从事学校教育工作的实践中，深感家庭教育在人的成长发展过程中有着十分重要的作用，而家庭教育在整个教育体系中又是一个薄弱环节。于是，在20世纪80年代初期，他就着手专门研究家庭教育理论。到目前，他已发表家庭教育方面的文章几百篇，出版家庭教育著作十多部，在我国家庭教育学术领域进行了开拓性的研究，做出了十分可喜的成绩，成为家庭教育的专家。

《家庭教育学》是赵忠心同志在多年研究的基础上写成的，是新中国成立后我国第一部家庭教育的学术著作。它从建立具有中国特色的家庭教育学理论体系出发，广泛借鉴、吸收古今中外家庭教育理论的研究成果和广大家长教育子女的实践经验，运用现代教育学、心理学、社会学、伦理学以及系统科学的方法，既从宏观上阐述了家庭教育普遍规律，又从微观上论述了家庭教育的具体操作技能与艺术；既探讨了一般家庭的子女教育工作，又评说了特殊家庭（超常、低常、行为不良儿童青少年家庭，独生子女家庭，残缺家庭）的子女教育工作；既有一定的理论深度，又有很强的可操作性。

这部《家庭教育学》根据家庭教育学的学科特点，在结构上做了有益的探索，初步形成了一个较为完整的理论体系。它的出版，对于我国家庭教育理论的发展与繁荣是一件可喜的事情，对发展和振兴我们社会主义家庭事业也有重要意义。

（本文作者系我国著名教育家，北京师范大学资深教授）

目录

绪论
家庭教育学是怎样的一门科学

家庭教育和学校教育、社会教育一样，也是一种基本的教育形式（或形态），是一个国家整个教育体系的重要组成部分，是儿童、青少年接受影响、教育和训练的基本途径之一。家庭教育对人们一生中德、智、体、美诸方面的发展，起着十分重要的作用，历来受到重视。

社会主义社会的家庭教育区别于其他一切社会的家庭教育，是一种崭新的先进的教育形式，最能充分发挥它的教育职能作用，是建设社会主义精神文明的重要阵地。

为了进一步加强和改善我国的家庭教育工作，充分发挥家庭教育的职能作用，开创我国家庭教育的新局面，使我国的家庭教育建立在科学的基础之上，我们必须大力开展家庭教育理论研究，探索、揭示家庭教育的客观规律，逐步建立符合中国国情的社会主义家庭教育科学体系。这是社会的要求、时代的要求，是广大家长、教师和一切关心家庭教育的人们共同的强烈的愿望。编写一部具有中国特色的马克思主义的家庭教育学，是摆在我们面前的一项十分迫切而又光荣的任务，我们应当努力去完成这一任务。

第一节 什么是家庭教育

一、什么是家庭

家庭是一种特殊的社会生活组织形式。它是一种社会群体，但是和其他社会群体不同，它不是社会中人们任意的结合，不是由于单纯的政治目的、经济目的、学术研究目的或文化娱乐目的的结合，而是婚姻关系、血缘关系的结合。家庭是以婚姻为基础、以血缘为纽带而形成的社会生活的基本单位，是社会最微小的细胞。

家庭这个社会群体有许多特点。

第一，家庭是社会上所有社会群体中最普遍的团体，每个人都不能和家庭无关。即或是孤儿，也总是由合法的或不合法的家庭所诞生。即或是“单身者”，也是由家庭派生或游离出来的。

第二，其他社会团体一般只能满足人们某一个方面的需要，或是物质的，或是精神的，或是政治的，或是文化娱乐的。而家庭则能满足人们多方面的需要，从物质到精神，从生产到消费，几乎无所不包。

第三，它是人类生存过程中最早的一种生活环境，对人的影响最大最深，世界上没有一个人不受家庭的影响，身心上不打上家庭的“烙印”。

第四，在社会上所有的社会团体中，它是规模最小的。只要是男女两个人，就可以组成家庭。当然，还有所谓的“一人之家”，如孤老、单身者等，但这不是正常意义上的家庭。

第五，这个团体组织是最亲密的团体。夫妻间有爱情关系，父母和子女、兄弟姐妹之间有天然的血统关系，家庭成员之间有志同道合的关系，还有经济上的利害关系，真可以说是千丝万缕、血肉相连。所以，有些人常常用“我们是自家人”、“是一家人”来形容关系之亲密程度。

第六，家庭在“两种生产”（物质资料生产和人口的生产）中起着极其重要的作用，特别是担负起了人类传宗接代的任务，使人类得以延续，社会生活不致中断。人口的生产只有家庭才能承担，其他任何社会团体都不能承担。

第七，家庭是社会组织的核心。家庭供给其他各个社会组织以人，对人施加教育和影响，使人有愉快的情绪和充沛的精力。家庭往往是人们思想、行动的出发点和归宿点。“爱厂如家”、“以厂为家”、“保家卫国”等说法，都说明了这一点。社会主义生产的最终目的是提高人们的物质和文化生活水平，实际上也是提高每个家庭的物质和文化生活水平。

第八，家庭对其成员的要求比其他任何团体要迫切。“望子成龙”、“发家致富”、“妻以夫贵”、“母以子贵”、“株连全家”，这些说法都说明了家庭对家庭成员的要求之迫切程度。

第九，家庭受社会风俗、习惯、法律、道德的影响比其他团体多得多。这是因为家庭和家庭成员之间关系密切，也因为人们在家庭中往往是以一种自然形态出现的，不带有什么假象。社会意识形态往往落后于社会存在，社会向前发展了，旧的社会意识形态往往还存在着，这在家庭里表现得更为明显、突出、顽固。

第十，家庭是长久的，但是从各个家庭的结合讲，又都是暂时的。男女青年双方，假如从二十多岁结婚，到七八十岁死亡，这个家庭只不过维持五六十年。当然，子孙还在延续，但子孙辈的家庭毕竟是另一种家庭了。况且，即使在这五六十年之中，家庭的代际关系也在起变化，子女从小到大，往往在家庭中由从属地位，上升到主导地位。家庭还是这个家庭，但代际关系变化了。在当今社会，家庭规模呈小型化发展趋势，使得家庭的发展和变化更大、更快了。

家庭是在社会发展到一定历史阶段而产生的。家庭随着社会的发展而发展。家庭作为一种独立的社会组织形式，承担着众多的社会职能。教育是家庭的重要职能之一。

二、什么是家庭教育

要弄清什么是家庭教育，首先要知道什么是教育。

我国东汉时期的经学家、文字学家许慎，在他所著的《说文解字》一书中说："教，上所施，下所效也。""育，养子使作善也。"按照许慎的解释，就是说年长的人对年幼的人施加影响，年幼的人跟着学，把年幼的人培养造就成年长者所希望的那样的人，这就是"教育"。这种说法，是从字面上解释"教育"的含义。但这只是对教育活动的一种描述，并没有揭示教育的本质属性。

根据历史唯物主义的观点来分析，教育是一种社会现象，是人类社会独具的，是一种培养人的社会活动。广泛地说，凡是有目的有意识地增进人的知识技能，影响人的思想品德，发展人的智力和体力的活动，不论是有组织的还是无组织的，系统的或零散的，都是教育。学校教育是由学校这种专门教育机关实施的有组织的、系统的教育，社会教育是指家庭和学校以外的社会所实施的无组织的、零散的教育。

在过去，像许慎从字面上所解释的“教育”，是有很大局限性的。教育不仅仅是“上”对“下”的一种影响，“下”对“上”实施的影响也是教育。“育”也不是单单指的“父母对子女”的养育。人与人之间相互施加的有目的有意识的影响，都可以称为教育。

什么是家庭教育呢？

按照传统的说法，家庭教育是指在家庭生活中，由家长，即由家庭里的长者（其中主要是父母）对其子女及其他年幼者实施的教育和影响。

其实，这是狭义的家庭教育。广义的家庭教育，应当是家庭成员之间相互实施的一种教育。如前所说，凡是有目的有意识地增进人的知识技能，影响人的思想品德，发展人的智力和体力的活动，都是教育。在家庭里，不论是父母对子女、长者对幼者，还是子女对父母、幼者对长者、同辈人对同辈人，一切有目的有意识施加的影响，都是家庭教育。

在家庭生活中，父母对子女实施教育，长者对幼者实施教育；同时，子女对父母，幼者对长者，也通过一定的方式实施教育。比如，子女规劝父母，幼者向长者提出建议，等等。这种活动和现象是时有发生的。不论是在现代的家庭里，还是在古代的家庭里，都有这种事实。只是长期以来，家庭里的尊卑长幼、等级名分观念，使得做父母的和年长者，不承认这种事实罢了。有的家长，为了维护自己的地位和威信，也是碍于家长的面子，明明知道子女或幼者的规劝、建议是有道理的、可取的，也不接受，甚至无理压制。但是，这也不能不说是在实施教育。

我们一般所说的家庭教育，是狭义的家庭教育。我们在这本书里所要研究、探讨的家庭教育，就是父母对子女、年长者对年幼者实施的教育，重点是对儿童、青少年实施的教育。

三、家庭教育的性质

所谓家庭教育的性质，是指家庭教育区别于其他教育的根本属性。我们要探索家庭教育的规律，首先必须了解家庭教育究竟是一种什么样的教育，具有哪些根本属性。家庭教育和学校教育、社会教育相比较，究竟具有哪些独特的根本属性，这是我们首先要了解的一个问题。

第一，家庭教育是一种私人教育。

从教育者和受教育者之间的关系来看，教育大体分为两大类：一是公共教育，一是私人教育。教育者和受教育者之间，仅仅是教育和受教育、教与学的关系，不存在血缘和隶属关系；进行这种教育不是为了满足教育者个人的切身利益，也不是按照教育者个人的主观意志去实施。这种教育就是公共教育。例如，当代的学校教育和社会教育。

而家庭教育则是在父母子女之间、家庭的年长者与年幼者之间进行的一种教育，教育者和受教育者之间不仅仅是一种教育与受教育、教与学的关系，而首先是具有血缘关系和隶属关系，进行这种教育是为了满足教育者个人的愿望和利益，如何进行教育、进行什么内容的教育和最终要把受教育者培养成什么样的人，主要是取决于教育者个人的意志。所以说，家庭教育是一种私人教育。

家庭从它产生到现在，经历了血缘家庭、对偶家庭和一夫一妻的个体家庭三种形态家庭演变的过程。血缘家庭和对偶家庭是公共家庭，夫妻关系不稳定，子女“只知其母，不知其父”；由于生产力发展水平低下，生身父母不能独立抚养和教育自己的子女，只能由大家庭的老年人共同抚养，实行公共教育。只是到了一夫一妻制的个体家庭出现以后，子女才能确认生身父母，父母也才能确认自己的子女。父母亲自抚养、教育自己的子女，其目的是为了使子女能继承自己的家产和家业；对子女实施什么样的教育，最后把子女培养成什么样的人，都取决于父母的意志。只是到了这时，家庭教育才由公共教育转变为私人教育。

我们说，家庭教育是私人教育，并不是说家庭教育孤立于社会之外，跟社会生活相隔绝。恰恰相反，家庭是社会的细胞，是社会的缩影，社会政治、经济的变革肯定要通过种种渠道渗透到家庭生活中来，影响家庭教育的实施。任何社会、任何时代的家庭教育都带有那个社会和那个时代的鲜明烙印，反映当时的社会生活，适应时代的需要。我们之所以强调家庭教育是私人教育，主要是说社会和他人不能对家庭教育进行直接的行政的干预，只能采取多种方式进行宣传、渗透和引导施加影响，使之适应社会的需要。

第二，家庭教育是非正规教育。

从教育过程实施的组织形式来看，教育大体可以分为正规教育和非正规教育两大类。

所谓正规教育，是有组织、有领导、有计划、有目的、有系统地实施的教育。正规教育一般有受过专门训练、具有一定专业知识和教育能力，经考核合格，由国家或教育行政部门任命或聘任的专职教育工作者；有相对稳定的、按一定年龄和文化知识水平组织起来的教育对象；有按照国家意志制定的教育教学大纲、教育教学计划和相对稳定的教育教学内容与教材；有一定的教育教学组织形式；教育教学工作有系统、有秩序、有要求、有检查、有考核、有评估、有明确的培养目标。例如，各级各类学校教育便是正规教育。

家庭教育是一种非正规教育。它虽然有一定的目的，但不是有组织、有领导、有严密计划的教育。家庭教育中的教育者，一般都没有经过教育方面的专门训练，也不具备专门的教育知识和能力；教育者资格的取得，不用进行考核，也不需由谁任用，只要生育了子女，就自然而然地成为子女的教育者；教育内容没有统一的要求，没有带有法律性质的教育教学大纲、计划、内容和教材；究竟进行什么内容的教育和训练，如何进行教育和训练，要把子女培养造就成什么样的人，主要取决于家长的意志，只要不违背国家法律，社会和他人无权进行直接的行政的干预；进行教育和训练，没有固定的模式、固定的时间和地点，一般都是在家庭的日常生活中，随时随地实施的，并且往往是家长认为应该怎样进行教育和训练，就怎样教育和训练，模式、时间、地点、场合都由家长自主选定。

我们强调家庭教育是非正规教育，主要是说明家庭教育和家庭日常生活关系密切，是寓教育于家庭日常生活之中。实施家庭教育不能脱离家庭日常生活，不要照搬正规化教育的模式，要防止“家庭教育学校化”。作为非正规教育，家庭教育有其特有的优势，诸如教育训练内容的丰富多样，教育方式方法和模式的灵活机动，教育训练和实践的密切结合，教育活动的形象生动，等等，家长应注意发挥这些优势。

说家庭教育是非正规教育，并不是说它不重要，可有可无。恰恰相反，非正规教育独具的优势往往是正规教育的补充。两种性质的教育相互配合，优势互补，才能培养造就具有完善人格的人才。

第三，家庭教育是终身教育。

从教育过程连续实施的时间长短来说，可以分为阶段教育和终身教育。

系统的学校教育虽然要连续实施相当长的时间，但人们接受学校教育，还只是人生整个历程中的一个阶段。至于各个等级的学校教育，实施的时间更为短暂。就是人们常说的那种"继续教育"或"终身教育"，作为正规教育，也只是断断续续地接受。

家庭教育则与此不同。从人们呱呱落地一出生，甚至从未出生时就开始接受教育（胎教）。从出生到入学之前，儿童主要的生活场所是家庭，每天都和父母生活在一起，朝夕相处。一般儿童主要接受的是家庭教育。入学以后，每天仍有大约三分之二的时间生活在家庭里，在父母身边活动，接受着父母或其他长辈的影响和教育。离开学校进入社会生活，家长的教育仍继续进行，只是教育的侧重点与以前有所不同罢了。在学龄前和学龄期，家长对子女进行的教育，多是行为规范、智力开发、文化学习、思想品德和身体保健等方面的，而成年之后，则是为人处世、就业选择、工作态度、恋爱、婚姻，以及成家、夫妻关系、养育子女等方面的教育。在国外有些国家，当子女年满 18 岁以后，家长就不再承担抚养的责任，但教育的责任并没有完全放弃，只是在教育的侧重点与方式方法上有所变化。在我国，做父母的对子女的教育，是典型的终身教育，即或是子女已到壮年，以至于老年，都继续负责，一直延续到自己离开人世。像父母临终前留下的遗嘱，对子女来说，也是家庭教育，教育作用延续的时间还相当长。

我们强调家庭教育是终身教育，目的是要做子女或晚辈的，应尊重并注意听取父母和长辈的教育；做父母或长辈的，要切实负起教育子女或晚辈的责任，不能借故推卸。当然，就整个家庭教育过程来说，也是有重点的。家庭教育的重点阶段是子女从出生一直到成年，即身心发展未成熟以前，称为"未成年"阶段。我们这部书所探讨的家庭教育，就是对未成年这一阶段所实施的家庭教育。

第二节　什么是家庭教育学

每门科学都有自己的研究对象和任务，都有它特定的研究领域。也正是由于每门科学都有它特定的研究对象、任务和研究范围，它才成为一门独立的科学。

家庭教育学的研究对象是在家庭范围内实施的教育活动。教育是培养人的社会活动，它的具体表现形式是学校教育、社会教育和家庭教育。不同的教育形式，所研究的对象不同。学校教育学研究的对象是在学校范围内实施的教育活动。社会教育学研究的对象是在社会生活中实施的教育活动。按理说，家庭教育学应当把以全体家庭成员为教育对象的教育活动作为研究对象。但是，由于家庭成员的年龄、经历、经验、知识、能力不同，在家庭生活中所处的地位和所负的责任不同，家庭里的主要教育活动是父母对子女、年长者对年幼者实施的教育，因此，家庭教育学的主要对象是由家长（其中主要是父母）对子女及其他年幼者实施的教育活动。

家庭教育学是一门交叉学科。从教育科学的角度讲，教育学分为学校教育学、社会教育学和家庭教育学。家庭教育学是教育学的一个分支。从家庭社会学的角度说，家庭有生产、生活、休闲、赡养、教育、生育等功能。家庭功能学分为家庭经济学、家庭政治学、家庭生活学、生育学和家庭教育学。家庭教育学又是家庭社会学的一个分支。

家庭教育的任务和内容是广泛的。家长要负责子女的身体保健，智力发展和文化学习，行为习惯和思想品德的培养训练，审美教育和劳动教育，以及独立生活能力、社会适应能力的培养训练等等。众多的教育任务和内容，决定了家庭教育学是一门综合性的科学。

家庭教育是一种教育形式，是培养人的活动。研究家庭教育科学要运用教育学的理论，从教育科学的角度去研究。家庭教育是在父母和子女、年长者和年幼者之间进行的一种教育，双方是一种特殊的关系，这种教育又是一种特殊的社会行为。研究家庭教育科学又要运用社会学的理论，从社会学的角度去研究。家庭教育实施的过程是教育者和受教育者身心变化的过程，家庭教育工作必须符合教育者和受教育者身心发展规律。研究家庭教育科学又必须运用心理学和生理学的理论，从心理学和生理学的角度去研究。父母教育子女，年长者教育年幼者，这是一种社会义务，它既是一种道德行为，也是一种法律行为。研究家庭教育科学还要运用伦理学、法律学的理论，从伦理学和法律学的角度去研究。总之，家庭教育学的研究是一种综合性的科学研究。

家庭教育学的任务是揭示家庭教育的一般规律。所谓规律是指事物之间内在的必然的联系。这种联系不断重复出现，在一定条件下经常起作用，并且决定着事物必然向着某种趋势发展。家庭教育科学研究，就是要揭示家庭教育过程同其他有关事物之间内在的必然联系。

家庭教育的实施和发展过程，不是孤立的，而是要受多种有关因素的影响和制约的。这种影响和制约就是联系。家庭教育的实施过程，要受多种有关因素的影响和制约，诸如教育者和受教育者，家庭的结构、规模、经历、经济状况，社会的政治、经济、文化，家庭的社会地位，家庭所处的时代和环境，等等。这些因素影响和决定家庭教育的实施、效果和成败。我们研究家庭教育的目的，是加强和改善家庭教育，实现家庭教育科学化，提高家庭教育的效率，充分发挥家庭教育的职能作用。因此，家庭教育学应当探索各种有关因素是如何与家庭教育过程发生联系的，是如何发挥影响和制约作用的，怎样改善这些有关因素才能对家庭教育发挥积极的影响和制约作用。

家庭教育学研究的范围是相当广泛的。要研究家庭教育与受教育者个体发展的关系，与社会政治经济的关系，与学校教育的关系，与家长（即教育者）的关系，与家庭结构、规模、经历、经济、文化、政治以及家庭成员之间关系的关系，与家庭的社会地位、所处的时代和环境的关系，与家庭教育原则、方式方法、教育目的、任务以及内容的关系，与受教育者的数量、年龄特征、个性特征、智力和品德发展状况的关系，等等。这样，家庭教育学便形成了包括家庭教育的地位和作用，家庭教育的产生和发展，家庭教育的特点，影响家庭教育的诸因素，家庭教育的目的、任务和内容，家庭教育的教养态度，教育方式方法，教育艺术，家长的修养，家庭教育的指导，独生子女教育，特殊儿童青少年家庭教育，以及新的历史时期的家庭教育等内容在内的理论体系。在这个理论体系中，既有对家庭教育的宏观研究，又有对家庭教育的微观研究；既有对家庭教育一般规律的研究，又有对特殊家庭教育发展规律的研究；既有对家庭教育理论的论述，又有对家庭教育实际操作技能的探索。

对于教育学来说，家庭教育学是教育学的一个分支；对于家庭社会学来说，家庭教育学又是家庭功能学的一个分支。与此同时，家庭教育学对家庭教育具体实施的过程来说，又是一个概论，即对家庭教育具体过程发展规律的概括论述。继续深入研究家庭教育过程和规律，家庭教育学还应有许多分支。从教育对象的年龄阶段来划分，可以分为学龄前儿童家庭教育学、小学生家庭教育学、中学生家庭教育学和成年人家庭教育学。从家庭教育的任务和内容划分，可以分为家庭体育、家庭德育、家庭智育、家庭劳动教育、家庭美育等。从教育对象的不同情况来划分，可以分为独生子女教育、超常儿童家庭教育、低常儿童家庭教育、品德不良子女家庭教育、残疾儿童家庭教育。从家庭结构划分，可以分为完全家庭、单亲家庭、再建家庭的家庭教育等。研究家庭教育和政治经济的关系，从纵的方向研究有家庭教育发展史和家庭教育思想发展史；从横的方向研究，可以进行中外家庭教育比较研究。

第三节 家庭教育学的发展过程

家庭教育学是一门既古老又崭新的科学。说它古老，是因为家庭是一种具有悠久历史的社会组织形式。从它产生以来，人们就从事家庭教育实践，在实践中积累了丰富的历史经验，并不断有所变化和发展。说它崭新，是说人们运用马克思主义的立场、观点和方法探索家庭教育的客观规律，为时还不长。在我国，家庭教育学的研究起步较晚，可以说正处于开始阶段。

家庭教育科学的发展有一个历史过程。家庭教育科学研究，是从文字产生以后才出现的，那时已是阶级社会了。起初，家庭教育科学并没有以一种独立的学科体系存在，只是作为一种教育思想观点存在，并且是同哲学、政治、伦理乃至宗教等思想融合在一起。在古代，没有专门研究家庭教育理论的思想家、教育家，但有许多思想家、教育家在他们的哲学、政治学、伦理学著作中论述过家庭教育。中外情况都是如此。在古代的外国，比如古希腊的哲学家柏拉图、亚里士多德，都在他们的著述中谈及家庭教育问题。

在古代的中国，更有许多思想家、政治家论及家庭教育问题。比如，春秋时期思想家管仲，在他的《管子》一书中专门记述了奴隶社会平民阶层家庭教育状况，是我国最早谈及家庭教育问题的思想家。《论语》和《孟子》两书分别反映了孔子、孟子的某些家庭教育思想。战国时期的思想家韩非，在《韩非子》一书中发表了许多很有价值的家庭教育观点。西汉时期，韩婴的《韩诗外传》、贾谊的《新书》、戴圣编纂的《礼记》等著作中，都记载了古代中国家庭教育的情况和典故。西汉刘向的《列女传》以及明清时期的《广列女传》、《列女传续》等一类妇女传记，都在《母仪》篇中记载了从周朝到明清的几百位母亲教育子女的情况，为历代教育子女有方的母亲立了传。这些都是很有价值的史料。

中国是一个具有悠久历史的文明古国，拥有非常丰富的文化遗产。家庭教育理论是这一遗产中的重要组成部分。从魏晋南北朝时期开始，就出现了一系列的家庭教育的专著。北齐思想家、文学家颜之推，对家庭教育进行了专门的研究，他所著的《颜氏家训》一书，可以说是一部家庭教育学专著。自此以后，我国陆续出版了一系列的家庭教育读本，如唐朝无名氏的《太公家教》，宋朝司马光的《温公家范》、陆九韶的《居家正本》，明朝姚儒的《教家要略》、庄元臣的《治家条约》，清朝孙奇逢的《教子家训》、朱柏庐的《治家格言》、李元春的《教家训言》、李毓秀的《弟子规》，民国初年屈凤竹的《治家要义》、邬庆时的《齐家浅说》，以及专门为女子家庭教育撰写的《女诫》、《女儿经》、《女小儿语》等。我国古代和近代的家庭教育著作，如《家训》、《家诫》、《家范》、《家教》之类，据《中国丛书综录》所列的书目记载，总共有 117 种之多，上起魏晋南北朝，下至民国初年，此类书籍历朝历代都有：南北朝 1 部，唐朝 2 部，宋朝 16 部，元朝 5 部，明朝 28 部，清朝 61 部，民国初年 4 部。除此以外，历朝历代的文人学者还撰写了大量的教子诗文。这样多的家庭教育著作，是世界上任何一个国家都不能比拟的。由此足见我国古代和近代重视家庭教育和家庭教育科学理论研究的程度；同时，也说明从封建社会中期开始，我国的家庭教育科学已经形成了自己独立的体系，具有相当高的水平。这对中国乃至世界的家庭教育理论研究来说，是非常宝贵的。

众多的家庭教育专著，大体可以分为两类：一类是家庭教育的通俗读本，主要内容是对子女进行什么样的教育，此类占大多数；另外一类，就是有一定理论深度的著作，探索了家庭教育的规律。最著名的是颜之推的《颜氏家训》和司马光的《温公家范》。《颜氏家训》一书可以说是我国古代甚至是世界古代第一部具有独立体系的家庭教育学。颜之推是研究家庭教育理论的先驱者，开家庭教育理论之先河。《颜氏家训》一书对于家庭教育的重要性、家庭教育的原则、家庭教育的内容以及家长的修养做了系统的论述，是一部有相当重要理论价值的学术专著。《温公家范》一书是一部与《颜氏家训》齐名的著作，同样具有一定的理论深度。该书首先论证了治国之本在于齐家的道理，然后分议治家的方法和封建家庭中父子、夫妇、兄弟、姊妹、祖孙、妻妾、姑舅等之间的伦理关系，并采辑历代名人进行家庭教育的史实，分别论证了祖辈、父亲、母亲、兄姊、姑舅对儿童、青少年如何进行教育，是一部很有特色的家庭教育专著，对后世影响也很大。《颜氏家训》和《温公家范》的出现，表明我国古代家庭教育科学理论研究开始从描述性逐步转向规律性的探索，可以说是家庭教育理论研究的转折点。这个转折要比西方国家早几百年。

到了近代，家庭教育的研究更为人们所重视，近现代的家庭教育科学理论体系开始建立。在新中国成立以前的旧中国，有许多教育学家、社会学家开始运用现代的教育学、心理学、社会学、伦理学理论研究家庭教育，出现了一系列的家庭教育学专著，如教育丛书《家庭教育》等。最引人注目的是近代爱国将领、广东省原省长朱庆澜先生写的《家庭教育》一书，这是民国年间最早出现的一部白话文的家庭教育著作，对于家庭教育的重要性、原则、内容以及家庭教育特别需要注意的问题，进行了系统的论述。行政长官亲撰家庭教育专著，这在古今中外都是罕见的事。

中华民族的思想文化巨人鲁迅先生，一向十分关心和重视家庭教育的理论研究。他在《我们怎样教育儿童的?》一文中说："中国要作家，要'文豪'，但也要真正的学究。倘有人作一部历史，将中国历来教育儿童的方法，用书，作一个明确的记录，给人明白我们的古人以至我们，是怎样的被熏陶下来的，则其功德，当不在禹（虽然他也许不过是一条虫）下。”① 而且，他还身体力行，亲自研究中国家庭教育的历史和现状，在许多著作中深刻而精辟地论述了家庭教育理论问题。有些文章，诸如《随感录二十五》、《二十四孝图》、《上海的儿童》、《我们现在怎样做父亲》、《我们怎样教育儿童的?》、《从孩子照相说起》等，甚至可以说是家庭教育的专论。鲁迅先生是我国最早运用马克思主义观点论述家庭教育的理论家。

我国现代著名的幼儿教育专家陈鹤琴先生，早年在我国东南大学执教期间，便致力于研究儿童心理和从事家庭教育实验，于1925年出版了《家庭教育》一书。全书分13章，总结、论述了101条家庭教育原则。陶行知先生给予该书很高的评价，称该书是当时“中国出版教育专书中最有价值之著作”，是“做父母的必读之书”。自该书问世至今，已再版过十余次，是一部很有影响的儿童家庭教育学，奠定了我国现代家庭教育学的基础。

中国无产阶级革命家、中国共产党早期著名的青年运动领导人之一恽代英，从年轻时就十分重视教育研究。他曾说过：“以教育研究为第一事。”在大学期间就有了教育研究成果。著名的《家庭教育论》是他的研究成果之一。在论文中，他系统地论述了家庭教育的基本理论，深刻地阐述了家庭教育的地位、作用、内容和方法，明确提出德、智、体三育为主要的教育内容，并且指出三者“鼎立”的关系，揭示了家庭教育内部的规律。他所提出的教育方式方法，既符合唯物认识论，又符合中国的国情。恽代英在中国家庭教育思想发展史上有重要的地位。

在我国家庭教育科学发展史上，家庭教育学的研究最初是以除家长以外的全体家庭成员为对象的，在西方国家则是从研究幼儿的家庭教育开始的。在我国，家庭教育理论是以“家训”的形式首先出现的；在西方国家，家庭教育理论出现的形式则是家政学。中国最早的家庭教育专著，出现于三国时期。现存最早的家庭教育专著《颜氏家训》，也出现在魏晋南北朝时期，是封建社会中期。而西方国家最早出现的家庭教育专著是在文艺复兴时期，要比中国晚几百年。

---

① 《鲁迅全集》第5卷，人民文学出版社2005年版，第271—272页。

在14、15世纪，由于城市商品经济的发展，资本主义关系在欧洲封建制度下产生。一些大商人，为了维护自己家族的地位，要求培养自己家业、家产的继承人。于是，许多商人亲自撰写家政论，留给后代，教育后代。这样，就出现了家政学形式的家庭教育专著。

1450年，意大利人文主义者威尼斯撰写了《儿童教育论》；北欧人文主义者伊拉斯谟，在1529年撰写了《幼儿教育论》；西班牙人文主义者比维斯，在1523年撰写了《基督教女子教育论》，等等。这些著作都是幼儿家庭教育的论著。

从资本主义上升时期开始，现代教育学和心理学体系的建立，有力地促进了世界各国家庭教育理论的研究。现代教育科学的奠基人、捷克著名教育家夸美纽斯，在17世纪30年代出版了家庭教育专著《母育学校》一书，系统地论述了幼儿家庭教育。英国著名哲学家洛克，于17世纪末出版了《教育漫话》一书，这是专门论述家庭教育的著作，曾先后译为法国、荷兰、瑞典、德国、意大利、中国等国文字出版，在各国影响很大。法国著名启蒙思想家卢梭，于18世纪中期出版了一部题为《爱弥儿》的家庭教育专著。瑞士资产阶级民主主义教育家裴斯泰洛齐，于19世纪初发表了《葛笃德怎样教育她的子女》一书。德国资产阶级教育家福禄培尔，于19世纪初发表了《人的教育》一书。英国资产阶级教育家斯宾塞1861年出版了《教育论》一书。这些资产阶级教育家在他们的著作中都比较系统地论述了家庭教育理论。

列宁的夫人克鲁普斯卡娅，也非常重视家庭教育，对社会主义的家庭教育有许多重要论述。20世纪30年代，苏联著名教育家马卡连柯，对于马克思主义的家庭教育学理论做出了极为重要的贡献，他的《父母必读》一书，是一部伟大的马克思主义家庭教育学专著，在世界范围内，特别是在中国有很大的影响。苏联现代教育家苏霍姆林斯基在20世纪70年代撰写的《家长教育学》一书，也在我国广泛流传。

我国在党的十一届三中全会以后，整个社会对教育工作极为重视，家庭教育也相应地越来越引起社会各界的关注；党的十八大以来，习近平总书记在不同场合多次谈到要“注重家庭、注重家教、注重家风”，强调“家庭的前途命运同国家和民族的前途命运紧密相连”。与此同时，家庭教育的科学理论研究也广泛地开展起来。专门研究家庭教育理论的家庭教育研究会，相继在大部分省、自治区、直辖市成立，以传授、交流家庭教育经验和研究家庭教育理论的各种类型的家长学校，也如雨后春笋般地在全国城乡出现，报刊、出版、广播、电视等宣传机构，通过各种形式宣传家庭教育知识，发表了许多很有价值的家庭教育论文和专著。一个宣传、研究家庭教育科学理论的热潮正在我国兴起。家庭教育科学研究在我国有着广泛的社会基础和广阔的发展前途。

在新技术革命迅速发展的今天，从世界范围来看，各国都非常重视教育。除了学校教育，家庭教育在各国也都得到相应的发展。特别是那些科学技术先进和经济发达的国家，如日本、德国、英国、法国、瑞士、瑞典等国家，都很重视家庭教育和理论研究。家庭教育的理论宝库日益丰富、充实。

社会实践是科学理论发展的基础。社会实践的发展，对科学理论的研究提出了要求；社会实践的丰富，给科学理论的研究提供了条件。在当今社会，家庭教育实践的丰富和发展，是家庭教育科学发展的根本动力。

我们期待我国家庭教育科学的繁荣昌盛，更期待我国家庭教育事业的振兴和社会主义家庭教育新局面的出现。

[思考与研究]

1. 家庭和社会上的其他组织形式有什么区别？这些区别将会对家庭教育产生什么影响？

2. 你是如何认识家庭教育的性质的？

3. 家庭教育学是怎样的一门科学？请你构想一下家庭教育学的理论体系。

4. 试论述家庭教育学和其他相邻学科的关系。

第一章 家庭教育的地位和作用

家庭是人们出生的地方，是人们最初的生活环境，是人们接受“人之初”教育的场所。家庭又是人们一生中生活时间最长久的环境，家庭教育对于每个人来说，又是一种终身教育。凡是出生在一定家庭并生活在一定家庭的人，都要深深打上家庭的烙印。家庭和家庭教育在社会生活中有着重要地位，对人的身心发展起着重要作用。

家庭是社会的细胞，家庭教育是一种重要的教育形式。家庭和家庭教育不仅对人个体的发展有着特殊的作用，而且在社会发展中也有相当重要的作用。任何忽视家庭教育重要地位和作用的倾向都是有害的。

要充分发挥家庭教育在人个体发展和社会发展中的作用，我们必须对这个问题有深刻的认识。

第一节 父母遗传和个人成长

生物界有一种普遍的生物现象——遗传。俗话说：“种瓜得瓜，种豆得豆。”这是人们对生物遗传现象的生动通俗的概括。

人和其他任何生物一样，也是通过遗传传递祖先的许多生物特征的，就是由父祖辈传给后代机体的构造、形态、感觉器官和神经系统等解剖生理特征，这些生理特征是与生俱来的。人们常说：“孩子像爹妈。”这就是用最通俗形象的说法指出人的遗传现象。

人类产生虽很复杂，但也是从单细胞开始的。这个单细胞有两个来源：一个是父源，一个是母源。这与其他生物中的两性生殖完全是一样的。人体细胞都是由一个受精卵子（合子）细胞开始的，经过一次一次的分裂而来的。每次分裂出的细胞核里，都出现了专一的、特异的并具有一定数目、形态、结构的染色体。染色体是生物遗传的物质基础，它决定着下一代的不同遗传性状。人体的染色体数目是23对，其中22对常染色体，1对性染色体。这对性染色体是决定人的性别的。染色体的主要成分是脱氧核糖核酸（deoxyribonucleic acid，简称DNA），即每个染色体带有许多DNA分子，这些DNA分子组称为基因。而基因是带有遗传信息的密码，它通过一定的过程控制着蛋白质的合成，从而决定人类千差万别的性状。人的遗传过程就是这样进行的。

人通过遗传传递给下一代的生物解剖特征，也叫作遗传素质。遗传素质是人成长发育的物质基础。而这个物质基础恰恰是在家庭生活中由父母的结合而奠定的。

遗传素质对于人身体的成长发育及能力、智力的形成与发展有着十分重要的作用。遗传素质是人个体成长发展的基础条件，确定了人个体发展的必然性范围，提供了人个体适应变化着的生存条件的比较广泛的可能性，提供了人个体后天发展的生物前提和基础。没有这种人的遗传素质，就没有下一代人，就不可能有人的成长和发展。人之所以能发展成为健全的人是因为人生下来就有健全的机体、感官和神经系统等生物解剖特征，通过后天的环境影响和教育作用才成为健全的人的。如果人一生下来，机体就不健全，即或是后天有很好的环境和教育条件，也不可能在身心诸方面得到充分的发展。比如，一个人生下来就是色盲，无论怎样用心培养也不可能成为出色的画家；同样，生下来就是聋哑人，无论怎样训练也不可能成为歌唱家；假如新生儿是无脑畸形儿，生下来就不具备正常的大脑，不可能进行思维，那么，多么高明的教师也不可能把他培养成科学家。从这个意义上讲，遗传素质对人身心发展水平起着决定作用。

当然，在人的发展全过程中，遗传素质并不起决定作用，父母遗传给子女的解剖生理特征，只是给人的发展提供了必要的条件。中国古语说："龙生龙，凤生凤，老鼠的儿子会打洞。"美国的心理学家桑代克说：人的智慧80%决定于基因，17%决定于训练，3%决定于偶然因素。这种"遗传决定论"或"先天决定论"都是错误的。尽管如此，我们也不能忽视，更不能否认遗传素质的作用。

人们的遗传素质是直接从父母那里继承下来的，父母以至于祖辈的身心素质如何，直接影响决定着子女的素质。一般来说，父母的身体素质好，子女的身体素质也好。俗话说“母壮子肥”就是这个意思。同样，父母的身体素质不好，子女生下来素质也不会太好。中国科学院心理研究所经调查研究发现，有50%以上的低能和呆傻儿童是由先天遗传因素决定的。早在1938年，美国的潘罗斯等人就对智力有缺陷的人进行过调查研究，他们发现，智力缺陷的人中间，30%的父母本身就智力低下；而他们所生的子女中间，50%是智力有缺陷和迟钝的人。父母如果有遗传病，就会传给后代。有的父母虽无遗传病，如是近亲结婚，对后代的遗传素质也会有不好的影响，畸形、发病、死亡率都很高。有资料表明，近亲通婚的子女20岁以前死亡者高达13.9%，而非近亲者仅为1.7%。至于父母、子女通奸乱伦所生的子女至少有1/3是严重的先天性畸形和智力低下。足见父母遗传与子女的身心发展关系极大。

在远古时代，人们虽未掌握遗传的科学道理，但已意识到遗传的重要作用。中国古代在儿孙结婚之前就注意选择配偶。西汉贾谊所著的《新书·胎教》中，记载了周朝时期人们为子女选择配偶的情况：“谨为子孙婚妻嫁女，必择孝悌世世有行义者。如是，则其子孙慈孝，不敢淫暴，倘无不善，三族（即父、母、妻族）辅之。故凤凰生而有仁义之意，虎狼生而有贪戾之心。两者不等，各以其母。”古人认为将来子孙是否能忠孝仁义和生身母亲关系极大。母亲的人性善，子女就德行好；母亲的人性恶，子女德行就不好。这种只强调母亲的遗传作用，而不强调父亲的遗传作用的观点是片面的，而且还有遗传决定论的色彩。尽管如此，在几千年前就能隐隐约约意识到遗传的作用，这确实是难能可贵的。这种观点可以说是“优生学”的萌芽意识。

除此以外，我国古人还注意到了近亲结婚给遗传带来的危害。《左传·僖公二十三年》中说：“男女同姓，其生不蕃。”《国语·晋语》中说：“同姓不婚，惧不殖也。”这是说同一家族的人之间通婚，不会繁衍健康的后代。因此，那时候人们就坚持同姓“不婚”。在西方，古罗马皇帝奥西多一世就曾严令禁止表亲结婚，违者判罪。犹太人宗教律典中禁止43种亲戚结婚，到《犹太教法典》中又增加了26种。

中国古人注重遗传的作用，还表现在“胎教”上。西汉刘向所著的《列女传·母仪》篇中，记载了周文王之母太任实行胎教的情形："及其有娠，目不视恶色，耳不听淫声，口不出敖言，能以胎教。溲于豕牢，而生文王。文王生而明圣，太任教之以一而识百。君子谓太任为能胎教。"书中还说："古者，妇有妊子，寝不侧，坐不边，立不跸，不食邪味，割不正不食，席不正不坐；目不视于邪色，耳不听于淫声。夜则令瞽诵诗道正事。如此则生子形容端正，才德必过人矣。"古人认为实行胎教以后所生的孩子资质好，天生地就聪明伶俐，如周文王，虽然他母亲是在猪圈旁将他生下来的，但由于他未生下来时接受了母亲实行的胎教，故天资非凡。其母太任教育他，能做到"教一识百"，不教而聪。古人甚至认为实行了胎教，"生子形容端正，才德必过人矣"。古人对于胎教的作用虽有过分夸大的偏向，但也是很可贵的。古人尚不懂其中的科学奥秘，然而现代医学已经证明了它的科学性。在孕期，母亲生活规律，做适当运动，所生出的婴儿比不运动的母亲生出的婴儿存活率高近两倍。平静而愉快的孕期能有一个正常、强壮和适应性强的婴儿。孕妇如严重而持续地精神不安，能激起植物性神经系统的活动，释放出乙酰胆碱等化学物质，同时引起内分泌的变化，特别是促使肾上腺分泌出不同种类和数量的激素。所有这些化学物质，都经血液通过胎盘和脐带达于胎儿，从而直接影响胎儿的生理素质。

事实充分证明，父母给予儿女的遗传素质在人的身心发展中有着相当重要的作用。正是父母给予子女的遗传素质，奠定了人身心发展的基础。

为了提高我国人口的质量，提高中华民族的素质，我国政府非常重视遗传的作用，多年来大力提倡优生，提倡晚婚晚育，注重婚前体格检查，做好妇女经期、孕期、产期等特殊生理时期的劳动保护。《婚姻法》还明确规定，直系血亲和三代以内的旁系血亲者之间，麻风病未经治愈或其他在医学上认为不应当结婚的病患者，禁止结婚。这一切，都是为了通过遗传给予后代一个良好的素质，为子孙后代身心健康成长打下良好的基础。

以上事实表明，家庭在个人成长过程中发挥的首要作用是经父母给予子女以遗传素质。尽管这是尽人皆知的事实，却是不容忽视的。

第二节 家庭环境和个人成长

遗传素质给人个体的身心发展提供了生物前提，提供了发展的可能性。要把这种可能性变为现实性，关键在于后天的环境和教育。

人的生活环境是指人生活在其中能影响于人的一切外部条件的综合。换句话说，人个体以外所面临的一切就是生活环境。概括地讲，人的生活环境包括两个方面：一是自然环境，二是社会环境。自然环境指的是气候、地理条件等，对于人们的生活习惯、性格、体质、语言等都有影响。比如，生活在热带地区的人容易早熟，而寒冷地区的人则健壮、肥胖；生活在南国水乡的人体貌清秀、头脑聪敏，生活在山区的人体健耐劳，草原牧民性格粗犷、豪放，生活在沿海一带的人则习于水性、勇敢好动、有冒险精神，等等。但是，影响人身心发展的主要因素不是自然环境而是社会环境。

社会环境因素很复杂。大而言之，如社会的生活方式、经济制度、政治制度、社会团体、风俗习惯、生活方式等。具体地说，社会环境还包括家庭、邻居、亲友、工作单位、劳动场所、公共娱乐和体育场所、市场、商店等。对于儿童、青少年来说，同学、伙伴、教师、班组、少先队、共青团、党组织等也是社会环境。

人们生活在这些环境中，会受到潜移默化的影响。社会环境对人的心理发展方向和个性差异的形成有着重要的作用。俗话说："近朱者赤，近墨者黑。"它形象地说明社会环境对人的身心发展的巨大影响。

社会环境对人的影响作用有一个重要特点就是它是自发产生的。一般不是有意识的，而是在生活中潜移默化地受到某种影响。正因为是自发的而不是有意识的，所以，社会环境对人的影响可能是积极的，也可能是消极的；可能是好的，也可能是坏的。

但是，我们还必须认识到，人并不是消极地、被动地接受外部环境影响的。人对外部环境的反应是一种能动的反应。这种反应的能动性表现为两个方面。首先，人是通过他所参加的实践活动来对环境影响做出反应并获得发展的。人的外部环境纷繁复杂，但并不是所有环境因素都对人直接发挥影响作用，只有作为人的活动对象的那些环境因素，才能对人发挥影响作用。换句话说，环境是客观世界的东西，人的意识是主体精神世界的东西，只有活动才能把二者联系起来；也只有通过活动，环境对人才能发挥影响作用。环境对人的影响作用究竟是积极的还是消极的，这要看人所从事的活动的性质。在恶劣的环境中，人从事有益的活动，可以使人获得良好的发展；相反，在优良的环境条件下从事有害的活动，良好的环境也不可能发挥积极作用。其次，人对环境所做出的反应是受他已有的知识、经验以及在这种知识、经验基础上产生的需要和兴趣制约的。人的知识、经验获得以后，具有相对的独立性。在纷繁复杂的环境因素中，究竟接受哪些影响，人们所具有的知识、经验以及需要、兴趣等，可以帮助选择。

我们强调人们接受环境影响的能动性，是承认环境对人有重大影响作用，但又不过分夸大环境的影响作用。尽管如此，环境对人身心发展的影响作用，也是不容我们忽视的。

承认环境对人的影响作用，这是唯物主义的观点。因此，古今中外许多具有唯物主义思想的思想家、教育家，都特别重视环境对人的潜移默化的影响。春秋战国时期的著名思想家墨子说："染于苍则苍，染于黄则黄，所入者变，其色亦变。五入必而已则为五色矣。"① 他这里是用染丝比喻人性受不同环境影响而改变。孟子说："富岁子弟多赖（即懒），凶岁子弟多暴，非天之降才尔殊也，其所以陷溺其心者然也。"② 这是说，丰收的年景容易使青少年变得懒惰；荒年时青少年容易为非作恶，行为不轨。这并非天生地就是这样，而是由于环境的影响而堕落到如此的地步。为说明环境的巨大影响作用，孟子还列举学习语言受到环境影响的事实：一个鲁国大夫要儿子学齐语，孟子说让儿子在鲁国跟老师学齐语，周围的人都说鲁语，很难学好齐语；如果把儿子送往齐国学齐语，周围的人都是说齐语，就是打他，强迫他说鲁语，也是不可能的。这说明环境的影响作用是非常大的。荀子说："蓬生麻中，不扶而直；白沙在涅

① 《墨子·所染》。
② 《孟子·告子上》。

（黑色染物），与之俱黑。兰槐之根是为芷，其渐之滫，君子不近，庶人不服，其质非不美也，所渐者然也。”① 他认为，茎秆柔软的植物能长直，白沙能变黑，香草变得不香，全都是环境影响的结果。由此，他将这些自然现象推及人与人之间的相互影响作用，说：“故君子居必择乡，游必就士。”这是告诫人们居住要选择地方，交往要注意选择朋友。

中国古代一些有见地的父母，也特别重视环境对孩子的影响。比如孟子的母亲就是其中之一。起初，她家住在农村的一片坟地旁边，孟子小时候就学着玩哭丧、埋人之类的游戏。孟母认为此环境对孟子成长不利，于是迁居集镇。结果，在那里孟子又学做买卖的游戏。孟母还不满意，又迁居至一个学堂旁边，孟子受到良好影响，渐渐懂得有礼貌，于是在此地定居下来。这是家长注重环境影响的一个非常典型的例子。另外，古代有许多父母注重孩子交什么样的朋友，提出“结交胜己者”、“无友不如己”等交友的原则，也是注重环境的影响。

外国的许多教育家也十分注重环境的影响作用。英国教育家洛克坚决反对父母把孩子送到当时的学校里去受教育，而主张把孩子留在家里受教育，就是考虑到学校的环境不利于将孩子培养成资产阶级绅士。他说，把孩子送到学校去，终日与顽童为伍，斗骗欺诈，无所不学，“我是看不出他们如何能够参加符合文明的交际或事业的。学校里聚集的儿童通常来自良莠不齐的家庭，做父母的希望自己的子弟混迹其中，一般究竟能获得一些什么德性，只有老天知道”②。法国教育家卢梭在他的教育小说《爱弥儿》一书中，主张把爱弥儿从小放到农村去进行教育，是因为他认为城市的生活环境对爱弥儿会产生不良的影响。

在纷繁的社会环境因素中，对人的心理发展影响最直接、最深刻、最持久的是家庭环境。

家庭是人们出生的地方，是人们有生以来所接触和生活的第一个环境。正如马卡连柯所说：“家庭是最重要的地方，在家庭里，人初次向社会生活迈

---

① 《荀子·劝学》。

② ［英］洛克著，杨汉麟译：《教育漫话》，人民教育出版社2006年版，第58页。

进。”我们每一个人，当脱离母体降临人世，作为一个独立的社会成员进入社会生活时，首先进入家庭这个生活环境。刚刚出生的孩子身体柔嫩，心灵像一张白纸，极易涂上颜色。他们“心之未有所主”，可塑性相当强，极容易接受周围的环境影响。从在母亲怀抱里，从牙牙学语、蹒跚学步的时候起，就受到家庭生活环境的影响，家庭生活对人早期发展的影响是特别深刻的。颜之推说：“人在年少，神情未定，所与款狎，熏渍陶染，言笑举动，无心于学，潜移暗化，自然似之。”① 这是说人们从小就生活在家庭里，家庭成员的言行举止虽然不是有意识地去模仿、学习，但由于孩子可塑性相当强，同父母及其他家庭成员朝夕相处、通过潜移默化的作用，自然而然地受到熏陶、习染。这种影响作用虽然不是有意识有目的地实施的，但由于儿童的模仿性相当强，又是出于对家庭成员特别是父母的极大信任，在日常生活中常常自觉不自觉地把父母作为自己模仿的对象，因此极易受影响。

家庭环境对人身心发展的影响作用是相当广泛的，但归纳起来，主要体现在两个方面，一是个性的形成，二是心理发展的方向和水平。

首先，家庭环境对人的个性形成有巨大影响作用。一个人的知识、经验、思想、习惯、品德、兴趣、爱好和特殊才能的形成和发展，同他所处的家庭生活环境关系极大。一个家庭的日常生活井井有条，孩子在这样的家庭里也会形成良好的生活习惯。家长对周围人、朋友热情诚恳，孩子对小朋友也就热情诚恳。家长好学习，孩子对学习也有兴趣。体育世家的孩子喜欢体育，文艺世家的孩子爱好文艺，知识分子家庭的孩子喜欢读书，工农子弟热爱劳动……这些日常生活中司空见惯的现象，并不是父母遗传的作用，主要是家庭环境影响的结果。有人专门做过这样一个实验，他把一对同卵双生的女孩子从小分开，一个留在大城市的家庭里，一个被送到边远的森林里随亲戚生活。两个孩子的遗传素质几乎是相同的，但由于生活的家庭环境不同，两个孩子在个性的发展上完全不同。留在城市的孩子喜欢读书，智力发展较好较快，也比较文静；而在森林附近的亲戚家长大的孩子则不想读书，身体很好，会爬树，也很灵巧，性格很开朗。这都是家庭环境影响的结果。

---

① 《颜氏家训·慕贤》。

家庭环境对人个性的形成，其影响是极其细微的。在日常生活中，只要我们认真仔细观察，你会惊奇地发现这样一种有趣的现象：孩子们走路的步态、站立的姿势、说话时的表情、习惯性的手势等等，这一切都酷似他们各自的父母。而且一般是男孩酷似父亲，女孩酷似母亲。这些习惯性的表情、动作，不是遗传的作用，而是和父母朝夕相处，在这个特定的家庭环境影响下熏陶的结果。难怪有人说："孩子是父母的影子。"这种说法很有道理。

其次，家庭环境对人的心理发展方向和水平影响作用也是相当大的。早期家庭环境的影响，甚至对人的心理发展方向和水平起着决定性的作用。

据记载，在古代埃及有位皇帝，他为了知道人的说话能力是遗传的本性还是后天学会的，曾经把两个新生儿藏到他的地下室里，指令奶妈专门照料喂养，但不准奶妈对婴儿发出任何声音，也不准其他人接触婴儿。这两个婴儿在地下室什么声音也听不到，从未听到过人讲话。当他们长到 13 岁时，把他们从地下室领出来，见了人，他们只能发出单调的怪叫声，什么话也不会说。经过好多年训练，才逐步学会一些语言。

1920 年印度人在狼窝里发现的"狼孩"卡玛拉，被发现时她大约 8 岁，用四肢行走，慢行时手和膝盖着地，快行时手脚着地。她白天潜伏，夜间活动，每到午夜便像狼一样地嚎叫。平时只吃肉，而且从不用手拿，必须扔在地上她才吃。一切全是狼的习性。后来，对她进行了恢复人性的训练和教育，两年后才会站立，6 年后才会像人一样地行走；4 年内学会了 6 个单词，7 年才学会 45 个单词。直到 1929 年她去世前，年龄约 17 岁，她的智力水平还不及 3 岁左右的娃娃。

这两个例子中的孩子，尽管他们的父母确实给予了他们人的遗传素质，具有一切成为人的生理解剖特征，就是说具备了发展为人的生物前提条件，而且在他们回到人群以后，又给了他们以良好的训练和教育，但很难成为一个正常的人。这是什么原因？就是因为他们在人的最佳成长期——儿童期，失去了人类生活的环境，缺少人类生活环境的熏陶。

而成年人成为"野人"以后，其结果就同上述儿童不同。日本人横井庄一，青年时在深山里经历了长达 28 年的"野人"生活，在被人发现回国后，只经过短短 82 天的时间，就完全恢复和适应了人类生活。这是什么原因呢？

主要是由于他的早期生活是在人类生活环境中度过的，已经在人类生活环境的熏陶下打下了他成为“人”的基础。尽管后来他连续脱离人类生活长达 28 年之久，也没有完全丧失人性。

正反两方面的事实，充分说明人们早期所处的家庭生活环境在人的一生成长中具有多么重要的意义。

家庭环境对人的身心发展影响的深刻性，不仅仅因为家庭是人们出生以后所接触的最早的环境，而且由于家庭是人们连续生活时间最长久的生活环境。一个人的一生要接触多种多样的生活环境。如幼儿园、小学、中学、大学等各级学校环境；从学校毕业走上社会，参加工作，因为种种原因很可能要调换工作单位，要接触各种各样的工作环境。凡是生活过、接触过的环境，对人的思想、品德、行为习惯、兴趣、爱好、能力等方面都会有所影响。环境对人的影响的深刻程度和接触、生活时间长短很有关系，往往和接触、生活的时间长短成正比。在每个人的一生中，相比较而言，家庭是人们生活最长久的场所，当然也是最长久的生活环境。在学龄前阶段，儿童不能完全独立生活，衣、食、住、行等都离不开家庭，家庭是主要的生活环境。就是在入学以后，虽然每天要到学校读书学习，但每天至少要有三分之二的时间是在家庭里、在父母身边度过的。即或是独立生活以后，家庭对于每个人的吸引力还相当大，子女对父母天然的信赖和依恋，并没有完全消失，家庭环境和父母的影响还继续直接或间接地起着很大的影响作用。

家庭环境之所以对个人成长有巨大的影响作用，不仅是由于家庭是人们最初和最长久的生活环境，而且还由于家庭环境和人们的其他生活环境相比较，有一些独特的优势。

首先，家庭环境一般是自然形成的，而不像其他环境是人为形成的。自然形成的环境，人们生活在其中没有一个从不适应到适应的过程，一般来讲，比较容易适应。其他环境，如托儿所、幼儿园、学校的班集体、工作单位、劳动场所等，都是人为形成的。人们生活在其中，由于成员不熟悉，总要有一个从不适应到适应的过程，人们要经过一段时间的生活，才能逐步适应，而适应了才能接受其影响。又由于人为形成的各种生活环境，其成员构成总会有所变动，而一旦变动，似乎又成为另一个新的环境，人们生活在其中又得需要一个从不适应、不习惯到适应、习惯的过程，这中间就会减少对人的影响作用。家庭环境在一定时间内，其成员构成是相对稳定的，变动不大，对人的影响作用一般是相当深刻的。

其次，构成家庭环境的成员之间关系很亲近，一般都具有血缘关系，感情上也更亲密。人与人之间关系越亲近，感情越亲密，对人的影响作用也就越大。其他生活环境中的成员之间的关系，无论如何也不如家庭成员之间的关系更亲切，感情更亲密。因此，家庭环境对人的影响就更为深刻。

由于家庭环境对个人成长关系极大，因此，中国的家庭教育有一个优良的传统，就是很重视“治家”、“齐家”。所谓“治家”、“齐家”，即治理、整齐家庭成员的行为规范，调整家庭成员之间的关系，建立良好的“家风”、“门风”。目的是形成一个良好的生活环境，给家庭所有成员，特别是给年幼的一代人以潜移默化的作用。

总之，家庭环境对人的影响最深刻，家庭生活给人身心发展所打上的烙印，终生都难以磨灭，在人的一生成长发展过程中都起着重要作用。因此，家庭环境的影响作用是不容忽视的。

第三节　家庭教育和个人成长

家庭教育虽然不像学校教育那样有组织、有领导、有计划、有步骤、有系统地进行，但它终究是一种教育，具有一般教育所具有的属性和优势，对于人个体成长发展的作用，要比家庭环境的影响作用大得多。家庭环境对人的影响作用是自发性的，而家庭教育则同学校教育一样是主动的积极的影响作用，在人的身心发展中有着特殊的意义。

提到对人的教育工作，人们一般认为是从出生以后开始的。其实教育工作从人还没出生的时候就开始了，那就是前边所说的胎教。现代科学早已证实，孕妇的精神、情绪、行为能直接影响胎儿的生长发育。人的情绪变化、精神状态、行为举止，在母亲的身体内部会引起种种生理反应和变化，而胎儿很早就具有对母体生理变化的感受能力。孕妇精神愉快、思想开朗、情绪乐观、心情平静、生活有规律，对胎儿生长发育就很有益处。母腹中的胎儿是夫妻爱情的结晶，夫妇二人特别是做母亲的，怀着极为欣喜、愉悦的心情盼望小生命的降临，对胎儿的生长发育给予极大的关注和爱护，这就为胎儿出生以后的健康成长发育打下了良好的基础。

孩子出生以后，投入父母怀抱，进入家庭生活，就开始了漫长的接受家庭教育的过程。孩子刚出生时，虽然软弱柔嫩，不能说话，也听不懂父母的话，但是父母的抚摸、亲吻、照顾、情感交流就能使新生儿产生强烈的反应，这个过程本身就是人出生以后家庭教育的开始。这时的家庭教育，在一般人眼中似乎不太重要，其实不是这样的。在第二次世界大战期间，德国曾经为不幸失去父母、失去家庭的孤儿，开办了一些设施完备、条件优越、教育工作上也是无可挑剔的收容所，但收容所的孩子身心发展都不那么理想。经医生和心理学家的多方检查证明：总的看来，这里的孩子身心发育比物质条件较差的家庭里教养的孩子还落后。孩子身心发育上的这种不正常现象，后来被称为“设施病”。那么，在物质和教育条件都不错的收容所中孩子们缺少的是什么呢？学者们经过多方面的研究，终于找到了这种“设施病”的原因——“缺乏母爱”。科学研究证明，人在孩提时代是感受母爱最强烈的时期，缺少母爱是不利于孩子成长的。母爱是人生教育的“第一课”。这一课只有在家庭里由父母实施，其他任何教育场所、任何人都是无法替代的。

婴幼儿时期是儿童身心发展十分迅速的时期。孩子接受教育和影响的能力，随着生理发展而迅速发展。国外心理学研究证明，孩子出生以后就开始了对外部世界的积极探索，他们对于一切事物都感到新鲜，都想去认识、探索。在人生最初的五六年，孩子在与环境的相互作用及成人的影响下身心各方面都发生着惊人的变化。在正常情况下，一般新生儿的体重约 3 000 克（3 公斤）左右，到 6 岁时差不多可以长到 17 500～20 000 克（17.5～20 公斤），约增长六七倍；从身高上看，新生儿只有 50 厘米左右，到 6 岁时则要长到 110 厘米，增长两倍多。大脑的发展更是惊人，新生儿的脑重量约 370 克，相当于成人脑重量的 30%（成人脑重量平均为 1 400 克）。9 个月时可增到 660 克，约增长一倍。2.5～3 岁时候脑重量增加到 900～1 100 克，相当于成人脑量的 60%。据科学家估计，人的脑神经细胞大约有 140 亿个，其中 70%～80%是在 3 岁以前形成的。这个时期，将给人打下以后智力活动、记忆、行为发展的基础。到6岁时脑重量发展到1 250克，达到成人的90%，即很接近成人的脑重量。脑的成熟是人的心理发展的物质基础。幼儿大脑的结构和大脑皮层对外界刺激反应的调节迅速发展，脑功能日趋成熟。美国心理学家本杰明·布卢姆通过研究认为：若以一个人在他17岁时所达到的智力为100%的话，如果发育正常，那么他4岁时的智力就已达到50%，8岁时就达到80%，从8岁到17岁只获得20%的发展。俄国作家托尔斯泰曾描述过婴幼儿阶段身心发展的情形，他说："一个5岁的幼儿同成人之间仅相差一步，而一个新生儿同一个5岁的幼儿之间却有天壤之别。"他的话不仅说明这一阶段人的身心发展速度之快，也说明幼儿阶段是人的智力发展的"关键期"。

婴幼儿时期人身心发展的惊人速度并不是无条件的，不是在任何情况下都会奇迹般地出现。据说在上海市的一个妇产医院中，有个因母亲死亡而在婴儿室中生活了两年的孩子，由于缺少必要的、及时的教育和训练，后来在托儿所阿姨的精心抚养下，到4岁才学会走路、学会说话，智力和动作都落后于其他孩子。据山东师范大学调查，我国北方有些地区在孩子出生不久，母亲就把孩子放在一个盛有沙土的布袋内，以沙代尿布，到时候只给换土，并不给予任何教育和训练，这样一直维持几年。这种早期失去教育的孩子的平均智商是68分，而那些正常受教育的儿童智商则一般是88分，相差悬殊。这种智商的差异到青少年时期也没有发生明显的变化。这些事实充分表明：婴幼儿虽然具备了身心迅速发展的物质基础，但如果没有及时地给予教育和训练，终究不能将迅速发展的可能性变为现实。而这一阶段的教育和训练，一般是在家庭中由父母实施的。

婴幼儿时期的孩子还缺乏独立生存和独立生活的能力，在生活上对父母有极大的依赖性，衣食住行须臾离不开父母的照顾。他们的独立意识也很差，在心理上对父母也很依恋。他们的生活环境只能是家庭，父母是孩子的保姆，是首任教师，是生活的第一个指导者，是走向社会的最初的引路人。孩子对周围环境的刺激感受极为敏锐，反应强烈，有很强的感受能力和很大的可塑性。他们对外界的一切都感兴趣，模仿能力极强，父母是他们第一个直接模仿的对象。他们的记忆力极强，感受过的事物经久不忘。如宋代思想家张载说："勿谓小儿无记性，所历事皆能不忘。”① 父母对孩子的影响和教育，孩子记忆牢固，印象深刻。他们十分信赖父母，父母的要求是他们生活的准则和行为的规范；父母对周围人和事的态度、评价标准，成为他们评价是非善恶的依据。一个人小时候接受的家庭教育和影响是十分深刻的。

古人说：“少成若天性，习惯如自然。”一个人小时候接受教育和影响所形成的习惯，就像先天形成和与生俱来的一样稳固，终生都会起作用。人在小时候如果在家庭中受到了良好的教育，形成了良好的习惯，将会终生受益无穷，给人一生的成长发展都会打下良好的基础。有人说：“幼儿是成人之母。”就是这个意思。如果早期家庭教育没有及时抓或没有抓好，而放任自流、任其自然，孩子缺乏辨别是非善恶的能力，往往对于正确的或错误的教育和影响不加区别地兼收并蓄，那么不仅智力上得不到充分的发展，还会养成坏习惯，到那时候再想纠正，将是很难很难的。如明朝思想家王阳明所说：“习与性成，则严师益友不能劝勉，酥赏重罚不能匡正矣。”

中国古代历来都非常重视儿童的早期家庭教育。《易经·蒙卦》说：“蒙以养正，圣功也。”对蒙而无知的童子及时施教，使之不失其正，是圣人之功。西汉贾谊说：“心未滥而先谕教，则化易成也。”是说在孩子思想还未散滥的时候就抓紧教育，教育效果会很好，很容易达到预期的目的。因此，他主张：“绝恶于萌芽，起教于微妙。”他告诫人们对孩子“早谕教最急”。

北齐思想家颜之推对于早期家庭教育的重要性，曾做过深刻的专门论述。他认为，家庭教育抓得越早越好，甚至主张从十月怀胎开始。他说：“古者，圣王有胎教之法：怀子三月，出居别宫，目不斜视，耳不妄听，音声滋味，以礼节之。”② 是说古代帝王家庭都讲究胎教，孕妇怀子三个月就需要迁居别宫，耳目清静，用优美的音乐陶冶情操，以对胎儿有良好的影响。他说：“生子咳㖇（孩提），师保固明孝仁礼义，导习之矣。凡庶纵不能尔，当及婴稚，识人颜色，知人喜怒，便加教诲，使为则为，使止则止。比及数岁，可省笞（chī）罚。”③这就是说，孩子刚生下来就设专人少师、少保去教导和训练以孝仁礼

① 孟宪承选编：《中国古代教育文选》，人民教育出版社 2003 年版，第 247 页。

②③ 《颜氏家训·教子》。

义。一般老百姓即或是做不到像古代圣王那样的胎教和超早期教育，也应当尽一切可能进行早期教育。在儿童时期，当他们能够感知成年人的喜怒哀乐，能与成年人交流情感时就要开始教育，教给他们什么是应当做的，什么是不能做的，做到令行禁止。这样坚持数年，儿童就会越来越懂事，免得长大了养成坏习惯再用体罚去纠正。俗话说："教妇初来，教儿婴孩。"这是说，就像公婆教育儿媳妇一样，为立下家规而在媳妇一进门就立即抓紧管教；对孩子的教育是越早越好，应从婴儿时抓起。

为什么要早教呢？颜之推有他的理论根据。他说："人生小幼，精神专利，长成以后，思虑散逸，固须早教，勿失机也。"① 这是说孩子在小时候思想单纯，精神也很专一，容易接受家长的教育；若等孩子长大以后，思想变得很复杂了再去教育就很难了。因此，要抓紧早期教育，不可坐失教育的大好时机。他之所以主张抓紧早期教育，是因为早期教育有利于良好习惯的形成。他说："人在年少，神情未定。"人在小时候有很强的可塑性，易于形成习惯。如果小时候不注意抓紧教育就很容易养成恶习，而"骄慢已习，方复制止，捶挞至死而无威，忿怒日隆而增怨，逮（dài，等到）于成长，终为败德"②。这是说等到孩子的恶习已经养成才去纠正，你就是打死他也不会奏效；而且还会加深子女和父母之间的对抗、怨恨情绪，恶习一辈子也难以改正，最终只能成为无德无用的人。

为了说明早期家庭教育的重要性，颜之推还现身说法回顾了自己一生成长的经验教训。他说在他小时候受到的家庭教育本来是很严格的，只是他到 9 岁时，父母不幸双亡，"便丁荼蓼（tú liǎo，处境困难），家涂离散，百口索然"，变得无依无靠，只好由哥哥抚养教育。哥哥看他年幼，只是可怜他，心疼他，对他只是"有仁无威，导示不切"，心慈面软，缺乏严格的教育和训练。那时候，虽然他也读过《礼记》一类的儒家经典著作，但在思想上并没有多大长进，却受到不良的社会环境的影响，沾染了一些不良的习气。"肆欲轻言，不修边幅"，性情放荡不羁。到十八九岁时，已形成了顽习，"习若自然，卒难洗

① 《颜氏家训·勉学》。
② 《颜氏家训·教子》。

荡”，实难消除。到20岁以后尚可懂一些事理，虽“大过稀焉”，不犯什么大错，但内心却是矛盾重重，“每常心共口敌，性与情竞，夜觉晓非，今悔昨失”。没有主见，反复无常，晚上想明白了，第二天一起床又糊涂了；昨天刚做完的事，今天又觉得不对。颜之推认为在成长过程中，之所以出现这些问题，就是因为小时候失去父母以后，没有得到良好的早期家庭教育所致。①

颜之推还认为，早期家庭教育不仅对人的思想品德成长有重要作用，而且对于人的智力发展也有很大的影响。他回忆道：“吾七岁时，诵《灵光殿赋》，至于今日，十年一理（即温习），犹不遗忘。二十之外，所诵经书，一月废置，便至荒芜矣。”这是说他7岁时读过的《灵光殿赋》，只要每过十年稍加温习，至今几十年仍没忘记；而到20岁以后读的经书，只要一个月不温习，便全部都忘记了。② 这说明小时候也是发展智力的大好时机，早期家庭教育抓得好，对人的智力发展有非常重要的作用。

宋朝思想家司马光也特别重视早期家庭教育的重要作用。他说：“古有胎教，况于已生？子始生未有知，固举以礼，况于已有知？故慎在其始，此其理也。”③ 这是说古时候人们对胎儿都实行胎教，更何况出生以后？当然更该抓紧教育。过去对刚刚出生的不太懂事的孩子都教之以礼，更何况在他们长大懂事以后？要及早进行教育，可以有一个良好的开端，这是教育成败的关键。他还进一步指出：“若夫子之幼也，使之不知尊卑长幼之礼，每致侮詈（lì，辱骂）父母，殴击兄姊，父母不加诃禁，反笑而奖之，彼既未辨好恶，谓礼当然；及其彼长，习已成性，乃怒而禁之，不可复制，于是父疾其子，子怨其父，残忍悖逆，无所不至。此盖父母无深识远虑，不能防微杜渐，溺于小慈，养成其恶故也。”④这是说在孩子小时候，不教育他懂得尊卑长幼的道理，当孩子辱骂父母、殴打兄弟姐妹时，父母不但不制止，反而夸奖，他们尚不能分辨是非善恶，这样就会使孩子形成错误的观念，把错误的事看作是正确的事。久而久之就养成恶习，到那时候再愤怒地去批评，不可能奏效。于是，父子之间相互抱怨，产生严重的对抗情绪，孩子就会变得为所欲为。这完全是由于家长

① 《颜氏家训·序致》。
② 《颜氏家训·勉学》。
③④ 《温公家范》卷三。

缺乏远见卓识，忽视早期家庭教育，未能做到防微杜渐，放任自流造成的恶果。司马光从反面说明了早期家庭教育的重要性。

我国近代著名爱国将领、广东省原省长朱庆澜先生十分重视早期家庭教育的重要作用，并亲笔撰写了《家庭教育》一书。他认为，儿童6岁以前的家庭教育是"至关重要的事"。他说："因为小孩子生下来好似雪白的丝。在家里养活六年，好似第一道染缸；六岁进入学堂，好似第二道染缸；二十岁以后出了学堂，到世界上来同人办事，好似第三道染缸。"他认为关键是"第一道染缸"。"第一道染缸"打上"红底子"，以后再受到好的教育和影响人就会变成"大红"、"朱红"；即或是后来受到不良的影响，"红底子"也不会很快变化。假如"第一道染缸"染成了"黑底子"，以后就是受到好的教育和影响，原来的"黑底子"也很难褪去；如果到学校和社会上遇上不热心的先生和坏朋友，就会将"黑底子"一层一层加上黑色，"自然变成永不脱色的黑青，永不回头的坏蛋了"。他说："六年里肯费力，将来就受用不尽。"朱庆澜先生批评中国的旧式家长不重视孩子的早期家庭教育，他说："丝白的时候，随你爱怎么染就怎么染。儿子小的时候随你爱怎么教就怎么教。教小孩本是极要紧又极容易的事，各人偏在不容易的时候去教，偏要等到大了不容易教的时候去教，费力又无益，岂不是怪事吗？"① 朱庆澜先生的说法是很有道理的。

国外的教育家也同样重视早期家庭教育的重要作用。英国教育家约翰·洛克认为，早期家庭教育对人一生的成长有极大的影响。他说："我们童稚时所得到的印象，哪怕极其微小，乃至无法察觉，都有极重大、极久远的影响，犹如江河的源头，水性异常柔弱，一点点人力便可以影响河流的流向，乃至使河流的方向根本改变；总之，从根源上加以引导，河流就接受了不同的趋向，最后流向十分遥远的地方。"② 他认为早期家庭教育关系重大，主张一定要慎而又慎。他说："因为教育上的错误较之别的错误更不可赦免。教育上的错误正与配错了药一样，开始搞错了，决不能借助第二次或第三次去弥补，它们将携带根深蒂固的污点，通过人生的各个道口及车站。"③

---

① 朱庆澜著《家庭教育》一书于1917年印制，北京师范大学图书馆库本。

②③ ［英］洛克著，杨汉麟译：《教育漫话》，人民教育出版社2006年版，第7、204页。

古今中外的许多事实也表明早期家庭教育对人才的成长作用极大。如我国东汉时的曹植 7 岁时能写诗；唐朝的王勃 6 岁善文辞，10 岁能作赋；李白“五岁诵六甲，十岁观百家”；杜甫“七龄思即壮，开口咏凤凰”；白居易五六岁时会作诗；李贺也是 7 岁能辞章和作诗；司马迁 10 岁便能流畅诵读古文；等等。这些人的早慧和他们后来的成就，同他们早期接受了良好的家庭教育是有极大关系的。

19 世纪初，德国乡村教师卡尔·威特，主张“对子女的教育必须同孩子的智力曙光同时开始”。按照这种早期家庭教育的观点，从他儿子小威特一生下来，他就及时实施早期家庭教育。小威特八九岁时就已能够自由运用德语、法语、意大利语、拉丁语、英语和希腊语等 6 种语言，并且通晓动物学、植物学、物理学、化学，尤其擅长数学。9 岁那年，他考中莱比锡大学。1914 年 4 月，未满 16 岁的小威特，完成数学论文并被授予博士学位。两年以后又获得法学博士学位，并被任命为柏林大学的法学教授。

近年来，我国有些中学招收的儿童班学生，有些大学招收的少年班学生，无一不是接受了良好的早期教育。相反，如果早期家庭教育没有及时抓紧抓好，即使是有特别高的天资也会被扼杀。宋朝政治家王安石曾经写过一篇有名的短文《伤仲永》，说的是江西金溪有一个叫方仲永的孩子，小时候特别聪明，5 岁就会作诗，而且诗还写得相当好，“自是指物作诗立就，其文理皆有可观者”。王安石认为他很有发展前途。然而他的父亲没有给他以良好的早期教育，而是把他当成“摇钱树”，整天带他到四乡去表演写诗的才能，以得到有钱人家的赏赐。结果，这个孩子到十二三岁的时候，写的诗却远远不如小时候了。到二十岁的时候竟“泯然众人矣”，先前的写诗才华一点也没有了，变成一个平平常常的人。古今中外，由于没有及时抓住早期教育的大好时机，而使本来很有天分的儿童沦为平庸之辈的教训，举不胜举。我国古代有名的“神童”大约有几百个，而后来成才、成名者，却是寥寥无几，就是因为他们没有及时受到良好家庭教育的结果。

我们不仅应当看到早期家庭教育对个人成长的作用，还要看到终身家庭教育的作用。

应当承认，子女随着年龄的增长，思想逐步趋于成熟，独立意识越来越强，独立思考的能力也有提高。特别是离开学校走上社会的青年，知识、经验和社会生活阅历更加丰富，遇事有一定的独立见解，他们对于家庭和家长的依赖性逐步减弱，对家长的话也不像小时候那样言听计从了。但是，鉴于家长和子女的特殊关系，在重大问题上，诸如子女的升学就业、入团入党、恋爱婚姻，以至于婚后如何组织安排新家庭的生活、处理好夫妻关系及抚养教育第三代等，关系到子女前途和家庭利害的重大问题，父母还是要给予指导的。而子女出于对父母的信赖，一般也都征求和考虑父母的意见，听从父母的指导。尤其是在那些家长和子女关系正常、较为民主的家庭里，父母威信很高，家长的教诲对子女来说仍有很大的权威性。

我们中国素有重视家庭教育的优良传统。自古以来，人们都把家庭教育作为终身教育来对待，父母对子女的终生负责。据古代典籍记载，许多人到了成年，甚至做了官以后，仍在继续接受父母的教诲。比如，春秋战国时期，楚国大将子发率兵攻打秦国，在前线他生活特殊化，不关心兵士，不能同兵士同甘共苦，而只顾自己享受。他母亲得知以后，虽然他打了胜仗，却紧闭家门不准他回家。经母亲批评教育，他承认了错误，并表示坚决改正，母亲才原谅了他，准许他回家。齐国齐宣王的丞相田稷子，在任职期间利用职权贪污受贿，其母斥责他不忠不孝，责令他将不义之财退回，并要他向齐宣王请罪。田稷子遵照母亲教诲退回不义之财，并请求给予惩处。梁朝王僧辩，“年逾四十，为三千人将”，其母魏夫人还是严加管教，“稍不如意，犹捶挞之”。东晋陶侃做太守时，利用职权之便派人将官家鱼塘的鱼送给家中老母，以示孝敬。其母很生气，将鱼原封不动退回，并写信严厉批评他，说：“你身为做官之人，私自将鱼送我，这不是孝顺我，而是在为我增添忧虑!”唐朝监察御史李畬多收禄米，而且不付送禄米的车费，李母严厉批评他仗势谋私，坚决令其退回多领的禄米，如数付给车夫车费。这些教子佳话，都是我国古人坚持终身家庭教育的明证。

有人说，封建社会家庭伦理道德的基础是“三纲五常”，讲究“父为子纲”、“以孝为先”，实行的是封建家长制，子女不得不听从父母的话。现在情况可不同了，不能再搞封建家长专制那一套了，“儿大不由娘”，孩子长大了，父母管不了啦。

其实，孩子长大以后是不是还听父母的话，并不在于实行不实行封建家长制。主要是父母有没有威信，教导的是不是“正理正道”，教育方法是否正确。如是，子女自然会听从，家长仍有教育的主动权。这种事例，在现实生活中随处可以看到。老一代无产阶级革命家在教育成年子女上给我们做出了榜样。1946年毛岸英从苏联回国，来到离别二十多年的父亲毛泽东身边。毛泽东出于革命的需要对他说，你在苏联读了莫斯科大学，但还没有读“社会大学”。当即送他到山区拜农民为师，接受农民的教育。抗美援朝战争爆发后，毛泽东又送他到战火纷飞的朝鲜战场，毛岸英也高高兴兴地去了。周恩来一生无儿无女，对侄儿侄女管教很严，不许借他的名义搞特殊化。他说服侄儿侄媳调离北京，回到江苏老家安家落户，又说服侄女在边疆扎根，侄儿、侄媳、侄女全都照办了。许多革命前辈教育子女发扬革命传统，艰苦奋斗，到祖国最需要的地方去，成为广大家长学习的楷模。子女成年以后，仍旧接受着家庭教育，并且在其成长过程中发挥十分重要的作用。

总之，家庭教育在人的一生成长过程中，时时刻刻都在促进着每个人的成长和进步。

第四节 家庭教育和社会发展

有人认为，家庭教育是由父母在家庭里教育自己的子女，是家里的私事，与社会不相干。也有人认为，教育子女只是为子女个人和家庭负责，让子女生活得更好，使家庭兴旺发达，没有想到过家庭教育和社会发展有什么关系。实际上，家庭教育和社会发展很有关系。

首先，家庭教育也承担着为社会造就人才的任务。

历史唯物主义认为，物质资料的生产是人类社会存在和发展的决定因素，生产活动是人类最基本的实践活动，是决定其他一切活动的东西。在物质资料的生产过程中，生产力是最活跃、最革命的因素，生产力的发展或早或迟会引起生产关系和一切社会关系的变化，生产力的发展推动着整个社会的发展。

生产力包括劳动者、劳动对象和劳动手段（或称劳动资料）三个基本要素。生产力的发展取决于生产过程中的各种要素，没有劳动对象和劳动手段，当然不能进行生产活动。但是，劳动者的生产能力却具有决定作用。劳动者的生产能力是人的体力和智力的总和。这种体力和智力是从哪里来的呢？一个正常人的生命体能得到正常的发育成长，并且获得一定的体力，必须有必要的生活条件；而这个必要的生活条件主要是家庭提供的。至于劳动力的智力因素，把体力转化为劳动能力，必须通过一定的教育和训练获得。在奴隶社会和封建社会，学校教育不太发达，而且学校教育被统治阶级所垄断，劳动人民子弟一般不能入学读书，只能接受家庭教育。当时生产方式比较落后，生产劳动不需要高深的知识，人们的生产技能、技术和经验，只需在家庭里跟随父母在劳动中学习就可以了。那时候家庭教育如何，和社会生产力的发展、国家的兴衰关系极大。在当代社会，学校教育和社会教育日趋发达，人们入校学习的机会相当多；生产劳动技术纷繁复杂，人们要掌握生产技能，也只有通过学校教育和社会教育的途径才能获得。即便如此，在劳动力的成长过程中，家庭教育也起着不可忽视的作用，家庭也担负着向社会输送劳动后备力量的任务。

表面上看来，家庭教育似乎并不与社会发生关系，其实关系相当密切。人们虽然都各自出生于一定的家庭，属于一定的家庭，但是任何人都是社会的人。人总要走出家庭，进入更广泛的社会生活，作为一个社会成员参加社会实践。而家庭教育对于人们的思想品德、智力和体质的发展起着奠基作用，甚至对人一生的成长发展都有重要作用。人们在家庭里所受到的教育如何，对他们对待社会生活的态度和所发挥的作用，有着重要的意义。家庭的社会地位、政治态度、家长文化素质、教育能力不同，对子女教育的内容、方法、方向也就不同。因此，教育效果不同，子女走上社会以后，对社会生活的态度和所发挥的作用也不同。如果家庭教育从内容、方法到指导思想，都符合社会发展的需要，在这种家庭里成长起来的人，对社会生活的态度会是积极的，发挥的作用也肯定是积极的。相反，如果家庭教育的内容、方法、方向同社会发展的需要相悖，那么，在这种家庭里成长起来的人，在社会上往往就不能发挥积极作用，甚至会起到消极的作用。

鲁迅先生十分重视家庭教育与社会发展的关系。他亲眼看到旧中国不重视家庭教育的状况，感慨地说：“穷人的孩子蓬头垢面的在街上转，阔人的孩子妖形妖势娇声娇气的在家里转。转得大了，都昏天黑地的在社会上转，同他们的父亲一样，或者还不如。”① 儿童是社会的未来，儿童的状况决定社会未来的状况。鲁迅深刻地指出：“所以看十来岁的孩子，便可以逆料二十年后中国的情形；看二十多岁的青年，——他们大抵有了孩子，尊为爹爹了，——便可以推测他儿子孙子，晓得五十年后七十年后中国的情形。”②由此看来，家庭教育的状况和国家、社会、民族的兴衰有直接关系。

在社会主义制度下，国家利益和人民群众的、每个家庭的切身利益一致，国家的兴衰直接决定每个家庭的生活状况。反过来，每个家庭的状况对社会也有影响。今天，子女不但是父母的后代，更是祖国的未来。家长教育子女不再是培养和造就私有家产、家业的继承人，而是为国家培养、造就和输送社会主义建设事业的劳动后备力量。如果每个家庭都能按照社会主义原则和国家的要求、社会的需要培养、教育自己的子女，使他们在德、智、体各方面全面发展，成为有理想、有道德、有文化、守纪律的一代新人，为社会输送优秀公民、合格的劳动后备力量，那么，我们的社会就会安定团结，国家就会日益繁荣富强，民族就会兴旺发达，社会主义现代化的进程就会加速。如果我们不重视家庭教育，不实行科学育人，单单依靠学校的力量，那么，就不可能把青少年一代教育好，就可能直接影响社会的安定团结，延缓社会主义现代化建设的进程。

其次，家庭教育也承担着传播道德行为规范的任务。

任何一个社会、一个阶级，为了达到稳定社会秩序、巩固政治经济制度的目的，都特别重视向人们传播一定社会或一定阶级的道德行为规范。社会的道德行为规范，虽然不能决定社会政治、经济制度，但是，由于它是调节人们行为和人与人之间关系的准则和依据，假如人们都按照一定社会或一定阶级所需要的道德行为规范行事，调整和处理人与人之间的关系，肯定对于稳定社会秩序和巩固政治经济制度有很大的作用。历来的统治阶级，为了达到稳固自己统治地位的目的，一般都是采用两种手段：一是政治统治，即运用国家机器对人民群众实行“法治”；二是思想统治，即通过各种途径向人民群众灌输统治阶

①② 《随感录二十五》，《鲁迅全集》第1卷，人民文学出版社2005年版，第311页。

级的道德行为规范，以规范人们的道德行为，称为“德治”。其中，家庭历来都是用来传播道德行为规范的重要场所，家庭教育是传播的重要途径。

中国的封建统治者，为了达到“治国”的目的，首先是强调“齐家”，把“齐家”作为“治国”的重要前提条件。古代儒家经典著作《礼记·大学》篇说：“古之欲明明德于天下者，先治其国；欲治其国，先齐其家。”反过来又说：“家齐而后国治，国治而后天下平。”是说如果家庭都按照统治阶级的道德行为规范治理好了，那么国家就安定了，统治阶级的统治地位也就巩固了。这里所谓的“齐家”，是指治理整个家庭，管理家庭事务，调整家庭关系。“齐家”的中心环节或主要途径，就是实施家庭教育，用统治阶级的道德行为规范教育家庭成员。

中国古人历来都是把家庭教育和国家政治联系起来，把家庭教育视为政治问题来对待。《经彖下》说：“父父子子，兄兄弟弟，夫夫妇妇，而家道正。正家而天下定矣。”① 这是说通过家庭教育使家庭所有成员都各自遵守自己的道德行为规范，做到父慈子孝、兄友弟恭、夫唱妇随，这样的治家之道才算端正；家道正，国家就自然安定了。关于家庭教育和巩固封建宗法秩序的关系，孟子有过更深刻的论述。他说：“天下之本在国，国之本在家，家之本在身。”② “教以人伦：父子有亲，君臣有义，夫妇有别，长幼有序，朋友有信。”③ “人人亲其亲、长其长，而天下平。”④ 三国时期的陆绩说过：“圣人教先从家始，家正则天下化之。”把家庭教育作为教化人的起点，家道正了，就能进一步达到教化天下人之目的。

为贯彻封建统治阶级的这种意图，历代的许多封建文人、学者和士大夫，撰写了大量的家庭教育专著，诸如《家训》、《家教》、《家诫》、《家范》等，作为封建社会家庭教育的教材。几乎所有家庭教育的教材都普遍宣扬“三纲五常”的封建道德伦理观点。出版这些著作的目的，就是通过家庭教育向人们进行奴化教育，防止人们“犯上作乱”，以巩固他们的统治地位。明成祖的夫人曾亲自为皇家编写了家庭教育教材《内训》。她在《内训》中说：“一家和而一

---

① 转引自司马光《温公家范》。

②④ 《孟子·离娄上》。

③ 《孟子·滕文公上》。

国和，一国和而天下和。”这就一语道破了当时编写出版《家训》之类教材的政治目的。

中国封建社会的家庭教育在历史上起过重大的作用。历史表明，中国封建社会历史长达数千年，并不是偶然的，这同历代封建统治阶级“治国”和“齐家”并重，注重家庭教育，通过家庭教育向人们传播和灌输封建道德行为规范，进而以政权和族权共同对人民进行政治压迫和精神禁锢不无关系。

中国封建统治阶级把家庭教育作为巩固统治的一种手段，而且也确实发挥了作用，这从反面给人们以重要启示：家庭教育并不是一家一户的私事，而是一件关系到整个国家的大事。

习近平主席在 2015 年春节团拜会上的讲话中指出：“家庭是社会的基本细胞，是人生的第一所学校。不论时代发生多大变化，不论生活格局发生多大变化，我们都要重视家庭建设，注重家庭、注重家教、注重家风，紧密结合培育和弘扬社会主义核心价值观，发扬光大中华民族传统家庭美德，促进家庭和睦，促进亲人相亲相爱，促进下一代健康成长，促进老年人老有所养，使千千万万个家庭成为国家发展、民族进步、社会和谐的重要基点。”今天，我们建设社会主义物质文明和精神文明，也必须依靠家庭教育培养、造就和输送合格的劳动后备力量，依靠家庭传播社会主义现代精神文明。

总之，家庭教育对于每个人的成长和发展，对于社会主义物质文明和精神文明的建设，都有着重大意义，我们必须努力抓好。

[思考与研究]

1. 结合自己的成长过程，谈谈家庭教育在人个体发展中的作用。

2. 父母遗传、家庭环境和家庭教育在人个体成长发育中各发挥什么作用？三者的辩证关系是怎样的？

3. 家庭教育与社会发展的关系表现在哪些方面？

4. 在学校教育比较发达的今天，家庭教育的作用是削弱了，还是增强了？

第二章 家庭教育的产生和发展

家庭是以婚姻为基础、以血缘为纽带的一种社会生活组织形式。从它产生的那一天起，就具有生产、生育、赡养、消费、休息和娱乐等功能，教育也是它的基本功能之一。

家庭虽然具有悠久的历史，但它并不是人类社会从来就有的一种社会现象，也不是永恒不变的。它是一个历史的范畴，在人类社会发展到一定历史阶段、在一定历史条件下产生，又随着历史的发展而发展，并和历史发展的一定阶段相联系。

人类社会经历了原始社会、奴隶社会、封建社会、资本主义社会和社会主义社会五种社会形态。在这漫长的历史发展过程中，家庭从产生到发展经历了一系列的变迁。家庭的产生，同一定的社会生产方式和生产力发展水平相联系；家庭的发展演变，同样也是受一定的生产方式和生产力发展水平所制约的。

家庭教育作为家庭的基本职能之一，是随着家庭的产生而产生，随着家庭的发展而发展，并且和家庭发展的一定阶段相联系。在社会不同的发展阶段，家庭教育都有着它所处的那个历史阶段的特点，也就是时代的特点。

我们研究家庭教育产生、发展和演变的历史过程，可以了解家庭教育与社会生产方式和生产力发展水平之间的关系，认识和掌握家庭教育发展的趋势和规律，展望和预测家庭教育未来的发展前景。通过回顾家庭教育产生、发展和演变的历史进程，还可以从中总结家庭教育的历史经验，吸取有益的启示，以“古为今用”，作为加强和改善今天与未来家庭教育的借鉴。

第一节 家庭教育产生的过程

一、家庭教育不是最原始的教育形式

恩格斯在《家庭、私有制和国家的起源》这部著作的第一版序言中指出："根据唯物主义观点，历史中的决定性因素，归根结底是直接生活的生产和再生产。但是，生产本身又有两种。一方面是生活资料即食物、衣服、住房以及为此所必需的工具的生产；另一方面是人自身的生产，即种的蕃衍。"① 这里告诉我们，物质生活资料的生产和人口的生产是人类社会的两大生产职能，这是人类社会存在和发展的基本条件，缺一不可。人口的生产，包括生养和教育两个方面。人们生养了子女，人口生产的任务并没有完成，还需要教他们适应现存的生活条件，进行独立生活，这就需要教育。

教育作为一种培养人的社会活动，在刚刚出现时，是以什么形式存在的？是家庭教育、学校教育，还是社会教育？换句话说，在人类社会的早期，对儿童、青少年实施的教育是由家庭负责，还是由学校负责，或是由社会负责？这是一个很重要的问题。在这个问题上，过去是有不同见解的，现在也没有完全统一。

传统的看法是，教育这种社会现象一产生，便是以家庭教育的形式出现。就是认为人类社会最初的教育形式是家庭教育，家庭教育是人类社会最原始的教育形式，是原始社会的唯一教育形式。

其实不然。这种观点是不符合实际的，因此也是不正确的。

首先，我们看一看教育是怎样产生的。教育是在人类生产劳动过程中产生的。真正的人类劳动是从制造工具开始的。在原始社会早期，人们在制造工具、使用工具、进行生产劳动的过程中，不仅获得了物质生产的经验，而且也在劳动中结成了一定的生产关系，形成了一定的劳动纪律和生活习惯，积累了

① 《马克思恩格斯选集》第4卷，人民出版社2012年版，第13页。

社会生活经验。年长的一代为了维持和延续人们的社会生活，使新生的一代更好地从事生产劳动和适应现存的社会生活，就把积累起来的生产斗争经验和社会生活经验传授给新生的一代，这种传授生产和生活经验的活动，就是教育。教育是同人类社会一起产生的，教育是一种社会现象。

人类社会刚刚产生时，以至在整个原始社会，社会上并没有专门从事教育工作的机构——学校，教育活动也没有从生产劳动中分化出来，教育是在生产劳动和日常生活中进行的。那么，新生一代的教育工作是由谁来承担的呢？是采取什么形式来进行的呢？这同当时新生的一代属于谁有直接关系，同婚姻家庭形式相联系。

恩格斯把人类社会的发展划分为三个时代，即蒙昧时代、野蛮时代和文明时代。与此相适应的婚姻家庭形式分别是群婚制、对偶婚制和专偶制。我们考察家庭教育的产生过程，必须从研究婚姻家庭形态发展变化的过程入手。

大约在270万～300万年以前，人类社会步入了自己的童年。在原始社会初期，人们的生产劳动工具主要是石器，获得生活物质条件的手段是采集、打猎，生产手段落后，生产力发展水平极低。那时，单靠个人的力量不能抵御猛兽和自然灾害的侵袭，人们只有依靠群体的联合力量，集体采集，集体出猎，共同消费，共同生活，共同同自然界做艰苦的斗争，才能获得生存。这种共同生产和生活的群体，叫作“原始人群”。它既承担着物质生产的职能，也承担着人口生产的职能。

人们在各地游徙的群居生活中，由于天性的驱使，必然在男女之间发生性关系。当时，男女之间的两性关系处于完全没有限制的类似动物的杂乱状况，即不分父母子女、兄弟姐妹之间的混乱的交配关系，“每个女子属于每个男子，同样，每个男子也属于每个女子”①。这种生活状况，当然谈不到什么婚姻。而家庭和婚姻相联系，没有婚姻自然没有任何的家庭形态。这是血亲杂交时期。

在这原始社会的初期，“男女杂游，不媒不聘”，社会上没有任何婚姻制

① 《家庭、私有制和国家的起源》，《马克思恩格斯选集》第4卷，人民出版社2012年版，第39页。

度，也没有任何形态的家庭。尽管如此，我们现代人都知道，男女人之间发生了性关系，自然还要生育子女。但原始人群的人并不懂得这个我们现代人认为十分浅显的道理。他们不知道女人为什么能生育孩子，不知道生育和性交之间的必然关系。我国古代流传下来一些神话般的传说，如庖牺氏的母亲踏上一个“大人”的脚印而怀孕，神农氏的母亲感到“一条神龙的秘密力量”而怀孕，殷契的母亲吃了一个燕蛋而怀孕，等等。由此，我国古人得出这样一个结论：“圣人无父，感天而生。”

在那种杂乱性交的情况下，女人所生的孩子，无法确认谁是他的父亲，只知谁是他的母亲。如我国古代的《吕氏春秋·恃君览》一书中所描述的那样：“昔太古尝无君矣，其民群生聚处，知母不知父，无亲戚、兄弟、夫妻、男女之别，无上下长幼之道。”这是说，在人类没有开化的时代，无国家无君主，在原始人群中无有婚姻可言，便无夫妻关系；杂乱的性关系，无所谓亲戚、兄弟，无所谓什么辈分。孩子只知其母，而不知其父。

尽管孩子知道谁是他的母亲，母亲知道谁是她的孩子，但由于生产力发展水平极低，生产方式极为落后，所有有劳动能力的人，不管男人女人，都要参加劳动，母亲不可能脱离生产劳动，专门抚养自己的子女，也不可能独立将自己的孩子抚养长大成人。如《礼记·礼运篇》所说：“人不独亲其亲，不独子其子。”

因此，在当时，新生一代属于整个原始群公有，不属任何个人私有，由原始群的成年人共同抚养、照顾、管理、教育。原始群的所有儿童少年都有受教育的机会，接受同样内容的教育和训练。教育和训练的内容，没有等级的区别。如果说有差别的话，也只是由于儿童少年有年龄和性别的差异而有区别。

近年来，人种学者在中亚细亚地区发现了处于前氏族时期的民族。他们结成许多无性别分工的集体，每个集体包括两个人群：一个人群是猎捕大兽的成年男女，一个人群是负责看管动物、建设隐蔽场所的老人和儿童。在后一个人群中，老人负责看管、照顾和教育儿童。

我国西安半坡和宝鸡北岭发现的原始人群生活居住的遗址，村落的布局规划得很整齐，中心有一个公共活动的大型房子，其周围是氏族成员住的小房子，房门一致向着大房子，凡氏族酋长的选举、氏族会议、节日庆典及宗教活动等，都在大房子中进行。这种中心大房子的一切活动起着重要作用。大型房子也是老年人和未成年人的住所，这说明大型房子也是老年人对儿童少年进行公共教育的场所。

上述记载和事实表明，原始社会早期，社会上无婚姻，无家庭，虽有教育行为出现，但并不是家庭教育。家庭教育并不是人类社会最原始的教育形式。人类社会最原始的教育形式是公共教育，也就是社会教育。

二、家庭教育的产生

婚姻和家庭并不是与人类社会同时出现的，而是社会发展到一定阶段的产物。

在人类共同劳动的过程中，逐步出现了按年龄划分的自然分工，年龄相近的人经常在一起劳动和生活。比如，年轻的人，身强力壮，到较远的地方狩猎；年老的人，很难适应迁徙过程中的长途跋涉，便就地负责制造工具和保存火种等。这种划分辈分的过程，使人们在认识上出现了长幼有别的观念。与此同时，由于在生物进化过程中自然选择的作用，人们逐渐朦胧地意识到，无限制的杂乱的性关系，所生的后代身体素质不好，影响人丁兴旺，对人类的生存和发展是十分不利的。这样，大约在 170 万年前，人类处于蒙昧时代的中期，就出现了以通婚限制为主要标志的家庭形式。

人们首先排除了父母与子女之间的性关系，婚姻集团依照辈分来划分。凡属同一辈分的男女均互称兄弟姐妹，亦互为夫妻，实行族内兄弟姐妹间的通婚，即“同辈而婚”。比如，古埃及神话中的大神奥息里斯和伊息斯既是兄妹，又是夫妻。秘鲁印加族神话中的日神和月神也是兄妹结婚的。古希腊神话中的天神宙斯与天后赫拉就是弟姐关系。马克思在评论这些神话时指出：“在原始时代，姊妹曾经是妻子，而这是合乎道德的。”①

这种“同辈而婚”的婚姻，就构成了人类社会最古老的家庭形态——“血

① 《家庭、私有制和国家的起源》，《马克思恩格斯选集》第 4 卷，人民出版社 2012 年版，第 45 页。

缘家庭”。“血缘家庭”是群婚制家庭的初级形式。

后来，原始人群的居住逐步固定下来，“人群”与“人群”之间开始有了比较稳定的联系，并且相互通婚。这就是说，这一氏族的一群兄弟和另一氏族的一群姐妹交互群婚，一个男子同许多女子发生性关系；同样，一个女子和许多男子发生性关系。这就进一步排除了同一血统兄弟和姐妹之间的性关系，由内婚制变为外婚制。这种婚姻形成的家庭，人们称之为“普那路亚家庭”（“普那路亚”是夏威夷语，即亲密伙伴之意）。这是群婚制家庭的高级形式。

在群婚制家庭里，虽然性关系有了一定的限制，排除了父母与子女、同一血统兄弟与姐妹之间的性关系，但一个女子仍旧同许多男子发生性关系，一个男子仍旧同许多女子发生性关系。这样所生的孩子，照样是只知其母，而不知其父。在这种群婚制家庭里进行的教育，仍不是真正意义上的家庭教育。因为群婚，无论是血缘家庭，还是普那路亚家庭，从严格意义上讲，都不能算作家庭。那时的人们仍生活在群体之中，而家庭和群体是对立的，是两种完全不同的生活单位。这种所谓的“家庭教育”，还是公共教育，即社会教育。

随着社会经济和氏族制度的发展，氏族对于亲属间禁婚的规定日益复杂。在群婚制后期，习惯形成的暂时的成对配偶同居逐步发展起来，一对一对男女，在或长或短的期间内过着偶居的生活。人的一生中，可以有几个、几十个甚至上百个临时结合起来的配偶。在众多的配偶中，可能有一个被认为是主要的丈夫或妻子，并最终和一个被认为是主要的丈夫或妻子长期同居。这样组织起来的家庭，就是所谓“对偶家庭”。

“对偶家庭”出现在蒙昧时代和野蛮时代相交的时期。这种家庭是由父权维系的若干代近亲构成，包括一个父亲所生的数代子孙和他们的妻子，规模相当大，每“家”常有百人或数百人之多。在对偶婚制阶段，由于人们有了主要的、比较稳定的配偶，子女既能确认自己的生母，辨认自己的父亲也有了可能。

尽管如此，由于生产力发展水平所限，人们仍旧不可能单独抚养、教育自己的子女，新生一代还是由这种大家庭里的成年妇女共同抚养、管理、教育。如恩格斯说：那时的“母亲把共同家庭的一切子女都叫做自己的子女，对于他们都担负母亲的义务”①。这种教育虽然也是“家庭教育”，但仍然具有很浓的公共教育的意味，还不是我们所说的真正意义上的家庭教育，本质上仍旧是一种社会教育。

随着畜牧业、农业和手工业分工的扩大和交换的发展，特别是金属工具的使用，劳动生产率日益提高，个体劳动日益盛行。原来狩猎、采集需要由许多人共同完成的生产劳动，现在只需要较小的集体甚至个别人就可以完成了。例如，原来猎捕和驯服野兽，必须由许多人一起出猎，一起驯服；而畜牧业出现以后，已经驯服的畜群，只需要少数人照管就可以了。在过去用尖棒、石锄翻地的情况下，一块地需要很多人在一起劳动；而后来犁和鹤嘴锄出现以后，翻同样大的一块地，个体家庭就可以单独承担了。由于生产力，特别是农业生产力的发展，身强力壮而又无生育、家务之累的男子，便开始转向农业生产。在这个变化中，男子在生产劳动中开始居于主导地位；而且，男子依靠自己在生产中的地位，也逐渐积累了属于自己的财产。存在决定意识。随着私有财产的出现和积累，人们的思想上也出现了“我的”和“你的”之间的差别，开始产生私有观念。拥有私有财产的男子，希望能有专属于他自己的子女来继承他的财产。由此，男子便产生了独占妻子的要求。

同时，女子对于过去那种杂乱性交，越来越感到是沉重负担，逐渐产生厌恶情绪；并且，由于过去男人同女人性交，也不是每次都征得女人的同意，随着道德水平的提高，女人在道德观念上也逐渐产生了贞操的意识，希望能和一个男子保持持久的稳定的结合。这样，就在野蛮时代的晚期，出现了专偶制的婚姻家庭。

专偶制家庭的产生，根本动力是生产力的发展，也是社会的重大进步。在过去，群婚制家庭、对偶婚制家庭都是公共的大家庭，而专偶制的家庭则是一种个体家庭。这种家庭形态的变化是一种质变。如恩格斯所说，专偶制这种个体家庭的出现，“它的最后胜利乃是文明时代开始的标志之一”②。

家庭形态的性质变化，决定家庭教育性质的变化。恩格斯说：“专偶制是

①② 《家庭、私有制和国家的起源》，《马克思恩格斯选集》第4卷，人民出版社2012年版，第49、71页。

不以自然条件为基础，而以经济条件为基础，即以私有制对原始的自然产生的公有制的胜利为基础的第一个家庭形式。”① 这种家庭的出现，“其明显的目的就是生育有确凿无疑的生父的子女；而确定这种生父之所以必要，是因为子女将来要以亲生的继承人的资格继承他们父亲的财产”②。由此看来，专偶制个体家庭的出现，是以维护和继承私有财产为目的或前提的，也是以私有为家庭关系的核心的。那么，社会发展到这一阶段，新生一代开始由过去的公共大家庭公有，转变为个体家庭私有，对新生一代的抚养教育，也由大家庭成员共同承担，转交给个体家庭，由孩子的生身父母单独进行。这样，家庭教育就由公共教育变为一种私人教育。

综上所述，人类社会的家庭经历了群婚制家庭、对偶婚制家庭和专偶制的个体家庭三种家庭形式。这是广义的家庭。每种家庭都担负着教育新生一代的任务，行使教育的职能。但是，前两种家庭都是公共家庭，新生一代属于公共所有，家庭教育是公共教育，是社会教育的一种形式。专偶制的个体家庭自产生到今天，在社会上极为普遍，是人类社会最基本的家庭形式。当今人们一般所说的家庭，都是指这种狭义的家庭，即专偶制的个体家庭。我们今天所说的家庭教育，也是特指这种专偶制的个体家庭对其子女实施的教育。

所以说，漫长的家庭教育历史，应当是从专偶制的个体家庭的家庭教育开始的。专偶制的个体家庭的家庭教育是我们所要研究的家庭教育。

第二节　奴隶社会的家庭教育

以专偶制个体家庭的出现为重要标志的文明时代开始以后，家庭逐步分属于不同的阶级，家庭教育也开始具有鲜明的阶级性。

以私有制为基础的专偶制的个体家庭的发展，必然要造成财产占有的不平均。贫富两极的分化，使社会分裂为剥削阶级和被剥削阶级，社会逐步出现了

①② 《家庭、私有制和国家的起源》，《马克思恩格斯选集》第 4 卷，人民出版社 2012 年版，第 75、71 页。

两个对立的阶级：奴隶主和奴隶阶级。从此，家庭开始分化，社会分裂为单独的、互相对立的家庭。而家庭中自然产生的分工，也就“以缩影的形式包含了一切后来在社会及其国家中广泛发展起来的对立”①。在这种情况下，不同的家庭都是阶级的家庭，各自都代表不同阶级的利益。因此，家庭对其子女的教育，也就必然具有鲜明的阶级性。

在奴隶社会里，除了奴隶、奴隶主这两个根本对立的阶级以外，还有一个平民阶层。由于它们的政治经济地位不同，不同阶级、阶层家庭的子女教育，其实施情况、指导思想、教育内容等都各不相同。

一、奴隶的家庭教育

在奴隶社会，奴隶是被剥削被压迫的阶级，他不但没有生产资料，而且也没有丝毫的人身自由，被看作“会说话的工具”。奴隶整天被迫为奴隶主进行十分繁重的劳动，劳动环境非常恶劣，劳动强度相当大，使人难以忍受，甚至难以有正常的家庭和家庭生活。奴隶的一切，包括他们的身体、生命、所有劳动产品，以及他们的子女，全都是属于奴隶主所有。奴隶的整个家庭也是完全属于奴隶主的。有人说，奴隶是没有家庭的，是没有家庭生活的，这种说法真实地反映了奴隶的生活状况。

我国古代的史书《汉书·食货志》，在谈到我国古代典型的奴隶社会——商代的奴隶的生活状况时，有这样一段描述：当春天来到时，奴隶们集体地被驱赶到田野里去耕作；一早下地，要受到奴隶主贵族的爪牙——里胥、邻长的监督；晚间也在监督下背着沉重的柴薪归来。到了冬天，奴隶们又像牛一样地被赶回原来聚居的地方，女奴隶也被集中在一起，夜以继日地纺麻织布。每天劳动时间大大延长，一个月所做的活，能顶上 45 天。

在古罗马的奴隶社会里，矿山里的奴隶每天要被迫劳动 16 个小时以上，无论是病、残或者是体弱的妇女，都得不到喘息的机会，直到精疲力竭，呼出

① 《家庭、私有制和国家的起源》，《马克思恩格斯选集》第 4 卷，人民出版社 2012 年版，第 67 页。

最后一口气为止。

在奴隶社会，奴隶属于奴隶主所有，奴隶所生的子女，同样也是小奴隶，是奴隶主的私有财产。成年奴隶没白天没夜晚地被像动物一样驱赶着进行难以承受的劳动，女奴隶就是在孩子很小时也照样要参加劳动，奴隶是不能过正常的家庭生活的，自然，子女也难以受到正常的父母之爱和家庭教育。

即或是能够受到一点点家庭教育，也只能是在跟随父母在为奴隶主进行极为繁重的劳动过程中，学到一些简单的生产劳动技能，以便继续为奴隶主所使唤。

至于文化教育，这和奴隶是无缘的。因为在奴隶社会，文化生活完全被奴隶主所垄断。所谓"礼不下庶人"，就是说奴隶根本没有文化生活和掌握文化知识的权利。比如在古代印度，奴隶读书识字，不但被视为违反神意，甚至有时会构成死罪，被处以死刑。

这就是奴隶社会奴隶的家庭生活和家庭教育的状况。

二、平民的家庭教育

在奴隶社会，除了奴隶主和奴隶这两个基本阶级以外，还有一部分人是个体农民和手工业者。这种人的家庭一般占有少量的生产资料，并依靠自己的劳动维持生活。他们是自由民阶层。在奴隶社会，学校教育不发达，学校数量很少，而且学校都被奴隶主阶级操纵，被奴隶主子弟霸占。自由民阶层家庭的子女，一般无权进学校受教育，一生中只能在家庭里接受父兄的教育。换句话说，自由民家庭的子女一生中唯一受到的只能是家庭教育。

我国春秋战国时期的《管子》一书，详细记载了我国奴隶社会自由民阶层家庭生活和家庭教育的状况。①

当时的自由民阶层包括四种人：士、农、工、商，即读书人、农民、手工业者、商人。为便于统治，统治者要他们按不同职业，分别聚居一地：读书人聚居乡校附近，农民聚居田野附近，手工业者聚居官府驻地，商人聚居集市

① 《管子·小匡》。

附近。

读书人居住在一起，平时聚集在一起，都是议论“入则孝，出则悌”这些伦理道德。在家庭里，对子女进行教育，也是孝、悌、敬、爱之道。子弟从小就生活在这样的生活环境熏陶之中，耳濡目染，潜移默化。他们精力集中，没有受到其他影响而分散注意力。因此，读书人的家庭里，父辈对子弟进行先贤遗教的教育，不用费很大气力就可以成功；而子弟学习这些东西，不用付出多大的努力，就可以学好。所以，在那时读书人之子弟，长大以后仍旧还是读书人。

农民以种地为业，聚居在田野之中。他们一家老小，一年四季都在田野里辛勤劳作。农民子弟从小就跟随父兄从事农业劳动，耳濡目染，潜移默化，对季节的变化和到什么季节干什么活等生产过程很熟悉；耕、种、锄、收等农活，不用费很大气力就可以学会、精通。因此，农民子弟长大以后，一般都还是从事农业劳动。农民子弟不但在从事家庭农业劳动中能学到农业生产知识和技能，而且也在劳动中养成了朴实、正直的品德。农民子弟后来也有做了小官的。农民出身的人，种地可以收获很多粮食，为官则多清廉贤达，这都和良好的家庭环境的熏陶与家庭教育有直接关系。

手工业者以工为业。做木工的手工业工人，聚居在一起，从选择木料、恰当地使用木料到如何加工制作，他们都经常互相学习，共同切磋。在劳动中，教子弟学习、掌握木工制作技能。子弟们从小看着父兄做活，耳濡目染，潜移默化，无须费很大气力，就可以学会。所以，自古以来，手工业者的子弟，长大以后一般仍旧从事手工业劳动。

商人以经商为业。他们经常了解、研究市场行情，掌握货物有无、价格，或肩扛、车拉，携带各种货物到外地换来本地缺少的东西。在从事商品交易的活动中，教子弟如何抓住有利时机，取得利润，相互竞争。商人的子弟从小就跟随父兄经商，精神集中，没有受到外界干扰而见异思迁，很容易就学到了经商本领。父兄教子弟经商，也无须费很大气力。因此，在古代，商人子弟长大以后，一般还都当商人，继续经商。

上述情形可见，奴隶社会的自由民阶层家庭，都很重视子弟的家庭教育工作。不同职业的家庭，对子弟进行家庭教育的内容不同，都是结合自己的职业进行教育，传授的知识技能都是父兄终生从事的职业的经验。家庭教育进行的过程，就是密切同家庭生活和所从事的职业活动相结合的过程。因此，家庭教育的效果，一般都很好，都达到了预期的目的。

三、奴隶主的家庭教育

奴隶主阶级是奴隶社会的统治阶级。奴隶主阶级掌握着生产资料，掌握国家政权，也掌握着文化教育大权，即所谓“学在官府”。奴隶主的子弟到一定的年龄都可以入学读书，接受系统的学校教育。而在子弟入学之前，普遍对他们实施严格的家庭教育。之所以如此，不仅仅是因为奴隶主家庭有条件进行家庭教育，更主要的是由于他们的阶级地位和阶级利益所决定，是为了培养造就统治阶级的接班人。

世界各地的奴隶制国家，奴隶主都普遍重视子弟的家庭教育。由于各地奴隶制国家的政治、经济、文化以及地理条件的不同，不同国家的奴隶主家庭教育从内容到方式方法上，以及具体的培养目标上，各自有着不同的特点，这反映家庭教育有明显的民族性。

人类社会从原始社会进入奴隶制社会，首先是从东方开始的，人类教育的发展也是以东方为先。

古代埃及，在学校建立以前，奴隶主阶级的儿童、青少年的教育主要是在家庭进行。14 岁以前的子女，由母亲负责抚养、教育；年龄较长的男儿，则由父亲负责教导。最初，人们的生活简易，生产方式也简单，家庭教育工作就和实际生活、生产结合为一体。后来，各行各业发达，生产劳动需要较为精巧的技术，他们就在家庭中以父子相承的方式传授专业知识。在埃及，从事僧侣、建筑师、木乃伊师等职务的人，常常是世代相传，几乎成为世袭的职业，家庭教育在此起了重要作用。

在古代印度的奴隶制度下，阶级矛盾和阶级斗争极端尖锐而残酷，在奴隶主家庭教育中有强烈反映。雅利安人居于统治地位，土著的达罗毗荼人是被统治者。在统治阶级中，也划分出森严的等级，形成种姓制度。婆罗门和刹帝利这两个种姓的人是天然的统治者。婆罗门是僧侣祭司，刹帝利是军事贵族，其中以婆罗门为最崇高。

婆罗门种姓的人，以家庭为对儿童实施教育的场所。当时，印度家长制盛行，父亲是全家的统治者，他决定子女的命运，有权出卖或处死子女，处理子女的教育问题更属于父权范围。为保持种姓的世袭和善尽僧侣的作用，做父亲的十分重视在家庭里指导子女背诵被统治阶级崇奉为经典的吠陀经。这种神学学习，从儿童幼年开始，直到成年才结束。至于刹帝利种姓的子弟，由于他们是未来的军事贵族，就不得不减少吠陀经典学习的时间和数量，而要抽出时间学习一些与军事有关的知识，以掌握统治镇压奴隶的本领。

古代希伯来奴隶制王国，位于今天的巴勒斯坦一带，儿童、青少年的教育是以家庭教育为主。在父权的家长制之下，父训就是法律，子女必须绝对服从。随着社会的变化，经"先知"的改革，妻儿的地位有所改善，但在家庭之中，父亲依然享有最高权力，既是家庭祭师，又是子女的教师。除去国王在宫廷聘请导师教育王子王孙以外，一般都是以家庭为子女受教育的场所。希伯来民族宗教信念十分强烈，把笃信上帝视为人生第一要义。因此，希伯来人的家庭教育，自然是以培养宗教信仰为最重要的目标。希伯来人还有一种信念是：不信上帝即属罪恶，而没有知识的愚人乃是不能真正信奉上帝的。因此，在希伯来的家庭里，简单的文化知识也教给儿童。

另外，希伯来家庭还对子女进行职业技能的传授，因为在现实的生产需要的迫切要求之下，做不到这一点是难以使子女谋生的。后来出现的《经解》上曾明确指出："凡不教子学习职业的人，便是教子从事盗窃。"慢慢地，希伯来的传统便把父亲对儿子的责任，归纳为三件事，即"教学法律（即圣经），娶妻结婚，培育职业能力"。这些既是父权，又是难以推诿的父职。

经过改革以后，希伯来的家长制具有较多的民主意味，儿童在家庭中占有较高的地位。在教育上，则注重父子之间的亲密感情和说服感化。

古代希腊是巴尔干半岛南部、爱琴海诸岛及小亚细亚西岸一群奴隶制城邦的总称。在这些奴隶制城邦国家中，最强大最有名的是斯巴达和雅典。

斯巴达地处群山环绕的拉哥尼亚平原，土壤肥沃，以农业为主。居民由三部分组成：一是斯巴达人，他们是农民，居于统治地位，是农业贵族；二是希洛人，他们是农业奴隶；三是庇里阿西人，他们是平民，可以从事工商业劳动，但不能享受公民的政治权利。斯巴达是一个少数奴隶主贵族专制的国家。在公元8世纪时，斯巴达人只有9 000户左右，却统治着25万名以上的奴隶和平民。斯巴达人对奴隶和平民的压迫与剥削非常残酷。奴隶和平民经常起来反抗、暴动。因此，斯巴达人经常处于军事戒备状态。这种社会政治状况和以农业为主的经济状况，决定了斯巴达教育的性质：单纯的军事体育教育，忽视文化教育。

这种教育性质决定了斯巴达的教育目的和任务：把奴隶主贵族子弟培养、训练成为体格强壮，受过严酷的军事体育锻炼的武士，以维护奴隶主阶级对奴隶和平民的统治，同时参加对外掠夺战争或防卫战争。斯巴达的全部教育活动，当然也包括家庭教育在内，都是围绕这种教育目的、任务而进行的。

斯巴达人以重视教育而著称，把教育看成是国家的事情，全部教育都由奴隶主国家负责组织、管理。斯巴达人的儿童属国家所有。儿童一出生，就要受到国家长老的检视、挑选，凡身体孱弱畸形者，就被舍弃。经检视合格的儿童，首先交由父母在家庭里代替国家抚养教育，但必须受国家的监督。国家要求家长随时注意和加强儿童的保健和身体锻炼，以准备接受更严格、残酷的军事体育训练。斯巴达人也很重视对儿童进行道德教育，向他们讲述斯巴达人的风俗、习惯、传统、宗教仪式、行为标准等。读书和写字是不受斯巴达人重视的。

7岁以后，男童被送到国家公共教育场所，过着半军营式的生活，进行各种军事体育训练，以便把他们培养成为忠实于统治阶级的悍勇的军人。女童则继续留在家里接受家庭教育。女子的教育也受到斯巴达人的重视，其目的是把女孩培养成为强健的母亲，以便将来生育强健的儿童。像男童一样，女孩也受到各种体格乃至军事训练，以便在她们长大以后，男人出征时，女人可以保卫本土。

雅典是当时希腊另一个著名的奴隶制城邦国家，它的政治、经济和文化生活状况与斯巴达大不相同。雅典工商业、文化、科学和艺术很发达，是奴隶制的民主共和政体，它的教育目的、内容和方法也不同于斯巴达。

雅典的教育相当发达，教育构成一个完整体系，家庭教育也很受重视，成为学校教育的基础。在雅典，婴儿出生，受体格检查。7岁以下的儿童，在家庭接受教育，富裕的家庭让奴隶照看儿童。7岁以前，男女儿童都在家里接受同样的家庭教育。7岁以后，男孩入学接受学校教育，但仍住在家中，不像斯巴达儿童那样在公共宿舍里住；女孩则留在家中，继续接受家庭教育。

在教育目的上，雅典的教育不仅要把奴隶主的子弟训练成为身强力壮的武士，而且要使他们成为具有一定的知识与文化教养的商人、能言善辩的政治家和社会活动家。因此，雅典从家庭教育开始就注重智育、德育、体育、美育，使儿童从小就全面地和谐地发展。7岁以前的男女儿童在家庭接受教育和训练的内容，包括唱歌，讲故事，讲神话，掷骰子、玩球等儿童玩戏，以及礼貌行为习惯的培养，等等。7岁至12岁的男孩进入文法学校和琴弦学校，学习读、写、算和音乐、唱歌、朗诵诗文等知识。7岁以后的女孩，则在家庭里学习读书写字、演奏乐器，特别注重家事、缝纫和手工制作等能力的培养。

古罗马的家庭教育，在共和早期（公元前6—前3世纪）的教育中占有主要地位。虽然在公元前6世纪罗马已经有了文字，也许有了学校，但在共和初期，学校教育在儿童教育中并不占主要地位，教育年轻一代的任务主要由家庭承担。古罗马以家长制出名。家长（父亲）对子女操有生杀大权。儿童初生，要由家长决定是被留养还是被抛弃。获得生活和教育权利的儿童，从1岁到7岁之间在家庭里接受父母的家庭教育。与古希腊的雅典不同，在罗马，作为主妇，作为母亲，妇女在家庭里的地位是受到尊重的。7岁的儿童，女童仍在家庭中从母亲那里受到作为未来主妇与母亲的教育和训练，学习各种家事。男童的教育则由父亲负责，主要学习农业。罗马的男童在7岁至16岁之间，成为他们父亲形影不离的伙伴，他们的关系是父子兼师徒。

罗马的家庭教育是以道德——公民教育为核心的。在日常的家庭生活中和政治活动中，儿童从父亲那里受到敬畏神明、孝敬父母、忠邦爱国、遵守法律的教育。由于父子是形影不离的，所以罗马人较多、较早地认识到家庭教育以身作则的重要。

古罗马奴隶社会，有贫富的悬殊，有阶级的分化。但是，不管是贵族还是平民，农业公社的传统还没有完全消失。至少为了更好地管理地产，贵族家庭的儿子也需要掌握种地的知识与技能。因此，儿童跟随父亲在田间的现场观察与实习中，获得作为农夫的教育和训练。为使儿子做好一个未来军人的准备，罗马儿童从父亲那里学习骑马、角力、游泳以及各种武器的使用。文化教育在全部教育中所占的比重很小。在共和早期，罗马只有为数不多的小学，只是作为家庭教育的补充而存在着。由于学校校舍十分简陋，学日很长，体罚又很野蛮，所以，有一部分奴隶主贵族家庭，不屑把子弟送入小学读书，而是在家里雇用家庭教师，留在家里对他们进行家庭教育。从以上事实可以看出，古罗马奴隶主贵族的家庭教育是很受重视的，也是相当发达的。

中国的奴隶社会，奴隶主阶级的家庭教育也是相当受重视的。早在夏、商、周三代，帝王家庭就设专人负责太子、世子的保育和教育工作。据史料记载，在太子、世子出生以后，便在宫里设一“孺子室”，专事太子、世子的家庭保育和教育之用。在太子、世子还在襁褓之时，就在家里设保傅之官“三公”及其副职“三少”。“三公”（或称“三师”）为太师、太傅、太保，“三少”（或称“三孤”）为少师、少傅、少保。这些人，实际上就是奴隶主贵族家庭的家庭教师。他们的分工是：保，负责身体保育方面；傅，负责道德培养方面；师，负责知识和经验的教导方面。

保傅之官都是由男子担任，为政府正式官员。他们的活动主要是在外廷，培养太子、世子将来在政治生活和社会生活中所需要的品德、知识和才干。在后宫内，也挑选适宜的女子来承担保育和教导太子、世子的事务。据《礼记·内则》记载，古时帝王太子、世子出生以后，就要从后宫妃妾之中选择“宽裕、慈惠、温良、恭谨、慎而寡言者”，分别担任太子、世子的子师、慈母和保母。此三者与外廷的师、傅、保正相对应，因为她们各自分担母后的部分职责，所以统称“三母”。“三母”的职责范围分工是：子师负责行业规范的教育，慈母负责衣食及其他生活需要的供给，保母负责居室的安置料理。“三母”均陪同太子、世子居住在专门的宫室中，承担全部养育的管理事务，他人无事不往。

除“三母”以外，还要从大夫之妾或士之妻中选择乳母以哺育太子、世子。乳母哺育太子、世子至三岁断奶，然后出宫。

宫廷中择“三母”教养太子、世子的做法，也影响到士大夫家庭，但规格逐次下降。《礼记·内则》记载，大夫家“但以庶母为慈母，而兼子师、保母之事”。庶母即父之诸妾，兼“三母”之职而不再另行分工。士以下的家庭，则是“妻自养其子”，不能设置其他教养人员。

中国古代奴隶主贵族家庭对子弟进行家庭教育的内容，考虑到婴幼儿年龄发育的特征。据《礼记·内则》记载，在婴儿能自己吃东西时，教之以用右手进食；开始学说话时，教之以男女孩不同的说话的声调，男孩系革制衣带，女孩系丝制衣带，既表示男女有别，也是进行刚与柔不同性格的培养；6岁时，教之以数数，并识别东西南北中的方位名称；7岁时，男女孩不坐同一席子上，也不共用一份食具；8岁时，开始进行进退礼让方面的训练；9岁时，教之以计算日期，学习各种礼仪规定。

10岁以后，奴隶主贵族家庭的子弟，有的外出入学受教育，有的是延请家庭教师继续在家里进行家庭教育。当时，家庭教育的内容和学校教育一致，主要是礼、乐、射、御、书、数，即“六艺”。“礼”是指等级制度和行为规范；“乐”是祭祀天地鬼神祖先，歌颂帝王的音乐舞蹈；“射”是射箭；“御”是驾驭战车；“书”是政治历史、语言文字；“数”是天文、计算知识。①

综上所述，奴隶社会的家庭教育作为家庭教育发展史上的一个重要阶段，有着鲜明的时代特点。

第一，在人类社会刚刚进入奴隶社会时，家庭教育在各国都占有重要地位，是当时教育的最主要最普遍的一种教育形式。其原因，一是学校教育不发达；二是学校教育大权掌握在少数奴隶主贵族手里，而且等级森严，只是为数很少的最高统治者的子弟才有权入学读书。广大平民子女，只能在家庭里接受父兄的家庭教育。

第二，奴隶社会的家庭教育同学校教育一样，也具有鲜明的阶级性。家庭的政治经济地位不同，其家庭教育的内容、培养目标以及实施的状况不同。奴隶主阶级家庭教育的内容都是为培养造就统治阶级的继承人服务的，其任务是使奴隶主贵族子弟掌握维护奴隶主阶级统治地位、镇压奴隶的本领，家庭教育也相当完善。而平民家庭的子弟教育，则是为了谋生，是典型的“克绍箕裘”式的家庭教育，即父兄从事何种职业，就教之以哪方面的经验，长大之后，是“子承父业”、“弟承兄业”。就像中国古代那样：“士之子常为士”、“农之子常

---

① 《礼记》。

为农”、“工之子常为工”、“商之子常为商”①，“其士竞于教，其庶人力于农穑，商工皂隶不知迁业”②，“商农工贾，不败其业”③。奴隶是没有家庭的，子女教育自然难以正常进行。

第三，奴隶社会家庭教育的内容，特别是奴隶主贵族家庭教育的内容，较原始社会各种形态家庭的教育内容大大充实、丰富。家庭教育虽然是家庭内部的活动，家庭教育内容主要取决于家长的意志，但家庭教育内容也是随着社会的发展而不断充实、丰富。因为家庭从来不是抽象的，而是具体的，是一定时代、一定历史条件下的家庭。生产力发展了，生产方式进步了，人的生活内容也丰富了，家庭教育内容也要反映社会的变化和进步。

第四，奴隶社会奴隶主贵族特别重视早期的家庭教育，把早期的家庭教育作为子弟入学读书的准备。有的国家，如古希腊、古罗马，都把早期的家庭教育作为整个学制体系的一个重要组成部分，并且是受国家的委托和在国家的监督下进行。这说明人们在很久以前，就认识到儿童、青少年身心发展的一些规律和早期家庭教育在人一生成长中的重要作用。

第三节　封建社会的家庭教育

在封建社会，地主阶级和农民阶级是相互对立的两个基本阶级。地主阶级占有大量土地，建立封建庄园。这些庄园世代相传，实行自给自足，是闭塞的自然经济状态。农民阶级家庭占有少量的生产资料，以本身劳动为基础，同样是自给自足。这种自给自足的自然经济是封建经济的主要特征。在这种经济形式下，家庭是一个独立的经济生活和生产单位，它是异常稳固的社会组织形式。无论是西方封建社会的家庭，还是东方封建社会的家庭都是如此。

---

① 《管子·小匡》。
② 《左传·襄公九年》。
③ 《左传·宣公十二年》。

一、外国封建社会的家庭教育

在封建社会，学校教育虽然比奴隶社会要进一步发达，但家庭教育仍占有重要地位，普遍受到重视。

公元476年，西罗马帝国灭亡，标志着西欧进入封建时代。5世纪至11世纪末是欧洲封建制度的产生和形成时期。11世纪末至15世纪末是其巩固、发展时期。15世纪末至17世纪中叶则是封建制度解体、资本主义形成时期。随着这一政治经济的巨大变迁，欧洲于14世纪至16世纪发生了文艺复兴运动。西欧封建社会教育史一般以文艺复兴运动为分水岭，以前为中世纪的教育，以后为文艺复兴时代的教育。

在中世纪，基督教的教育是教育的主干，教会学校几乎是这个时期唯一的专门教育机构。一般的世俗封建主对文化学习并无兴趣，他们主要是通过一种特殊形式的家庭教育，接受一些宗教信仰和道德品质的陶冶，以及武艺与社交活动的训练。世俗封建主的这种教育在教育史上通称为骑士教育。

骑士教育是世俗封建主的主要教育形式，主要通过家庭教育实施。这种教育产生于中世纪早期，盛行于12世纪。由于骑士教育的目的在于培养身体强壮、虔信上帝、忠君爱国的武夫，因此，主要的教育内容是“骑士七艺”，即骑马、游泳、投矛、击剑、打猎、弈棋和吟诗，并且通过上流社会的生活环境与交往，培养骑士的封建意识和道德习惯。

骑士教育的实施划分为三个阶段。从出生到七八岁以前为第一阶段，这个阶段的教育由孩子的母亲在自己的家里进行，内容包括对儿童的身体养护和宗教、道德教育，培养儿童信神、顺从和尊重长上的品质。第二阶段为侍童教育。儿童在七八岁时，被送到比自己的父亲高一级的领主家当侍童，接受封建礼仪的教育和骑士技艺的初步训练。侍童必须朝夕随侍在主人和主妇左右，按主人特别是主妇的吩咐完成各种服役，学习上流社会的各种礼节和处世之道。同时学习吟诗、唱歌和弹奏乐器，歌颂主人的军功和主妇的贤德与美貌，目的在养成对领主的服从与敬仰。领主往往委托他人对侍童进行骑马、游泳、投矛等军事训练。十四五岁至二十一岁为骑士教育的最后阶段。在这个阶段中，青年人作为主人的侍从去活动。他要为主人整理衣物，为主人照看武器和马匹，陪主人打猎、散步，必要时还跟随主人出征，担负保卫责任。在这一阶段的后期，还要接受所谓的“恋爱教育”：青年人选择一位比自己年长的妇女，对她表示爱慕。骑士教育结束，从此便成为骑士。骑士教育实质上是一种特殊形式的家庭教育。

封建领主的女孩在贵族官邸中接受家庭教育，其目的是培养贤妻良母。教育内容除纺织、编织及缝纫等家事外，也注意训练礼仪，间或学习音乐、舞蹈、读书、识字，也进行祈祷、唱圣诗等宗教教育。有的女童被送入女修道院接受宗教教育。少数名门闺秀学习一些较高深文化知识，如文法、修辞等。但女孩仍然主要接受家庭教育。

在当时，劳动人民的子女几乎完全被剥夺了接受学校教育的权利，只能接受家庭教育。

从 14 世纪末到 15 世纪，也就是在文艺复兴时期，西欧一些工商业比较发达的地方，已出现了资本主义的萌芽，富饶的商业城市在欧洲各地丛生。新兴的资产阶级为了发展生产，很重视教育的发展。不仅重视学校教育，也很重视儿童的早期家庭教育。有的大商人，为了保持自己家族不衰败，很关心自己后代的教育，亲自撰写家政论。在家政论中，除了关于配偶选择、家庭成员关系、亲朋交际、房屋和土地管理外，都特别重视儿童的家庭教育问题，提出培养商人所需要的家庭教育内容、原则和方法。当时的新兴资产阶级家庭非常盛行以口授经验和家政的形式教育后代。

当时，作为新兴资产阶级代言人的人文主义者，撰写了许多关于家庭教育的著作，论述早期家庭教育问题。像意大利的人文主义者威尼斯，在 1450 年撰写了《儿童教育论》；北欧的人文主义者伊拉斯谟，在 1529 年撰写了《幼儿教育论》；西班牙人文主义者比维斯，在 1523 年撰写了《基督教女子教育论》；等等。这些教育论著，都特别强调要重视儿童的家庭教育，要求父母要以人道主义的态度对待儿童，用人道主义的教育方法教育儿童。

夸美纽斯是资产阶级民主教育家。在 1632 年完成的《大教学论》一书中，他提出了一整套的学制。他认为人从出生到二十四五岁，是学习的时间。他把 24 年的学习时间分为婴儿期、儿童期、少年期和青年期四个年龄阶段，每期为六年，并且提出与这四个时期相应的四种学校，即母育学校、国语学校、拉丁学校和大学。其中最初阶段的母育学校，它不是普通的学校，而是以 0 岁至 6 岁婴幼儿为对象、由母亲进行的一种家庭教育。他的《母育学校指南》一书于 1633 年出版，1652 年改名为《幼儿学校》，专门论述了学龄前儿童的家庭教育问题。他认为，母育学校的主要任务是培养儿童体力、智力和道德的初步基础，通过感觉器官的训练和发展，使幼儿获得自然界、社会生活和家庭生活的初步知识。

夸美纽斯把早期家庭教育正式列入教育体制之中，这在教育史上还是第一次。

二、中国封建社会的家庭教育

古代中国，是典型的封建家族社会，以家庭为最基本最稳固的社会细胞。那时，中国的家庭规模很大，“五代同堂”、“九世同居”，一家人有几十口，有的甚至有上百口人之多。之所以如此，主要是由当时的生产方式和生产力水平所决定的。在落后的生产方式和低下的生产力水平上，为了生存和应付赋役，每个家庭集体不得不倾其全力从事农业耕作。为保证家庭兴旺，永不衰落，人们一方面拼命多生孩子，特别是生男孩子，因为一个孩子长大就是一个劳动力，以生产更多的劳动力和壮大家族力量；另一方面，又极力阻止成年子弟分居迁徙。在社会舆论上，人们把大家族“百口同居”看作一种美德，而以分居迁徙为耻辱。许多皇帝还下诏令禁止子弟分居。中国的封建统治阶级，为了维护封建统治秩序和巩固自己的统治地位，极力维护和加强封建大家族制度，还在法律上保证不许分居异财。如唐律规定：“祖父母、父母在，而子孙别居异财者，徒三年。”通过大家庭共同生活和财产上的联系，把人们稳固在家族中，从而使中国封建社会的家庭规模既大且稳定。

在中国封建社会，主要生产方式是手工业和农业，最基本的生产单位就是家庭。最基本的物质生产资料均从家庭内部生产出来，或靠直接的剥削和掠夺获得，社会产品的交换仅占次要地位。封建家庭以父系家长为领导，直系血亲常常是几世同堂，又与旁系血亲及姻亲结成相互依赖关系，从而构成家庭—家族—宗族等不同层次的联系纽带。家庭实际上是一个缩小的社会，生产的组织进行，财产的管理分配，生活的安排筹划均有一定之规，每个成员在家庭中的地位、权利和义务也有明确规定。整个家庭不仅是经济生活的共同体，在政治上也是祸福相依、荣辱与共。一人得势，可光宗耀祖、封妻荫子；一人犯法，则殃及亲属，甚至株连九族。因此，每个家庭成员的命运与家庭的命运息息相关。封建家庭这种多功能性与高度的凝聚力，决定了对家庭成员的教育成为家庭教育的重要内容，家长普遍重视家庭成员的教育。

在中国封建家族社会里，家庭可以说是缩小了的社会，社会是扩大的家庭，封建社会的政治统治就是建立在家庭的基础之上。“国”与“家”常常合为一词，“国”即为“大家”。皇帝是天下人的君父，各级地方长官也被视为老百姓的“父母官”，从而导致“教民如教子”的思想产生，统治阶级和整个社会高度推崇教育。家庭道德的基本观念——“孝”和“悌”成为整个封建伦理道德的出发点。“孝”是子对父的道德规范，“悌”是弟对兄的道德规范。在家事父孝，在外事君忠；事兄悌，事上必顺。如孔子所说：“其为人也孝弟(悌)，而好犯上者，鲜（少）矣。”① 孝悌忠顺本为一体，所以那时候有“忠臣出于孝门”的说法。这样，不仅家庭自身重视家庭教育，封建国家也推崇家庭教育。

建立在家庭基础上的封建社会结构及其思想体系是高度稳定的，因为它体现了上层建筑适应经济基础这一历史的基本规律。搞好家庭建设为个人生存、发展所必需，也是社会经济、政治发展的前提。因此，古代儒家士大夫将自己进取目标概括为“修身、齐家、治国、平天下”②。这里“修身”是指个人学识的获得和道德水准的提高，它首先要用于“齐家”，即处理好家庭内部的关系，搞好家庭建设，然后才能“治国、平天下”。“治家有方”是封建时代鉴别贤才的一个重要标准，而治家的基本任务之一便是进行家庭教育。北齐颜之推在《颜氏家训》中说：“父当以教为事。”宋朝袁采在《袁氏世范》中说：“国家之本，子孙是也。”“不知教，自弃其家也。”宋代程颐说：“人生至乐，无如

① 《论语·学而》。

② 《礼记·大学》。

读书；至要，无如教子。”明代李西沤的《老学究语》说：“有儿不教，不如无儿。”古代流传很广的《三字经》说：“养不教，父之过；教不严，师之惰。”把父母教育子女和教师教育学生相提并论，都视为天职。可见，中国封建社会重视家庭教育成为普遍的社会舆论。

在中国封建社会，家庭教育相当发达，在整个教育体系中占有极为重要的地位。

中国封建社会，学龄前儿童的教育，全部在家庭里进行。小学教育的大部分，也是在家庭里实施的。即便是那些入私塾、书馆上学的儿童，家庭教育仍是不可缺少的补充。何况当时的许多私塾、书馆本身就是在家族内所办，实际上是扩大了的家庭教育。如《红楼梦》中贾宝玉所上的学校，就属于这种类型。

在封建社会，劳动人民无权入学校读书接受教育，一生中只能接受家庭教育。就是许多书香世家中，其子弟的全部教育，甚至也都是完成于家庭教育之中。

封建社会的家庭教育，不仅传递了一般的生产技术、经验和伦理道德规范，而且许多专门的技艺和学问，也是通过家庭教育的途径流传下来的。

我国古代很早就有“克绍箕裘”的说法。这是说，有许多“家业”（家传的学术）、“家传”（家传的职业、技艺）、“家学”（家传的学问），都是通过家庭教育一代一代地传下来的。比如，孔子家族的经学，司马迁、班固家族的史学，曹操、王羲之、苏洵、米芾等家族的文学艺术，祖冲之、黄沈善（天文）家族的科学技术，等等。至于医学、木工、金工、建筑等技艺，更是祖传秘授，不传外人。像医学，甚至是“传子不传女”。由此可见，家庭教育在封建社会的社会生活中，有着多么重要的地位和作用。

在长期的家庭教育实践中，我国的家长总结积累了许多宝贵经验，并且逐步形成了自己特有的较为完整的家庭教育思想体系。

中国古代的家庭教育，形成了终身教育的体系，子女在不同年龄阶段有不同的教育计划。如《礼记·内则》中规定：“子能食食，教以右手”，即婴儿能进食，教给使用右手；“能言，男唯女俞。男鞶革，女鞶丝”，即开始学说话，教之以答应大人的招呼，并进行性别教育；“六年，教之数与方名”，即六岁时教之以数数、方位，以便学会各种礼仪；“七年，男女不同席，不共食”，即七岁教之以男女有别；“八年，出入门户及即席饮食，必后长者，始教之让”，即八岁进行礼仪训练；“九年，教之数日”，即九岁教之以计算日期；“十年，出就外傅，居宿于外，学书计”，即十岁外出上学，学书写和计算；“十有三年，学乐，诵诗，舞《勺》。成童，舞《象》，学射御”，即十岁开始学六艺；“二十而冠，始学礼”，即二十岁学礼仪知识，懂得孝悌规范；“三十而有室，始理男事，博学无方，孙友视志”，即三十岁成家娶妻，学习、交友可自己做主；“四十始仕，方物出谋发虑”，即四十岁开始做官，可以自己独立去应付世事。

中国古代的家庭教育，教育内容相当广泛、丰富，包括：生活常规的培养，子女举止行为，如坐、立、行、跪、拜、起居、洗漱、饮食等，动静有度，举止有规矩；子女与长辈的关系，应对、进退之礼节；道德品质，如仁、义、礼、智、信，勤劳、节俭、忠厚、友爱、谦让、善良，等等；文化知识，社会生活知识，书本知识，识字读书，等等；生产劳动技能，如农业、手工业劳动技能等。总之，古人把家庭作为子女成长的摇篮和终身受教育的场所，通过家庭教育给予子女长大独立生活所需要的一切行为规范、知识和能力。

中国封建社会的家庭教育，具有优良的传统，诸如重视早期家庭教育，甚至还注重实行胎教；重视家长以身作则，给子女做出榜样；反对娇惯溺爱，主张严格要求；重视思想品德教育和行为规范的训练；坚持教子必先治家的原则；等等。这些有益的经验，对于后世，以至于今天都有很大的影响，我们应当继承发扬。

然而，我们也不能不看到，封建社会的家庭教育，作为那个时代的产物，它不可能不带有那个时代的特点，不可能不受封建经济、政治和文化的制约和影响，不可避免地要带有浓重的封建色彩。

第一，以“三纲五常”为核心。

中国封建社会的家庭是建立在封建的伦理纲常之基础上的。“君为臣纲，父为子纲，夫为妻纲”，“仁、义、礼、智、信”，即所谓“三纲五常”，既是维护整个封建社会秩序的大纲，也是稳定家庭关系，进行家庭教育的大纲。“三纲五常”的核心就是“忠君”。要求人们把“忠君”作为最高的行为准则。汉朝的《忠经》说：“天之所复，地之所载，人之所履，莫大于忠。”

为达“忠君”的最终目的，封建统治阶级结合家庭关系的特点，突出强调“孝”的教育。“孝”字，从结构上看是“子从老字头”（子孝）。孝道的教育，就是要求儿女要绝对遵从家长的意志，这是封建宗法制度的核心内容。孔子曾经对其弟子曾参说过：“夫孝，德之本也，教之所由生也。”① 强调家庭教育要从“孝”开始。《孝经》中还说：“身体发肤，受之父母，不敢毁伤，孝之始也。立身行道，扬名于后世，以显父母，孝之终也。”孝道的教育贯穿于整个家庭教育过程的始终。《二十四孝》一书，就是集虞、舜、汉文帝、曾参、闵损、仲由、董永、郯子、江革、陆绩、唐夫人、吴猛、王祥、郭巨、杨香、朱寿昌、庾黔娄、老莱子、蔡顺、黄香、姜诗、王褒、丁兰、孟宗、黄庭坚等二十四个极尽孝道的典型人物的孝行，序而诗之，以用于后人的家庭教育之中。封建统治阶级还把“孝”作为选拔任用官吏的重要条件，认为一个人在家受到良好的孝道教育，在家能“事亲”，到社会上才能“事君”。以此为诱饵，来提倡家庭中的孝道教育。

封建社会对孝道的宣传鼓吹极为广泛，深入人心。在家庭生活中，对父母不孝的，要受到社会舆论的谴责。《孝经》上说：“五刑之属三千，而罪莫大于不孝。”这是把不孝顺父母看作人们最大的、不可饶恕的罪过。

那么，什么是不孝呢？孟子曾举出五种不孝的行为。《孝经》中非常明确地说，最大的不孝是危害封建统治秩序。由此可以清楚地看到，封建统治阶级在家庭教育中极力提倡孝道的教育，其根本目的是要人们心甘情愿地做“顺民”。这是封建家庭教育最突出的一个特点。

第二，普遍实行封建家长制。

所谓家长制，是家长拥有统治权力的家庭制度。中国的封建社会，普遍实行封建家长制。家长（一般是家庭中最高辈分的男子）拥有全家的经济大权，居于支配地位，掌握全家人的命运。“父是一家之长，尊中至极。”② 家长以封建的法律、礼教、习惯，束缚家庭成员，维护封建家庭的财权，巩固封建家族统治。《礼记·内则》说：“子妇无私货，无私畜，无私器；不敢私假（借），

---

① 《孝经》。

② 《仪礼·丧服疏》。

不敢私与（给）。”《大清律例辑注》中说：“一户之内，所有之田粮，家长主之，所有之钱财，家长专之。”就连子女本身也是家长的私有财产或附属品，没有独立的人格，不能有任何的独立思考和见解，不能擅自行事。“诸凡卑幼，事无大小，毋得专行，必咨禀于家长。”① “天下无不是的父母。”② 是说人们只要做了父母，就会成为“完人”，对子女无论怎样说怎样做都是对的，无可挑剔。《弟子规》说：“父母呼，应勿缓；父母命，行勿懒；父母教，须敬听；父母责，须顺承。”司马光的《家范》说：“若以父母之非，而直行己志，虽所执皆是，犹为不孝之子。”陈确的《书示两儿》说：“不用父言，便是忤逆不孝。”曹端的《家规辑要》说：“子孙受长上诃责，不论是非，但当俯首默受，毋得分理。”

不仅如此，家长还有权对子女任意处置和体罚。说什么“不打不成才”、“棍棒下头出孝子”，家长可以任意打骂。甚至有人说：“怒笞不可偃于家，刑罚不可偃于国。”是说家庭里不能没有体罚，就像一个国家不能没有刑罚一样。在封建家长制的家法中，父母殴打子女，是不允许反抗的，必须甘心忍受。《孔子家语》中记载过这样一个故事：曾子不慎将一棵瓜秧铲断。他的父亲曾皙一气之下用木棍子将他打得不省人事。当曾子醒过来之后，不顾伤痛，赶忙带着笑脸去跪在父亲面前认罪，并慰问父亲是不是因为打他用力过度而累坏了贵体。然后，又强打精神回到自己房间援琴而歌，以便使父亲知道自己无恙，让其放心。

在封建家长制下，家长对子女甚至操有生杀予夺、出卖之权。至于买卖婚姻更是常见的现象。更有甚者，家长可以任意处死子女。秦始皇的长子扶苏曾说：“父赐子死，尚安请复。”是说父亲“恩赐”给儿子死的“权利”，不要再去请示，你去死就是了。后汉郭巨，家境十分贫困，为赡养老母，常常不给3岁的儿子吃饱饭。后来，索性对妻子说：“贫乏不能供给，共汝埋子。子可再有，母不可再得。”他妻子不敢违抗，果真亲手把亲生儿子给活埋了。至于溺女婴之风，在封建社会更是屡见不鲜的。封建家长制是极为专横残酷的。

---

① 《朱子家礼》。

② 金敞：《宗范》。

第三，灌输“万般皆下品，唯有读书高”的思想。

封建社会的家庭教育，普遍向子女灌输轻视劳动人民和体力劳动的剥削阶级思想，宣扬脑力劳动者和体力劳动者的对立，鼓吹脑力劳动者统治体力劳动者、体力劳动者服从脑力劳动者的统治，是天经地义的。孟子说：“劳心者治人，劳力者治于人；治于人者食人，治人者食于人，天下之通义也。”① 颜之推在《颜氏家训》中说，他培养教育子孙的目的，就是希望他们将来能成为“朝廷之臣”、“文史之臣”等。《三字经》里说：“幼而学，壮而行，上致君，下泽民，扬名声，显父母，光于前，誉于后。”在《神童诗》里，公开鼓吹：“天子重英豪，文章教尔曹。万般皆下品，唯有读书高。”甚至更赤裸裸地用高官厚禄、金钱美女诱发青少年读书学习的积极性，说什么“书中自有黄金屋，书中自有千钟粟，书中自有颜如玉”，“满朝朱紫贵，尽是读书人”。在这种“学而优则仕”的思想支配下，青少年刻苦读书的目的就是参加科举考试，进入官场，做高官，享厚禄。不少知识分子为此奋斗终生。

与此同时，封建社会的家庭还向子女灌输轻视劳动人民的思想，“万般皆下品，唯有读书高”成为普遍的指导思想。元代许衡代别人写的《家训》中说：教育子女好好读书的目的，就是光宗耀祖，显耀门楣，保持家业不衰；而如果不好好读书学习，将来要做工、务农、经商、当兵，那都是最没有出息的事。

第四，灌输乐知天命、明哲保身的处世哲学。

为了麻醉青少年的思想，使他们心甘情愿地受封建统治阶级的奴役，封建社会的家庭普遍向子女灌输“死生由命，富贵在天”的宿命观点。南宋学者陆九韶的《居家正本》说：“富贵贫贱，自有定分。”朱柏庐的《治家格言》说：“守分安命，顺时听天。”程端蒙的《性理字训》说：“万事分已定，浮生空自忙。”《名贤集》说：“顺天者存，逆天者亡。”“百年还在命，半点不由人。”当时在家庭教育中向子女灌输这种宿命论，其目的十分明显，就是要劳动人民承认自己之所以受剥削受压迫，是出于“天意”，应当俯首默受。

封建社会的家庭教育，尤其普遍地注重灌输明哲保身、回避矛盾的处世之

① 《孟子·滕文公上》。

道，其目的就是为了稳定封建宗法秩序。朱柏庐的《治家格言》说：“处世戒多言，言多必语失。”明朝高攀龙的《家训》说：“言语最要谨慎，交游最要审择。多说一句，不如少说一句；多识一人，不如少识一人。”《太公家教》说：“教子之法，常令自慎；言不可失，行不可亏；他离莫越，他事莫知。”《名贤集》说：“安乐值钱多，休争三寸气。”“饶人不是痴，过后得便宜。”“既在屋檐下，怎敢不低头。”《弟子规》说：“彼说长，此说短，不关己，莫闲管。”“人有短，切莫揭；人有私，切莫说。”

第五，贯穿男尊女卑的思想。

中国封建社会男尊女卑的思想意识由来已久，根深蒂固，贯穿于整个家庭教育的过程之中。

在中国的封建社会，孩子一出生，男孩女孩就受到不平等的待遇。《诗经·小雅》说：“乃生男子，载寝之床，载衣之裳，载弄之璋；其泣喤喤，朱芾斯皇，室家君王。乃生女子，载寝之地，载衣之裼，载弄之瓦；无非无仪，唯酒食是议，无父母诒罹。”意思是说，古时候生男孩是全家高兴的事，把孩子安放在床上，给他穿上衣服，让他玩耍贵重的玉器；生女孩是给父母留下的忧愁，把孩子放在地上，只裹上褓褓，让她玩耍纺锤。

在以后的教育上，女子受教育的权利被剥夺，因为封建观念认为“女子无才便是德”。即或是在家庭受到一些教育，教育内容和要求也有明显的区别。《礼记·内则》说：“子能食食，教以右手；能言，男唯女俞。男鞶革，女鞶丝。七年，男女不共席，不共食。……十年，（男子）出就外傅，居宿于外，学书计，衣不帛襦裤，礼帅初，朝夕学幼仪，请肄简谅。”而“女子十年不出，姆教婉娩听从。执麻枲，治丝茧，织纴组紃，学女事以供衣服。观于祭祀，纳酒浆笾豆菹醢，礼相助奠”。这意思是说，古代从孩子会说话的时候起，男子和女子在家庭受到的教育训练和培养目标上就大不相同，使之朝两个方向发展。对男孩，教他们用一般的声调说话，而教女孩要学会用委婉顺从的声调说话。男孩腰间系皮带，以培养他们具有坚韧的性格；女孩则系丝带，以培养女孩有柔顺的性格。长到 7 岁，男女开始不能坐在一起，不能同桌吃饭。10 岁以后就更不同了：男孩被送到外边拜师求学，学书法，学计算，学习礼仪；而女孩只能在家里继续接受家庭教育，跟随乳母学习委婉顺从的说话声调、和善的态度，学习纺线、织布、编织等家务活，还要学习祭祀时端送祭品的礼节和规矩。

长大成人以后，女子在家庭生活中的地位也是低下的。社会给妇女身上套上重重枷锁，通过家庭培养她们做到“三从四德”，训练她们心甘情愿忍受神权、政权、族权、夫权四条绳索的束缚。所谓“三从”，即“幼从父兄，既嫁从夫，夫死从子”①。所谓“四德”，即“妇德、妇言、妇容、妇功”②。“三从四德”要求妇女要屈从于男权，谨守所谓品德、辞令、仪态和手艺的“闺范”。被称为“五经”之一的《礼记》，对已婚妇女的言行，做了非常苛刻的规定：“在父母、舅姑（即公婆）之所，有命之，应唯敬对，进退周旋慎斋，升降出入揖游，不敢哕噫、嚏咳、欠伸、跛倚、睇视，不敢唾洟。寒不敢袭，痒不敢搔……”就是说，儿媳妇在公婆面前，不仅应该事事绝对服从，殷勤侍奉，而且，在气逆时不准干呕，吃饱了饭不准打嗝，鼻孔痒不准打喷嚏，喉咙痒不准咳嗽，不准伸懒腰，不准斜身而立，不准侧目看人，冷了不准打哆嗦，身上发痒也不准去搔痒，如此等等。后汉曹大家的《女诫》说：欲得“舅姑之心奈何？固莫尚于曲从矣！”是说，儿媳妇怎样才能取得公婆的欢心呢？归根到底就是“曲从”二字。有的父亲在女儿出嫁时，竟教导女儿：在公、婆、丈夫面前要处处小心谨慎，看他们眼色行事，还要克制自己的喜怒哀乐。

从上述情形看，封建社会的家庭教育是相当受重视的，而且有着独特的家庭教育思想体系。应当承认，中国封建社会的家庭教育在传递中华民族传统美德，培育中华民族精神方面，发挥了巨大作用，具有不朽的历史功绩；同时，也创造了光辉灿烂的家庭教育文化，丰富了我国历史文化的宝库。但是，也不能不看到，封建的家庭教育在维护封建秩序、巩固封建统治中，发挥了重要作用。中国封建社会之所以延续几千年之久，同封建统治者运用“政权”和“族权”、“法治”和“德治”相结合的统治手段，不无直接关系。

---

① 《仪礼·丧服·子夏传》。

② 《周礼·天官·九嫔》。

第四节 资本主义社会的家庭教育

一、资本主义社会家庭教育的本质特征

资产阶级工业革命以后，实行了机器生产，生产方式进步，进行社会化的大生产，生产和生活用品大都在社会上的大工厂里生产。家庭不再是或不完全是经济生产组织，经济活动逐步从家庭转移到社会，转移到工厂，家庭主要是生活和消费单位。这样，从资产阶级工业革命开始，家庭关系就开始松动，人们的家庭观念也开始淡化。

资本主义社会生产关系的基础是生产资料的资本家私人占有。因此，“整个社会日益分裂为两大敌对的阵营，分裂为两大相互直接对立的阶级：资产阶级和无产阶级”①。这样，资本主义社会的家庭也都分别属于两个直接对立的阶级。

列宁说：商品交换是“资产阶级社会（商品社会）里最简单、最普通、最基本、最常见、最平凡、碰到过亿万次的关系”②。进行商品生产，是资本主义社会的一个重要特点。在资本主义社会，一切都商品化了，甚至连人都变成了商品。人与人之间的关系是一种单纯的金钱关系，金钱成为联系人们的纽带。“在资产阶级看来，世界上没有一样东西不是为了金钱而存在的，连他们本身也不例外，因为他们活着就是为了赚钱，除了快快发财，他们不知道还有别的幸福，除了金钱的损失，不知道有别的痛苦。”③

在资本主义社会里，不仅在社会上，就是在家庭里，人与人之间的关系也只是一种金钱关系。资产阶级不承认人与人之间还有其他任何联系，甚至在和

---

① 《共产党宣言》，《马克思恩格斯选集》第1卷，人民出版社2012年版，第401页。

② 《社会民主党在民主革命中的两种策略》，《列宁选集》第2卷，人民出版社1995年版，第558页。

③ 《英国工人阶级状况》，《马克思恩格斯文集》第1卷，人民出版社2009年版，第476页。

他们自己的老婆、孩子之间的联系“百分之九十九也是表现在同样的‘现金交易’上”。比如，父亲让儿子做一件事情，孩子会问：“你给多少钱?”父亲给多少钱，孩子就干多少事。父子同在饭馆里吃饭，如果不事先说明谁“请客”，那么，饭后父亲只付父亲的饭费，儿子只付儿子的饭费。今天丈夫有钱，妻子属于丈夫的，明天丈夫破了产，妻子便可能属于另外一个丈夫。今天父亲有钱，还是父亲，明天父亲没钱了，就如同陌路人。家长年迈体衰，需要儿女照料，有钱，有利可图，就照料；没钱，就根本不管。法国著名作家巴尔扎克在他的小说《高老头》一书中，入木三分地描绘了资产阶级的这种家庭关系。面粉商高老头的两个女儿，知道父亲有钱，就千方百计地亲近父亲，讨好父亲，花言巧语地向老头要钱。等到把钱财榨光之后，就把他像“榨干了的柠檬”一样扔掉。老头住在一家公寓的阁楼上，孤苦伶仃，贫病交加，身心交瘁，两个女儿谁也不理他。老头临终前想见女儿一面，可是怎么请也请不来。老头在失望之余悲愤地对身边的一位朋友说：“唉！朋友，你别结婚，别生孩子！你给她们生命，她们给你死。”“唉！倘若我有钱，倘若我留着家私……她们就会来，会用她们的亲吻来舐我的脸！……钱能买到一切……”

为了钱，利欲熏心的资产阶级什么勾当都干得出来，尔虞我诈，相互倾轧。为了钱，甚至不惜让妻子、女儿出卖灵魂和肉体。一句话，为了金钱，什么诗礼传家，什么道德、廉耻，全都丢到九霄云外去了。

二、资本主义上升时期的家庭教育

自 1640 年英国爆发资产阶级革命开始，到 1789 年法国资产阶级革命以前的一百多年，是欧洲资本主义上升时期。

在资本主义上升时期，无产阶级在资产阶级的剥削压榨下，家庭关系、家庭生活和对子女的家庭教育，遭到了惨重的破坏。马克思、恩格斯指出：“无产者是没有财产的；他们和妻子儿女的关系同资产阶级的家庭关系再没有任何共同之处了。”“无产者的一切家庭联系越是由于大工业的发展而被破坏，他们的子女越是由于这种发展而被变成单纯的商品和劳动工具，资产阶级关于家庭和教育、关于父母和子女的亲密关系的空话就越是令人作呕。”①

事实正是如此。在资本主义上升时期，资产阶级残酷地剥削压榨无产阶级，使工人家庭全体成员不分男女老少都受资本家的直接统治。随着剥削程度的提高，“从前工人出卖他作为形式上自由的人所拥有的自身的劳动力。现在他出卖妻子儿女。他成了奴隶贩卖者”②。恩格斯又说：“（家庭）共同利益的最后痕迹，即家庭的财产共有被工厂制度破坏了，至少在这里，在英国已处在瓦解的过程中。孩子一到能劳动的时候……就靠自己的工钱过活，把父母的家只看做一个寄宿处，付给父母一定的膳宿费。这种已经是很平常的事了。”③工人阶级家庭的正常关系、正常生活遭到破坏，儿童从小就离开家庭出卖劳动力，连父母的保护、照料和家庭的温暖都得不到，更何谈正常的家庭教育。

当时许多进步的思想家和政治家在文章和著作中真实地反映过劳动人民的家庭生活和家庭教育状况。做父亲的要去工厂、工地或田间工作，为的是得到一点微薄的生活费用。母亲也不能整天在家，她靠洗衣服和农活、家庭副业等赚点钱帮助父亲，常常是早出晚归。父母不在家的时候，如果没有老人帮助照看，孩子就被捆在床边，或吊在摇床里，或者关在黑暗肮脏的屋子里，门窗都紧闭着，为的是不让外面的任何人进来。幼小的生灵好像笼子里的动物一样，在他们的黑屋里坐着、躺着或者蹲着。开始时，孩子们抽泣；不久，由于饥饿、无聊，或因脏衣服擦伤身体的苦痛而大声哭喊，诉说他们的满腹之怨。然而，谁也听不见，谁也不能照料这些孩子们。他们在绝望中竭尽全力哭喊，他们喊妈妈，叫爸爸，但都没有用。紧关着他们的“牢房”丝毫没有改变。最后，那些可怜的孩子由于痛苦和徒劳的挣扎而精疲力尽地睡着了。

恩格斯在《英国工人阶级状况》一书中，记述了更为残酷的现状。他说，曼彻斯特不到5岁儿童的死亡率，工人的孩子占57%；上流阶级的儿童占20%。在5岁之前半数左右的儿童死亡，令人震惊。法国的卢梭在《爱弥儿》

---

① 《共产党宣言》，《马克思恩格斯选集》第1卷，人民出版社2012年版，第411、418页。

② 《资本论》，《马克思恩格斯文集》第5卷，人民出版社2009年版，第455页。

③ 《国民经济学批判大纲》，《马克思恩格斯选集》第1卷，第24页。

一书中也写道："生下来的孩子中，最多有一半活到青年期。"就连资产阶级教育家也不能不正视当时那残酷的现实。

而上层社会的资产阶级则是特别重视子女的家庭教育，其目的是培养造就自己产业的继承人和事业的接班人。但是，由于做父亲的整年、整月、整日地埋头于资本的原始积累，做母亲的成天沉溺于享受、交际和娱乐，都无暇顾及子女管理和教育，都把孩子的管理工作交给保姆，把孩子的教育工作交给家庭教师。当时，资产阶级家庭的子女教育，交给家庭教师去实施，是相当普遍的现象。英国教育家洛克曾经两次做家庭教师。家庭教育名著《教育漫话》，就是洛克在担任友人爱德华·葛拉克之子的家庭教师期间，与爱德华多次通信讨论资产阶级子弟家庭教育问题的基础上，整理而成书的。法国教育家卢梭也曾担任过资产阶级家庭子弟的家庭教师，他所著的《爱弥儿》一书，同洛克的《教育漫话》一样，也是以富家子弟为对象、以描写家庭教师进行家庭教育的形式来论述家庭教育问题的著作。

在资本主义上升时期，资产阶级一般都特别重视家庭教育，甚至拒绝将子弟送入学校读书。其原因大体有三：一是当时学校教育带有严重的中世纪教育的影响，同资产阶级教育子弟的目的和要求不相适应；二是认为学校的环境太复杂，怕给子弟造成不良影响；三是认为家庭生活环境的熏陶，有利于形成资产阶级继承人所需要的品质。洛克甚至说，就连不完全的家庭教育也比学校教育效果好得多。所以，资产阶级宁可将教师请到家里去教育子弟，而不愿送子弟入学校。

资产阶级家庭的子弟教育，一般都全面关心和注重身体保健和锻炼、道德品质教育和文化科学知识的学习。其中尤为注重知识教育，不仅注重书本知识，还很重视实际操作的技能技艺训练。像洛克主张开设阅读、书写、图画、速记、外语、作文、神学、地理、算术、天文、几何、历史、伦理学、法律、逻辑、修辞学、自然哲学和音乐、舞蹈、击剑、骑马、画图、园艺、细木工、油饰、雕刻、刻板、熏香、铁铜银工、琢磨、安配宝石、商业计算、出国旅行等，不下几十门课程。并且注重改进智育方法，讲究实际效率。这充分体现了资产阶级家庭教育学以致用的特点。

三、现代资本主义社会的家庭教育

社会发展到今天，西方一些发达国家，同以前有较大变化，人们的家庭物质生活水平大大提高，儿童的生活环境也有较大的改善。但是，由于社会制度所决定，人们的精神生活却是十分空虚的，这是一个非常尖锐的矛盾。与此同时，人们的家庭生活也出现了新的情况。科学技术的迅速发展，使资本主义国家的交通和信息传递空前便利，在人们的心目中，“世界变小了”，城市和郊区、中心地区和边远地区的发展趋向平衡，社会完全开放，家庭的封闭状态已不可能保持。同时，高度发达的现代化生产，大大地提高了经济效益，向人们提供了电视、电冰箱、洗衣机等电气化设备，以及各种生活服务设施，使家庭生活、家务劳动日益社会化。因此，也使得家庭成员之间的相互依赖性逐渐减小，人们的家庭关系日益松动，家庭观念渐渐淡漠，个人的独立性更加强烈。在西方社会，20 世纪 30 年代资产阶级社会学家们，曾经指出的“食堂化”和“旅店化”的家庭，也在逐渐瓦解崩溃。如美国的观察家所说：“家庭的解体在加速，而改变这个趋势的可能性极微。”这是西方世界各国普遍存在的社会问题。

当前，西方国家家庭状况的突出特点是“三多”。一是独身者多。日本单身家庭从二战前就已存在，近年来逐年猛增。据日本厚生省统计，1981 年后，平均每 5 户家庭就有 1 户是单身家庭。尤其在生活社会化程度高的大城市，单身生活者更多。在美国，近年来“独身主义者”激增，1979 年独身者已占成年人的 25%，“一人之家”比比皆是。数据调查显示，日本预测到 2030 年，单身家庭将达 1 824 万户，占全部家庭总数的 37%。二是离婚者多。在美国离婚率普遍增高，平均 27 秒钟就有一对夫妇离婚，每年离婚夫妇达 100 万对。18 岁以下的青少年，有 17%生活在单亲家庭。“父子家庭”首先遇到的问题就是子女生活上的照顾问题，而“母子家庭”首先遇到的问题则是生活负担问题。父母不全的家庭，子女是难以得到家庭温暖和正常家庭教育的。在美国，因遭父母一方虐待，或被父母驱逐出门而潜逃的青少年有 200 多万人。三是私生子多。20 世纪六七十年代，西方社会一些国家有人大肆鼓吹“性解放”，私生子日渐增多。美国的私生子占全部儿童的15%。这“三多”给社会造成了许多难以解决的社会问题，受害者首当其冲是儿童少年。

在西方社会家庭普遍趋于瓦解的情况下，许多青少年失去了正常的家庭生活，有的从一生下来就没有家庭，得不到必要的家庭教育。他们悲观厌世的情绪不断增长，精神空虚、颓废，缺乏生活的理想、信念和追求，再加上社会生活风气的腐败，青少年犯罪现象日益严重。近年来，西欧一些国家青少年犯罪率达4%左右，美国达4.5%。

美国的青少年酗酒、闹事、吸毒、犯罪现象相当严重。1984年，美国大约有10万名10岁到11岁的儿童每周至少喝醉1次，9岁儿童有1/3的人已经开始喝酒；有100万13岁以下的孩子持械行凶；14万不满14岁的孩子吸食海洛因；20%的父母被自己的孩子殴打。在2000—2010年，美国的青年杀人率保持在7.3/10万～9/10万，比美国所有其他年龄的谋杀率都要高。为了对付这些反叛的孩子，美国加利福尼亚州一些人组织了一个“父母危机”协会，其成员都是一些孩子出了问题的父母，已有5万人加入该协会。一些社会知名人士认为，美国青少年犯罪严重，一个普遍的原因是家庭破裂所致。

在日本，青少年犯罪逐步趋于低年龄化。日本警视厅白皮书表明，1982年14岁以上的少年刑事犯为191 930人，比1981年增加了7 028人，是48年来的最高记录，被称为“二战后第三高峰”。在少年犯罪中，中学生为最明显，占41.2%。如果包括13岁以下的违法少年，比率将高达49.4%，每两个中便有一名是中学生。在成年人暴力集团中也有中学生。日本青少年犯罪一年比一年严重，1984年达26万人之多，比1983年又增加2.5%。在2003年，14岁以下的少年暴力犯罪比2002年增加了47%。长期以来，一直从事调查研究少年犯罪问题的日本著名评论家赤冢行雄认为，青少年犯罪激增而且低年龄化，是家庭崩溃等多种原因造成的，其中家庭不和、父母离婚、欠债，是造成青少年犯罪的最重要的原因。东京的不法少年行为问题洽谈室，曾对72名中小学生进行了调查：回答父母不和、家庭环境昏暗的占60%，24人的父亲酗酒滋事，26人的父亲行使暴力，19人的家庭闹纠纷，另有更多的孩子则是在“独父”或“独母”家庭中生活。社会上的不良影响和家庭内部的矛盾冲突，给孩子们的幼小心灵投上一层暗淡的阴影，迫使他们很早就走上了犯罪的道路。

当然，在西方国家，也有不少家庭重视子女教育，也有一些可以借鉴的东西，譬如自立思想和自立能力的培养；平等对待子女，要求严格，不娇生惯养；培养起居有序、对人有礼貌的文明习惯等。

无产阶级的婚姻家庭观念和对子女的教育，同资产阶级有本质的区别，这一点必须肯定。正如马克思、恩格斯在《共产党宣言》中早就指出的那样："无产者是没有财产的；他们和妻子儿女的关系同资产阶级的家庭关系再没有任何共同之处了。"但是必须看到，在资本主义制度下，无产阶级的婚姻家庭、家庭教育，不可能脱离社会而孤立存在，必不可免地会受到资产阶级思想的影响和束缚。当然，影响有大有小，束缚程度也不完全一样。而且，这种影响和束缚，只有在社会主义制度下，才有可能彻底摆脱。

第五节　社会主义社会的家庭教育

一、社会主义社会家庭教育的现状

社会主义社会是人类社会迄今为止最先进的社会制度。社会主义社会的家庭，尽管由旧的家庭形式演变而来，不可避免地带有旧的家庭的某些痕迹，如封建家长制思想残余、重男轻女意识、买卖婚姻等，而且在有些家庭还表现得较为严重。但是，从本质上看，社会主义的家庭已经是一种崭新的家庭形式，那些旧社会遗留下来的传统婚姻家庭意识已成为不合法，并且随着时代的进步和社会的发展将逐步被消除。

我们知道，任何家庭形式都具有自然属性和社会属性。以两性结合为基础的血缘关系，决定着家庭的自然属性；而生产资料公有制实行以后，子女长大在经济上可以独立，不必依靠父母的财产过活。所以，子女成年结婚后，一般都分别建立家庭，无论城市或乡村，都有这个趋势。因此，目前父、母、子三角结构的两代人家庭逐步增多。就城市职工来说，女儿出嫁，儿子结婚，各处一方，自立门户，生活工作两便，同时也减少代际间的不必要的矛盾。就农村而言，子女婚后分居，另起炉灶，也是一种比较普遍的现象。年迈的老人虽由子女赡养，但不一定要采取同居的形式。此外，由于此前贯彻计划生育政策，提倡晚婚少生，一对夫妇只生一个孩子，每个家庭的人数减少，夫妻家庭以三口人居多，三代同居的家庭人口也不会过多。现如今，随着二孩政策的开放与落实，家庭教育的作用更为凸显。

在社会主义制度下，实行了生产资料公有制，工农业基本实行社会化生产，绝大多数家庭已不再是生产单位。但是，在我国现阶段，农民家庭还保留着少量的家庭经济；在城市，也有部分个体劳动者。尽管如此，这些家庭也只是部分的生产单位，不再是完全的生产单位。随着社会生产力的发展和生产方式的改变，随着生产社会化程度的提高，家庭的物质生产职能会逐步削弱，以至最后消失，这是必然的发展趋势。但是，家庭的其他职能，如消费、抚育和赡养、娱乐和休息，特别是抚养教育子女的职能，并没有、也不可能削弱和消失。

在社会主义制度下，尽管学校教育和社会教育事业在规模上有了较大的发展，青少年都有了入学读书的权利和机会，但是在相当长的历史时期内，青少年的教育工作不可能全部交由社会负责，家庭仍旧是青少年生活和受教育的重要场所，家庭教育仍然是整个社会主义教育体系的重要组成部分。社会学向来很重视"首属（或基要）群体"（指家庭及关系亲密的亲朋）对一个人品格形成的功能。在人们的伦理关系上也是"同言而信，信其所亲；同命而行，行其所服"，关系亲密、有威信的人对人的影响大。在社会主义制度下，在新型的人与人之间的关系下，在新型的家庭生活和家庭关系中，这种功能能得到更充分的发挥。许多事实表明，社会主义社会的家庭教育对于青少年一代的成长和发展，起着十分重要的作用；而且，同其他一切旧的家庭教育相比较，社会主义社会的家庭教育有许多新特点。

二、社会主义社会家庭教育的特点

社会主义社会与其他社会制度有着本质上的不同。社会主义社会制度下的家庭教育也独具特点。

第一，家庭关系和睦，生活稳定、幸福，子女从小就生活在温暖的家庭里，享受着真诚的父母之爱。

社会主义制度下，劳动人民在政治上得到解放，经济上得以翻身，当家做了主人。社会生活的稳定，也给每个家庭生活带来幸福、安定。生产资料的公有制，社会生产力的高速度发展，物质财富的不断丰富，使广大人民群众家庭的物质生活条件大大改善，生活有了可靠的保证。一般家庭都不像旧社会那样需要未成年子女承担家庭经济负担，更没有卖儿卖女或把儿女当成债务抵押品的情形。儿童、青少年的合法权益在法律上得到保护，在社会和家庭中得到应有的尊重，他们享有比他们的父母小时候优越得多的生活条件。社会主义社会的婚姻道德原则，使夫妻保持纯真的爱情，夫妻地位平等，相互尊重，敬老爱幼的社会风气在家庭生活中得到充分发扬。这一切，给儿童、青少年健康成长提供了良好的条件。

第二，重视子女教育，逐步形成普遍的社会舆论，越来越多的家长自觉地承担这一义务。

在社会主义制度下，随着社会主义精神文明程度的提高，“子女私有”观念大为削弱，越来越多的家长把家庭教育和社会发展联系起来，当成国家大事，把培养教育子女作为向社会输送合格的建设者，向社会尽义务的一种重要途径。尽管一般家长在将来并不打算在生活上依靠子女，但是人们还是在千方百计地精心培养、教育下一代，尽最大的努力供子女读书学习，自觉地把抚养教育子女看作是不可推卸的责任和义务。特别是近些年来，家庭教育尤其为人们所重视。

第三，新型的家庭关系正在形成，越来越多的家长自觉地用民主的态度对待和教育子女，儿童、青少年的合法权益受到法律的保护，他们的人格在家庭里受到尊重，个性得以充分发展。

第四，用共产主义思想和科学文化知识教育子女，家庭成为建设社会主义精神文明的重要阵地。

在社会主义制度下，国家和人民群众的根本利益一致，国家的前途、命运与每个家庭的未来息息相关。家长把子女德智体全面发展，同社会主义建设事业联系起来，按照社会对下一代的要求进行培养教育。广大家长用共产主义思想和道德武装子女的头脑，按照党的教育方针造就自己的孩子。家庭成为建设社会主义精神文明的重要阵地，是培养一代新人的摇篮。

第五，家庭教育受到社会的极大重视，家庭教育进一步科学化。

在社会主义制度下，阶级对立的现象不复存在，家庭的利益从根本上一致。在这种情况下，可以对家庭教育进行统一的指导。因此，家庭教育事业日益兴旺发达，家庭教育工作进一步加强和改善，社会主义的家庭教育新局面正在形成。

回顾家庭教育的产生和发展的历史过程，我们可以清楚地看到，家庭教育是家庭的重要职能，它与家庭同时产生，又随着家庭形式的发展而发展。不同的历史时期，家庭教育的指导思想、教育内容、教育方法和具体的培养目标等，都具有不同的特点。尽管家庭教育是在各家各户单独进行，但是，因为家庭总是一定社会形态、一定历史阶段的家庭，不可能独立于社会之外，家庭教育也要受社会生活的制约和影响，具有鲜明的社会性和历史性。

在阶级社会中，家庭教育具有鲜明的阶级性。各个阶级的家庭教育，都是从各自所处的阶级地位出发，从属于各阶级的政治经济，为各阶级的政治经济利益服务。被剥削阶级的家庭教育同剥削阶级的家庭教育有本质的不同。但是，在剥削阶级占统治地位的社会里，被剥削阶级的家庭教育不可能完全摆脱当时所处社会统治阶级阶级意识的影响。只有在社会主义制度下，消灭了阶级和阶级压迫，家庭教育才能真正有利于年轻一代的健康成长，成为人类精神文明的摇篮。

社会主义社会的家庭教育是最先进最优越的，从本质上不同于其他一切形式的家庭教育。但是，社会意识形态的改变，常常落后于经济基础的变革。社会主义生产资料公有制的建立，私有制的改变，并不意味着人们头脑中的私有观念立即随之扫除干净。专偶制的个体家庭，终究是私有制的产物。尽管现在的家庭是建立在生产资料公有制基础之上，但是，不可能不带有某些旧家庭教育的影响和残余。特别是在我们中国，封建家族社会经历了几千年漫长的历程，旧的家庭教育思想盘根错节，根深蒂固，至今尚有影响。我们发展社会主义的新型的家庭教育，一方面要大力宣传科学的教育思想，另一方面要随时注意清除旧教育思想的影响。

[思考与研究]

1. 家庭教育是人类社会最原始的教育形式吗？为什么？
2. 家庭教育的发展和政治经济制度的变革是怎样的一种关系？
3. 为什么家庭教育具有鲜明的时代特征？
4. 社会主义市场经济的发展使我国家庭教育带有哪些时代特征？
5. 封建家庭教育思想观念在今天的家庭教育中有哪些影响和流毒？

第三章
家庭教育的特点

家庭教育是教育的一种形式，也是培养人的社会活动。它与学校教育、社会教育有共同的发展规律，即有共性。但是，我们也必须看到，家庭教育终究是一种特殊的教育形式，有许多区别于学校教育、社会教育的独具的特点，是学校教育、社会教育所不能替代的。就是说，家庭教育也有自己的个性，有其特殊的矛盾性。根据辩证唯物主义的观点，不同事物的矛盾，只能用不同的方法去解决。毛泽东说："固然，如果不认识矛盾的普遍性，就无从发现事物运动发展的普遍的原因或普遍的根据；但是，如果不研究矛盾的特殊性，就无从确定一事物不同于他事物的特殊的本质，就无从发现事物运动发展的特殊的原因，或特殊的根据，也就无从辨别事物，无从区分科学研究的领域。"① 因此，要搞好家庭教育，我们必须在揭示教育的一般规律、掌握普通教育理论的同时，下大气力，着重揭示、掌握家庭教育的特殊规律。否则，我们的家庭教育实践就会陷于一般化，许多家庭教育的实际问题得不到正确解释和解决，很难取得家庭教育工作的成功。

家庭教育是一个相当复杂的过程。我们要想掌握家庭教育的特殊规律，必须注意研究家庭教育的具体情况和具体发展过程。因为具体情况和具体发展过程，反映了家庭教育的特殊矛盾性，体现了家庭教育的本质特点。而要充分认识家庭教育的特殊矛盾性，必须将它同相邻的同类事物相比较，了解它们之间的区别。如毛泽东所说："对于物质的每一种运动形式，必须注意它和其他各种运动形式的共同点。但是，尤其重要的，成为我们认识事物的基础的东西，则是必须注意它的特殊点，就是说，注意它和其他运动形式的质的区别。只有注意了这一点，才有可能区别事物。"②

根据这一思想，我们必须认真分析研究家庭、家庭教育的实际情况及过程同它相邻事物的区别，而且应当把这种研究看作我们揭示家庭教育特殊规律的

①② 《矛盾论》，《毛泽东选集》第1卷，人民出版社1991年版，第309、308页。

出发点、过程和归宿。

第一节 家庭教育和学校教育的区别

一、实施教育的环境不同

教育环境是指教育者和受教育者共同生活、实施教育、施加影响的具体场合。教育环境直接影响教育工作的进行和效果；同时，环境本身就是一种教育因素，对人起着潜移默化的作用。

学校为教育工作而设，是专事教育工作的机构，是培养人的专门场所。学校的一切设施专为进行教育工作而设，学校所有成员（包括师生员工）都是为从事教育工作和接受教育而集中在一起，从而组合成“学校”这样一个社会团体，学校的一切活动都是从培养造就人才出发，服从于教育工作，并为培养人才服务。

家庭虽然有教育的职能，但家庭不是专门从事教育工作、培养人的社会团体。教育只是其职能之一，并不是唯一的职能。家庭同学校相比较，虽然结构简单，规模小，成员数目也少得多，但是，家庭不像学校那样是一个专门性的社会实体，而是一个综合性的社会实体，它具有多种功能。人们在家庭这样一个具有多种功能和活动内容的社会团体内接受教育、影响和训练，可以从中受到多方面的熏陶，从中学到各方面的知识和技能，增强适应社会生活的能力。而且，由于家庭是一个自然形成的生活环境，对人们思想品德和行为习惯的影响既深刻又持久。但是，家庭生活的内容是相当复杂的，有些生活内容对儿童、青少年的影响是积极的、有益的，而有些生活内容，不见得会对儿童、青少年产生积极的影响。比如，家庭成员之间的矛盾、争吵，有些家长在生活上、言行上的不检点，日常生活中违背正确原则的事情，等等。在学校里，有些对学生不利的因素，可以得到有效控制，教职员工中不利于教育学生的言行也可以有条件回避；而在家庭里，有些事情很难控制和回避。

二、教育者和受教育者之间的关系不同

教育者和受教育者之间的关系，直接影响教育者对受教育者的态度，也影响受教育者对教育者的态度，是影响教育效果的一个重要因素。

学校的教育者和受教育者之间，是单纯的师生关系，仅仅是一种社会关系。从社会学的角度看，在学校生活中，教师和学生都是一种社会地位，一种社会角色，教师就是教育者，学生就是受教育者。他们的社会地位、角色是单一的，他们之间的相互关系也是单一的，只是师生关系，一般不存在别的关系。

家庭教育中的教育者和受教育者之间的关系，不是单一的。教育者是长辈、父母，受教育者是晚辈、子女，他们之间具有天然的血缘关系、根本利益一致的关系。从社会学的角度讲，家庭中的教育者和受教育者，都是双重社会地位，双重角色，亦即双重身份：在家庭生活中父母、长辈兼教育者，子女、晚辈兼受教育者。他们之间的关系也是双重关系：父母、长辈对子女、晚辈来说，既是家长又是教育者；子女、晚辈对父母、长辈来说，既是子女又是受教育者。家庭教育中的教育者和受教育者之间的关系，又同时是家长和子女之间的关系。

学校教育中，教育者和受教育者之间的教育和受教育的关系，是人为地形成的。教师是由国家或教育行政部门委派的，教育学生是国家和社会交给的一种社会工作。教育教学任务完成以后，双方的社会地位和角色，都随之发生变化，而且双方是要分离的。尽管人们为了表示师生关系之亲密，有"一日为师，终身为父"、"您永远是我的老师，我永远是您的学生"等等说法，但这并不表明师与生之间的现实关系，只是形容师生之间的情谊之深而已。

而家庭教育中，教育者和受教育者之间教育和受教育的关系，则是自然而然地形成的。人们只要能生养子女，就做了父母。父母是子女天然的教育者，人们从做父母的那一天起，教育子女的义务就历史地落在肩上，是不可能推卸的。不管子女有多大年纪，有多少学问，有多高地位，父母总是子女的教育者，子女总要接受父母的教育。而且，家庭中的教育者和受教育者是不可分离的，家长是子女终生的教育者，子女总是家长的受教育者。

家庭教育中的教育者和受教育者之间所固有的血缘关系，决定了他们之间的感情非常深厚、真挚；他们之间根本利益一致的关系，决定家长教育子女的责任感和迫切感更为强烈。但由于教育者和受教育者双方都是一身而二任的，是双重角色、双重身份，这样在教育和日常生活中也容易发生角色“错位”和冲突，造成教育的某种困难或者失败。

三、教育者自身的条件不同

学校的教育者——教师，一般都是接受过系统的职业培训，具有一定的教育工作能力的专职教育工作者，他们的唯一任务和全部工作就是培养教育学生。而从事家庭教育工作的教育者——家长，一般都没有接受过系统的职业训练，缺乏教育理论修养和知识，对教育工作不太熟悉，一般来讲教育工作不是他们的专长。

学校的教师一般都是经过教育行政部门进行业务考核、政治审查、品德鉴定，并被确认合格，能够胜任教育教学工作，由教育行政部门任用的。有的国家还实行教师资格考试制度，只有取得了教师资格证书的人，才可以任教，当教师。在教育工作中，如发现教师不适合继续做教育工作，就要调离教育工作岗位。如果学生认为教师不理想，不能胜任教育教学工作，还可以建议学校领导予以调整工作，根本不适宜留在学校的还可以调离教育界。学生不满意教师的教育教学工作，可以转学，也可以通过考试在升学时升入另一所更理想的学校。

而家庭教育者，不经过什么“考核”、“考察”，不需要有什么教师“资格证书”，不是由谁来“任命”，只要有权利结婚的人，有能力生育子女，就自然而然地成为子女的教育者。学校的教育者可以更换，可以选择，而对于子女来说，家庭的教育者是不容更换和选择的，不管合格不合格，称职不称职，是家长，是父母，就是子女的教育者，而且一般都是终生的。除非父母离异，再娶再嫁。因此，家庭的教育者，其素质和条件是参差不齐的，不见得所有家庭的子女教育工作都效果很好。

就实施教育的具体情况看，学校的教育者，其全部精力和时间几乎全都用在学生的教育教学工作上，是全力以赴地从事教育工作。而家庭的教育者，不是专职的，他们不可能将全部时间和精力都放在子女教育工作上。他们都各有自己的社会职业，教育子女只能在工作、劳动之余进行，因此在孩子教育上花费的时间和精力，相对来说，都是有限的。

四、确定培养目标的依据不同

任何教育工作都有自己的培养目标。所谓培养目标，就是最终要把受教育者培养造就成为什么样的人，这是教育工作的一个根本问题。培养目标确定得是否正确，是否符合社会的需要，关系到教育工作的成败。

学校教育的培养目标，是根据党的教育方针，或根据社会主义教育的性质、目的和任务，由国家确定的，各级各类学校必须像对待法律那样，坚决照办，努力去实现。此外，各级各类学校还要接受国家教育行政部门的直接监督，任何人不能随意改变。

而家庭教育，尽管不可避免地要受社会与时代的影响和制约，但在培养目标的确定上，并不完全相同于学校教育，它在很大程度上取决于家长，特别是父母的意志，受父母的经历、思想觉悟、文化素养、职业、志趣和爱好的影响。由于学校教育和家庭教育的教育对象是相同的，就是说，受教育者既是学校的，同时也是家庭的，这样在儿童、青少年面前，有两种培养目标，一是学校的，一是家庭的。在阶级社会里，不同阶级的家庭，有不同的培养目标。即或是处于同一阶级地位的家庭，由于每个家庭的经历和状况不同，其子女的培养目标也不见得都一致。实际上，在一般家庭里，子女的培养目标往往是双重的。

五、教育内容不同

学校教育的教学内容，是由国家教育机关根据党的教育方针、培养目标，按照各级各类学校的不同性质、任务，各学科本身的逻辑体系和各学科之间的关系，以及学生的不同年龄阶段的心理发展水平、认识能力来确定的。教育教学内容，有国家教育主管部门制定的教学大纲来指导，有相对稳定的、系统的、科学的教材为依据。教育教学内容，一般不能随意更换，教师要按照教育教学大纲进行教育教学工作。

而家庭教育的内容，则一般没有什么固定的内容，常常是家长认为需要什么就教什么，发现什么问题或情况，就进行相应内容的教育和训练；或是做什么，教什么，遇到什么事，就教什么内容，没有系统的教育教学内容，较为灵活机动。

学校教育以教学为中心，大部分时间用于系统地向学生传授各种科学文化知识；而一般家庭对子女的教育，多是侧重于思想品德、行为规范方面的教育和训练，培养社会生活适应能力和自立的能力。至于文化科学知识方面的教育，一般是配合学校进行学习目的、学习态度、学习习惯的教育，督促或辅导科学文化知识的学习，是学校教学的补充和助手。

六、教育的方法、途径不同

学校教育的基本途径是课堂教学和各种有组织的教育活动，教育教学活动有组织、有领导、有计划、有步骤、有检查、有考核。家庭教育一般没有什么计划，在日常的家庭生活中，通过家长的言传身教和家庭生活的实践，随时随地进行；而且在许多情况下，教育工作是在家长无意之中进行的。就是说，家庭教育工作往往寓于日常的家庭生活之中。

学校的教育教学工作，其基本组织形式是班级授课，同一年龄阶段或知识水平大体相同的学生组成班集体，一起学习，一起活动，一起受教育。学校的教师教育学生，一般是面对集体，通过集体，使学生在集体生活和集体活动中受到教育和训练，个别教育和训练是辅助形式。家庭教育一般都是面对面的个别教育、个别指导、个别训练，尤其是独生子女的家庭教育，更是如此。

七、组织管理不同

学校教育是国家教育体系最重要的组成部分，是教育事业的主体，它自成体系，有相应的国家教育行政领导机关进行组织、领导、管理、监督，它必须接受国家制定的教育行政法令和规定的制约，不得各行其是。如有违背或偏离，有关领导可以直接干预。

家庭教育在各家各户内单独进行，家庭不是专门的教育机构，没有相应的教育行政部门直接领导、管理，它有很强的独立性。家长不是专职教育工作者，但在家庭里，他们的身份和权利，决定了他们是子女的全权教育者，究竟对子女进行什么样的教育和训练，如何进行教育和训练，怎样管理、要求子女，这一切全都由家长决定并负责实施，家长有很大的自主权，在管理、教育、训练子女中，只要不发生侵犯子女的人身权利或伤害子女以至触犯国家法律的事，别人是无权直接干涉的。国家、社会、学校和指导儿童教育工作的社会团体，对于家庭如何教育子女，进行什么样的教育和训练，只能通过适当的途径和方式进行宣传、引导，向家长普及推广教育子女的科学知识和先进经验，不能强制执行。

家庭教育的这些有别于学校教育的特殊情况，是我们探索家庭教育规律的依据和出发点，也是搞好家庭教育的关键之所在。

第二节　家庭教育的优势

家庭教育是在特定的环境（家庭）里，由特定的教育者（家长）对有特定关系（血缘关系）的受教育者，通过特定的教育途径和方式方法实施的一种教育，它是教育的一种特殊形式。家庭教育的特点，对家庭教育的矛盾做出了质的规定，从而决定了它在促进儿童、青少年身心发展中的优势；同时，也有其短处，或叫不利因素。要把家庭教育搞好，必须充分认识其优势，正视其短处和不利因素，以便在实践中扬其长，避其短，最大限度地发挥其优势，并创造条件，化不利因素为积极因素。

我们首先看一看家庭教育具有哪些优势。

一、广泛的群众性

每个人都出生在一定的家庭。每个家庭，每对夫妻，只要有了子女，其生理和心理是健康的，都要承担教育子女的责任；每个有家庭的孩子，都要或多或少地、直接或间接地接受家庭的教育和影响。总之，凡是有了第二代的家庭，都毫无例外地是一个教育场所。在社会上，有多少个正常生活的家庭，就有多少个教育下一代人的场所，儿童、青少年就有多少个接受教育的课堂；有多少个家长，就有多少个教育者。自有家庭以来，古今中外，都是如此。当然，不同社会、不同阶级、不同形式的家庭，其教育有不同的内容和特点；即或是同一社会、同一阶级、同一形式的家庭中，具体到每个家庭的子女教育工作也有不同的情况和效果。但是，家庭教育的这种极为广泛的群众性，是其他任何教育形式都不能比拟的。

以我国为例。我国是一个有十几亿人口的大国，在总人口中，三分之一是儿童、青少年。全国各级各类学校的专职教育工作者是培养教育儿童、青少年一代的中坚力量。此外，如果按我国现有 3 亿多个家庭计算，那么全国至少有 5 亿个家长在承担着教育儿童、青少年的任务。如果我们把全国所有的家庭和家长都动员起来，人人都重视子女教育，家家户户都实行科学育人，那么，这将是一支多么宏大的教育工作者的队伍，是一股多么强大的教育力量！学校和家庭相互配合，对于我国儿童、青少年的健康成长肯定是十分有利的。

在一般的中小学里，一个教师至少要负责管理教育几十个学生；而在家庭教育的“课堂”里，家长一般只负责管教几个孩子，或是几个家长共同管教一个孩子，如独生子女家庭。当然，管理教育孩子的效果如何，并不完全取决于教育者的绝对数量和教育者与受教育者的比例大小，而主要取决于教育者本身的素质，即思想觉悟、工作态度、业务水平和教育能力等方面的条件。但是，教育者负责管理教育孩子数量的多少，同教育效果也有很大的关系。在家庭里，父母管教一两个孩子，负担比较轻，时间和精力相对比较充裕，管得更加细致，照顾得更加周到，个别教育也容易做到，可以避免和克服学校教育中出现的一般化和顾此失彼的现象。特别是对于年龄较小的孩子来说，需要教育者对他们进行的生活管理、个别指导、个别教育、个别训练要多一些，家庭教育的效果要比学校教师对学生的集体管理、指导、教育和训练更好一些。

在我国，随着改革开放的不断深化，生产力水平的提高，国民经济的发展，人们在生育子女数量上的观念，即多生孩子还是少生孩子（国外人口学者称之为理想的子女数），在不断发生变化，总的发展趋势是越来越少。近些年来，我国实行计划生育政策，提倡少生优育，这样，父母对孩子的期望值更高，自然也更加重视子女的家庭教育。他们肯下功夫，舍得在子女教育上花时间、精力，如饥似渴地学习儿童保健和教育方面的科学知识，努力提高自己的教育能力，加强教育者的自身修养，改善家庭教育工作。家庭人口的减少，家庭结构的逐步简单化，家务劳动现代化、社会化的水平不断提高，这些都使得家长的家务负担日趋减轻，人们可以有更多的时间和精力对子女进行管理和教育。广大人民群众物质生活水平大幅度地提高，也给家庭教育提供了越来越优越的物质条件，家长也有可能对孩子多进行智力投资。随着社会主义精神文明建设的进展，儿童、青少年的家庭教育越来越引起家长的广泛重视，一种重视子女教育工作的良好社会风气正在形成。以重视子女教育为荣，以不重视子女教育为耻，逐步成为广泛的社会舆论，广大家长教育子女的积极性、主动性和自觉性空前提高，这使我国家庭教育工作的广泛的群众性进一步得到充分发挥，家庭教育的力量更为壮大。

特别是 20 世纪 80 年代以来，我们国家从中央到地方的各级党政领导、教育部门、群众团体、宣传机构，都非常重视家庭教育工作。老一辈无产阶级革命家陈云同志在党的全国代表会议上曾经强调指出："希望所有党的高级领导人员，在教育子女的问题上，给全党带个好头。"不少党的基层组织把子女的教育问题，列为组织生活的重要内容，并作为评选优秀党员、干部的条件之一。中共中央 1981 年颁发的十九号文件，要求各级妇女组织把妇女工作的重点放到少年儿童工作上去。1983 年第五次全国妇女代表大会上，康克清同志在报告中强调指出"要重视和改进家庭教育"，要求全国妇女"做好母亲，当好园丁"。1984 年全国妇联召开了全国农村家庭教育现场经验交流会。1985 年 10 月，党中央为了加强青少年的思想教育工作，又专门颁布了二十号文件，对家庭教育、学校教育、社会教育都提出了原则要求。1987 年 4 月 14 日，中央军委副主席聂荣臻同志专门就抓好干部子女的家庭教育问题，写信给解放军总政治部主任余秋里同志。信中指出："在今后考核干部时，也把他对子女的教育情况列为德才表现之一，认真考核。"1988 年 6 月，全国妇联和国家教委联合召开了新中国成立以后第一次"全国少年儿童家庭教育研讨会"，总结了家庭教育工作的经验，推动了家庭教育工作进一步向广泛、深入发展。

前些年，在全国城乡普遍开展的“五好家庭”评比活动，“教育子女好”是重要的评比条件之一。为满足广大家长对家庭教育科学知识不断增长的需求，各种类型的家长学校，如中小学、幼儿园举办的家长学校，“新婚夫妇学校”、“孕妇学校”、“父范学堂”、“母范学堂”、“奶奶姥姥班”等，如雨后春笋般地在全国城乡涌现。各种形式的家庭教育咨询活动，也普遍开展。与此同时，从中央到地方的广播、电视、报纸、刊物、文艺、出版等宣传部门，采取多种形式宣传家庭教育的重要意义，推广先进的家庭教育经验，传播教育子女的科学知识。

为加强家庭教育理论研究和家庭教育科学知识的普及，各省、自治区、直辖市以及市县、区乡，相继成立了“家庭教育研究会”、“家庭教育促进会”等群众性的学术团体，并在此基础上成立了“中国家庭教育学会”。

1991年9月4日，第七届全国人民代表大会常务委员会第二十一次会议通过并颁布了《中华人民共和国未成年人护保法》，规定父母或其他监护人要依法对未成年人履行监护、抚养和教育的义务。1992年2月16日，国务院颁发了《九十年代中国儿童发展规划纲要》，要求“发展社区教育，建立起学校（托幼园所）教育、社会教育、家庭教育相结合的育人机制，创造有利于儿童身心健康、和谐发展的社会和家庭环境”。号召社会各界，“因地制宜，采取多种形式，通过多种渠道，广泛深入地宣传、普及家庭优生、优育、优教的基本知识”。

2000年2月1日，时任国家主席江泽民发表了《关于教育问题的谈话》，对家庭教育予以极大的关注。他指出：“现在大多数家庭都是独生子女，生活条件好了，家长有‘望子成龙’的思想，希望子女能够受到更好的教育，也是自然的。我们的学校、教育部门以及党和国家的其他部门，都要注意做工作，把家长希望子女成才的迫切愿望、教师教书育人的心情和学生学习的积极性，引导到正确的方向上来，全面提高青少年的素质。”

2016年12月12日，国家主席习近平在会见第一届全国文明家庭代表时的讲话中指出：“无论时代如何变化，无论经济社会如何发展，对一个社会来说，家庭的生活依托都不可替代，家庭的社会功能都不可替代，家庭的文明作用都不可替代。我们要努力使千千万万个家庭成为国家发展、民族进步、社会和谐的重要基点，成为人们梦想启航的地方。”

一个全党、全社会关心重视儿童、青少年家庭教育工作的大好形势正在我国出现。随着改革开放的不断深入，可以预见，家庭教育的广泛的群众性，必将得到更进一步的体现。总之，家庭教育广泛的群众性，是它的一大优势。

二、强烈的感染性

感染性指的是人的情感在教育中的作用，也就是人们平常所说的感化作用。

所谓情感，是指人们在同周围人和事物的接触交往过程中，所引起的喜、怒、哀、乐等内心态度。情感有一个重要的特点，即它具有感染性，就是能“以情动情”。一个人的情感，在一定条件下可以影响别人产生同样的或与之相联系的情感体验。这种情感体验或是相同方向的，比如，你喜他人也喜，你忧他人亦忧；也可能引起相反方向的情感体验，比如，“幸灾乐祸”，你忧他人反而乐，等等。这种现象就是情感的感染性。情感的感染性，像是无声的语言，对人起着感动和感化的作用，它是一种潜移默化的力量，在教育工作中有着特殊意义。

家庭教育是在家庭范围内、在家长和子女之间进行的。家庭成员之间一般都具有血缘关系，家庭是成员之间关系最亲密的社会团体，父母子女之间的关系尤为亲密。家庭中的教育者和受教育者之间的关系，不同于学校的教育者和受教育者之间的关系。他们之间不仅存在着一定程度的不可分离性，而且有着十分亲密的感情上的联系。战国时期的思想家韩非曾经说过：“人之情性莫爱于父母。”这是说人与人之间的感情没有能超过父母子女之间的感情的。人与人之间的感情越亲密，相互之间情感的感染性越强，感化作用越大；反之，则感染性越弱，感化作用越小；如果人与人之间从感情上就对立，不可调和，那么，相互之间感染性就发生相反的作用；人与人之间没有感情，就没有什么感化作用，“无动于衷”就是形容这种情况的。由于父母和子女之间的天然感情是无可比拟的，所以，在家庭教育过程中，情感的感染性发挥着非常重要的作用。

我国古人很早就注意到了这一点。北齐颜之推在他的家庭教育专著《颜氏家训》中，开宗明义地指出："夫同言而信，信其所亲；同命而行，行其所服。禁童子之暴谑，则师友之诫不如傅婢之指挥；止凡人之斗阋，则尧舜之道不如寡妻之诲谕。"① 这是说，同样的话，人们一般都更相信关系密切、感情亲近的人所说的；同样的指令，人们一般首先听从在自己心目中有威信的人所发出的。纠正、禁止儿童的不良行为，学校老师和朋友的规劝，还不如家庭教师和家里的仆人说的话更起作用；人们争吵、斗殴，旁人用尧舜先王之天理劝解，还不如自己的妻子劝解更有效。这是什么原因呢？不是说师友无能，也不是尧舜之道本身就没有说服力，这里是说关系亲密、感情亲近的家庭成员所讲的话，比别的人所说的话更容易使人相信、理解和听从。理由何在？因为家庭成员之间的情感具有强烈的感染性，有巨大的感化作用。情感在这个过程中起着不可估量的作用，这种作用就是很有逻辑力量和说服力量的语言都无法相比的。颜之推之所以撰写家庭教育专著，劝导人们重视家庭教育，就是由于他首先充分看到了家长对子女在情感上的巨大感染作用。

中国古代的教育学专著《学记》一书，在谈到教育工作中师与生的关系问题时说："亲其师，信其道。"只有学生与教师之间产生了亲密深厚的感情，学生才会对教师的教诲深信不疑，教师的教育作用才更大，效果才更好。同样，在家庭教育中，子女一般能够听从家长的话，服从家长的管教，也是这个道理。每个人都是父母所生，从小长到大，一般都是由父母亲手抚养。就是说，孩子的生命不仅是父母给予的，出生以后，孩子所赖以生存和生活的一切物质条件和精神条件也都是父母提供的。孩子迈出的第一步，是父母牵着手学会的；是父母指引孩子认识周围的人和事物的；孩子掌握进行交往的工具——语言和独立活动的能力是父母教会的；是父母最真诚的爱抚、关心、体贴和无微不至的照顾，满足了孩子精神上和物质上的种种需要；孩子的每一步成长，都凝聚着父母的心血和辛劳。对此，子女是亲身经历的，对父母之纯洁、神圣的感情有最深切的体验。《诗经》上说："父兮生我，母兮鞠我，长我育我，顾我

① 《颜氏家训·序致》。

复我，出入腹我。”① 这是描述子女在回顾父母养育自己成长的过程时的感激之情：父母生养了我，父母又亲手抚养教育了我，我每次离开家外出的时候，他们总是老远地望着我，我不在家时，他们心里还总是惦念着我。子女的这种心情和感受，是热爱、敬重父母和听从父母教诲的感情基础。

父母对子女有一种特殊的亲切感，父母和子女心连着心，情连着情，常以子女之忧为忧，以子女之乐为乐；同样，子女对父母也怀有深切的依恋、爱戴之情，父母的喜怒哀乐也时刻感染着子女，牵动着子女的心。子女对父母有一种特殊的信任感，父母支持什么、反对什么，喜欢什么、厌弃什么，期望什么、否定什么，子女最能心领神会，即或是不说，凭自己的直觉也会体察到，并且深信不疑。对父母的要求、教诲，以至于批评，从感情上愿意接受，也能接受得了。在正常的父母子女关系之下，子女一般都愿意并努力以自己的言行和学习、工作中的优异成绩取悦父母，不愿意并尽可能避免因自己的过失而使父母失望、伤心，给父母增添烦恼和忧愁。子女对于父母的情感变化最敏感，有时甚至是很细微的变化也能为子女所觉察，直接影响到子女的情绪、态度，产生相应的反应，出现情感上的共鸣，甚至决定子女的行止。在父母教育子女过程中，说服教育再伴之以情感上的感化作用，往往会大大加强教育的力量并提高教育的效果。伟大导师马克思曾经这样说过：“还有什么比父母心中蕴藏着的情感更为神圣呢？父母的心，是最仁慈的法官，是最贴心的朋友，是爱的太阳，它的光焰照耀着我们心灵深处的意向！”这是对父母之情在教育中巨大感染力量和作用的形象而真实的写照。

在家庭教育中，家长的情感感染力的大小，同家长和子女之间感情亲密、真挚的程度有直接关系。感情越亲密、真挚，感染力就越大；反之，感情越是淡漠，越是疏远，感染力就越小。父母和子女之间根本没有什么感情，或是对立，就没有任何感染力。要充分发挥家庭教育中情感的感染作用，家长要真诚地爱孩子，亲近孩子，体贴、关心孩子，密切与孩子的感情，设法取得孩子的信赖，并且为子女所依恋。当然，父母爱自己的子女，这是一种天然的感情，是人之常情。

---

① 《诗经·小雅》。

一般的父母，往往不太重视情感的感染力在家庭教育中的作用。因此，有的不大珍惜建立、巩固和加深父母子女之间的感情，对子女说话，处理子女的问题，有时不讲究方式方法，不控制自己的感情，不注意自己的态度，好冲动，常常为一点点小事发脾气，辱骂孩子，不管有没有外人在场，任意伤害孩子的感情。这对于子女教育工作是很有害的。伤害了孩子的感情，将会极大地削弱家长教育的力量。这种情况在亲生父母与子女之间时有发生。而在那些再建家庭里，做继父、继母的，却是深知并且非常重视情感在教育中的感染作用。在他们取得非亲生子女的理解和信任前后，教育子女的效果大不相同，对此，那些做继父、继母的人有非常深刻的体会。

西汉刘向的《列女传·母仪篇》中记载过这样一个感人的故事：

战国时期，齐国人芒卯丧妻，留下五个孩子，后来他娶魏国孟阳之女为妻，又带来三个孩子。芒卯前妻的五个孩子都不喜欢这位继母，对她存有戒心，根本不听从继母的管教。继母不介意，认为主要是没有和芒卯前妻的孩子们建立起母子之间的感情。于是，她千方百计地亲近、体贴、关心、照顾他们，并且要求自己亲生的三个孩子，不要同那五个兄弟姐妹争吃争穿。尽管如此，那五个孩子还是疏远继母，冷眼看待继母，不听她的话。后来，芒卯前妻的一个孩子不慎犯法，要治以死罪。继母得知以后，非常焦急，她每天东奔西跑，不辞辛劳，设法搭救。有人劝她说："既然那几个孩子都不喜欢你，不听你的话，你何必这样为他奔波呢?"这位继母说："我虽然不是他们的生身母亲，可继母也是母亲呀。我作为孩子的母亲，如果不爱孩子，怎么能算得上慈母呢？如果我只关心自己亲生的孩子，而不关心芒卯前妻的孩子，那不是背弃义理了吗?"这位母亲的义举被魏安釐王得知，称赞她深明大义，当即下令赦免了那孩子的罪过。继母的行动深深打动了那五个孩子的心，他们确认继母和生身母亲一样真诚地爱他们。从那以后，五个孩子都亲近、依恋、信赖母亲，个个都听从母亲的教诲。

这个故事，充分表明这位母亲有高尚的品质和情操；同时，从中也可以看到父母和子女之间感情亲密、真挚的程度，决定子女对父母信赖的程度，当然也决定了教育的效果。

在家庭教育中，情感的感染作用的大小，同子女的年龄特征也有密切关系。一般情况下，子女年龄越小，家长情感的感染作用越大，效果越显著。儿童、青少年的情感比较丰富，独立生活能力较差，独立意识也不强，对父母非常依恋；他们的自我控制能力比较差，很容易表露；他们的情感不大稳定，在外界条件的刺激和影响下，很容易发生变化。特别是对父母情感上的变化，子女在情绪上反应极为敏感，子女的情绪常常是父母情感的“晴雨表”，极容易为父母的情感所感染。比如，孩子犯了错误，教师或别人的耐心说服、严肃批评，不一定使其动心；而当父母为他们的错误而痛心地掉下眼泪时，子女往往很动心，能主动承认并且检讨自己的错误，甚至会含着眼泪痛表改正的决心。古代孟轲之母用“断织”的方式激励孟轲读书学习的故事，历来被人们传为佳话。这不仅仅是因为孟母的教育方式形象生动，还在于孟母对孟轲逃学的悲痛、激愤之情，对孟轲幼小心灵的感染起了巨大的作用。同样，如果子女做了好事，有明显进步，或是在学习上取得了很优异的成绩，父母由衷高兴、愉快、自豪的心情，也会极大地感染孩子，促使孩子继续努力，争取更好的学习成绩。

当孩子逐渐长大以后，尽管父母子女之间感情也是深厚的，但是，由于长大以后的子女独立意识加强，独立生活的能力提高，对父母的依恋程度也相应减弱。他们的情感逐步变得内向，不易外露，也较前更为稳定，不像小时候那样容易为外界的刺激和影响所左右。因此，父母情感对子女的感染性也渐不如前。当然，孩子长大了，父母情感的感染性在教育中还是有一定的作用的，但说理教育、以理服人所起的作用则大为加强。现实生活中，许多青少年的父母常常抱怨孩子不理解父母的一片苦心，就说明了这样的问题。

家庭教育中父母情感的感染性，无论是对子女进行正确的积极的教育，还是反面的消极的影响，都有巨大的作用。比如，孩子参加社会公益劳动，如果父母从内心感到对孩子有好处，很高兴，全力支持，并且勉励孩子要好好干，那么，孩子在劳动中的积极性就会很高涨；相反，假如父母心疼孩子，怕孩子受累吃苦，极力阻拦，或是采取漠不关心、无所谓的态度，孩子的劳动热情就会受到影响，思想上的收获也不会大。再比如，子女大学毕业，要到艰苦的地方去工作，如果父母为子女的选择感到由衷高兴，认为这是孩子有出息的表现，那么，就会解除子女的后顾之忧，决心更加坚定；假如父母态度暧昧，情绪低落，或是哭哭啼啼地舍不得子女离开父母，那么，就会动摇子女的决心。

在家庭教育过程中，父母情感对子女的感染作用，在任何时候、任何情况下都不能低估。我们要充分认识并努力发挥家庭教育的这种优势。要发挥这种优势，关键在于家长。家长要树立正确的教育思想，要有健康的情感，和子女保持密切的关系，建立正常的感情关系，随时随地注意对子女施以积极的情感感染。

三、特殊的权威性

权威，是一种社会关系，它以意志服从为特征。在社会生活中，不能忽视、否定权威的作用。没有权威，连正常的社会生活都不能维持。比如，一个国家没有法律的权威性，社会秩序就不能维持，人民生活就不能安定。一个单位，没有领导的权威性，有令不行，有禁不止，这个单位的工作、生产根本无法开展。交通民警和交通规章制度如果没有权威性，车辆横冲直撞，行人随便乱闯，交通秩序肯定会十分混乱。同样，在家庭生活中也不能没有权威。一个家庭里没有应有的权威，这个家庭的正常生活也难以维持。

权威在教育工作中的作用，更是不容忽视的。权威和服从是相对应的，二者是相辅相成的，有权威，就必须有服从。教育者在教育工作中居于主导地位，教育者有权威，才能有效地管理、教育受教育者。只有受教育者服从教育者的管理、教育，教育工作才能顺利进行，并能达到预期目的。家庭教育与学校教育、社会教育相比，具有更大的权威性。在家庭教育中，作为教育者的家长，在子女心目中有权威，这是家长有效地教育和影响子女的重要条件。家长越是有权威，对子女的要求和教育越有可接受性，教育的效果就越具深刻性和持久性。如果家长在子女心目中没有什么权威，说了话，子女不听，提出要求，子女不接受，表扬没有激励作用，批评也没有刺激作用，子女根本不把家长放在眼里，家长说什么，孩子都当耳旁风，那么，这样的家庭教育的效果就等于零。家长的权威是家庭教育成功的前提和保证。

在家庭的日常生活中，子女们都会看到，家长是家庭生活的组织者，是家庭生活的支柱，是自己生存和生活的依靠者。一般说来，没有家长的支撑，家庭是难以存在的。在社会生活中，家长参加社会工作，进行劳动、生产，通过艰苦的努力，为社会创造物质财富和精神财富，得到社会的承认和尊重。家长经历过较为长时期的社会生活实践磨炼，有较深的阅历和丰富的经验，在思想上更为成熟，能正确处理家庭内外的各种事务。这一切，子女在同家长长时间的相处过程中，耳闻目睹，都有切身的体会和深刻的了解。家长在子女心目中的地位是重要的，家长在子女心目中的形象也是高大的，子女由衷地佩服、尊重和信任他们。因此，家长享有较高的威望，有较大的权威。特别是在社会主义社会里，人与人之间是民主、平等和相互尊重的关系，在家庭生活中，子女在人格上同家长是平等的，子女的个性也受到家长的尊重，这样，家长在子女心目中的威望更高，教育的权威性更大，家长的话在子女心目中的分量更重。

家长的权威性主要体现在：家长的教诲，子女能够听从；家长的批评，子女能够接受；家长的意图，子女能够心领神会；家长所希望的，子女能够努力做到、做好；家长所反对的，子女能自觉地不去做，或是能克制自己的欲望。总之，家长的意志对于子女的言行有较大的制约性。这种制约性，要比其他人对孩子的制约性更大。

值得注意的是，我们这里所说的家长的权威，同封建社会家长制下的家长的“权威”是有原则区别的。在家族制盛行的封建社会里，家长是“一家之主”，有绝对的“权威”，有极大的权力，子孙和其他家庭成员必须绝对服从。正所谓“天无二日，土无二王，家无二主，尊无二上”①。这种情况在世界各国的封建制度下都是一样的，但在中国尤为严重。像这样至高无上、绝对的“权威”，表面看来很大，但在教育上并没有任何积极意义，只能引起受教育者的反感和对抗，即或是服从，也是口服心不服。这不是真正的权威，是虚假的权威，当然也不是我们所肯定和提倡的。

我们所肯定和提倡的家长的权威，是社会主义的、建立在尊敬和信赖基础之上的权威，也只有这种权威在子女教育过程中才具有积极的意义。子女之所以服从家长的管教，听取家长的教诲，领会家长的意图，能做到令行禁止，并

---

① 《礼记·坊记》。

不完全是由于惧怕家长，而主要是出于对家长的尊敬和信赖。从内心承认家长的管教是合理的，家长的教诲是有益的，家长的意图是正确的。子女在接受管教的过程中，不完全是消极被动的，而是带有一定程度的自觉性和主动性。

但是，也必须明确，我们强调家长的权威是以尊敬和信赖为基础的，这并不意味着完全否定教育中的强制性。这个道理与公民遵守法律、学生遵守学生守则和规章制度一样。因为公民遵守法律，学生遵守学生守则和规章制度，并不都是迫不得已，对于多数人来说是自觉的，对少数不遵纪守法的人来说，才具有强制性。既需要强制而又能够强制，这是权威性的具体体现。在家庭教育中对子女实行强制性管理和教育，也是家长权威的一个体现。特别是对那些年龄较小、不太懂事的孩子，或是对于某些虽然懂事，但已养成了不良习惯的孩子来说，实行强制性教育和管理，不仅是完全必要的，也是大有好处的，并不违背教育原则。

战国时期的《韩非子》一书，曾记载了这样一段话："夫婴儿不剃首则复痛，不揊（pì）痤则寖益。剃首、揊（pì）痤必一人抱之，慈母治之，然犹啼呼不止，婴儿子不知犯其所小苦，致其所大利也。"① 这段话的意思是说，据说婴儿长时间不剃头，就会头疼，越是不剃，就会越疼；而一旦剃了头，就可以使头疼减轻。婴儿头上长了疖子，挤出脓血，就好了，如不挤出脓血，就会越来越严重。父母要减轻婴儿的病痛，说服动员他们不懂，那就得由父亲紧紧搂住孩子的手脚，由慈母亲手给婴儿剃头或挤脓血，强行给予治疗。可孩子却是"啼呼不止"，极力挣扎反抗。这是为什么呢？是因为孩子"不知犯其所小苦，致其所大利"，就是不懂吃点小苦头，可以治好大病的道理。这个故事说明，对于不懂事的孩子，该强制的就要强制，治病时需要，纠正孩子的不良行为时也是需要的。

诚然，在实施家长权威的时候，允许有必要的强制，但绝不是说权威完全等于强制，更不是说只有实行强制，才能发挥权威的作用。而是说在特定的情况下，实行强制也是家长权威的体现，也是在教育孩子。比如，刚刚会走路的孩子，对周围的一切事物都好奇，哪怕是电视机的插座，他也要试着摸一摸，

① 《韩非子·显学》。

这是十分危险的。家长给他讲道理，说摸插座能电死人，这对于不懂事的孩子来说简直是“对牛弹琴”。那么，怎样才能制止这种危险的举动呢？只有一个办法：只要他一伸手去摸，家长就要狠狠地打他的手，再摸再打，有这么几次他就不再想去摸了。这就是强制，对于不懂事的孩子也只有用这种强制的办法才能教育他，再也不去摸插座。对于已经懂事的大一点的孩子，要尽可能多用说服教育的方法，跟他们讲道理，以理服人。就是在强制的时候，也要尽可能伴之以说服教育，只有这样，才能更好地发挥家长权威的作用。

对于子女来说，家长的权威也并不是天然的，不是自然而然形成的。只有那些真正关心孩子、爱护孩子，能够以身作则，严格要求自己，处处给孩子做出好榜样，并能为孩子所领会的家长，才能有较大的权威。马卡连柯说过，家长的权威，“主要基础只能建立在父母的生活和工作上，建立在父母的公民面貌和父母的行为上”①。事实也充分表明，只有那些能够严肃对待生活、事业、家庭，在社会上是一个合格的公民，在工作、生产中做出优异成绩，在家庭生活中是子女的表率的家长，才能赢得子女的尊重和信赖，在子女心目中才有更大的权威，成为子女的良师益友。相反，那些在社会上不是一个好公民，在工作、生产中不负责任，在子女面前没能做出好榜样的家长，就很难怪子女看不起他们，肯定没有什么权威，子女不会听从他们的教诲。

家长的权威在子女教育中有重要作用，是家庭教育的一大优势，应当努力建立和维护这种权威。为此，夫妻之间要相互尊重，相互支持，共同提高威望，不能互相贬低、拆台。家长的权威作用在子女教育中具有特殊意义，它有助于家长顺利教育子女。但是，绝不能把家长的权威视为管教孩子的“尚方宝剑”，随意地滥用，从而把家庭教育简单化；更不能借自己的权威，去任意谩骂、殴打、体罚孩子。有极个别家长，自恃家长的权威，去掩饰自己的错误行为，这更是有害无益的，要坚决杜绝。

① 《马卡连柯全集》第4卷，人民教育出版社1957年版，第409页。

四、鲜明的针对性

所谓针对性，是指教育工作能从实际出发，有的放矢，而不是凭想当然，不是一般化的说教。相对来说，家庭教育的针对性更强。

教育工作的针对性，其前提条件是充分了解教育对象。人们常说："知子莫如父。"最了解自己孩子的是家长，是父母。这种说法不无道理。子女从一生下来，就进入家庭生活，同父母生活在一起，朝夕相处，形影不离。子女是在父母亲手抚养下成长的，是父母眼看着长大的。父母对子女深切而真挚的爱和望子成龙的迫切感、责任心，促使父母每时每刻都在注视着子女的一言一行，洞察子女瞬间的情绪、情感的变化。父母不仅熟悉子女的过去和现在，而且还能根据子女身心发展的过程及其个性特征，预测子女的未来。

父母之所以能如此了解、熟知子女，并不仅仅是由于长时期地共同生活的缘故，更重要的是由于父母和子女有特殊的关系——血缘关系和根本利益一致的关系。父母与子女亲密无间，子女对父母十分信任。相互信任，是相互了解的前提条件。在家庭范围内，在父母面前，子女无拘无束、随便、自然，没有什么思想顾虑，行为上不必加以掩饰、伪装，思想上不必有什么隐瞒，能够敞开思想；是怎么想的就怎么说，可以直接地表露自己的观点；是怎么想的就怎么做，能做到表里如一、言行一致。子女的优点、长处在家庭生活中表现得最充分，缺点、短处、毛病也是暴露无遗。子女在父母面前的坦率、直爽，使得父母有可能做到比其他任何人更加真实、深刻、全面地了解和掌握他们本质的思想面貌和个性特征。再加上子女较为长期而连续地同父母生活在一起，父母能够更系统地观察子女，因此，也能对子女身心发展的过程和趋势了如指掌。

父母对子女情况全面深刻而系统的了解，使家庭教育能比较容易地做到从孩子的实际出发，因材施教，"对症下药"，从而进行有针对性的教育。家庭教育针对性的优势体现在：不仅孩子的问题抓得准，抓得及时，教育内容和教育方法选择得适当，也可以做到发现问题的苗头，采取有效的预防措施，防微杜渐，把问题消灭在萌芽状态之中，免得问题发展得不可收拾，再放"马后炮"，造成被动。这样有针对性地进行教育，其效果肯定是十分明显的。

我们说，家长比别的人更了解、熟知自己的子女，但也不能一概而论，并不是说所有家长都深切了解自己的子女。有的父母，尽管也是每天和子女生活在一起，可对子女的思想品德、文化学习、社会交往等情况却是若明若暗，只看到一些表面现象，对子女是只知其一，不知其二。极个别的父母，甚至对子女的情况是一问三不知。像这样的父母，对子女进行教育很难做到有针对性。即使有时发现了一些问题，也只不过是照例唠叨几句，说不到点子上，批评不到要害上，犹如隔靴搔痒，不能解决任何问题。有的父母，发现了孩子的某些问题，不了解事情的来龙去脉、前因后果，一上来就大发雷霆，常常把问题给搞错了，冤枉了孩子。更有极个别家长，自以为很了解自己的孩子，总觉得还不错，没有发现什么问题，于是盲目乐观，大放其心，结果到孩子出了大问题、捅了大娄子，才如梦初醒。

出现这些情况的原因如下。

一是不负责任。这种父母是“只管生，不管教”，或是“只管吃喝穿戴，不管表现好坏”，没有尽到父母应尽的社会责任和义务。他们以为将孩子生下来，就完成了任务，至于孩子能混成什么样子，就全看他们自己的了。有这种想法和认识，肯定不会去观察、了解孩子的身心发展情况。

二是思想麻痹。对子女在外边的情况不闻不问，漠不关心，总以为自己的孩子不会学坏，自信自己的家庭里不会出“败家子”。对于子女思想情绪上的变化反应迟钝，有点麻木不仁。其实，儿童、青少年在思想上出现了什么问题，在情绪上总会有一些反映，行为上出现什么问题，事先会有一些征兆，事后也会有一些反常表现，如烦躁不安、沉默寡言等。但由于父母缺乏敏锐的警觉，往往是充耳不闻、视而不见。

三是持有偏见。有些父母出于对子女的偏宠、偏爱，就只看得见子女的优点、长处，而看不到缺点、短处；有的是出于对子女的成见，只看得见缺点、短处，对其优点、长处则视而不见。也有的过于相信自己的孩子，别人反映孩子的问题都不相信，认为是故意“找茬儿”、“挑毛病”。

四是态度粗暴。有的父母管教孩子的态度太粗暴，常常在发现孩子的缺点、错误以后，进行打骂、体罚，子女视父母为“暴君”，谈虎色变，望而生畏。为了避免吃皮肉之苦，不得不对父母阳奉阴违，当面一套，背后一套。有了缺点、错误，千方百计地掩饰、隐瞒，不敢如实承认，对父母只报喜不报忧。这样，父母对孩子只能了解一些表面现象，甚至被假象所蒙蔽。

因此，要充分发挥家庭教育针对性优势，家长必须有高度的责任心，增强教育意识，关心子女，主动了解子女，研究子女；建立民主的家庭关系，平等对待子女，取得子女的信任；注意观察子女的言行举止，敏锐地洞察子女思想、情绪上的每个细微的变化，并且能根据子女的行为表现，做出恰当的合乎实际的判断，以此作为选择适当教育内容和教育方式方法的依据。

五、天然的连续性

教育的过程，从某种意义上来说，是一个培养习惯的过程。要形成某种习惯，即形成稳定的行为方式，必须经过连续而不间断的反复训练，不断重复，不断强化。如果教育和训练工作不能持之以恒，一曝十寒，或是要求不一，前后脱节，这样不仅会大大延缓教育的进程，也不能形成良好的习惯。保持教育和训练的连续性，是一个重要的教育原则，是实现预期教育效果的重要保证。

同学校教育、社会教育相比较，家庭教育更具有教育上的天然的连续性。就学校教育来说，从宏观角度看，一个人由托儿所到幼儿园，到小学，到中学，到大学，这是一个系统的连续受教育的过程。但是，从微观角度看，一个人从低一年级升入高一年级，从低一级学校升入高一级学校，这中间每每有一个衔接和过渡的问题。在升学的过程中，要有许多变化：学校更换了，学习环境变了，集体重新组合了，对环境、对同学都要有一个从不熟悉到熟悉的过程；教师更换了，不同的教师有不同的教育教学风格，师生之间要有一个相互认识、了解的过程，学生对教师的教育教学工作要有一个从不习惯到习惯的过程；教学内容加深了，难度加大了，课程门类增加了，增添了一些新的课程，学生总要有一个从不适应到适应的过程。这一切变化，对于学生来说，都会在一段时间内产生心理和情绪上的不稳定，或多或少地会影响教育教学的效果。这一点是各级各类学校应普遍注意的问题。各级各类学校在新生入学时，想方设法，采取各种措施努力解决好上下两级学校的衔接问题，尽一切可能缩短从低一级学校到高一级学校的过渡期。尽管各级各类学校都注意到了这个问题，但并不是所有学校和教师都解决得很好。比如，刚刚进入中学的学生，学习成绩差不多都比小学时有所下降，这就充分说明学校教育的连续性是个有待解决的问题。

与此相比较，家庭教育的整个过程，一般就没有生活环境和教育者的变化与更换的问题，有较强的连续性。人们从一出生到长大成人，离开父母，走上独立生活的道路，在这样一个漫长的过程中，一般都是连续生活在家庭这个比较稳定的环境里，教育者总是父母。除那些因父母离异而再建的新家庭而外，在一般的家庭里，父母同子女的关系都是很稳定的。父母、子女共同生活的整个过程，实际上是父母对子女进行连续观察、全面了解和系统教育的过程。由于子女对父母有很大的依赖性和不可分离性，父母对子女教育有很强的迫切感和责任感，父母可以针对子女的思想实际随时随地进行相应的教育和训练，按照子女的年龄特征、个性特征、知识水平和理解能力，循序渐进地逐步提高要求，这样教育和训练的效果肯定是很好的。由于生活环境和教育者相对稳定，子女生活得很习惯，心理状态很平静，对环境和教育很适应。在这种情况下，经过连续不断地反复教育，反复训练，反复强化，可以逐步加深印象，形成较为稳定的行为方式，有利于子女形成良好的习惯和品质。我们每个人身上所形成的各种习惯、观点、生活方式、品质、性格、兴趣、爱好、特长等等，都和我们所受的连续的家庭教育和家庭影响有极为密切的关系。

家庭教育的连续性，不仅指的是那不间断的教育过程，也包含着家庭教育过程的长期性这一显著特点。家庭教育是一种终身教育，人们在一生中始终都是在直接或间接地接受着家长特别是父母的教育和影响，这是一个相当长的过程。学校教育虽然也是一个连续的过程，但同家庭教育过程相比较，学校教育的这种连续过程还是短暂的，连续教育的时间是相对有限的，这在人们一生成长的过程中仅仅是一个阶段。比如，小学阶段是连续六年，中学阶段是初中三年、高中三年，大学阶段是四五年，而家庭教育却是一直连续进行几十年之久。这种长期连续进行的家庭教育，对子女各方面的影响是极为深刻而持久的。

中国古代，人们特别重视发挥家庭教育长期而连续的优势，从子女出生到长大成人，从不放松教育，每个年龄阶段都各有不同的教育和训练的内容与要求。战国时期，韩婴的《韩诗外传》一书就曾记述过这一过程。书中说，从孩子一出生，做父亲的就怀着慈爱的心情去精心抚养他幼小的孩子，在生活上照料他，给他饮食，在精神上抚慰他，使之身体健康茁壮成长；等孩子懂事了，家长严格要求自己，日常生活很严肃、检点，说话公平，正直，以身作则，用良好的榜样去影响孩子；等孩子到了儿童少年期，就把他托付给贤明的老师，教他学习各种技艺；到了十几岁时，在孩子能够表现出他的志向的时候，就请有德行的人为他主持冠礼，教导他加强品德修养。等到他二十岁左右时，血脉澄清，情绪稳定，就为他娶媳妇成家，使之心志更加安定，对于他自己要做的事或交给他做的事，家长要给予充分信任，不要过多地去限制；子女到了成年，不要再责骂、殴打，而要用委婉的话语去规劝，少用强迫命令，不要给子女增添更多的忧虑。这就是古人做父亲的道理。我们现在的家庭教育，虽然同古代的家庭教育不尽相同，但是，直到今天，我国的家庭教育仍然具有这种长期而连续的优势。

特别应当指出的是，家庭这个生活环境不同于其他生活环境，它是一个自然形成的生活环境。人们长时间生活在这样的环境里，所受到的影响比在任何人为形成的环境中所受到的影响要深刻得多，形成的习惯也稳固得多。人为形成的生活环境，如托儿所、幼儿园、学校、校外教育机构等，其成员分别来自不同的家庭，各自具有不同的个性和生活习惯，彼此间不太熟悉，而且，这样的集体带有临时组合的特点。这些集体的成员都是为了一个共同的目的或任务在一起生活，当达到目的、完成任务之后，就又要重新组合。在这样的生活环境里，每个人都面临着多种多样的影响，影响的方向不一致，有时是相互对立、互相抵消，影响形不成一种合力，影响作用的深刻性自然要差一些。而家庭这样一个自然形成的生活环境，其成员之间都有血缘关系，感情亲密，生活方式、生活习惯比较相近、相似。生活在这样的环境里，其所有成员都感到亲切、温暖、习惯，思想上踏实，情绪上稳定，所受到的影响又是较为连贯的，不至于产生思想、情绪上的波动和行为上的反复。东汉思想家王充曾经形象地论述过自然形成的环境长时间而连续影响的作用。他说："蓬生麻间，不扶自直；白纱入缁，不练自黑。彼蓬之性不直，纱之质不黑，麻扶缁染，使之直黑。夫人之性犹蓬纱也，在所渐染而善恶变矣。”① 人们长时间而连续生活在自然形成的稳定的环境中，久而久之，耳濡目染，潜移默化，由恶变善，或由善变恶，不知不觉地发生变化，这种变化就像自然现象那样，“蓬生麻间，不扶自直；白纱入缁，不练自黑”。家庭教育对于子女的影响作用，就是个“渐染”的过程。在古代罗马，国家把教育青少年一代的任务，委托给各自的家庭来承担，对他们进行国民精神的训练，并责成父母负责，就是为了发挥家庭这个自然形成的生活环境和父母能对子女进行连续教育和训练的优势。

在我们社会主义制度下，家庭生活的稳定更能充分保证家庭教育的连续性。中国婚姻家庭比较稳固的优良传统，使我国家庭教育的连续性的优势，得以更充分地发挥，我们要特别珍惜。

六、固有的继承性

家庭是一个由具有血缘关系的一代代人组成的，并不断延续下去的社会组织形式。人们在家庭里接受了父祖辈对自己的教育和影响，在自己长大成人成家立业以后，也用同样的教育内容和教育方式方法去教育自己的后代，用从父祖辈那里接受影响和教育所形成的思想观点、行为习惯，继续去影响教育自己的后代。人类社会的家庭教育就是这样一代一代地延续、继承下来的。这就是家庭教育固有的继承性（或称延续性）。

家庭教育的这种继承性，突出地表现在两个方面：一是“家风”，或者叫“门风”；二是“家业”，或者叫“家传”、“家学”。

所谓“家风”（“门风”），指的是一个家庭在多少代的繁衍过程中，逐步形成的较为稳定的生活作风、生活方式、传统习惯、家庭道德规范，以及待人接物、为人处世之道等等，其主要指的是一个家庭的思想意识方面的传统。“家风”不是人的生物性的遗传形成的，而是通过有形的或无形的家庭教育传统保持、流传下来的。中国古代众多的《家训》之类的典籍，可以说是“家风”的文字记载，是有形的；绝大多数家庭的“家风”的保持和流传是无形

① 《论衡·率性》。

的，是无意识的。在阶级社会里，不同阶级家庭的“家风”是不同的，具有鲜明的阶级性，各自反映了不同阶级的阶级意识。即或是同一阶级的不同家庭，也有各自的“家风”。不管人们承认与否，意识到与否，任何一个家庭都有各自的“家风”，这是客观存在的，古今中外，概莫能外。

“家风”形成以后，不仅对当代的家庭成员有深刻影响，也会继续影响下一代人，往往世代相传，成为一种顽强的稳定的习惯势力，其影响相当深远。过去人们说“家风犹存”、“门风不败”，就是这个意思。周恩来说过：“我们青年不仅仅有今天，而且还有远大的未来。他们不仅管自己的一生，而且还要管及他的子孙，后代的后代。”周恩来的话，也是深刻地说明了家庭教育中“家风”影响的重大意义。一个家庭有良好的“家风”，就会通过后代的延续一代一代地传下去，使许多代人受益。同样，一个家庭没有形成良好的“家风”，或是形成了不好的“家风”，也会一代一代地传下去，使许多代人受损。

“家风”对于子孙后代的影响是无形的，子孙后代接受这种影响是无意识的，是“潜移暗化，自然似之”①。一般情况下，通过“家风”的熏陶渍染所形成的习惯、品质、个性、观念，是难以改变的，相当稳固。而一个家庭的“家风”，主要反映家长的作风或风格。当然，“家风”的形成，需要家庭所有成员共同努力，但主要责任者是家长。因此，家长要充分发挥主导作用，在日常生活中坚持正确的原则，以身作则，慎重从事，努力培养和形成良好的“家风”，给子孙后代创造一个良好的家庭生活环境。

所谓“家业”或“家传”、“家学”等，指的是一个家庭世世代代都从事的职业，或是许多代人都具有同样的兴趣、爱好、学问、专长。中国古代就有“家学渊源”、“世代书香”、“克绍箕裘”等说法，这是说一个家庭祖祖辈辈都有同样的学问和专长，成为一种传统。“家业”，即家传的学术。《北齐书·颜之推传》说：“世善《周官》、左氏学，之推早传家业。”“家传”，即家中世代相传的职业、技艺。《陈书·江总传》说：“家传赐书数千卷，总昼夜寻读，未尝辍手。”“家学”，即家传之学问。

---

① 《颜氏家训·慕贤》。

古今中外，由于“家业”、“家传”、“家学”对后人的影响所形成的各种“世家”是举不胜举的。《史记》作者、西汉史学家司马迁的祖辈，世代都是史官，司马迁的父亲司马谈是个太史令。司马迁继承父职，也做太史令，继续从事历史研究和史书著述。东汉班彪研究史学，写了六十多篇《史记后传》；班彪死后，自幼传习家学的儿子班固，接着写下去，用了二十多年把一部《汉书》写成，后来又由其妹班昭补修。汉魏之际建安文学的代表人物，是曹操及其两个儿子曹丕、曹植，合称“三曹”。西晋的“三张二陆”，即张载、张协、张亢三兄弟和陆机、陆云二兄弟，两家兄弟都是出名的文学家。北宋文学界的“三苏”，父亲苏洵是老苏，哥哥苏轼是大苏，弟弟苏辙是小苏，在“唐宋八大家”中，苏氏父子兄弟就占了三个席位。东晋书法家王羲之、王献之，在书法界父子齐名，人称“二王”。宋代书画家米芾、米友仁是父艺子承，人称“大小米”。在德国，著名作曲家巴赫家族，在三百多年里，一共出了六十多位音乐家，其中二十多位是著名音乐家。在今天，同样有几代人都从事同一职业的“世家”，如“教师世家”、“演员世家”、“体育世家”等等。

“家业”、“家传”、“家学”的形成，对于培养造就社会所需要的具有某种特殊技能和学问的专门人才，成为各行各业的骨干，是具有特殊社会意义的。家庭教育之所以有这种继承性，当然不是同遗传没有一点关系，但是，遗传素质仅仅提供了在某方面特殊技能和专长得以发展的可能性，具备了一些有利的生物条件。其主要原因还是后天生活环境的熏陶和家庭教育继承性的作用。在有某种“家业”、“家传”、“家学”的家庭里，几代人都有同样的技能和专长，家长的职业兴趣、追求和实践活动，每时每刻都在感染、熏陶、影响着子孙后代。同时，终生从事某种事业的家长，都具有强烈的职业信仰，不愿意使自己毕生或数代人为之奋斗的事业，在自己这一代人手里失传。于是，就会有要子女继承自己事业的强烈愿望，并在日常生活中有意识地向子女灌输某种职业思想，激发子女的职业兴趣，训练职业技能。因此，在各种“世家”里，“子承父业”、“弟承兄业”的现象是很普遍的。

在古代社会，一般平民百姓的子弟，一生中主要接受的是父兄的家庭教育，父兄的职业，子弟一般都承袭下来，所谓“士之子常为士”、“农之子常为农”、“工之子常为工”、“商之子常为商”①，“士农工商，不败其业”② 等说法，就真实地反映了那种情况。过去，之所以普遍出现那种子弟继承父兄之业的情况，一是因为在家庭生活中，各家做父兄的，“旦昔从事于此，以教其子弟……少而习焉，其心安焉，不见异物而迁焉。是故其父兄之教不肃而成，其子弟之学不劳而能”③。是说子弟在家庭里受父兄的影响，是很容易的。二是因为古代国家，为便于管理、统治人民，不允许士、农、工、商各业的家庭“杂处”，必须按指定地区分别集中居住，同一职业的家庭住在一个地区，这样，家庭与家庭之间也相互影响，也促进了这种情况的形成。

在现代社会里，家庭基本上不再是一个生产单位，科学技术的发展，使人们的专业技能也不可能再完全由家庭负担培养、训练，而主要是通过学校教育和社会教育培养、训练。然而，即或是这样，家长的职业、技能、专长等，也对子女的职业选择和兴趣、爱好的发展，有着重大的影响。

总之，家庭教育的继承性也是一个重要的优势，对于培养儿童、青少年的思想品德和造就具有特殊才能的人才，有十分重要的意义。家长应当努力培养和形成良好的“家风”、“门风”，纠正不良的“家风”、“门风”，把家庭的优良传统一代一代地传下去，使子孙后代健康茁壮地成长；那些具有特殊才能的家长，应努力把家庭建成造就特殊人才的摇篮，为社会造就更多更好的具有特殊技能和专长的宝贵人才。

七、内容的丰富性

家庭教育虽然不像各级各类学校那样，开设那么多门类的课程，但是，家庭教育的内容，却相当广泛、丰富，远远超出学校教育内容所涉及的范围。

家庭是社会的细胞，同时也是社会的缩影。家庭是人们进入社会之前的“演练场”，社会生活的复杂性反映到家庭，使家庭生活内容也具有相当的复杂性，家庭成员的实践活动也是多种多样、丰富多彩的。而家庭教育就是在家庭

①③ 《管子·小匡》。

② 《左传·宣公十二年》。

的日常生活中随时随地进行的，家庭教育寓于日常生活之中，家庭生活的内容也就是对儿童、青少年进行教育的内容，家庭成员的实践活动过程也常常是对子女进行教育的过程。因此，家庭教育的内容是丰富多彩、无所不包的。

在家庭教育中，是家长亲自教育自己的子女。家长出于对子女的真诚的关心和爱护，总是希望子女比自己更有出息、更有作为、更有本领，比自己生活得更幸福。因此，家长对子女德、智、体、美等方面的发展，都十分关心。他们不仅努力配合学校，做好孩子的教育工作，促使子女学好学校所开设的各种课程；往往还希望孩子具有多方面的知识和能力，以适应未来社会的需要。在这种思想支配下，许多家长都千方百计地扩充子女的知识面，开阔子女的眼界，创造条件，发展子女各方面的能力。因此，家庭教育所涉及的内容要比学校教育广泛得多。

八、方法的灵活性

家庭教育不像学校教育那样，一般没有什么固定的“程式”，也不受时间、地点、场合、条件的种种限制，随时随地进行，“遇物则诲”，相机而教。在休息、娱乐、闲谈、家务劳动等各种活动中，都可以进行教育和训练。还有不少家长很有教育意识，在带孩子走亲访友、逛商店、参观、旅游等活动中，也能利用一切可能利用的条件和机会，对孩子进行教育。由于教育内容丰富多彩，家庭教育的具体方式比较容易做到具体形象、机动灵活，适合儿童、青少年的心理特点，易于为子女所接受。这与学校教育相比，在方式方法上要灵活多了。

以上所说的家庭教育的优势，并不是说学校教育、社会教育就根本不具备，只是说相对而言，家庭教育在这些方面比其他两种教育形式表现得更为突出。而且，家庭教育的这些优势，也不是说所有的家庭全都具备，而是就一般家庭、大多数家庭而言。对此应有一个全面的认识。优势既然存在，我们就要设法充分发挥这些优势，以便更好地发挥家庭教育的职能作用。

第三节 家庭教育的局限性

家庭教育有其优势，有其有利的因素或条件，这是显而易见的。但同时也必须看到，家庭教育同其他任何事物一样，也有一定的局限性，即不利因素或条件。对于优势，我们应充分看到，对于局限性，也要给予充分的重视。重视家庭教育的局限性，绝不是否定家庭教育这种教育形式的积极作用；恰恰相反，为的是有效地避免、克服这种局限性的消极作用。因为只有充分地认识这种局限性，才能避免家庭教育实践中的盲目性，更好地发挥家庭教育的职能作用。

一、家庭教育的条件不平衡

家庭教育对儿童、青少年的成长发展有着十分重要的作用，可实际上并不是所有家庭全都具备教育子女的有利条件。

有的家庭是一个很好的生活环境，有良好的家庭生活气氛和生活方式，家庭成员关系融洽、和谐。家长思想好，文化素养高，有教育能力，并且重视子女教育，也有充裕的时间和能力，能够自觉地承担并能胜任子女教育的工作。但也确有一些家庭不具备良好的教育子女的条件，比如，家庭关系紧张，父母经常吵架，闹分居、离婚，家长思想品德不好，文化素养不高，对子女教育不重视，不负责任，不管不教，没有管理教育子女的能力，等等。生活在这样的家庭的子女，也必然地受到家庭生活的不良熏染和影响。这种家庭不能承担子女教育的责任，不能给子女以正确的、积极的教育。然而，别人是不可能代替其家长履行教育职责的，未成年的子女也不可能脱离自己的家庭和家长，而去自由地选择家庭和家长。因此，不是所有家庭都能保证给子女以必要的、正确的教育。

对于家庭教育的这种局限性，我国近代著名教育家蔡元培先生早就注意到了。他在《贫儿院与贫儿教育的关系》一文中，在论述他的“儿童公育”的主张时，曾经指出过旧社会家庭教育的局限性。

首先，他认为，家庭教育不是所有做父母的都能胜任的。他说："教育是专门的事业，不是人人能担任的。譬如诸位有一块美玉，要琢成佩件，必要请教玉工。又如有几两黄金，要炼成首饰，必要请教金工。断不是人人自作的。现在要把自家子女造成适当的人物，敢道比琢玉炼金容易，人人可以自任的么？"

许多家长没有教育子女的时间和精力。他说："有子女的人，不是人人有实行教育的时间。男子呢，莫不有一定职业，就每日有一定作工的时间。作工完毕了，还有奔走公益的，应酬亲友的，随意消遣的。请问每日中有多少时间可以在家与他的子女相见？妇人呢，或是就职业，或是操家政，也有讲应酬好消遣的，请问每日中有多少时间可以专心对付她的子女？所以有钱的就把子女交给没有受过教育的仆婢，统统引诱坏了。没有钱的就听任子女在家里胡闹，或在街上乱跑。"这怎么能保证把子女教育好呢？

家庭生活环境对儿童影响不一定好。他认为当时的旧家庭里，家庭生活很复杂，不利于儿童教育。他说："正经的父母不知道儿童性情与成人大有不同，立了很严规矩，要儿童仿作，已经很不相宜了。还有大多数的父母夫妇的关系、兄弟妯娌的关系、姑嫂的关系、主仆的关系、亲戚邻居的关系，高兴了就开玩笑，讲别人的丑事；不高兴了，相骂相打。要是男子娶了妾，雇了许多男女仆，那就整日的演妒忌猜疑的事，甚且什么笑话都可以闹出来。这可以做儿童的榜样么？兼且成年的人爱看的书报与图画，爱听的笑话与鼓词，不免有不宜于儿童的，父母看了听了，可以不到儿童的耳目么？有许多儿童都是受了家庭不好的教育，进学校后很不容易改良。所以我对于家庭教育很有点怀疑。"

蔡元培先生所指出的家庭教育的局限性和弊病，虽然说的是旧社会的大家庭，但对我们认识今天家庭教育的特点，也很有启发。当然，现在的家庭同旧社会的家庭不完全相同，已经发生了许多变化，但也确有不少家庭存在着像蔡元培先生所指出过的问题，比如，缺乏教育子女的能力，父母教育子女的时间和精力有限，家庭生活气氛不好，家庭环境比较复杂，家长的有些言行对孩子有不良影响，等等。对此，我们应当有个清醒的认识。

二、家庭教育易感情用事

家庭教育是由家长、父母亲自教育自己的子女，父母子女之间有天然的血缘关系和根本利益一致的关系。在家长有理智的时候，这种特殊关系就成为教育子女的有利因素，会促使家长正确地爱孩子和教育孩子；相反，在家长失去理智的时候，这种特殊关系就转化为教育子女的不利因素。

而在教育孩子时，家长往往缺乏应有的理智，遇事感情用事。这是家庭教育最容易也是最经常发生的偏向，是家庭教育最不容易突破的难点。许多家庭的子女教育工作的失败，就是由于家长感情用事。蔡元培先生曾经指出："父母闲暇了，高兴了，子女就是有不好的事，也纵容他；忙不过来了，不高兴了，子女就是有好的事，也瞎骂一阵，乱打几拳。这又是大多数父母的通病了。"蔡元培先生所指出的这样两种现象，就是父母感情用事的典型的普遍的表现。

第一种偏向，实际上指的是娇惯溺爱。有不少父母，明明看到了孩子的毛病，也认为该管，可往往舍不得去管，怕孩子受委屈、遭磨难，因此，迁就姑息，放任自流，不管不教。自古至今，这是家庭教育中很普遍的问题。宋朝司马光在他的《温公家范》一书中说："为人母者，不患不慈，患于知爱而不知教也。古人有言曰：'慈母败子。'爱而不教，使沦于不屑，陷入大恶，入于刑辟，归于乱亡。非他人败之也，母败也。自古至今，若是者多矣，不可悉数。"其意思是说，由母亲亲自教育自己的孩子，人们不必担心母亲不慈爱孩子，而让人担心的是只知道爱而不去教育。爱而不教，就是娇惯溺爱，就会使孩子走上邪路，必然要毁掉孩子。这责任不在于别人，完全是母亲的过错。由于娇惯溺爱孩子，把孩子推向邪路的教训，自古至今，屡见不鲜，不胜枚举。

宋朝袁采在他的《袁氏世范》一书中，也特别指出了这种偏向。他说："人之有子，多于婴啼之时，爱忘其丑，恣其所求，恣其所为，无故叫号，不知禁止，而以罪保姆。凌铄同辈，不知戒约，而以咎他人。或言其不然，则曰小未可责，日渐月渍，养成其恶，此父母曲爱之过也。"其意思是说，父母对于小孩子，往往采取放任自流的态度，有错也不加管教，反而怪罪保姆；孩子欺负别人，不批评自己的孩子，反而指责别人。有的对小孩子放任自流，是认为孩子小，不懂事，迁就放纵。这样就会使孩子是非不分，善恶不辨，渐渐养成恶习，这完全是父母溺爱的结果。

可见，娇惯溺爱子女的现象不是个别的，也不是今天才有。

第二种偏向，实际上指的是感情用事的另外一个极端，那就是操之过急，方法简单粗暴。做父母的一般是望子成才心切，因此，往往对孩子要求过急，期望过高。“恨铁不成钢”，是家长很普遍的思想情绪。当看到孩子表现不好，屡犯错误，孩子的实际表现同家长的要求相悖，同家长所期望的差距很大时，往往很不耐心，很厌烦，就恨不得一下子就把孩子身上形成的不良习惯给纠正过来，恨不得一天就把孩子造就成“孔圣人”。同时，有许多家长还认为，孩子是自己的子女，管教孩子是家庭里的私事，用不着像对待别人那样注意什么态度，讲究什么方式方法，不管怎样管教，孩子也得服从。在这种思想情绪支配下，家长很容易出现操之过急、态度粗暴、方法简单的问题，甚至一看见孩子气就不打一处来，火冒三丈，难以自制，感情冲动，打骂孩子，以致造成子女和家长在情绪上、行为上的严重对立，使教育工作难以进行下去，导致家庭教育失败。

据说，我国古人有过“易子而教”的情况，就是相互交换孩子进行教育。之所以这样做，就是由于父母亲自教育自己的孩子操之过急，态度粗暴，方法简单，教育失败，才不得已而为之。孟子曾专门谈过这个问题。据《孟子》一书记载，一次孟子的弟子公孙丑问孟子“君子之不教子，何也?”孟子说：“势不行也。教者必以正，以正不行，继之以怒。继之以怒，则反夷矣。‘夫子教我以正，夫子未出于正也。’则是父子相夷也。父子相夷，则恶矣。古者易子而教之。”这段话的意思是说，古人为什么不亲自教育自己的孩子呢？因为实在是难以做好。父亲教育自己的孩子，必然是用正理正道进行教育，可教了不听，父亲必然愤怒。这一愤怒，势必会伤害孩子的感情，孩子就会说：“你做父亲的整天教育我行正理正道，可你并没有首先做到。”这样，父子之间相互责备，就伤害了父子双方的感情，产生隔阂、对立，教育工作再也无法进行下去，只好同别人相互交换孩子进行教育。

一般情况下，父母对于小孩子还有些耐心，态度温和一些，教育方式方法也讲究一点。而随着孩子年龄的增大，父母就越来越不耐心，有时对孩子是小题大做，太过分。因此，年龄较大的子女和家长关系比较紧张的现象很普遍。当然，这和儿童、青少年心理发展的特点有一定的关系，比如，到了青少年期，孩子的独立意识和成人感增强，厌烦父母过多的管束，要求自己独立支配自己的言行，不愿再受父母摆布。家长如果懂得这个年龄段的心理特点，就应主动调整和子女的关系，不要再像管小孩子那样去管已经长大了的孩子。然而，有好多家长未能意识到孩子的变化，没有改变对孩子的态度，甚至对孩子持有成见，动辄就是训斥、责骂。对于这种偏向，宋朝袁采进行过论述。他说："及其年龄渐长，爱心渐疏，微有疵失，遂成憎怒，摭其小疵，以为大恶。如遇亲故，妆饰巧辞，历历陈数，断言以大不孝之名加之，而其子实无他罪，此父母妄憎之过也。"这是说，孩子长大以后，父母就不像对孩子小时候那样爱了，而总是看孩子身上毛病多，孩子有一点小的过失，就大发雷霆，抓住一点小毛病，就狠狠地责骂。假如有亲戚朋友来了，就没完没了地数落孩子的过错，大骂孩子是不孝之子。而其实，孩子并无那么多那么大的过错，这完全是父母对孩子持有成见，过分严厉了。这是家庭教育中常常出现的问题。

总之，家庭教育容易感情用事，表现在好走极端上。要说爱孩子，往往爱得过分；要说对孩子严，又严得过头。要克服这种局限性，家长必须加强自身修养，要有理智，自觉地克制无益的感情冲动和激情的爆发，教育孩子时要保持头脑冷静。有时可考虑采用"冷处理"的办法。

三、家庭教育比较封闭

家庭是一个比较封闭的社会组织形式，长期以来，人们的家庭生活和社会生活是相隔绝的。家庭教育是由家长对自己的子女在家庭生活范围内进行的教育，多少年来的传统是"各家羊各家拴"。子女的教育工作往往是关起门来进行，究竟如何管教子女，用什么思想作指导，给子女以什么内容的教育，主要取决于家长的意志、兴趣、爱好、思想水平、教育能力等。一个家庭的生活方式、生活习惯，家长的素质和能力，总是有局限性的，这不能不直接影响家庭教育的进行。

尽管事实上，每个人最终都要走上社会，参加各种社会活动，人们究竟能不能适应现实的社会生活，是衡量家庭教育成败的一个最重要的标准。但由于家庭是私有制的产物，多少年来，家庭又是建立在私有制的基础之上，许多家长还有意无意地把教育子女的工作视为家庭里的私事，传统的习惯使人们很少考虑社会的需要，误认为只要自己满意，子女的教育工作就算是成功。其实这是很片面的、有害的。

苏联教育家马卡连柯说过："教育儿童是由家庭负责，或者也可以说，是由父母负责。不过家庭集体的教育，不能凭空造就儿童。仅凭有限的家庭影响或有限的父亲的训斥，还不能成为造就未来人的资料。"他又指出："苏维埃人不是由一个人的直接影响就能成功的，不管这个人有什么样的品质。"这种说法，很有道理。因此，马卡连柯特别指出，要把家庭教育和火热的社会生活密切结合起来，不要"闭门造车"，不要关起门来造就社会所需要的人才，关起门来是不可能造就出社会所需要的人的。他主张要运用活生生的社会生活内容，通过广泛的社会活动教育孩子。

当然，现在的家长比起过去的家长，自身素质好多了，这一点必须看到。首先，现在的家长都直接参与社会生活，参加社会工作，不像在小农经济制度下那样，人们只囿于家庭生活的小圈子。现在的家长眼界开阔多了，实践生活丰富多了。其次，现在家长文化素养要比过去的家长高多了，大部分都有一定的文化水平。但是，我们还必须看到，一个人的知识再多，能力再强，他也不可能教给孩子以社会所要求他们掌握的全部知识和能力。在科学技术不发达、生产力水平低下和生产方式落后的奴隶社会、封建社会，一个人只要接受了家庭教育，由父母传授给一些生产技术和经验，就可以了。现在，一个人只接受家庭教育，而不接受学校教育和社会教育，肯定不能适应社会生活的需要。

我们还要看到，家庭教育不仅在传授知识和培养能力上有很大的局限性，而且在培养孩子思想品质和个性品德上也有很大的局限性。家庭生活的封闭性，使得家庭教育中人们的思想观念一般也比较陈旧，往往落后于社会发展的需要。特别是在今天，我国社会实行改革开放，新的社会生活需要我们的年轻一代具备许多新的思想观念、道德品质和个性品德，诸如竞争、参与、自主、自立、民主、平等等等。而当前我们的家庭教育，基本上还是多少年来的一些常规内容，诸如要听话，要守本分，要知足，要少管闲事，等等。这些教育内容跟当前和未来社会的需要是格格不入的。

要使我们的家庭教育跟上时代前进的步伐，适应社会发展的需要，必须打破家庭教育的封闭性，实行家庭教育开放。不仅要让孩子接受家庭教育，更要全力支持孩子接受学校教育和社会教育，要让孩子入学读书，要让孩子投入火热的社会生活。不仅要对孩子进行中华民族传统美德的教育，更要教育孩子树立新思想、新观念，培养孩子具有未来社会所需要的道德品质和个性品德。

综上所述，我们可以看到，家庭教育是一种区别于学校教育和社会教育的特殊的教育形式。同学校教育和社会教育相比较，家庭教育有其优势，也有其局限性。我们应当正视，并注意发挥家长的主观能动性，创造条件，有意识地发挥其优势，克服其局限性，努力做到扬长避短。那种只看到家庭教育的优势，而看不到家庭教育局限性的观点，或是只看到家庭教育的局限性，而看不到家庭教育优势的观点，都是片面的，于家庭教育实践都是有害的，必须予以克服和纠正。

[思考与研究]

1. 用《矛盾论》的观点说明认识家庭教育特点的重要性。

2. 联系实际说明家庭教育和学校教育的区别。

3. 举例说明家庭教育的优势。你认为我国家庭教育较好地发挥了哪些优势？

4. 在教育子女的实践中，你是如何（或准备如何）克服家庭教育的局限性的？

第四章
影响家庭教育的因素

家庭教育是在家庭范围内，由家长对自己的子女实施的教育。由于家庭成员人数不多，子女人数也很少，在一般人看来，家庭教育是一件很简单的事。其实不然，家庭教育是一个相当复杂的过程。

辩证唯物主义认为，任何事物的发展过程，都包含着许多矛盾。任何事物的发展都是多种矛盾运动的结果。也就是说，任何事物的发展，要受多种相关因素的影响和制约。家庭这种社会最微小最基本的社会细胞，虽然比起学校或其他社会团体来，规模小得多，关系也简单得多，家庭教育也只是在为数不多的家长和子女之间进行，也没有什么外界因素直接干预，但是，家庭教育也不是一个简单的过程。家庭结构虽然简单，却担负着生育、生产、生活、消费、休息、娱乐、赡养等诸多职能，这就决定了家庭生活的内容是复杂的，家庭成员之间的关系也是多重的。在家庭的日常生活中对子女实施教育，能不能顺利进行，教育效果如何，子女的身心能不能得到充分的发展，发展水平能有多高，朝什么方向发展，最后能不能成才，这一切，绝不仅仅是由家庭的某一个有关因素（或条件）所决定的，而是各种有关因素都在发挥作用，是多种影响家庭教育的因素综合作用的结果。因此，我们要加强和改善家庭教育，把子女培养造就成社会所需要的人才，必须了解在家庭教育过程中，究竟有哪些因素在起作用，起什么样的作用，是如何发挥作用的。只有了解了这些情况，我们要加强和改善家庭教育工作，才知道从何处入手。

第一节　家长自身的素质

家长，特别是父母，是家庭教育的主要责任者和执行者，是最直接、最经常、最重要的教育者。每个人，从做了父母的那一天起，就自然而然地、责无旁贷地承担起了抚养、保护、管理、教育子女的责任。父母不仅是子女的首任教师，也是终生的教师。父母对子女所负的责任是多方面的，不仅要保证子女身体的健康、安全和正常发育，还要传授科学知识、生活知识，发展智力，培养他们适应社会生活的各种能力，进行思想品德教育，培养高尚的审美情趣，进行多方面的教育和训练。在子女教育过程中，家长起着主导的作用，决定着家庭教育的目的和培养目标、教育的内容、教育的方式方法，从而也决定着教育的效果。因此家长自身的素质如何，直接决定着家庭教育的成败。

家长的素养，指的是家长平时的修养，主要包括两方面：一是对社会和人生的态度以及日常生活中的行为准则，即世界观和思想品德；二是理论、知识方面的水平，即文化素养。

一、家长的世界观和思想品德

家长的世界观反映家长是如何看待社会、人生，如何对待周围的人和事物，坚持什么样的人生道路。家长的思想品德就是家长日常生活中的行为准则。总之，家长的世界观和思想品德反映家长是什么样的人，反映家长的人格。

家长的世界观和思想品德与家庭教育关系极大。它首先决定家庭教育的指导思想、方向，要按什么形象去塑造子女，要把子女培养成什么样的人；其次，还决定家长给子女树立一个什么样的榜样，并以自己为榜样引导子女坚持什么样的生活道路，朝什么方向发展，做一个什么样的人；最后，还决定家长在子女心目中有没有威信，能不能掌握子女教育工作的主动权。

如果家长有正确的人生观，能看清社会发展的趋势，深知社会对儿童、青少年一代有什么要求，那么，就会自觉地按照社会的需要去塑造自己的子女，指导子女做一个社会所需要的人。如果家长有良好的思想品德，对人对事能坚持正确的原则，真正懂得什么是真善美，什么是假恶丑，那么，在教育子女时也自然会按照这种标准去塑造子女的灵魂。如果家长有正确的人生观和良好的思想品德，那么，他们自己的言行举止就会遵循正确的原则，就会给子女树立一个正确的学习榜样，给子女以积极的影响。同时，也会赢得子女的信任和尊重，家长的话也会更有分量。

相反，如果家长没有正确的人生观，没有良好思想品德，那么，就不能给子女以正确的思想教育，也不会有什么威信。家长没有理想抱负，没有进取精神，整天是吃饱混天黑，子女也会故步自封，停滞不前，不求上进。家长好贪便宜，公私不分，子女也会跟着学。如果家长认为撒谎骗人是一种本领，那么，子女就会连家长都欺骗。家长好文过饰非，子女有了错也会死不认账。如果家长在人生观和思想品德上有上述种种毛病的话，即或是出于形势所迫和社会舆论的压力，企图对子女进行一些正确的人生观和思想品德教育的话，那么也肯定是言不由衷，不会有什么说服力；家长讲的道理再头头是道，娓娓动听，子女也不会听从，很可能还会说："你有什么资格教育我？你还是先管管你自己吧！"正所谓"其身不正，虽令不从"。

现实生活中，许多活生生的事实表明，家长的人生观和思想品德对子女教育的效果有很大的影响。有这么一个五口之家：奶奶、父亲、母亲和两个孩子。这一家住在一个大杂院内，奶奶是退休教师，退休后闲不住，每天组织院里的孩子学习、娱乐；爸爸是个技术工人，乐于助人，把全院各户修理电器的任务"承包"下来；妈妈是医生，义务做大院的"保健医生"。两个孩子在学校、在家里都表现很好，双双成为"三好学生"。而另外一个五口之家，孩子的父亲前后五次调换工作，但没有一次是满意的，他的语言里出现最多的是"钱"字和骂人的脏字。工作不负责任，曾受过处分。孩子的母亲是个十分贪心的人，从来不肯吃亏，爱占便宜。这对夫妇打遍了四邻，人人都躲着他们，堪称一霸。这家有三个孩子，大儿子被劳教，二儿子被送入少管所，女儿十四五岁就乱搞两性关系。有人对 53 个家长思想政治和道德品质恶劣、受过刑事处分的家庭做过调查，其中有 52 个家庭的子女违法犯罪或有劣迹。有人又对 96 户家长思想政治和道德品质表现很好的家庭调查，这些家庭的子女全都是表现好的或比较好的，没有一个孩子有劣迹或违法犯罪。

家长的人生观和思想品德，在日常生活中表现为价值取向，表现为追求什么，采取什么样的手段去追求。有的人追求为社会做奉献，有的人追求个人私利；有的人在日常生活中克己让人，有的人则是损人利己；有的人是通过正当的劳动实现自己的理想，有的人则是不择手段、投机取巧，以实现个人目的；

等等。这都是一个人的人格的反映，它具有潜在的影响力。家长的人格，对子女来说，是无形的影响，是无声的教育。不论是高尚的人格，还是低劣的人格，对子女的影响和教育作用，同样都是巨大的。

二、家长的文化素养

家长的文化素养是影响家庭教育的实施和效果的又一个重要因素。因为家长的文化素养，一方面在很大程度上决定着家长的理想、情操、道德水平、思想境界、教育能力和教育方式的运用；另一方面，又在很大程度上决定着家长处理家庭关系的能力、家庭的生活方式、家长的职业、家庭的经济收入，从而决定了子女处在什么样的家庭生活环境之中。

家长的文化素养和家长受教育程度有密切关系。但家长的文化素养并不等于家长受教育的程度。家长的文化素养是指家长通过学习和实践所掌握人类精神财富的多少和所表现出的理论、知识水平。

马克思和恩格斯指出："孩子的发展能力取决于父母的发展。"① 一般情况下，家长的文化素质高，就较为重视子女的教育，教育能力也强，会选择、运用正确的教育方式方法，教育效果好，教育思想也较为端正。家长的文化素质高，一般都能很好地组织家庭生活，善于处理家庭成员之间的关系，有能力调解成员之间的种种矛盾，有高雅的生活情趣，有利于形成良好的家庭生活方式和生活气氛，使子女生活在一个有利于身心健康成长的家庭生活环境中。家长的文化素养高，一般有广泛的学习兴趣，有追求新知和探究真理的精神，重视文化知识的作用，关心子女的智力开发和文化学习，能够指导、辅导孩子学习，启发孩子的学习兴趣，能够给孩子创造一个良好的学习环境。

上海市卢湾区曾经对5所学校的117名"三好学生"做了调查，发现其中有43.6%出身于知识分子家庭，18%出身于干部家庭。南京师范大学缪建东教授对一所中学12个班级521名学生进行调查的结果是，家长是小学或小学以下文化程度的，子女学习成绩差的占25.9%，学习成绩优良的占7.4%；家

① 《德意志意识形态》，《马克思恩格斯全集》第3卷，人民出版社1960年版，第498页。

长是大学或大学以上文化程度的，子女学习成绩差的占 1.6%，学习成绩好的占 49.2%。在思想品德方面，家长是小学和小学以下文化程度，子女品德优良的占 28.9%，品德较差的占 10.4%；家长是大学和大学以上文化程度的，子女品德优良的占 62.3%，品德较差的一个也没有。

德国的社会学家也做过一个调查，他们按学生父亲的职业和受教育程度划分的十年级学生的在校学习成绩分别是：父亲未接受过良好的教育和训练的，其子女在校学习成绩优秀的占 6%，良好的占 52%，一般的占 41%，及格的占 1%；父亲是熟练工人的，子女在校学习成绩优秀的占 7%，良好的占 61%，一般的占 30%，及格的占 1%，没有回答的是 1%；父亲是专科学校毕业的干部，子女在校学习成绩优秀的占 16%，良好的占 59%，一般的占 24%，及格的占 1%；父亲是大学毕业的干部，子女在校学习成绩优秀的占 15%，良好的占 63%，一般的 21%，及格的没有，没有回答的是 1%。以上情况，可以充分说明家长的文化素养高低，对子女的品德，特别是学习成绩有重大的影响。

我国和世界文化科学技术的发展历史中，也有许多事实表明了这一点。许多伟大的科学家、发明家、文人学者都是同出一家，如我国古代的李冰父子、曹操父子“三曹”、王羲之父子、祖冲之父子、苏洵父子“三苏”、米芾父子等等。20 世纪以来，国外有不少父子、兄弟、母女、父女双双荣获诺贝尔奖的，被世人传为美谈。达尔文父子、赖特兄弟等都是世界著名的科学家。瑞士努利家族中先后出现过有重要成就的数学家达 11 位之多。据统计，1972 年以前美国的 82 位诺贝尔奖获得者中，出生于教师、律师、医生、工程师、作家家庭的就有 54 位之多。

家长的文化素养对子女的学习、品德有重要影响，二者一般成正比例关系。但是，也不能绝对地看问题，不能由此得出这样的结论：家长文化素养高的孩子就一定比家长文化素养低的孩子学习、品德好；相反，就一定差。家长的文化素养高，只能给孩子的学习、品德进步，提供有利的条件。这个有利条件是外因，能否在孩子身上起积极作用，还需要家长有较好的思想品德和较强的教育能力，否则，也不见得能发挥积极的作用。同样，家长文化素养低，其子女的学习、品德不一定低于家长文化素养高的孩子。

家长的文化素养并不是影响孩子学习、品德的唯一的决定性的因素，这个因素作用的发挥也是有条件的，是受其他因素制约的。因为事实上，生活在文化素养高的家长身边的孩子，也不是学习、品德都很好，都有出息、有作为，不爱学习的、品德不太好的、平平庸庸的也不少。其原因可能是家长潜心搞自己的业务，没有时间和精力教育孩子；也可能是缺乏教育子女的实际能力；还有可能是家长所从事的业务活动内容和子女的生活实际、智力发展水平距离太大了，家长的追求失去对孩子的感染力。也还有这种情况，在我国体力劳动和脑力劳动的报酬倒挂，学问多、文化素质高的人，其经济待遇却很低，而且搞脑力劳动相当艰苦，这不仅对子女产生不了积极影响，很可能产生相反的影响，子女更加厌倦脑力劳动。相反，也有另外一种情况，有的家长文化水平较低，甚至不识字，但他们的切身体验，使之深感缺乏文化科学知识的困难与苦恼，十分羡慕有文化有知识的人，对于文化科学知识的渴求往往比一些有较高文化水平的人更为强烈。这些家长虽然在子女文化学习上不能给予具体指导和辅导，但他们全力支持孩子学习，节衣缩食，不惜付出巨大代价，培养孩子成才，这样家庭的孩子有出息、有作为的也大有人在。

总的看来，家长的文化素养和孩子的学习、品德有密切关系，但也不是绝对的。家长文化素养作用的发挥，和家长其他的素质也密切相关。不过，在科学技术高度发展的今天，家长不断提高自己的文化素养，肯定对子女的身心发展是有好处的。

第二节　家长对子女的态度

家长是子女的教育者。家长对子女的态度，对子女的身心发展有重要的影响。因为家长和子女之间有特殊的关系，根本利益一致，切身利害相关，家长对子女的态度，肯定会引起子女强烈的反应，从而对子女身心发展起着重要作用。

家长对子女的态度，主要体现在两个方面：一是家长对子女热爱、关心的程度和方式，二是家长对子女的期望。

一、家长对子女热爱、关心的程度和方式

家长对子女热爱、关心的程度和方式，影响子女的身心发展水平。人们常说："父母爱自己的子女，这是一种天性。""父母爱子女是人之常情。"父母爱子女，子女也会爱父母。这种关系，在社会心理学上叫作"感情交融"。这种感情交融，使子女在精神上受到激励，在感情上得到满足；反过来，子女会进一步亲近父母，信赖父母，热爱父母，体贴父母。父母越是爱子女，子女就越是愿意积极向上，越有前进的推动力。受到父母真诚爱的子女，从感情上愿意接受父母的教诲，即或是批评也听得进去，子女会以为"正是由于爱才去批评，才去严格要求"。颜之推所说"同言而信，信其所亲"就是这个道理。

父母是不是真诚地爱子女，子女感觉非常敏锐，即或是很小的孩子也能感觉出来。父母若不爱子女，子女就会和父母疏远，不信任、不尊重父母，不会去理解父母的心思和意图，明知父母教育得对，也不听，批评得有理，也不接受，把父母的话当成"耳旁风"。如果父母对孩子表面很爱，实则并不真诚，有点虚情假意，孩子会感觉得出来。在这种情况下，他们不仅不听从父母的教诲，而且甚至会对父母十分反感，有意地去顶撞。

家长是不是真诚地爱子女，决定着能不能真正关心孩子的生活、思想和学习。家长真正关心、爱护、照顾子女，满足他们的物质生活需要，保证衣食住行，注意保健身体，关心思想、情绪的动向，加强对学习的督促指导，这一切都会有力地促进孩子各方面的进步。要知道，父母的关心和别人的关心并不完全相同，父母的关心在孩子身上反映十分强烈，效果也非常明显。这主要还是由于关系的特殊。父母对子女的关心，表达着父母的期望和精神寄托，子女能心领神会，从而变成子女上进的行动。家长不关心子女，态度冷漠，对子女的生活、思想、学习、健康等漠不关心，就会使孩子心灰意冷，不求上进，放任自己，随波逐流，弄不好还会使子女养成不良的性格和行为习惯。关心与否，孩子的身心发育状况大不一样。

在资本主义上升时期，由于资本家对工人的残酷压榨，许多工人无暇顾及

自己的子女，关心自己的子女。恩格斯在《英国工人阶级状况》一文中，曾经指出当时工人不能关心、照顾子女所造成的严重后果。他说："一个没有时间照顾自己的孩子、没有时间让孩子在初生的几年中享受最普通的母爱的母亲，一个很少能见到自己的孩子的母亲，是不能成其为孩子的母亲的，她必然会对孩子很冷漠，没有爱，没有丝毫的关怀，完全像对待别人的孩子一样。在这种条件下长大的孩子，以后对家庭是没有丝毫眷恋的，他们在自己创立起来的家庭里也永远不会感到一点家庭味，因为他们太习惯于孤独的生活了，这就不可避免地使工人家庭遭到更严重的破坏。"① 当时工人不关心自己的孩子，完全是由于受压迫受剥削的十分艰难的生活所迫。

今天，在我国为生活所迫而不关心孩子的现象几乎是没有了。但是，不关心孩子的家长还是存在的，究其原因，有的是出于责任心不强；有的是因为孩子表现不好，让父母寒了心，认为再关心也没有什么出息，所以放弃对子女的管教；还有一种情况，就是夫妻之间闹离婚，无心顾及、关心孩子，致使孩子无依无靠，变得性格孤僻、冷漠、厌世。总之，家长不关心子女，不爱护子女，就会使他们变得消极、沉沦。

二、家长对子女的期望

有关研究早已发现，一般情况下，家长对子女的期望水平高，则子女受到的激励就大，对自己成就的愿望也就强烈，结果会使他们的学业成绩和思想道德水平普遍提高。而如果家长对子女没有什么期望，任其自由发展，那么子女也不会有什么上进的愿望。如果过低地估计子女，过早地给子女的发展前途下结论，断定子女不会有什么出息，那么就会使子女丧失自信心、自强心、上进心。家长的期望是一个影响教育效果的重要因素。

家长的期望水平，对子女学习、品德都有重要影响。南京师范大学缪建东教授对中学生的调查表明，家长期望孩子上大学的，学习成绩差的占 4%，学习成绩优良的占 26.2%；家长期望孩子中学毕业以后就参加工作的，学习成

① 《英国工人阶级状况》，《马克思恩格斯全集》第 2 卷，人民出版社 1957 年版，第 430 页。

绩差的占 29.5%，学习成绩优良的仅占 2.6%。家长期望孩子上大学的，学生品德优良的占 50%，品德较差的占 4.8%；家长期望孩子中学毕业后就参加工作的，学生品德优良的占 19.2%，品德较差的占 14.1%。事实表明，家长对孩子的期望水平，同孩子的学习成绩和道德品质发展水平成正比。

家长对子女的较高的期望，本身就带有一种"隐蔽的强化作用"，它通过子女的知觉和投射两种心理机制，使他们或在自觉意识的水平上，或在自发无意识的水平上受到良好的激励。之后，又通过日积月累的反馈作用，子女就更加深刻地感受到家长的关怀和信赖，于是就产生了较为持久的努力和进取心；同时，子女时时将自己与家长所期望的形象相比拟，找差距，自觉地以此来调整其个人的学习和生活计划，从而影响到他们的学习和思想品德等方面的发展。

儿童、青少年的心理发展，在一般情况下，是有很大潜力的，除非在生理、心理机制上有缺陷。一般儿童、青少年，只要有适当的生活环境和教育条件，都有可能发展到很高的水平。家长对待子女的态度，包括热爱、关心和期望的程度，反映着家长作为教育者对他们的评价。教育者对受教育者的评价是实事求是的，符合实际的，对他们的实际能力和可能发展到的水平，做了足够的估计，就会激励受教育者，使他们的才智得到充分的发展。

在古代希腊，曾流传过这样一个神话故事：有一个叫塞浦路斯的国王，非常喜欢雕刻，一次他雕刻了一座美女头像，雕成后，他对自己的作品喜爱、欣赏至极，幻想美女雕像能成为一个真的美女。国王每天都这样向往着，企盼着……后来，那美女雕像有了灵感，果然变成了一个活生生的美女，国王欣喜若狂，亲自给这个美女起名叫"皮格玛利翁"。后来，在教学中，人们把教师对学生的态度能影响学生学习的现象，称为"皮格玛利翁效应"。

期望的作用是神奇的，但这种作用并不是"神话"。许多心理学的实验证实了这一点。美国著名心理学家罗森塔尔，在 1968 年曾经进行过这样的实验：首先对一所小学一到六年级的儿童进行智力测验。之后，他把每个班级里贫穷家庭的儿童挑选出来，假说对这些儿童再进一步进行超常智力测验。实际上，并没有这样做。研究者将挑选出来的这些儿童的名单交给每班的教师，告诉教师说，这些贫穷家庭出身的儿童，是有特殊才能的儿童，他们的智能是很有潜力的，将来会有很大的发展前途。其实只有研究者知道，这些孩子之所以学习成绩不良，主要是由于平时在班上受教师的歧视，伤害了他们的自尊心、自信心和上进心。教师听说这些儿童的智能有很大发展潜力，一改过去的歧视、不信任态度，虽然还像过去那样进行教学，也没给予任何个别的指导，一学期过去，对所有的儿童进行测验，那些被挑选出来的学生，学习成绩提高很多，智力水平也比原来有所提高。一年以后，进行第二次测验，结果，这些学生的学习成绩仍然继续提高。事实表明，那些被称为“有特殊才能”而实际上并非具有特殊才能的儿童，他们的智力之所以有所提高，是由于教师去掉了对他们的偏见，对他们抱以诚挚的期望，以友好、信任的态度对待他们。这些孩子受到了从未有过的激励，比以前更喜爱教师，更加自信，信心百倍地去学习，因此，学习成绩和智能都得到提高。事实表明，教育者的期望（这也是一种态度），对受教育者的发展有重大影响，是有科学依据的。

正确发挥家长对子女期望的积极作用，也是有条件的。在一定的限度内，家长的期望越高，对孩子的激励越大，因为期望代表着家长的信任。但是，绝不是说，期望越高，对孩子身心发展所发挥的积极作用越大。如果期望中带有极大的盲目性，高到子女根本不可能达到的地步，那么，这种不实际的期望，不但对孩子起不到积极的激励作用，反而使孩子“望而生畏”，从而丧失上进的勇气。因为孩子自己知道，再努力也是徒劳。家长期望过高，也很容易产生急躁情绪，采取简单粗暴的教育方式方法去管教孩子，这样不仅会使家长失去应有的理智和耐心，而且也易与子女发生情感上的对立，导致家庭教育失败。现实生活中，有的家长由于给孩子提出了很不实际的要求，期望过于理想化，完全脱离了孩子的实际，一旦孩子经过努力也没有达到家长的要求，满足家长的期望，家长便恼羞成怒，不择手段、不顾后果地打骂孩子，严重地摧残了孩子的身心，以至造成悲剧。比如，青海省发生的夏斐事件，就是一个十分典型的例子。

家长究竟对孩子抱不抱期望，抱有多高的期望，对子女的身心发展水平有着重要的影响。

第三节 家庭生活环境

家庭教育有一个突出的特点，那就是家庭教育和家庭生活的一致性。这有两个方面的含义：第一，家长教育子女的实践过程是在家庭的日常生活中进行的，家庭教育不可能脱离家庭生活，是和家庭生活融为一体的；第二，家庭是子女的生活条件和环境，这种条件和环境本身就是一种潜在的教育因素，时时刻刻都在对子女身心发展起着潜移默化的作用。这种教育作用，虽不是家长有意识地实施的，但也不容忽视。总之，家庭生活环境直接影响着家庭教育，影响着子女的身心发展。

构成家庭生活环境的因素，大体包括以下几个方面。

一、家庭结构

家庭结构就是家庭诸分子（即家庭成员）不同的层次和序列的结合。家庭结构包括家庭有哪些成员、成员有多少、家庭成员的辈分、家庭成员是否齐全和家庭的规模大小等。家庭结构对家庭教育的实施及其效果有直接影响。

家庭结构的形式，一般分为单身家庭、核心家庭、主干家庭和联合家庭等。在我国现阶段，核心家庭和主干家庭占大多数，其他两种为数极少。

核心家庭，即父母双全、有一个或几个孩子构成的家庭。这种家庭在我国城镇约占70%，在农村稍小于这个比例，但也是多数。核心家庭的特点是人口数量少，成员层次（即辈分数）少，家庭成员之间的关系密切，家庭的内聚力比较大。这种家庭里家长（即父母）的权威较高，家庭成员之间的关系较为容易协调，有矛盾也好处理；父母接触子女的机会多，直接交往多，教育者和受教育者的关系更为亲近。教育者的思想容易统一，步调容易达到一致；家庭规模小，成员组成简单，父母对子女实施教育也比较顺利，一般不受外界的干扰；子女和父母关系密切，根本利益一致，利害攸关，子女的身心发展状况、前途命运直接关系到父母的切身利益。因此，父母对子女身心发展的状况特别关心，教育工作抓得紧，能做到全力以赴，肯下功夫，肯于进行智力投资，有教育的自觉性和迫切感。在核心家庭里，父母是子女的教育者，他们必须对孩子的管理和教育全面负责，没有别的人可以依赖，因此，家长管理和教育子女的责任心更强。

但是，这种结构的家庭，对子女的教育工作和身心发展也有不利的一面。比如，在城镇的核心家庭里，父母大多是双职工。这样的家庭，父母和子女接触的时间相对有限，对于需要在生活上给予照顾的未成年的子女，就未必照顾得很周到，管理教育的机会也比较少。这些孩子，父母不在家时，如果能独立安排自己的课余生活和学习，会有利于培养锻炼他们独立生活的能力，生活自理能力一般比较强。但是，由于家长和孩子接触机会少，有时候难以了解孩子的全面情况，也难以控制他们行动和活动的范围，很容易放任自流，受到社会上的不良影响。特别是在寒暑假，孩子放假了，可家长绝大多数不是教育工作者，没有寒暑假，孩子留在家里，家长照常上班工作，想生活上照顾孩子，可是爱莫能助；想管理、教育孩子，可是鞭长莫及。家长很担心经过一个假期，思想散了，学习下降了，品德上出毛病，有后顾之忧。在核心家庭里，孩子在学龄前阶段，送到幼儿园，孩子可以在幼儿园吃饭，家长负担还轻一些。等孩子进入小学后，学校一般不能解决孩子的吃饭问题，他们自己生活上又不能自理，这给家长带来很大的困难。这虽只是个生活问题，但也是个不小的问题。

主干家庭是由祖父母、父母和子女三代人构成的家庭，家庭成员的层次较多，人口数量多，规模较大。在这种家庭里，祖父母可以协助父母照顾、管理、教育第三代，儿童、青少年可以得到更多的爱和更充分的教育，生活上的照顾和日常的管理也比较周到。老年人对于孩子生活的照料更有经验；老年人一般也比较耐心、细心，能较细致地体察孩子的心情，教育工作也会做得更深入细致。家庭中的老人，需要儿女照顾，孩子们也容易从父母身上学到关心、照顾老人的好品质。主干家庭人口多，人际关系复杂一些，家庭生活的内容会更丰富一些，在这样的家庭里生活，有利于锻炼孩子处理各种关系的能力，有利于培养孩子社会化的意识，培养孩子适应复杂社会生活的能力。

但是，在这种家庭里，由于家庭成员的层次比较多，教育者和受教育者的关系不同，有父母子女关系，又有祖孙关系；教育者的年龄差距比较大，经历不同，思想观念也不同。年老的祖父母，教育思想中的传统意识可能多一些，做父母的年轻一些，容易接受新的教育思想，旧意识少一些。做祖父母的对于隔辈人更疼爱，容易娇惯溺爱，而做父母的一般理智一些。在这种情况下，教育思想很容易出现不一致的现象，教育态度、管理方式、教育内容和教育方法，很可能出现差别或矛盾。这样往往不利于对孩子进行教育，甚至相互抵消、削弱教育效果。由于教育思想不一致，你这样要求，他又那样要求，你要这样管，他又要那样管，孩子就会无所适从，弄不好，还有可能养成孩子的两面性格，当着祖父母的面是一套，当着父母的面是另外一套。另外，在有些三代人一起生活的主干家庭里，有的婆媳关系、父子关系不谐调，甚至有矛盾，势不两立，经常闹意见，甚至争吵，那对孩子的成长就更为不利。

按家庭结构、家庭成员的完整情况划分，又分为完全型家庭和残破型家庭（或叫缺陷型家庭）。所谓完全型家庭，是指父、母、子女三全的家庭。生活在这种家庭里的子女，一般能得到父母的爱、家庭生活的温暖和正常的家庭教育。而残破型家庭，诸如丧偶、离异，父母不双全。父母缺少一方，现存的一方因丧偶或离异，往往精神上受到极大的打击，往往还出现变态心理，情绪不大正常，沉闷、孤独、烦躁；或是因丧偶、离异，精神上有极大的失落感，精神负担重，生活上有困难，心理上压力大，无力管教子女。同时，丧偶、离异的父亲或母亲的种种不正常情绪，也会直接影响、感染子女。还有这种情况，丧偶、离异的父亲或母亲，为了弥补子女失去的父爱或母爱，而过于娇惯溺爱，放任迁就，出现不管不教的现象。这都是常见的。一般失去父亲的家庭，家庭经济上的困难更多一些；而失去母亲的家庭，在对子女日常生活的照顾上困难更大一些。生活在残破型家庭的子女，在心理上也受到很大的刺激，心灵上有伤害，或出现孤僻、胆怯、冷漠的心理，或出现冒险、野蛮的心理。当然，生活在残破型家庭里的子女，不见得都得不到正常的教育，也不见得身心发展水平就肯定低于完全型家庭的子女。古今中外有许多有成就的名人是由父亲或母亲一人培养成才的。特别是在丧偶的家庭里，成才的子女更是不乏其人，比如中国古代的孟子、欧阳修、岳飞等人，都是很小失去父亲，自小由寡母培养教育成才。残破型家庭的子女，往往独立生活的能力较强，忍辱负重、克服困难、艰苦奋斗的精神也比较强，这是逆境对人磨炼的结果。尽管如此，残破型家庭，特别是离异所造成的残破型家庭，在子女的教育上，同完全型家庭相比较，不利因素还是更多一些，困难更大一些，特别是对未成年子女的教育影响更大。

在完全型的家庭当中，有一种是重建的完全型家庭，即父母离异或丧偶以后，再娶或再嫁，组成了另外一个新的家庭。在这种家庭里，父母中有一方和子女有血缘关系，是亲生的，另一方无血缘关系，是非亲生的。就是说，子女有继父或者继母。在这种家庭里，继父或继母和前妻或前夫留下的子女间，由于没有血缘关系，一开始往往关系不太好，子女不大信赖，教育工作有一定的困难；也有的继父或继母，为了取得前妻或前夫子女的信赖，采取迁就放任态度；还有个别的继父母讨厌、歧视前妻或前夫的子女。这类情况有一定的普遍性。这给子女的教育带来了一定的困难。不过，在我们社会主义国家里，人们的精神境界都有较大的提高，不少重建家庭的父母子女关系处理得比较好，家庭生活和谐美满，同那些自然的完全型家庭差不多，子女的身心发展也很好。

二、家庭经济生活状况

家庭经济生活状况，指的是家庭经济收入的多少、生活水平的高低、家庭经济的来源和支配等。

家庭经济收入的多少和生活水平的高低，虽然不是家庭生活幸福和睦的唯一条件，但是，家庭从来就是一个生活单位，始终具有生活消费的职能，一个家庭的经济收入多少和生活水平高低，是家庭生活是否幸福和睦的一个重要条件，因而对子女的教育也有一定的影响。

家庭经济收入多，家庭生活水平高，一般说来，家庭生活更幸福美满，子女有一个温暖、舒适的生活环境，有优越的物质生活条件，教育子女的物质条件也比较充分，有可能多进行智力投资。家庭成员之间因经济问题而发生的冲突和矛盾也少，关系更为融洽。而家庭经济收入少，负担重，生活水平低，子女的物质生活条件差，子女受教育的物质条件就会相应地受到限制。家庭收入少，负担重，家庭成员之间因经济问题而发生冲突和矛盾的可能性要大一些，争吵可能要多一些。如果家庭经济收入极少，入不敷出，生活极端困难，经济生活水准在温饱线以下，这样的家庭很可能崩溃，就连家庭的正常生活都不能维持，更何谈正常的家庭教育。当然，这种情况当前在我国是极个别现象。

现在，我国人民的家庭经济条件日益好转，收入逐步增多，生活水平大大提高，这可能成为教育子女的有利因素，有利于子女身心健康发展，但也可能起消极作用，不利于子女身心健康发展。比如，家庭生活条件过于优越，任子女去享受，平时不抓紧思想品德教育，不严格要求，不让孩子参加任何家务劳动和自我服务性劳动，这样，子女很容易缺乏艰苦奋斗、勤俭节约的思想品德，变得又馋又懒。孟子曾经说过："富岁子弟多赖（懒），凶岁子弟多暴。"①是说在丰收年景，儿童、青少年容易变得懒惰，而灾荒年，又容易发生不良行为。当前，我国人民生活水平大幅度提高以后，不少家庭的子女变得不爱劳动、不会劳动，贪图享受、安逸，不懂得节俭，大手大脚，这些情况在独生子女家庭里尤为普遍。因此，家庭生活条件好，究竟是教育子女的有利因素，还是不利因素，这不是绝对的。要看家长是如何对待和使用、安排优越的经济条件。

家庭经济来源，指的是家庭经济收入是由谁来提供的。这决定家庭成员在家庭生活中的地位，决定家长在子女心目中的地位。如果家庭收入主要是由父亲提供的，父亲对子女的制约性和权威性就更大一些。值得注意的是，有些家庭的经济来源的主要提供者，自恃经济收入多，认为"子女吃我的，喝我的，就得听我的"。这种思想很容易导致子女的轻视或疏远，甚至还会虐待、歧视没有经济收入或经济收入较少的家长。这样的家长，子女很可能根本不服从他（她）的管教。如果因为某个家长经济收入多，对子女说话气就粗，而经济收入少的或没有收入的家长，对子女就没有管教的权利，那么，在这样的家庭里就会养成子女"势利眼"的庸俗习气。正确的态度是，不管收入多少，家长要共同承担子女教育工作，要相互维护威信，使家长形成一个教育的集体。家长的收入不可能完全相等，家长之间要尽一切可能避免因为经济收入的多少发生冲突、矛盾，以免影响家庭生活的和谐气氛。

家庭经济如何支配，也对子女的教育有影响。

---

① 《孟子·告子上》。

首先，家长管理家庭经济生活要有计划性。家长能做到从实际出发，精打细算，有计划地组织消费，量入为出，勤俭持家，这对子女是一种很好的教育。家长不会持家，支配经济生活毫无计划，不会精打细算，胡花乱花，月月拖欠，出现“财政赤字”，这对子女影响肯定不好，子女不会珍惜钱财，就容易养成挥霍浪费的毛病。

其次，要让子女参加家庭经济管理。如果家长让子女参与家庭经济生活的管理，实行家庭经济民主，这样就可能增强子女的责任感，当经济有困难时，也会有意识地约束自己。而且，在参与家庭经济管理的过程中，也会培养孩子参与的社会意识，从中学会管理支配家庭经济生活，这对他们以后参加社会生活和独立组织家庭生活都是有好处的。而如果不让子女了解家庭经济生活的管理支配情况，更不让子女直接参与，只是享受物质消费，那么子女就可能“不当家不知柴米贵”，生活条件再好，生活水平再高，他们也不会满足，家庭经济一时遇到困难，他们就会袖手旁观。家庭成员中有需要赡养的老人，有经济收入的父母能够及时保证供养，并要子女了解这一情况，子女就会懂得子女有赡养老人的义务，从父母的行动中学会尊重老人。如果父母对老人该负责赡养而拒不尽义务，那么子女也不会尊重、体贴、爱戴老人，这样的父母在年老失去劳动能力以后，也会身受其苦。

最后，家庭经济收入是怎样分配使用的。从社会学的角度讲，家庭的全部经济收入的分配，一般分为三个部分。一是用于日常的基本生活需要的消费开支，比如解决衣、食、住、行等方面的消费开支，叫作“生活资料”。二是用于改善家庭物质生活和精神生活的消费开支，比如购买洗衣机、电冰箱等，旅游，住的、吃的、穿的、用的好一些，把生活水准提得更高一些，这些消费开支在人们收入增多以后，也是必要的，此部分叫作“享受资料”。三是用于家庭成员的智力开发、更新知识、发展特长等方面的消费开支，如交纳各种学费，购买书籍、文具、电脑等，这部分开支叫作“发展资料”。一般家庭经济收入都是用于这三个方面。如果把用于这三种资料的家庭经济收入分配使用得当，比如，在发展资料上适当多给予投入，多给子女创造受教育、发展智力、增长才干的物质条件，那么，这种消费就会大大有利于子女的身心健康发展。而如果在子女身心发展上舍不得投资，却只是把大部分收入用于享受上，这对子女就会产生不良的影响。

有关家庭经济生活的支配，还有个支配方式问题。在我国，一般有两种方式。一是合作式，即家庭成员中所有有经济收入的，都把经济收入归纳在一起，由家长共同掌管使用。对核心家庭来说，就是父母的经济收入合在一起，由父母共同掌管，消费时共同决定。对于主干家庭来说，就是祖父母、父母的经济收入合在一起，共同支配，“吃大锅饭”。二是独立式，就是说虽是一家人，吃一锅饭，但每个有经济收入的家庭成员，各自将自己的经济收入掌握在自己的手中，共同生活所需要的费用，如吃饭、住房、水电、购买家具设备等开支，按照一定的原则均摊，其余部分收入归个人自由支配。也有的是有经济收入的家庭成员，对无经济收入的成员，如老人和未成年的子女等，分别负责赡养或抚养，所剩经济收入归个人自由支配。前一种家庭经济收入支配方式，在我国家庭中是多数。按中国的传统生活方式看，前一种方式利多弊少，而后一种支配方式，容易给子女以斤斤计较的影响。而且，还要看到，家庭成员之间的经济关系是相互间联络、密切感情的一种媒介，经济上的联系少很可能会淡化家庭成员之间的感情。不过，这种独立式的家庭经济收入支配方式，也在一定程度上体现了尊重每个人的自主权。总之，家庭经济收入的支配方式，也是影响家庭教育的一个因素。

三、家庭成员之间的关系

家庭成员之间的关系，主要是指家庭里成年人之间的相互关系。在主干家庭里，指的是祖父母之间、父母之间、父子之间、婆媳之间等双方的关系。在核心家庭里，主要指的是父母之间的相互关系。

家庭成员之间的关系如何，是亲密无间还是冷漠疏远，是谐调和睦还是矛盾重重，是团结一致还是四分五裂，是相互平等还是有高低贵贱，是民主和谐还是独断专行，这一切决定了家庭生活的气氛、秩序和稳定程度。家庭生活的气氛、秩序和稳定程度，对所有家庭成员的身心健康有重要影响，对子女来说影响更大。家庭是人们经常生活的最重要的场所，人们不可能没有家庭生活，对于家庭生活有很大的依赖性，未成年的子女对家庭的依赖性更大。家庭生活包括物质生活和精神生活两个方面，就是说，家庭不仅给人们提供物质生活的条件，同时也提供精神生活的条件，这两方面的条件人们都是需要的。子女不但要从家庭里得到生存和生活所必需的物质条件，也需要从家庭里得到精神上的满足。在物质生活条件能得到基本保证的情况下，即或是生活不太优越，如果家庭成员之间的关系很好，子女也会感到幸福，在精神上得到温暖。而假如只有优越的物质生活条件，吃的、喝的、穿的、住的再好，而没有良好的精神生活条件，关系紧张，矛盾重重，三天两头吵架，也是不会感到幸福的，甚至感到比物质生活困难更痛苦。像《红楼梦》中的林黛玉，她生活在物质条件相当优越的大观园里，吃的是山珍海味，穿的是绫罗绸缎，她并没有感到幸福，而是感到极为痛苦。

家庭成员之间的关系、家庭生活的气氛和生活秩序，对于未成年的子女来说，影响作用尤为重大。未成年的子女，缺乏独立生活的能力，不可能脱离家庭、父母而独立生存和生活，他们一步也离不开家庭。家庭成员之间的关系好不好，关系到他们能不能得到安全、平静、温暖和幸福，对身心影响极大。许多调查证明，由家庭成员之间的关系所形成的家庭生活气氛、家庭生活秩序和家庭稳固程度，与子女的学习、品德发展状况成正比。南京师范大学缪建东教授的调查结果表明，生活在家庭成员关系和谐的家庭里的中学生，学习成绩差的占 10.9%，学习成绩优良的占 18.5%；生活在关系紧张的家庭里的中学生，学习成绩差的占 16.7%，学习成绩优良的一个也没有。生活在家庭成员关系和睦的家庭里的中学生，品德优良的占 39.3%，差的占 7.3%；生活在家庭成员关系紧张的家庭的中学生，品德优良的占 33.3%，较差的也占 33.3%。在犯罪青少年中，有的就是由于家庭不和、经常吵架，没有一个安静的环境，在家里生活得不到温暖，心里十分厌烦，被迫到社会上去找“温暖”，才走上邪路的。

目前，我国家庭成员之间关系不好的情况，主要表现有两种。

一是主干家庭里的婆媳不和。自古至今，三代人生活在一起，婆媳关系向来难处。究其原因，大致有以下几个方面。第一，婆媳间既不存在婚姻关系，也不存在血缘关系，而是由婚姻和血缘关系作为中介所产生的一种特殊的关系，因此感情上不亲近，关系缺乏稳定性。第二，婆媳原本分别在不同的家庭中生活，都已经形成了较为稳定的生活习惯和生活方式，一般说来，女性又都比较关心并且亲自负责家庭生活的安排，很难完全相互适应，易出现矛盾。第三，婆媳双方都担心出现不和谐的问题，心理上各有戒备，多有猜疑，常常在无意中引起误解。第四，有的儿媳缺乏敬老的思想，不愿赡养老人，对老人的旧意识旧习惯不满。第五，有的做婆婆的旧意识旧观念比较严重，实行家长制，对儿媳妇挑剔过多、过苛。要解决婆媳之间的矛盾，需要双方努力，多做自我检讨，多看对方的长处，相互加强了解和理解。

在主干家庭里，多数是祖父母、父母、孙儿女三代人。在我国，也有一部分是外祖父母、父母和外孙儿女三代人构成。此种主干家庭大多在城镇。这类家庭一般关系处理得比较好。

在主干家庭里，自古以来婆媳关系是家庭关系不和问题的焦点。如采取外祖父母、父母和外孙儿女这种组合方式组合，就会避免婆媳不和问题。我国古代就存在“婆母虐待儿媳，岳母宠爱女婿”的现象，这种现象一直延续至今天。究竟这是什么原因，很值得深思、探讨。

二是核心家庭里的夫妻不和。夫妻之间闹矛盾，一般是在结婚六七年以后，此时孩子正上小学。在此之前，有孩子拖累，夫妻之间的感情也被孩子维系着；结婚十多年后，夫妻双方都进入中年，思想也比较沉稳，相互之间的了解进一步深入，并且相互适应，关系一般比较好，比较稳定。夫妻关系的动摇、紧张，常常出现在青年和中年之间的过渡阶段，在分居、离婚的夫妻之中，也是这一年龄段的人为最多。夫妻双方的关系，主要靠夫妻双方共同努力来维系，同样，夫妻之间闹矛盾，也最好是夫妻双方通过自己的努力去协调、解决，尽可能不求助于别的人。夫妻之间关系紧张，发生矛盾的原因有各式各样，有性格不合的，有基础不牢的，有经济支配方面的……不管是什么原因造成的，都要尽可能在家庭内部解决。双方都要有信心，不要一有矛盾就提出离婚。当然，我国宪法规定了婚姻自主的原则，结婚自由，离婚也有自由。尽管如此，在提出离婚时，除了要考虑夫妻双方各自的利益，还要考虑到子女的前途，夫妻双方都不能只考虑自己的利益。

夫妻关系状况决定着家庭稳固的程度和家庭成员的幸福。有子女的夫妻，关系状况如何，不仅决定夫妻双方的生活，也直接影响子女的生活。夫妻不和不但给夫妻双方带来苦恼和痛苦，而且也会给子女造成生活上的困难、精神上的痛苦和心理上的创伤。许多青少年走上犯罪道路的直接原因就是父母不和、闹离婚，子女在家里得不到爱护和温暖，而盲目到社会上寻求温暖、保护，最后误入歧途的。江苏省南通市有一个家庭的五个子女，全都走上违法犯罪的道路，公安机关专门为这兄弟姐妹五个人召开审判会，在社会上引起极大震动。这兄弟姐妹五人走上犯罪道路，当然有社会不良影响和他们自身的原因，但更直接的原因是他们的父母长期闹分居、离婚，谁也不管子女，对子女的思想表现从不过问。

在当代社会，夫妻离婚要完全避免是根本不可能的。但尽量减少父母离异对子女的消极影响，应当说还是有可能的。第一，男女结合，要经过充分相互了解、适应，要取慎重态度，坚持以爱情为基础。第二，结婚后，最好晚一点生育子女。夫妻二人先单独生活一段时间，考验一下爱情基础是否牢固。经考验，爱情基础牢固，再生育子女，就会减少因关系不和、离婚给子女造成的危害。这就像购买一辆新汽车要“先试车，后载重”一样，免得因车的质量不合格造成车毁人亡的惨剧。第三，即使要离婚，也要尽可能争取“成功的离婚”。离婚是失败婚姻的终结。夫妻从失败婚姻中解脱出来，这是一件好事。但离婚问题处理不好，会使夫妻及子女陷入更加痛苦的境地。争取“成功的离婚”，就是要努力对离婚后的有关问题，比如子女的归属和抚养问题，进行妥善处理，尽量减少或避免子女生活上的困难和精神上的痛苦。

四、家庭生活方式

家庭生活方式是指人们在家庭中的各种生活活动的典型形式。家庭生活方式，包括家庭生活观念、家庭生活活动和家庭生活条件三个基本要素。家庭生活观念是家庭成员从事家庭生活活动的主观动机和价值观，如家庭思想、家庭性别角色观念、生育观、消费观、审美观、营养观等。家庭生活活动是家庭成员在家庭生活观念的指导下主动调整、控制内外部条件以满足家庭和自身需要的行动。人们在描述家庭生活方式时，一般是以家庭中占主流的行为模式为基本单位，如饮食营养习惯、消费方式、闲暇利用方式、夫妻间性生活方式、家庭人际交往方式等。家庭生活条件则指家庭生活活动赖以进行的对象和手段。家庭生活方式三要素间相互联系，不可分割，同时又相互影响、相互制约。三个要素中，家庭生活条件是基础。

家庭生活方式作为一种社会存在，受到社会政治、经济、文化等方面因素的制约。在所有社会制约因素中，生产力的影响是最有力的。现代社会发展和科学进步从家庭结构、家庭功能、婚姻关系等方面改变着家庭生活：家庭生活观念在变，特别是生育观、幸福观和消费观；家庭生活活动则由于家庭生活条件和家庭生活观念的改变，在质量和形式上都在发生变化，其中特别是消费方式、闲暇利用方式和家庭人际交往方式等方面。

家庭生活方式是家庭成员在长时间的共同生活中，逐步形成的较为稳定的生活模式，实际上就是人们常说的“家风”或“门风”。作为一种生活模式，在日常的家庭生活中，会经常出现，反复出现，成为家庭成员生活的环境。子女生活在一定的家庭生活方式之中，会受到潜移默化的影响。正如法国教育家卢梭所说，家庭生活方式本身就是一种教育。

家庭生活方式中对子女身心发展有直接影响的因素主要是家庭饮食营养习惯、生活起居习惯、消费方式、闲暇利用方式、家庭人际交往方式等方面。

家庭饮食营养习惯：在长期的共同生活中，家庭成员在饮食结构的需求上，形成了共同的习惯。有的家庭过分崇尚鸡、鸭、鱼、肉、蛋等高营养价值的食品，有的尤为推崇蜂王浆等补品，有的则注意鱼肉和蔬菜、细粮和粗粮的合理搭配，等等。不同的饮食营养习惯，会给家庭成员，特别是未成年子女的身心发育，带来不同的影响和后果。目前有些家庭中的儿童偏食、厌食现象和肥胖儿童的增多，就是不良饮食营养习惯所造成的。

家庭生活起居习惯：家庭生活起居的有规律运转，能按时起床、洗脸、吃饭、工作、学习、休息，既有利于父母的身心健康和事业的发展，又有利于孩子的成长。家庭生活起居程序化、制度化，使子女能准确地预计一天中不同时段内该干什么，能增强子女的计划性、安全感和自信心，提高工作、学习效率和生活质量。而如果家庭生活起居没有规律，会使父母整天疲于奔命，使子女生活忙乱，形成不良的生活习惯，也直接影响工作、学习的效率。

家庭消费方式：家庭消费方式是指在家庭日常生活中，为了满足家庭成员物质上和精神文化上的需要，消耗各种消费资料和劳务的活动方式。消费方式包括消费意识、消费能力、消费结构、消费习惯和消费性质等。消费方式，特别是消费意识、消费结构、消费习惯等，对子女有很大的影响。比如，赶时髦的消费动机；重物质消费，轻精神消费；消费中的奢侈、浪费；缺乏消费的计划性，不能从经济收入实际出发；等等。上述消费方式会给子女造成很不好的影响。而科学地有计划地进行家庭消费，就会给子女以良好的影响，使他们学会如何生活。

闲暇利用方式：闲暇是指工作、学习时间以外可以自由支配的时间。一个家庭如何利用闲暇时间，在闲暇时间进行什么活动，对子女身心发展有很大的影响。家庭闲暇生活多样化，家庭成员有多种兴趣爱好，开展丰富多样的活动，如文娱、体育、鉴赏、养殖、旅游等，可以培养子女多种兴趣，发展多种特长；家庭闲暇生活单调，不利于发展子女的兴趣和特长。家庭闲暇生活文明化，生活内容健康，情趣高雅，不仅可以使子女得到休息和娱乐，还可以使他们受到教育；而家庭闲暇生活内容庸俗、情调低级，对子女就是一种毒害。家庭闲暇生活知识化，用各种科学文化知识丰富家庭成员的头脑，就可以促使子女对文化科学知识发生兴趣，调动学习的积极性；而缺乏知识性的家庭闲暇生活，则无助于子女对知识的兴趣和学习知识的积极性。

家庭人际交往方式：一家人在一起生活，长此以往，就会形成一定的家庭成员之间相互交往的方式。家庭成员之间经常进行积极的交往，可以增强相互间的了解、理解，密切关系，感情亲密，形成和谐的关系，家庭生活幸福。家长和子女加强积极的交往，会使子女具有安全感、幸福感，心情舒畅，精神愉快，积极向上。家长和子女的交往，经常运用的方式方法分两种：一是非语言交流，如拥抱、亲吻、抚摸、目光、面部表情、手势等；二是语言交流，包括口头语言和书面语言交流。语言交流和非语言交流，往往是同时并用。非语言交流，有利于增进感情亲密程度；语言交流，可以发展子女的表达能力，增强相互理解。交流分单向交流和双向交流两种，双向交流使子女感到父母和子女之间的平等、民主，相互沟通，效果也好。父母在与子女交往中，应当尊重子女，爱护、关心子女；既教育子女，也要接受子女的规劝；对子女多说理，少呵斥、抱怨；要注意克服封建家长制的旧意识，以平等、民主的态度对待子女。

第四节　家庭的社会背景

家庭虽然是一个较为封闭的社会组织形式，但家庭并不是孤立于社会之外而存在的，它同社会生活息息相关，社会生活对家庭有着重大影响；而且，家庭在社会生活的影响下，随着社会的发展而发展。目前，世界上现存的专偶制的个体家庭，就是随着社会的发展，经由血缘家庭、普那路亚家庭、对偶家庭，一步一步地形成和发展起来的。社会生活不仅对于家庭形式的发展有重大影响，而且对家庭的生活内容和职能作用的发挥都有重大影响。当然，家庭教育作为家庭生活的重要内容和职能作用，也不可能不受到社会生活的影响。一个家庭的子女教育工作的实施及其效果，不仅要受到家长自身的各方面素养和家庭生活条件、环境的影响和制约，也受到家庭所处的时代、家庭的社会地位和家庭居住的社会区域的影响。

一、家庭所处的历史时代

家庭总是一定历史时代的家庭。社会在发展，时代在前进，家庭是随着社会的发展和时代的前进而变化的。

时代不同，家庭的结构、经济状况、家庭成员之间的关系、家庭的生活方式、家长自身各方面的素质也不同，从而影响家庭教育的实施及其效果。在旧中国，家庭以主干家庭和联合家庭为主，规模大，结构复杂，家庭成员之间的关系也复杂。劳动人民家庭经济条件很差，有的贫困至极，家破人亡，妻离子散，很难进行正常的家庭教育。现在的家庭以核心家庭为主，规模小，结构简单，家庭成员间的关系也简单。广大人民群众都能过上家给人足的幸福生活，家庭稳定，都能进行正常的家庭教育。在旧社会，社会上旧的习惯势力和思想观念，不可避免地要渗透到家庭生活中去，从而影响家庭成员之间的关系和家庭生活方式，旧的思想意识也通过家长灌输到子女头脑里去。在新社会，社会主义的良好社会风气，也必然对每个家庭发生积极的影响，通过家长的言行传递给子女。

进入 20 世纪 80 年代以后，我国的家庭越来越重视对子女的教育，这与社会生活的重大变化有密切的关系，反映了我们这个时代的特点。在新中国成立以后相当长一段时间里，家庭教育一直没有引起人们的足够重视，这并不是偶然的。因为那时候是“以阶级斗争为纲”，阶级斗争年年搞、月月搞、天天搞，一个政治运动接着一个政治运动，从未把发展生产、进行经济建设放在首位，不重视教育事业和科学事业的发展，当然家庭教育也提不到议事日程上来。党的十一届三中全会以后，我们党和国家将工作的着重点转移到了社会主义经济建设上来，实行改革开放，这就对科学技术和教育事业的发展提出了迫切的要求。不大力发展和普及科学技术，不发展教育、提高劳动后备力量的文化素质，社会主义现代化建设事业就难以得到发展。广大家长也看到了社会发展的趋势，年轻的一代人如果不接受良好的教育，不具备较高的文化素质，是不可能适应未来社会需要的，在将来的优胜劣汰的人才竞争中，很难在社会上站得住脚，很难获得理想的职业。所以，现在我国城乡的家庭都越来越重视子女的教育工作，除了支持子女在学校好好学习、接受教育外，还在家庭里对子女进行教育和训练。

家庭教育的内容也受家庭所处的历史时代的影响和制约，具有鲜明的时代特点。在中国封建社会，“三纲”、“五伦”的封建纲常在社会上盛行，在其影响下，不论是统治阶级家庭，还是被统治阶级家庭，都特别注重孝道的教育，教育子女要顺从；而在今天，家长们开始重视对子女的自尊、自信、自主和平等、民主方面的教育。在阶级斗争天天讲、年年讲的年代，家长们生怕子女在外犯政治性错误，都教育子女在社会上说话、表态要小心谨慎；而实行改革开放以来，家长对子女关心多的大都是智力开发、文化知识学习和获得学历等问题。

随着我国改革开放的日益深入，家长们的教育观念不断更新，教育方式、方法也在不断地改善，重视家庭教育、实现家庭教育科学化的观念日益深入人心，正在形成广泛的社会舆论。这一切，都与家庭所处的历史时代有直接的关系。

二、家庭所处的社会区域

家庭所处的社会区域，是指由家庭居住地点所形成的一定范围内的社会环境。不同的社会区域，其社会成员的成分不同，所从事的职业不同，生活习惯、社会风气也就不同。家庭生活和社会生活息息相关，当地的社会生活习惯、社会风气，总是要渗透到家庭生活中去的，从而影响家庭的生活方式、生活习惯，进一步影响到子女的成长和发展。比如，农村的家庭和城市的家庭相比，周围的社会生活习惯、社会风气就有所不同。更具体一点说，家庭居住地区的社会风气好，家庭对子女的正确的教育就可以得到强化；反之，家庭居住地区的社会风气不大好，就会大大削弱或抵消家庭的正确教育。再比如，有的家长教育思想不对头，缺少正确的教育方式、方法，经常打骂孩子。假如这个家庭迁到另外一个地区，这个地区的家庭很少有人对孩子采取粗暴野蛮的教育方式、方法，那么，这个新迁来的家庭，就会在周围社会环境的影响下，渐渐地改变过去的教育方式、方法。

家庭所处的社会区域，是指子女经常生活和活动的社会环境。居住在某一个社会区域，不仅家长的教育思想、教育态度和方法受到周围环境的影响，而且，子女也会直接受到周围环境的熏陶。中国古代“孟母三迁”的故事，说明孟母特别重视周围环境对孟子的直接影响。起初，孟子家住一片墓地旁，常常看到埋死人，于是就学做埋死人的游戏。搬到集市旁边后，孟子每天看到的是小商小贩的经商活动，于是又学做买卖的游戏。最后搬到一个学宫旁边，孟子每天看到的是文质彬彬的学生，于是也学着做一些文明的游戏。今天也是这样，居住在知识分子家庭集中的地区，孩子喜欢读书的多；居住在农村的孩子，则热爱劳动、会劳动的多。

家庭居住地区，对子女的交友也有影响。某一地区知识分子家庭集中，那么孩子们的朋友中知识分子子女多；住在工矿区，则孩子们的朋友中工人子女多。同年龄阶段的孩子相互之间接触、交往多，相互影响作用是很大的，有时超过了家长、教师等成年人的影响。这是因为同龄的孩子，心理水平接近，有共同的思想感情，共同的兴趣爱好，共同的语言。尤其是儿童、青少年，他们一般都特别重友情，讲义气，相互之间非常理解、信赖。有时父母、教师讲的话，不见得都相信，而朋友之间却是相互信任，常常是无话不谈，因此，相互之间的影响作用也大。

自古以来，我国的家长都特别重视子女的交友活动，教导孩子多交品行好的朋友，主张“结交胜己者”，即交品行比自己还好的朋友，以便给子女以良好的影响。因为，与品行好的人经常接触，像是进入养芝兰的花房，久而久之也变得品行好起来；经常和品行不好的人交往，就像是生活在卖鱼的市场，自己也会有鱼腥味，品行变坏。《太公家教》中说：“居必择邻，慕近良友。”这就是告诫人们，居住要选择好的邻居，交朋友要交好的朋友。这说明居住地区和交朋友，对子女的教育和成长是有很大影响的。

三、家庭所处的国度

国度，指国家区域。不同的国度，不同的民族，其政治经济制度、文化传统、风俗习惯、生活方式不同，家庭教育的情况也各异。

比如，我国具有重视家庭教育的悠久传统，其重视程度明显地高于四邻，就是在世界范围内，也是数得着的。这种历史传统，一直延续到今天。但是，由于中国经历了几千年的封建社会，封建家长制的旧意识相当浓重，一直到今天，在不少家长头脑里仍旧残存着封建家长制的旧意识，不尊重子女的人格和个性，把子女当成家中的附属品，实行强迫命令，打骂体罚现象至今都未绝迹。而在西方国家，由于封建社会延续时间比较短，反封建的资本主义革命又比较彻底，因此，那些国家家长头脑里封建家长制的旧意识不太严重，民主、平等思想较为强烈，在家庭教育中，比较注意尊重子女的人格和个性，多是采取平等的教养态度和民主的教育方式、方法，打骂体罚现象比中国少多了。

在中国，由于长期以来，实行自给自足的小农经济形式，所以家庭和社会沟通少，较为封闭，不太注重对子女进行自主、自立的教育。其原因，当然和落后的生产方式有直接关系。而在西方国家，在几百年之前，就采用了机器生产，实行社会化大生产，商品经济又比较发达，因此，家庭与社会沟通频繁，较为开放，也很重视对子女的自主、自立教育。这种情况并不表明西方国家的家长比中国的家长高明，而是社会政治经济和生产方式使然。

在教育的方式、方法上，中国的家长注重说教，西方国家的家长较为注重实践。这种不同，跟国家、民族区域的社会评价标准和赏罚机制有密切关系。中国人评价一个人，往往太注重历史和一贯表现，而西方国家评价一个人，一般比较注重现实表现和实际能力。

总之，影响和制约家庭教育的因素是多种多样的。这些因素，有家庭内部的，也有家庭外部的。多种因素的影响作用，有的是直接发挥的，有的是间接发挥的；有的作用大，有的作用小。一般情况下，家庭内部的有关因素，诸如家长的素质、家庭生活环境等，对家庭教育的影响更直接、更重要。其中以家长自身的各方面素质为最重要。家长素质好，就能有效地调节、控制、支配其他因素作用的发挥；反之，家长的素质不好，没有教育的主动权，在教育子女中，不能发挥主导作用，其他因素不可能充分发挥积极的作用，而很可能产生消极的作用。因为各种影响家庭教育的因素都是静止的，它们对家庭里的孩子发挥作用，都要通过家长教育子女的实践来实现，靠家长自身的素质来实现。

家庭外部的影响因素，诸如历史时代、社会区域、民族区域等，也不能忽视。一般情况下，家庭内部的因素发挥作用更直接，更大一些，但不可能不受外部因素的影响。不论是家长，还是家庭教育工作指导者，都要给予应有的重视。

[思考与研究]

1. 认识、了解影响家庭教育因素的理论根据是什么。

2. 大学生中有不少是来自父母文化水平不高或文盲的家庭，你如何解释这种现象？

3. 父母对子女期望过高，一般是哪些原因？有什么危害？

4. 你所居住的地区，社会环境对儿童青少年的家庭教育有什么影响？

5. 回顾你自己成长的过程，谈谈哪些家庭因素对你的成长产生了重大影响。

第五章
家庭教育的目的、任务和内容

家庭教育虽然不像学校教育那样，是有组织、有领导、有周密计划、有完整体系的正规教育，而是一种非正规教育，但家庭教育同学校教育一样，也有一定的教育目的，担负一定的任务，有一定的教育内容。这是客观存在的，不以人们的主观意志为转移，我们必须承认，必须正视。

家庭教育的目的，是家庭教育活动的出发点和依据，也是教育实践活动的归宿。它制约着家庭教育的活动，以期获得某种效果。家庭教育的任务、内容，教育方法和手段，各种教育活动，都是依据一定的家庭教育目的确定的。家庭教育的目的制约家庭教育活动的方向，一切家庭教育活动都是实现家庭教育目的的过程。具有明确的家庭教育目的，家庭教育活动才会朝着预定的方向进行，家庭教育过程的每一步，才能成为走向目的的一步。家庭教育的目的，不但指导所有家庭教育活动和整个家庭教育过程，使之成为自觉的教育活动、教育过程，而且直接影响家庭教育活动和整个家庭教育过程的总体效果，决定着家庭教育的发展方向和成败。

家庭教育的任务和内容，取决于家庭教育的目的，是实现家庭教育目的的必要条件，为实现家庭教育目的服务。没有家庭教育目的，家庭教育实践活动将是盲目的；而没有明确的家庭教育任务和内容，家庭教育的目的将会落空，无法实现。

研究、明确家庭教育的目的、任务和内容，是家庭教育成功的保证。

第一节　家庭教育的目的

教育目的是指规定教育要实现的结果或要达到的目标。家庭教育的目的就是通过家庭教育活动和家庭教育的全过程，要把受教育者培养成什么样的人。

一、家庭教育的目的是客观存在的

学校教育是一种正规教育，从它产生的那一天起，就具有明确的目的。家庭教育是一种非正规教育，是不是一种有目的的教育活动呢？有的家长可能没有意识到自己对子女实施教育有什么目的。事实上，每个家庭的子女教育工作，都具有一定的目的，不管家长意识到还是没意识到，也不管家长是否正视。任何一个家庭对子女的教育，其目的是客观存在的。

实践是人类改造自然和改造社会的有意识的活动。人类的任何一种实践活动，从一开始，就在人们的观念中存在一个特定的目的。就是说，人们在从事某种社会实践之前，都在头脑里存有预期实践的结果。这是人的实践活动和动物的本能活动的根本区别。有的动物的活动，虽然同人的活动有相似之处，但有本质的不同。如马克思所说："蜘蛛的活动与织工的活动相似，蜜蜂建筑蜂房的本领使人间的许多建筑师感到惭愧。但是，最蹩脚的建筑师从一开始就比最灵巧的蜜蜂高明的地方，是他在用蜂蜡建筑蜂房以前，已经在自己的头脑中把它建成了。劳动过程结束时得到的结果，在这个过程开始时就已经在劳动者的表象中存在着，即已经观念地存在着。他不仅使自然物发生形式变化，同时他还在自然物中实现自己的目的，这个目的是他所知道的，是作为规律决定着他的活动的方式和方法的，他必须使他的意志服从这个目的。"①

教育是人类特有的实践活动。任何教育活动和教育过程，都是有目的的；没有目的，就不能称其为人的实践活动，就不能称其为教育。苏联教育家加里宁说："教育是对于受教育者心理上所施加的一种确定的、有目的的和有系统的感化作用，以便在受教育者的心身上，养成教育者所希望的品质。"②

家庭教育作为一种教育实践活动和过程，当然也不例外，它同学校教育一

---

① 《资本论》，《马克思恩格斯文集》第5卷，人民出版社2009年版，第208页。

② ［苏］米·伊·加里宁著，陈昌浩、沈颖译：《论共产主义教育和教学》，人民教育出版社1957年版，第56—57页。

样，在开始进行教育以前，就有一定的目的。任何家庭教育的教育者——家长，对要把子女培养成什么样的人，使之具有什么样的品质和能力，其自觉意识的程度，可能不如学校教育的教育者那样清晰，比如有的家长只希望子女一天比一天更懂事，将来成为好孩子。即或是有这种不太具体的希望，这也是一种教育目的。

家庭教育的目的，不是有没有的问题，而是有的正确，有的错误，有的明确，有的不明确，有的具体清晰，有的笼统模糊。

有了明确的、正确的、具体清晰的家庭教育目的，就会使自己的教育活动朝着所确定的教育目的努力，教育活动就更加自觉，教育效果自然会好；而教育目的不明确、不正确、笼统模糊，教育活动就会有极大的盲目性，其效果自然不好。因此，家长在对子女实施教育之前，应首先确定正确的教育目的。

二、家庭教育目的的社会制约性

家庭教育是在各家各户分别进行，由各个家庭的家长实施。每个家庭，究竟要把子女培养成什么样的人，是由家长全权确定，取决于家长的意志。由此，有人得出这样一个结论：家庭教育的目的，只是反映和取决于家长个人的意图和要求，与社会无关。这个结论是不确切的。

教育目的是由人制定的，体现着人们的主观意志。然而，教育目的无论如何不是纯粹自由意志的产物。不包含任何客观性的前提和根据的教育目的，因其本身的性质注定是不能够实现的。

人的实践活动的目的，它是这样一种东西，它作为一种在观念中对象性地存在的主观的愿望或理想，并且要向客观现实转化，体现为物化的或实在的结果，即现实地对象化。在这里，观念的目的先于实现了的目的，即先于实践的结果，因而似乎单纯是一个从主观到客观的过程，似乎像唯心主义者所断言的，完全是“从心灵内部产生出来的”。其实，人们无论是提出目的还是实现目的，必须以客观存在的现实世界为前提和依据。事实上，人的目的是客观世界所产生的，是以它为前提的。教育目的的提出，也必须是以客观的社会、经济、文化等为前提和依据，必须以社会对人的发展和对教育的要求来规定教育的目的。

家庭是社会的细胞，任何家庭都不是抽象的，而是具体的，都是一定社会、一定时代的家庭。在阶级社会中，家庭都是一定阶级的家庭。家长究竟要把子女培养成什么样的人，希望子女具备什么品质和能力，虽是取决于家长的意志。但这种意志，并不是家长头脑里固有的，或主观臆造出来的，或凭空想象出来的，它总是受当时的社会生活的影响和制约的，具有家庭所处时代的特征，反映家庭所属阶级的阶级利益。比如，斯巴达奴隶制国家，奴隶主阶级家庭的子女教育，其目的是培养忠于统治阶级的勇悍的军人。它反映当时阶级矛盾的尖锐。我国魏晋南北朝时期北齐颜之推的家庭教育目的是培养“朝廷之臣”、“文史之臣”，以便“务先王之道，绍家世之业”；唐朝的《太公家教》中说：“事君尽忠，事父尽敬。”宋朝的《三字经》说：“幼而学，壮而行，上致君，下泽民，扬名声，显父母，光于前，裕于后。”这些都是封建家庭教育的目的。虽提法不尽相同，但都是培养忠臣孝子。这种教育目的，虽然不是由国家统一提出和确定的，但都不约而同地反映了社会、时代、阶级的要求，明显受到了社会生活的制约。英国教育家洛克主张资产阶级家庭的子弟教育，是为了培养绅士，亦即资产阶级实业家。这种教育目的反映了资本主义的发展和资产阶级的阶级利益，也带有明显的时代特征和阶级特征。

在阶级社会里，处在被压迫阶级地位的家庭，其教育目的并不反映统治阶级的愿望，甚至与其背道而驰。这种教育目的，并不符合统治阶级的利益，但这也是反映了当时社会、时代、阶级的特征。比如，中国奴隶社会平民阶层士、农、工、商这四种家庭，其教育目的分别是培养士、农、工、商这四种人，就同样带有明显的时代特征和阶级特征。

社会发展到今天，我国的家长差不多都希望子女能上大学，接受高等教育，掌握专业知识。这种教育目的，恰恰反映了科学技术的发展和我国社会主义现代化建设的需要。而在“十年动乱”之中，中国的家长并没有这种强烈愿望，同样是当时社会生活现实的反映。

在现实生活中，不同的家庭，不同的家长，其家庭教育的目的虽然有所不同，但都是从不同角度、自觉不自觉地反映了社会生活，并不是凭空想象出来的。只不过是有的家庭教育目的正确地、全面地反映了社会的要求，有的错误地、片面地反映了社会的要求。任何一个家庭的教育目的，都是和社会生活相联系的，受社会生活制约的。

正确地、全面地反映社会要求的家庭教育目的，能促使家庭教育成功，子女长大能立足于社会；而错误地、片面地反映社会要求的家庭教育目的，会导致家庭教育的失败，子女长大不能立足于社会，甚至会被社会淘汰。因此，家长在确定家庭教育目的时，必须自觉地以社会的需要为依据。

三、确定家庭教育目的的依据

总的来说，家庭教育目的的确定要受社会生活的制约。教育目的和社会政治经济相脱离，和社会生活的需要相悖，这种家庭教育注定要失败。但具体到每个家庭，其教育目的的确定，要受多种因素的制约和影响。

那么，每个家庭的教育目的的确定，都受哪些因素制约呢？

第一，家庭的根本利益。

家庭教育的目的和生育子女的目的有密切的联系。在原始社会末期，家庭由公共的家庭转变为专偶制的个体家庭。这种转化的根本动力是人们有了私有财产，为了有人继承，不至于让私有财产落入他人之手，所以作为私有财产所有者——男人，要求有固定的妻子，以便生育确凿无误是属于自己的子女。在子女出生以后，对其实施家庭教育的目的，自然是为了更好地继承家产、家业。在生产资料私有制为基础的社会里，家庭教育的目的就是“绍家世之业”，即继承和维护家族的产业。

在阶级社会，不同的家庭处于不同的阶级地位。不同阶级地位的家庭，其根本利益不同。因此，对子女培养的质量规格要求也不同。剥削阶级的家庭，为了维护自己家庭的利益，一般都是要把子女培养成为具有统治阶级所需要的品德和能力的人。比如，古罗马奴隶社会，由于农业公社的传统存在，奴隶主培养教育子女，不仅要子女具备镇压奴隶的军人的素质，还要子女具备管理农业生产的能力。中国封建社会的统治阶级家庭，都要求子弟准备参加科举考试，以便继续保持自己家族的统治地位。在资本主义社会，资产阶级家庭则要培养子弟具备经商的能力，以便继承自己的产业。而劳动人民家庭，一般都是着重培养训练子弟有谋生的劳动能力和吃苦耐劳、勤俭持家的品质。

当今我国社会，虽然剥削阶级不复存在了，国家的利益和每个家庭的利益从根本上说是一致的，但不同的家庭，如工人、农民、知识分子、干部、个体户等，都有自己特定的教育子女的目的。不同家庭的具体教育目的虽有不同，有的要子女从事脑力劳动，有的要子女做技术工作，有的要子女经商，有的要子女参军，等等，但这些都和家庭的根本利益是一致的，或是继承家庭的传统，或是为使家庭兴旺发达。

第二，家长的经历和对社会生活的体验。

家长作为子女的教育者，作为子女生活的引路人，究竟要把子女培养成什么样的人，同家长的经历、对社会生活的体验以及在社会生活实践中形成的人生哲学有直接关系。不管是人生道路坎坷还是平坦，也不管是成功还是失败，家长总是自觉不自觉地把自己的经验或教训，渗透到培养教育子女的目的上。比如，家长认为自己的成功在于有文化有知识，那么，他就下决心把子女培养成有文化有知识的人；家长认为自己一生比较顺利，是由于政治上比较清醒，那么，他就会注重在政治思想上教育子女；家长认为自己生活的平安是在于不得罪人，那么，他就会把这种做人的诀窍传给子女；家长认为对人诚恳厚道是做人的美德，那么，他就会努力培养子女具备这种品德。

孔子在一生经历中，体验到“不学诗，无从言”、“不学礼，无以立”，因此，他要求儿子孔鲤，一定要学诗、学礼。

汉高祖刘邦从年轻时就不爱读书学习，在领导农民起义之初，轻视知识分子，是我国“读书无用论”的鼻祖。在打天下的过程中，他又深知知识分子的作用。因此，他在临死前写的《手敕太子文》中，反复强调要求太子刘盈要好好读书，尊重知识分子。

三国时期魏国的胡质，一生为官清廉，深受人们称赞。他教育儿子胡威，也要像他那样为官清廉。

魏晋南北朝时期，“竹林七贤”的领袖之一嵇康，一生中屡遭挫折、迫害，他在《家训》中，吸取自己政治生涯中的教训，教育儿子要“敬远长吏”，不受人请托，要“慎言语”，不打听别人的私事，“不须作小小卑恭，当大谦裕；不须作小小廉耻，当全大让。若临朝让官，临义让生，若孔文举求代兄死，此忠臣烈士之节”。他这一番说教，就是要子弟明哲保身，避免灾祸。

宋朝清官包拯，一生为官清廉刚正，不畏权贵。他在《家训》中教导子孙说：“后世子孙仕宦有犯脏滥者，不放归本家；亡殁之后，不得葬于大茔之中。不从吾志，非吾子孙。”简单明了的三十几个字，就是教育子孙成为他那样的人。

清朝郑板桥一生读书为官，心地善良，同情人民。他教导儿子说：“夫读书中举中进士作官，此是小事，第一要明理作个好人。”

国民党元老、辛亥革命的积极参加者李烈钧将军，一生光明磊落，追求革命，至死不渝。他在《庭训》中要求儿子们做到：“一点点好事都要做，一点点坏事都不能做，尤其不可搞钱。”“子孙不如我，要钱做什么；子孙强于我，要钱做什么！”

老一辈无产阶级革命家前仆后继，为革命奋斗终生。在革命实践中，他们深知团结群众的重要性。因此，他们教育子女都有一个共同的指导思想，就是要求子女不要特殊化，不要脱离群众。在这方面，敬爱的周恩来同志给我们做出了榜样。

上述种种事实表明，家庭教育目的的确定，直接受家长的经历和对社会生活的体验的制约和影响。

第三，家长的思想、文化素质。

家长的思想、文化素质，决定家长对社会生活认识的深刻程度。思想、文化素质较高的家长，对于社会发展的规律和趋势认识得比较清楚，善于辨别复杂的社会生活现象，诸如哪些是主流，哪些是支流，哪些是先进的，哪些是落后的，哪些是正确的，哪些是错误的，哪些是长久的，哪些是暂时的。这些人一般能预料社会发展的前景，较为有远见。这样的家长，确定家庭教育目的，设计自己子女发展方向与所要具备的品质和能力时，往往能够顺应社会发展的潮流，自觉地为未来社会的需要培养塑造自己的子女。比如，在革命胜利以前，思想文化素质比较高的家长，预料到革命胜利后要大规模地发展经济，需要掌握科学文化知识，因此在革命尚未成功时就注重子女的科学文化知识学习。再比如，我国实行改革开放以后，许多思想文化素质比较高的家长，从社会发展的趋势上看到，未来社会人才竞争会相当激烈，要使子女能立足于社会，必须切实提高自身文化科学素质和参与竞争的能力，因此在孩子小时候就开始加强自立、自主教育，重视科学文化知识学习，培养训练竞争能力。而思想文化素质比较低的家长，往往不太关心社会发展的前景，对社会生活认识比较浮浅，意识不到未来社会对劳动后备力量提出哪些新的要求，因此，家庭教育目的往往模糊不清，不知道子女教育应朝哪个方向努力，盲目性较大。

思想文化素质比较高的家长，一般在确定家庭教育目的时，对子女的要求也比较高。这些家长往往以自己的思想文化素质和在事业上取得的成就为标准，去要求子女，衡量子女发展的水平，评价子女是否成才，并且按照自己的形象塑造子女。而思想文化素质比较低的家长，在确定教育目的时，一般对子女要求偏低。这些家长同样也往往是以自己的思想文化素质和在事业上的成就为标准，去要求子女，衡量子女的发展水平，评价子女是否成才，并且按照自己的形象塑造子女。

家庭教育目的的确定，一是取决于家长对社会生活认识的深刻程度，二是取决于家长所能达到的思想文化素质水平，三是取决于家长给子女的发展能提供什么样的帮助和环境。

第四，家长的职业。

所谓职业，即个人在社会生活中所从事的作为主要生活来源的工作。一个人从事某种职业，取决于三个条件：一是具备能胜任某种工作的能力，二是有从事此种工作的兴趣，三是社会生活中有这种职位。三者缺一不可。家长长时间从事某种职业，在实践中亲身体验到其中的意义和乐趣，一般都热爱自己的职业。如果是终生从事某种职业，一生为之奋斗，往往就希望自己的子女，也从事自己的职业。如果家长不满意自己的职业，往往也不希望子女继承自己的职业。

不同的职业，往往使人养成不同的职业心理、职业习惯、职业道德，形成不同的价值观念。价值观念是人们从认识客观事物上所获得的判断，是人们对外界事物所做的一种评价。不同的价值观念对自然现象和社会现象，会做出不同的判断和评价。比如，某一人是好是坏，是善是恶，是美是丑，做某件事是值得还是不值得，等等。这种判断和评价是人们价值观念的集中体现。

家长由于职业不同所形成的不同的价值观念，直接制约和影响家庭教育目的的确定。比如，长期从事文化教育工作的家长，认为这种工作对社会的贡献很大，在社会生活中地位很重要。尽管从事文化教育工作待遇低，收入少，生活比较清苦，但这些家长仍矢志不渝，不但自己终生为之奋斗，也希望子女能具备从事这种工作的素质，继续从事这种工作。在军队工作的家长，认为军人的职业是崇高的。尽管很辛苦，有时有危险，但仍旧非常热爱自己的职业。在确定子女的培养目标时，就希望子女能成为勇武的军人，并在平时的教育中注意培养子女具备作为军人的素质。当然，也有家长从事某种职业，却因为种种原因不满意自己的职业，在实践中所形成的价值观念，促使家长确定另外的教育目的，这同样也表明家长的职业对家庭教育目的确定的制约和影响。

第五，家庭所处的社会环境。

家庭所处的社会环境，也是制约和影响家庭教育目的确定的因素之一。比如，生活在知识分子聚居的环境里，家长多是希望子女好好读书，上大学，受高等教育，将来从事脑力劳动；生活在工人聚居的地方，家长往往期望子女能接受某种职业训练，掌握某种劳动技能，将来能当一名好工人；在比较贫困的农村，家长就往往希望子女通过升学离开农村，注重培养能“跳出农门”的素质；在那些自然条件好、经济发达、生活很富裕的农村，特别是生活水平高于城市居民的农村，家长则希望子女宁可当农民，也不去城市当工人。

家庭所处的社会环境，之所以对家庭教育目的的确定也具有制约和影响作用，是因为特定的社会环境，同样影响人们的价值观念，左右家长对人和事物的判断和评价。这种影响作用虽不能直接支配家庭教育目的的确定，但也是不容忽视的。

第六，社会政治经济的变革。

社会政治经济的变革，必然会引起人们思想观念的变革。思想观念的变革反映在家庭教育中，首先体现在家长确定什么样的家庭教育目的。比如，当前我国正在进行大规模的社会主义现代化建设，重视知识、重视人才成为人们普遍的社会心理。人们摒弃了轻视知识的旧观念，在子女教育中，一般都很重视文化知识学习，对子女的文化素质提出了更高的要求。再比如，随着社会主义市场经济的发展、商品经济的繁荣，社会上经商的人越来越多，传统的鄙视商人的观念逐步改变，越来越多的家长注重培养子女适应市场经济发展需要的品质和能力。再比如，科学技术的发展和生产手段的机械化、电气化、现代化，对劳动后备力量的文化科学素质提出了更高的要求。即或是家长期望子女将来当工人、农民，也不像过去那样只是重视子女吃苦耐劳精神的培养，同样也越来越重视子女文化知识的学习。

总之，一般地说，家庭教育目的的确定和提出，其依据是多方面的，受多种因素的制约和影响。家庭教育目的由家长确定和提出，受家庭的根本利益、家长的思想文化素质、家长的经历与对社会生活的体验、家长的职业、家庭所处的社会环境、社会政治经济的变革等因素的制约和影响，是上述诸因素综合作用的产物。不同的家庭，家庭教育目的虽有所不同，各有特色，有其个性，但也有共同之处，有共性。这共性就是家庭所处的历史时代的时代特征。

第二节　家庭教育的任务和内容

社会生活和生产劳动是复杂的。社会生活和生产劳动实践，需要人们具备多方面的素质；而人的自身发展，也对多方面素质的发展不断提出新的要求。而人的素质是通过各种教育培养而形成发展起来的。所以，从古代开始，不论是西方还是东方，人们一直向往和追求人的身心和谐发展，追求德、智、体和谐发展的教育。

家庭教育作为“人之初”的教育和终身教育，从古至今都担负着促使人们身心和谐发展的任务。从中国奴隶社会奴隶主阶级家庭进行的礼（等级制度和行为规范）、乐（祭祀天地鬼神祖先，歌颂帝王的音乐舞蹈）、射（射箭）、御（驾车）、书（政治历史、语言文字）、数（天文、计算知识）等方面的教育，到古代罗马奴隶主家庭进行的敬畏神明、孝敬父母、忠邦爱国、遵守法律和骑马、角力、游泳及文化方面的教育，尽管这些教育任务和内容都具有明显的阶级局限性，但我们不能不承认，古代家庭教育也是在追求德、智、体的全面发展。到近现代社会，中外教育家在论述家庭教育的任务和内容时，都对德、智、体诸方面的发展进行了较为全面的论述。比如，英国教育家洛克在《教育漫话》一书中论述培养绅士的家庭教育时，提出并论述了家庭体育保健、家庭道德教育和家庭智育。法国教育家卢梭在《爱弥儿》一书中，论述了爱弥儿的体育保健、知识教育和道德教育。英国教育家斯宾塞在《教育论》一书中，不仅论述了家庭智育、家庭德育和家庭体育，还强调指出父母必须具备家庭体育、智育、德育方面的知识，他认为具备这些知识是“每个男女所受教育中的最后课题”。我国近代民国年间朱庆澜先生在《家庭教育》一书中提出的家庭教育任务和内容，包括仁的教育、义的教育、礼的教育、智的教育、信的教育、制苟且的教育、勤俭的教育、公德的教育、军国民的教育。其中“军国民的教育”中就包含“磨炼身体”。现代教育家陈鹤琴先生的《家庭教育》一书，对于儿童的家庭体育、家庭德育、家庭智育、家庭美育、家庭劳动教育等方面的任务和内容，都做了详细的论述。

尽管由于历史时代、文化背景的不同，不同国家、不同社会、不同阶级所强调的家庭教育任务和内容的侧重点不同，但我们可以清楚地看到，家庭教育所承担的任务和教育的内容是多方面的，而不是单一的。

一、家庭体育的任务和内容

家庭是人们出生的地方，也是长久生活的场所。人们从出生到长大成人所需要的物质生活和精神生活条件，都是由家长提供。因此，一个人的身体素质如何，首先取决于家庭体育。

英国教育家洛克在论述家庭教育的任务和内容时，把家庭体育放在第一位。在《教育漫话》一书中，开宗明义第一句话便指出：“健康的精神寓于健康的身体。”“对于我们的工作及人生幸福，健康是何等重要。”① 洛克的话虽然是对绅士家庭教育说的，但对任何的家庭教育都是具有指导意义的。

家长的责任是培养教育自己的子女，使之在德、智、体诸方面得到全面发展，但首先应当搞好家庭体育保健，使子女拥有健康的体质。

所谓体质，就是人体的质量。它是人体在遗传变异和后天获得性的基础上表现出来的形态结构、生理机能、身体素质、适应能力和精神因素的综合的相

① ［英］洛克著，杨汉麟译：《教育漫话》，人民教育出版社2006年版，第7、8页。

对稳定的特征。评价人的体质状况，首先看人的各个器官发育和机能是否正常，工作情况是否良好；其次，看身体素质状况，就是看人体的力量、耐力、速度、灵敏度等；再次，看人体对外界环境的适应能力和对不利环境因素的抵抗能力。

人的体质状况，是遗传素质和后天获得的物质营养、保健、锻炼、精神生活等条件综合作用的结果。要增强子女的体质，就必须设法改善影响和决定子女身体质量的各种条件。因此，家庭体育的内容应当包括以下几个方面。

第一，优化生育条件。遗传素质是子女获得健康体质的生物前提或物质条件。为此，青年男女在选择配偶时，就要考虑相互结合，要能生育身体健康的孩子，要避免近亲结婚，有影响孩子身体健康的疾病患者，不要结婚或不要生育。母亲怀孕后，要注意妊娠卫生保健，要实行胎教，不嗜烟酒和其他有刺激性的不利于胎儿成长的食物，注意保持情绪稳定等。

第二，孩子出生以后，根据家庭经济情况和孩子生理上的需要，加强孩子的物质营养，并科学地安排孩子的饮食结构。

第三，培养孩子良好的饮食习惯，不厌食、不挑食、不偏食、不暴饮暴食，饮食定时定量。

第四，培养良好的生活习惯，生活起居有规律，早睡早起，注意劳逸结合，不要过分疲劳。

第五，保证孩子的安全，防止或避免发生意外伤害事故。排除容易伤害孩子身体的隐患，教给孩子自我保护的能力。

第六，鼓励孩子参加户外活动，进行游戏、郊游和各种体育锻炼。体育锻炼应合理安排，全面锻炼，防止单打一，使身体各部位器官、系统和机能获得全面发展。要因人因地制宜，循序渐进，量力而行，坚持经常化。

第七，教育孩子讲究卫生，加强疾病预防，有病要及时治疗。

当前，孩子的体质状况是家长普遍关心的大事，但有一种偏向应引起注意，那就是只重视加强物质营养，“过度保护”，不太注意孩子良好生活习惯的培养和体育锻炼，致使孩子营养过剩，身体过胖，对环境的适应能力和不利环境的抵抗能力较差，应注意纠正。

二、家庭德育的任务和内容

进行思想品德教育，是一切教育工作的重要任务，家庭教育也不例外。

社会发展到阶级社会以后，教育具有了鲜明的阶级性，其重要标志就是各阶级的教育工作都把思想品德教育放在重要地位。因为思想品德教育，决定受教育者具备哪个阶级的政治立场、世界观和道德品质，朝什么方向发展，为哪个阶级服务，成为哪个阶级利益的维护者和接班人。历代统治阶级都特别重视儿童、青少年的思想品德教育，把它放在教育的十分重要的位置。

在阶级社会中，家庭都处于一定的阶级地位，属于一定的阶级，有自己的阶级利益。家长为维护自己家庭的阶级利益，都特别重视子女的思想品德教育。比如，中国奴隶社会奴隶主阶级家庭，把“礼”的教育放在家庭教育的重要位置。孔子在教育儿子孔鲤时，告诫他说：“不学礼，无以立。”这就是说，不学礼，就不能在社会上站住脚。这里的“礼”，就是指思想品德和行为规范的教育。中国封建社会的家庭教育都把“孝道”的教育放在首位，以“孝为百行之首”，把“孝”作为对子女进行思想品德和行为规范教育的首要任务。

资产阶级家庭同样也相当重视子女的思想品德教育。英国教育家洛克认为，道德和道德教育是绅士和绅士教育的灵魂。这不仅关系到绅士个人的幸福，也关系到绅士在事业上能不能获得成功。并提出以理智、礼仪、智慧和勇敢为道德教育内容。

家庭教育中的思想品德教育，实质就是教育子女如何“做人”。家庭教育作为“人之初”的启蒙教育，不仅担负着开启智力蒙昧的任务，同样，也担负着开启道德蒙昧的任务。随着子女年龄的增长，家长越来越重视子女的思想品德教育，为子女进入社会生活做准备。

当前，我国家庭德育的任务是从小就要开始对子女进行共产主义道德品质教育，向他们灌输马克思主义的基础知识，培养良好的思想品德和行为习惯，具有社会主义思想觉悟和科学的世界观，以便将来更好地为社会主义现代化建设服务。

为实现这些任务，必须选择恰当的教育内容。选择教育内容的依据，一是社会对儿童、青少年思想品德方面的要求，二是儿童、青少年的年龄特征。两个依据，都不容忽视，不能偏废。

学龄前阶段儿童的家庭教育，主要是进行道德启蒙和行为习惯的培养。其内容大体有：尊敬师长、团结友爱、助人为乐、文明礼貌、讲究卫生、不打架、不骂人、诚实、勇敢、有错认错、知错改错等等。

进入小学阶段，家庭教育内容要在学龄前阶段基础上提高要求，并且进一步丰富、充实、扩展。升入小学后，孩子们的活动有两个突出的变化：一是由以游戏为主转为以学习为主；二是家庭生活时间减少，集体生活时间增加。因此，针对小学生的年龄特征和生活学习的变化，进行学习目的、热爱集体、关心集体、爱护集体荣誉、遵守纪律、尊重社会公德、热爱社会主义、热爱共产党、热爱祖国、热爱人民、热爱劳动、尊敬老师、尊重同学等方面的教育。

进入中学阶段，孩子们的思想进一步成熟，活动范围扩大，理解能力提高，有一定的是非观念，世界观开始形成。但是，处在青春发育期的孩子，是身心急剧发展、心理矛盾重重的年龄阶段，思想动荡性较大，是人生路途上的“十字路口”。中学阶段孩子的思想品德教育成为家庭教育的主要任务。针对中学生的年龄特征和思想状况，应特别着重进行热爱党、热爱社会主义、热爱祖国、共产主义理想和人生观、遵纪守法、艰苦奋斗、吃苦耐劳等方面的教育。

三、家庭智育的任务和内容

自家庭产生以来，智育就是家庭教育的重要任务之一。在家庭刚刚产生时，以传授知识为重要职责的学校还尚未出现，智育的责任主要由家庭承担。最初的家庭智育内容是很简单浅显的，主要是家长在生产劳动和家庭生活中，传授生产劳动和社会生活的经验、技能以及抵御自然灾害的经验、技能等。以后，随着社会的发展，科学技术文化的进步，家庭智育内容日益丰富。

自学校产生以后，智育的实施及其任务的完成，主要是由学校承担。在剥削阶级占统治地位的社会里，剥削阶级家庭的子女有入学读书的权利和机会。

这些家庭子女的智育，在入学前和入学后有了很大的变化。被剥削阶级家庭子女，相对来说，入学读书的机会少一些，受教育的程度和层次也低一些，家庭智育可以说处在不利的地位。我国封建社会中期，社会上出现了许多童蒙识字课本，如《三字经》、《百家姓》、《名贤集》、《增广贤文》等。依照那些童蒙识字课本，劳动人民家庭子女的智育才广泛开展起来。

在当今社会，学校教育发达，儿童、青少年入学读书的机会大大增加，文化科学知识的学习和智力的开发，学校发挥着重要作用。但在入学前，儿童早期智力开发和社会生活知识的传授，仍然主要依靠家庭。在孩子入学以后，家庭智育则退居次要地位，只起辅助作用。

家庭智育的任务同学校有所不同，主要是：第一，进入早期智力开发，学习民族语言和社会生活常识；第二，激发学习兴趣，调动学习积极性；第三，培养良好的学习习惯；第四，开阔孩子的知识眼界；第五，对文化知识的学习进行必要的指导或辅助；第六，创造良好的学习环境和气氛。

家庭智育的内容，根据年龄阶段的不同有所不同。

学龄前阶段家庭智育的内容是：第一，发展儿童各种感觉器官的能力，诸如视觉能力、听觉能力、口头表达能力等；第二，带孩子接触社会和大自然，开阔他们的视野，丰富他们的感性知识；第三，在日常生活和参加游戏的活动中，注意发展儿童的观察力、注意力、想象力和创造力；第四，通过看图画、唱儿歌、听故事，培养他们的学习兴趣和对学习生活的向往；第五，在接近入学的年龄段，做好入学前的思想、行为习惯等各种准备。

进行早期家庭智育，要取得理想的效果，必须注意科学性和全面性。既要传授知识，又要发展智力；既要发展智力，又要培养能力；既要开发智力，又要注意道德品质教育；既要发展智力因素，又要培养非智力因素。不能有任何偏废和片面性。进行早期家庭教育，要注意运用科学的方式方法，不可态度粗暴、方法简单。还要因人而异，区别对待，从实际出发，不可进行强制性开发或“掠夺性开发”，免得挫伤孩子学习的兴趣和积极性。

在孩子入学以后，家庭智育的内容，主要是帮助孩子明确学习目的，调动学习积极性和主动性，培养良好的学习习惯和学习能力，改进学习方法；鼓励孩子善于独立思考、勇于克服学习中的困难，争取良好的学习成绩；创造良好的学习环境和学习条件；对学习有困难的孩子，家长可以进行适当的辅导、帮助，但不可包办代替、越俎代庖；创造条件，支持孩子参加课外兴趣活动，开阔知识领域。

四、家庭美育的任务和内容

美育就是培养孩子树立正确的审美观念，形成评价美、欣赏美和创造美的能力。

爱美之心，人皆有之。正确的审美观念和评价美、欣赏美和创造美的能力，是人的重要素质之一。但是，并不是每个人都真正知道什么才是美。人们的审美观念不同，对于美的评价、追求以及对美的享受程度也不同。

家庭也担负着儿童、青少年美育的任务。第一，培养孩子正确的审美观念和感受美、鉴赏美、享受美的能力。第二，培养孩子表达美、创造美的能力。表达美的能力，如仪表美、语言美、行为美。创造美的能力，如美化生活环境，在音乐、图画、舞蹈、文学等方面创造美的能力。第三，培养孩子高尚的情操。

根据家庭生活的特点，家庭美育的内容有：第一，指导孩子欣赏音乐、美术、舞蹈、文学等文艺作品的美；第二，布置优雅的家庭生活环境，陶冶孩子的情操；第三，给孩子穿着打扮，要朴素、大方、美观，以感染孩子，不要让孩子穿奇装异服；第四，让孩子参加音乐、美术、舞蹈、文学创作等实践活动；第五，带孩子接触大自然，欣赏大自然的美。

五、家庭劳动教育的任务和内容

劳动就是人们创造物质财富和精神财富的活动，是劳动力的使用和消耗，是劳动力使用体力和智力的过程。

劳动分为体力劳动和脑力劳动。在实践中，体力劳动和脑力劳动是密不可分的，没有单纯的体力劳动，也没有单纯的脑力劳动，只有是以体力劳动为主还是以脑力劳动为主的区别。

在自给自足的小农经济形式下，家庭是生产劳动的场所，儿童、青少年的劳动教育，完全在家里进行。社会发展到近代，实行机器生产和社会化大生产，劳动场所发生转移，由家庭转移到社会，到工厂、农场。在今天，我国绝大多数家庭已不是或不完全是生产单位，一般家庭对子女进行劳动教育，不再是进行专门的生产技能、技术的教育，而主要是培养孩子热爱劳动的思想、劳动能力和劳动习惯，树立尊重劳动人民、爱惜劳动成果的思想。

在当前，家庭劳动教育的内容，主要是教育孩子参加力所能及的家务劳动，自己的事情自己做，培养生活自理能力和动手操作、制作能力；树立吃苦耐劳、不怕困难、艰苦奋斗的精神；教育孩子厉行节约，艰苦朴素，避免浪费和生活上盲目追求高消费；支持孩子参加社会公益劳动，培养助人为乐、无私奉献精神和热爱劳动的品质。

对儿童、青少年进行家庭劳动教育和训练，要注意他们的年龄特征和实际能力，不可过于繁重；要排除伤害孩子身体的隐患，注意安全，加强保护措施；要在劳动教育过程中，注意灌输劳动光荣的思想，不可以劳动作为对孩子进行惩罚的手段；家务劳动是家庭成员应尽的家庭义务，不是出卖劳动力，不能给予报酬。

总之，家庭教育担负着多方面的任务，家庭教育的内容丰富多彩。家庭是儿童、青少年走上社会生活前的“演习场”，家庭教育是儿童、青少年实现社会化，由自然人转变成为社会人的必由之路。家长应以家庭为“课堂”，根据家庭的实际情况和家庭教育的特点，在日常生活中，全面关心、培养和教育子女，同学校教育、社会教育相配合，为向社会输送合格的公民和劳动后备力量，做出应有的努力，发挥应有的职能作用。

[思考与研究]

1. 举例说明家庭教育目的的社会制约性。
2. 你在家庭里培养教育子女的目的是根据什么确定的？
3. 当前我国家庭在教育任务方面有什么偏向？
4. 儿童、青少年的家庭教育内容应根据什么确定？

第六章
家庭教养的态度

家庭教育是在家庭里、在父母子女之间进行的一种教育工作。由于家庭教育中的教育者和受教育者之间是一种特殊的关系，而家庭不是专门的教育机构，家长也不是专职教育工作者，因此，在教育实践中，往往会出现一些偏向，背离正确的教育原则，达不到预期的教育效果，甚至彻底失败。

家庭教育又是一个相当复杂的过程。它的复杂性主要表现在三个方面。一是家庭教育的任务相当繁重，教育内容也相当丰富。家长对子女不仅在年幼时要精心抚育，使他们健康发育成长，还要为子女一生的发展操劳。子女的身心健康和发育成长，智力发展和科学文化知识学习，思想品德和行为习惯，生活自理能力和适应社会生活的能力，社会交往和为人处世能力，劳动能力和劳动习惯，审美情趣、审美能力以及价值取向，等等，各种素质和能力的培养训练，家长都要负责。家庭教育的内容，几乎无所不包。二是家庭教育条件千差万别。社会上的家庭没有完全一样的，每个家庭都是特殊的。家庭的结构、规模、家庭成员的关系和经济状况，家长的经历、年龄、职业、个性和思想、文化素养、受教育程度，家庭的生活方式和生活习惯，家庭的社会地位和居住区域，以及子女的数量、性别、年龄特征和个性特征等，都各不相同。三是家庭教育是一个相当长的过程。从子女出生一直到长大成人，几十年间，家长要连续不断地进行培养教育。在这个过程中，家庭条件、家长自身情况和子女的身心状况，都在不断地发生变化。这一切，都决定家庭教育工作是非常艰巨的，要顺利进行，最后取得成功，不是一件轻而易举的事。

因此，进行家庭教育，自始至终必须遵循一些基本的共同的要求。处理和解决子女教育中的种种问题，必须坚持正确的教养态度。

正确的教养态度是指不论什么样的家庭，也不论什么样的子女，家长在教育子女过程中都必须要遵循的指导原则，或者称为实施科学的家庭教育的依据。这些原则和依据，是根据一般教育的规律，儿童、青少年身心发展特点和家庭教育的特殊性提出的。

第一节 理智施爱，爱而不娇

父母爱子女，这是人的天性，也是人之常情。爱是一种内心体验，是一种积极而强烈的感情，表现为一种倾向，一种态度，从而形成一种积极的推动力量。

爱子女是教育子女的前提，父母只有爱子女，才有教育子女的积极性和主动性。爱子女又是子女教育工作成功的基础，只有子女切身体验到了父母之爱，才会从感情上和行动上接受父母的教育，朝着父母所期望的方向努力发展。

父母之爱给子女以亲切感、幸福感，爱是一种寄托，是期望，是一种积极的驱动力，是一种教育手段，爱本身就是一种教育。

然而，爱子女也是有学问、有讲究的，不是怎样爱都有积极的促进作用。战国时期的思想家韩非说过："人之情性莫爱于父母。"同时，他又说："皆见爱未必治也。"这两句话的意思是说，父母对于子女的爱是其他任何人的爱都不能比拟的。虽然父母都特别爱自己的子女，但不见得都能教育好子女。事实就是如此。

要使自己的爱对子女的成长发育有积极作用，必须对子女施以正确的爱。那么，怎样爱子女才是正确的呢？

一、要严格要求，不能一味迁就

做父母的一般该怎样表达和体现对子女的爱呢？有不少家长认为，孩子要什么就给什么，有什么需要都满足，有求必应，在物质生活和精神生活上，不让孩子受一点委屈，不遭一点磨难，这就是父母之爱。

孩子年幼时，不具备独立生存和生活的能力，日常生活不能自理，需要父母在生活上给予精心的照料，诸如衣、食、住、行等物质生活方面的需要都要由父母给予满足；在精神生活上，孩子也有多方面的要求，如爱抚、温存、体贴，需要有人陪他们玩耍、游戏，带他们到户外活动，等等，这一切都需要尽可能给予满足。父母对孩子照顾得周到，物质生活优越、舒适、充足，精神生活充实、愉快，才能健康成长。否则，在物质生活和精神生活上得不到应有的满足，他们的正常生活难以维持，身心健康就会受影响。父母通过自己的努力，满足孩子物质上和精神上的种种需要和要求，既是父母之爱的体现，也是父母应尽的责任和义务。

但是，对于孩子的种种要求和需要，不能都满足。在一定情况下，对于孩子物质上和精神上的需求不但不能给予满足，反而要予以限制，这也是爱。为什么这样说呢？因为孩子向父母提的要求，不见得都正确，都合理。比如，有的孩子爱吃巧克力，吃起来没够；有的吃饭好挑食，一点蔬菜也不吃；有的孩子自己已经会独立吃饭，偏要别人喂；有的孩子自己会独自游戏，也非要父母总陪他玩不可；有的只爱听表扬，不爱听批评；有的玩具已经有了，还非要买不可；孩子上学了，自己能独立回家，还要父母接送；写完作业，自己懒得检查，非要父母检查；书籍文具自己不收拾，每次都要家长代劳；极个别的孩子以打人为乐趣，不让打就不干；等等。孩子的这些要求都是不正确的、不合理的，但在现实生活中却普遍存在。作为孩子，年龄尚小，缺乏生活的知识和经验，缺少对生活的深刻体验，不懂得哪些要求是合理的，哪些需要是有益的，往往提出一些不合理、不正确的要求，这是情有可原的。但家长却应当对孩子的要求和需要有个分析和判断。正确的、合理的，应当予以满足；不正确的、不合理的，哪怕再强烈、再迫切，也不能予以满足。家长绝不能感情用事，一味地迁就、姑息、放任。

然而，有的家长却没有做到这一点，不管孩子的要求合理不合理，从不违背孩子的意志，要什么给什么，要怎么做就怎么做，这是十分有害的。前些年，某地发生了一件 5 岁的孩子用尼龙绳勒死 76 岁老祖母的悲剧。小孙子用一根尼龙绳拴猫玩，猫跑了，小孙子非要把绳子套在老奶奶的脖子上玩。老奶奶让他拴脚，他不干，非要套脖子不可。老奶奶对孙子一贯娇惯溺爱、迁就放任，平时对孙子的种种要求，从来都是一一满足。她见小孙子哭闹起来，便让他把绳套套在自己的脖子上。哪知绳套打的是活扣，小孩子用力一拉，便紧紧勒住脖子，老人一时感到气闷，便挣扎起来，从炕上滚到地上。孙子见奶奶挣扎，越发觉得好玩，便使劲拽住绳子不放，直到老奶奶不动弹了才松手，扔下绳子出屋玩耍去了。孩子的爸爸回来，一摸母亲的心脏，早已停止了跳动。这个悲剧的发生，完全是家长对孩子百依百顺的结果。平时对孩子一味迁就，要星星不给月亮，给惯得实在不像样子，导致家庭悲剧的发生。当然，出现这样十分严重的后果是极个别的现象，但是为我们提供了极为深刻的教训。

对孩子的要求一味地满足，直接受害的是孩子本身。孩子向父母提出的种种要求，父母从来都不加分析，一一照办。久而久之，就会大大助长孩子的贪欲，养成不良习惯，甚至会走上邪路。比如，给孩子零用钱的问题，一分钱不给，不好；但是，也并不是给得越多越好。正确的做法是适可而止。南京某大学，一位教师只有一个儿子，也是娇惯溺爱，从小就是要啥给啥。孩子一上学就每月给孩子 6 元钱零用，可不到月底，孩子又伸手要钱。夫妻俩心想：就这么一个儿子，多花点就多花点，又不是钱不够花，别让孩子在外面受委屈。于是孩子只要一要钱，就又再给 3 元、5 元的。不久，父亲晋级，加了工资，再照过去给他 12 元时，孩子把眼一瞪说："我不要！"原来儿子知道父亲晋级，又加了工资。孩子质问父母："涨了工资，为什么不给我加钱？"父亲坚持不给，儿子先火了，抄起一把尖刀对着父亲的脖颈，气势汹汹地逼问："你到底给不给？不给钱我就给你放血了！"这个令人毛骨悚然的场面，是谁造成的？这是父母无限制地满足孩子的物质贪欲的结果。由于父母对孩子的物质贪欲不加限制，而造成儿童、青少年走上犯罪道路的情形，是不少见的。

法国教育家卢梭特别反对家长对孩子百依百顺。他谆谆告诫做父母的："你知不知道用什么方法准可以使你的孩子受到折磨？这个方法就是：一贯让他要什么东西就得到什么东西。"他举例说："起初，他想得到你手中的手杖，转眼之间他又想要你的手表，接着，他又想要空中的飞鸟，想要天上闪烁的星星；他看见什么就要什么。除非你是上帝，否则你怎么能满足他的欲望呢？"①这样做对孩子的将来是很有害的。他说："平时看惯了任何人对他们都是那样地畏惧，可是一踏入社会，却觉得所有的人都在反抗他们，发现他们原来以为

① ［法］卢梭著，李平沤译：《爱弥儿》上卷，人民教育出版社 2001 年版，第 83 页。

可以随意支配的世界竟重重地压在自己的身上。”① 像这样在百依百顺的环境中长大的人，当步入社会生活以后，或是在复杂而又正常的社会生活中失去生活的勇气，或是走上反抗社会、铤而走险的道路。

有的家长一味迁就孩子，他们以为，违背孩子的愿望，会挫伤孩子的个性，影响孩子意志品质的培养，压制他们的追求和进取精神，进而会消磨人的意志。这种看法是有片面性的。

家长必须懂得，意志不是想得到什么，就一定要得到什么。苏联教育家马卡连柯对此做过精辟的论述，他说：“意志——这不单纯是欲望和欲望的满足，同时也是欲望和制止，欲望和放弃。假如你们的孩子仅仅受到实现自己愿望的训练而没有受到克制那种愿望的训练，他是不会有最大的意志的。”他运用一个非常通俗而又十分形象的比喻说：“没有制动器就不可能有汽车，而没有克制也不可能有任何的意志。”② 一辆汽车，如果只有动力系统，而没有灵敏有效的刹车系统，这种汽车是不能开到马路上去的，否则肯定会出事故的。同样的道理，如果一个人只有想得到什么就必须得到什么的精神，而不能在必要的时候克制自己的欲望，放弃不恰当、不实际的愿望，那么，这种人是不能适应复杂的社会生活的。他就会像没有制动器的汽车一样，胡乱冲撞，碰得头破血流。

古今中外有见识的教育家历来都主张对孩子要严格要求，严格训练，不能事事满足孩子的欲望。还应有意识地创造一些条件，让他们忍受一些痛苦，以便磨炼他们的意志。中国古代教育家孟子说过：“故天将降大任于是人也，必先苦其心志，劳其筋骨，饿其体肤，空乏其身，行拂乱其所为，所以动心忍性，曾（增）益其所不能。”③ 这意思是说，要想使人将来能承担重任，成就大事，必须从小对孩子的身体、心理进行艰苦的磨炼，有意让他们忍受一些痛苦，这样就会把他们的意志锻炼得更为坚强，将来才有可能成就大业。

17 世纪英国教育家洛克，为了造就资产阶级绅士，他主张要有意识地让

---

① ［法］卢梭著，李平沤译：《爱弥儿》上卷，人民教育出版社 2001 年版，第 85 页。

② 《马卡连柯全集》第 4 卷，人民教育出版社 1957 年版，第 513 页。

③ 《孟子·告子下》。

孩子从小吃一些苦头，经受一些锻炼，不能完全满足他们自然的和生理上的种种需要。冬天，孩子希望穿得暖一点，他主张不要穿得过暖。孩子的脚，冬天也要用冷水洗；鞋子要薄，到有水的地方，水要能渗得进去。饮食要清淡、简单。卧床应是坚硬的，宁可用棉絮，不可用羽绒。床铺的铺法不妨时时加以改变，有时让他头睡得高一点，有时让他头睡得低一点。他认为这样做很有好处，当将来外出旅行的时候，不至于因为床铺不软或枕头没放好而有失眠之苦，因为任何人不能总是睡在家里的床上。① 洛克的这些具体做法不见得都很妥当，但他这种严格要求、不迁就放任孩子的教育思想，是很有道理的。

二、爱子女的动机和效果要统一

父母爱孩子，究竟是为了什么？人们会说，当然是为了孩子好，使孩子过得更幸福。然而，在实际生活中，许多父母对子女的爱，并没有使孩子过得幸福，反而害了孩子，给孩子造成了痛苦。

有的父母，为了让孩子生活得舒服，对孩子的穿戴、吃喝，照顾得无微不至。在秋季，生怕孩子受寒生病，给孩子加衣服比别的孩子早一个季节；春夏给孩子减衣服，则比其他孩子晚一个季节。平时最怕孩子得病，没病没灾也得天天吃点保健药品；孩子突然咳嗽几声，就特别紧张，生怕孩子生病，过分担心，惶惶不可终日，一趟一趟地跑医院，看大夫，吃药，打针。饮食方面，生怕孩子营养不足，孩子吃饱了，还要硬往嘴里塞，什么巧克力、牛奶、蜂王精等营养品，天天得吃，恨不得用营养品把孩子给吹起来。父母以为这样对待孩子就是爱，对孩子有好处。其实效果恰恰与此相反。对孩子的身体健康越是担心，越是娇生惯养，孩子的身体状况就会越糟。比如，你怕孩子生病，从不让孩子出门，进行户外活动，整天关在屋子里，风天怕吹着，雨天怕淋着，晴天怕晒着，不让孩子经受锻炼，他的抗病能力必然很差，弱不禁风，天气稍有变化就会得病。你越怕孩子营养不良，每天像填鸭似的给孩子塞营养品，孩子反而越会发生厌食、挑食、营养不良等毛病。

---

① ［英］洛克著，杨汉麟译：《教育漫话》，人民教育出版社 2006 年版，第 24 页。

我国古代有人专门论述过小儿疾病问题，大意是这样：小儿得病，一般起因有三，一是“受难于天时”，二是“受难于父母”，三是“受难于庸医”。在谈到小儿得病“受难于父母”时，是这样说的：“人生于温，死于寒”，因此做父母的“唯恐其儿寒”；“人以食为天，死于饥”，因此做父母的“唯恐其儿饥”。父母总是担心孩子受冷，于是就给孩子穿太厚太多的衣服；父母总是担心孩子饥饿，于是就让孩子吃得太多太饱。所以，小孩子生病，要么是由于穿得太多太厚而受热所致，要么是由于吃得太多太饱而饮食过度所致。这正如民间谚语所说的那样：“小儿无冻饿之患，而有饱暖之灾。”这个道理讲得非常深刻。做父母的怕孩子受冷，给孩子多穿衣服，穿厚衣服，怕孩子饥饿，让孩子多吃、吃饱，其用心就是为了保障孩子的身体健康，动机当然是好的；但是，这些做父母的，只考虑到动机是好的，却没有认真考虑其后果如何，其结果往往是事与愿违。这样对孩子的爱，是盲目的、不科学的，因此只能是溺爱，是有害的。

在孩子的保健方面，只讲动机，不考虑后果，是有害的。同样，对孩子的教育，如果只讲动机好，而不考虑后果如何，也是有害的。比如，孩子上学了，父母每天帮孩子收拾书包、文具，生怕孩子丢三落四，带不齐学习用具，学习受影响；孩子做完了作业，由他自己检查不放心，父母每天代替孩子检查。这种做法，父母的动机是好的，想让孩子学习好、成绩好，但父母没有想到，这样越俎代庖，就会养成孩子的依赖思想，很难养成良好的学习习惯，对孩子的学习最终是有害的。有的父母看到孩子学习上有了进步，就给孩子发奖金。这种做法体现了父母对孩子的鼓励、表扬，也是父母对学习不断进步的孩子的爱。但父母没有想到，若总是用物质奖励来刺激孩子的积极性，久而久之，就会把孩子引导到单纯为了追求物质利益而学习的道路上去，而且物质刺激使用得太多太滥了，“物质”也发挥不了“刺激”作用了。

我国古人很早就注意到父母对子女的爱，只讲动机，不考虑后果，是十分有害的。《古今谭概》一书有这样一个寓言故事：说有一种鸟叫翠鸟，非常漂亮。为了避免灾祸，起初翠鸟把窝筑在树的高处。当它孵出小鸟以后，非常喜爱，生怕小鸟从高处的窝里掉下来摔死，于是把鸟窝向下移了移。过了不久，小翠鸟身上长出羽毛，十分美丽，翠鸟更是倍加喜爱，越发怕小翠鸟摔下来，就又一次向下移了鸟窝，移到离地面很近的树杈上，这样翠鸟觉得放心了，殊不知当路过树下的行人发现美丽的小翠鸟时，稍一举手便把小翠鸟给掏走了。

这个故事讲的是翠鸟，实则讽喻的是人，很值得做父母的深思。翠鸟完全出于对小翠鸟的关心、体贴、爱护，连续两次下移鸟窝，设法避免小翠鸟从树上摔下来，致伤致死。然而翠鸟只知一味地爱，却没有，也不可能预料到这样做还潜伏着另外一种灾祸。正是由于它对小翠鸟的爱，深沉的爱，才恰恰害了小翠鸟，铸成了“丧子之祸”。这种结局，和翠鸟的“初衷”是正好相悖的。

翠鸟是动物，它不可能料到那样的“施爱”的严重后果。可我们为人父母的，是有思维能力的，是可以把动机和效果统一起来的。根据自己对生活的体验，借鉴别人的生活经验，做父母的应当而且必须懂得，对孩子施以什么样的爱，怎样去爱，会得到什么样的后果。绝不能只是一味地盲目地去爱孩子，要给孩子施以科学的理智的爱，不仅有好的动机，还必须讲究爱的效果。

三、要从子女的长远利益出发去施爱

做父母的爱孩子，是为了孩子好，为孩子谋利益，这是人们都可以理解的。天下哪个做父母的不希望孩子过得更幸福呢？为孩子谋幸福，这也是父母的责任。然而，究竟是为了孩子眼前的利益和幸福呢，还是为了孩子长远的利益和幸福呢？这是值得做父母的思考的。

人们眼前的利益和幸福与长远的利益和幸福，有时是统一的，有时却又是不统一的。眼前的利益和幸福与长远的利益和幸福，如果是统一的，这当然好；但是，在现实生活中，往往是眼前得到了利益和幸福，从长远看，得到的却是害处和痛苦，也往往是眼前看来是苛求孩子，可从长远看是有益的。比如说，年幼时让孩子参加一些力所能及的劳动，对孩子来说，可能觉得是痛苦的事，但孩子长大了，离开父母走上社会，他的生活自理能力很强，在生活上没有什么困难，他受益了，他的生活将是幸福的。像这样从小让孩子参加一些力所能及的劳动，似乎是不爱孩子，其实恰恰相反，这才是对孩子真正的爱。反之，如果父母不让孩子从小从事一些力所能及的劳动，怕孩子累着，什么事都是父母包办代替，这样做表面看是很爱孩子，但从长远看，对孩子是有害的。一个从小缺乏劳动锻炼的人，长大以后生活自理能力差，将来一旦离开父母、家庭，他将会很痛苦，在独立生活的道路上将是寸步难行。

中国古代一些有见地的父母，很懂得眼前利益和幸福与长远利益和幸福的辩证关系，不是只顾孩子眼前的利益和幸福，而是把眼光放得很长远。

西汉时期，有一位皇太子的老师叫疏广。由于他教育太子有功，在他年老退休时，皇帝赠给他黄金二百两，太子送他五百两。疏广带这么多黄金回家，并没有分给子孙后代，而是每天设酒宴招待邻里、乡亲、朋友，时间不长，黄金就所剩无几。子孙们想分一点黄金，就托家族中的老人去劝说疏广，要他别都花光了，留一些给子孙置办些田产。疏广说："我作为长辈，不是不考虑子孙的利益和幸福。我是在想：现在家里的田产已经不算少了，只要子孙后代能够辛勤耕种，勤俭持家，是完全可以丰衣足食的。如果我再给他们多留财产，使他们坐享其成，'贤而多财，则损其志；愚而多财，则益其过'。而且财产太多了也会遭到众人的怨恨。因此，为子孙后代将来的利益和幸福，我不能再给他们多留遗产。"

宋朝有一位宰相叫张文节，此人非常节俭，生活俭朴，他家所住房屋是"不蔽风雨"，吃饭也很简单，跟原来做河阳书记（小官）时没有差别。有人劝他说："你身为宰相，收入是很丰厚的，何必要过如此清苦的生活呢？你这样做，在别人看来，并不以为你是'清廉为美'，反而认为你是装穷。"张文节不以为然，他说："我今天的收入是不少，要过好日子不是没条件。可是我想：'由俭入奢则易，由奢入俭则难。'我现为宰相，收入很多，可我不可能总做宰相，总是有这么多收入呀。如果我让全家人已习惯奢侈，一旦我不做宰相了，没有这么多收入了，全家人已习惯于奢侈生活，一下子贫困下来，肯定会难以适应，会觉得受不了。我现在让全家人过一般人的生活，将来我一旦不在人世，全家人也会生活得很安定。"人们听了他的这番话，都称赞他有远见。

像这些家长，他们不只是为子孙的眼前利益和幸福考虑，而是想到子孙长远的利益和幸福。他们不让子孙过奢侈的生活，表面上似乎是不爱，其实是体现了对子孙的真正的爱。

由此联想到今天我们有些做父母的，却是缺乏远见，只顾子女眼前利益和幸福，根本不考虑子女将来怎么样。有的父母从孩子年幼时就把孩子的物质生活安排得非常舒适、优越，让孩子尽情地享受，任意挥霍钱财，一旦养成了大手大脚的习惯，图享受的恶习，一点苦也不能吃，将来是不会有什么幸福的。如果有的家长靠自己手中的权力千方百计地为孩子安排舒适轻闲的工作，而不让孩子去奋斗、去努力，学到真才实学，学会自立，那么，将来这样的孩子专靠父母的荫护过生活，能有什么出息，有什么作为，有什么造就呢？这并不是对子女真正的爱，而恰恰是害。

如果子女眼前的利益和幸福，同将来的利益和幸福是相矛盾的，家长就应把眼光放远一点，舍弃眼前的利益和幸福，着眼于子女的长远利益和幸福，这才是真正的爱。

我们的古人对此有过深刻的认识和论述。

春秋战国时期，赵国惠文王死后，他的儿子孝成王继位。孝成王年纪轻，由其母赵太后执政。一次，秦国要攻打赵国，赵国弱小，不能抵御，派人请求齐国出兵援助。齐国提出："必须以赵国长安君为人质，方可出兵救援。"长安君是赵太后的小儿子，赵太后哪舍得让他去冒这种风险。众大臣关心国家的安危，纷纷劝谏赵太后答应齐国提出的条件。赵太后不肯，她生气地告诫各位大臣："谁要是再劝我送小儿子去做人质，我老妇就要吐他一脸唾沫！"

有一位大臣左师触龙，却硬着头皮去见赵太后。他没有直接谈送长安君做人质的事，而是从父母爱孩子的事情和赵太后聊起天来。赵太后还有一个女儿，嫁到燕国为燕国王后。古时候，诸侯的女儿嫁到别国，只有被废黜或亡国，才能回到父母身边。触龙知道赵太后每次祭祀都要祷告神灵：一定不要让女儿被赶回国。

于是，触龙就从赵太后的女儿谈起。他对赵太后说："我以为您爱您的女儿胜过爱您的小儿子。"赵太后说："不，你错了，我更爱我的小儿子。"

触龙说："平时您虽然很想念女儿，可您每次祷告时都是希望她别回到您身边。这是为什么？是您希望女儿在燕国生儿育女相继为王。您这是从女儿的长远的根本的利益着想，这是真正的爱。而您对您的小儿子就不是这样。您分封给他大片良田，给予他大量的金银财宝，而他是‘位尊而无功，奉厚而无劳’，坐享其成。恕我直言：今天您小儿子有一个为国立功的机会，您却不让他去。一旦您驾崩之后，他凭什么在赵国站住脚？我认为：‘父母之爱子女，则为之计深远。’您应当让他去。”

赵太后听了触龙的一番话，终于想通了，称赞道：“你说得很对！”当即派人送长安君到齐国做人质，齐国出兵援救了赵国。

在这个故事里，左师触龙道出了什么是真正爱孩子的道理：父母为孩子的长远的根本的利益着想，才算是真正的爱，只是为了孩子眼前的利益，无论对孩子怎样关心、爱护、体贴，都是不正确的，而是娇惯溺爱。我们今天的父母应当从中受到启示：对孩子施以爱，应当把眼光放远一点，切不可囿于孩子眼前的一时的利益。

第二节　量力而行，循序渐进

凡是做父母的，都希望孩子早日成才，成为“出乎其类，拔乎其萃”的佼佼者。这种愿望是好的，是可以理解的。要实现这一愿望，家长在培养教育孩子时，要从实际出发，按照科学规律进行，不能随心所欲地将自己不切实际的主观意志和愿望强加于孩子。那是不可能的，也是不现实的。

一、要从实际出发，量力而行

为了使自己的孩子早成才、快成才、成大才，有的家长对孩子盲目地进行“过度教育”，强制孩子实行“早餐”、“多餐”。所谓“早餐”，就是不顾孩子的身心发展水平，不考虑孩子的实际理解能力和接受能力，任意提前进行智力开发。在孩子刚刚会说话时就教他们识字、算算术、背古诗、学外语；孩子还未上学，就教孩子学习小学课本上的知识；未进中学就提前学习中学课本的知识。所谓“多餐”，就是任意给孩子补充练习题；学完了学校的功课，回家后还要吃“小灶”、吃“偏饭”，由家长或家庭教师给孩子教更深更难的知识；在孩子上学的同时，还要孩子参加许多课外学习，如学习书法、绘画、音乐等等，把孩子每日每时的日程安排得满满的，没有一点娱乐、休息、体育活动的时间，不给喘息机会，恨不得一下子就把孩子培养成为一个“神童”，或一个无所不知、无所不晓的“全才”。

这种做法，就是把家长的主观意志和愿望强加于孩子。这样做的结果肯定是事与愿违的。因为这脱离了孩子的实际，违背了儿童、青少年身心发展的客观规律。我们知道，任何事物的发展规律都是客观存在的，是不以人的主观意志为转移的。要促使事物顺利向前发展，我们只能适应客观规律，利用客观规律，而不能任意违背事物发展的客观规律。违背客观规律就会受到惩罚，就会事与愿违。

俗话说，十年树木，百年树人。自古以来，人们总是用栽培树木来比喻人才的培养和造就，说明树木成长发育的规律和人才成长发展的规律是相通的。让我们看一看栽培树木的诀窍，就会从中得到育人的启示。

唐人柳宗元写过一篇著名的散文叫《种树郭橐驼传》，说的是一位种树的行家栽培树木的故事。

唐代都城长安市郊丰乐乡，有一位农民叫郭橐（tuó）驼，以种树为业。他栽培树木技术高超，经他亲手栽培的果树，从来没有不成活的，而且棵棵都是枝繁叶茂，果子结得又早又多，谁看了都羡慕。许多种树的人都暗地里模仿他的做法去栽树，可谁都不如他栽的树木那样好。人们都感到奇怪，想必是这里有什么奥妙，于是就去请教郭橐驼，他说：

“我栽种的果树棵棵成活，并且枝繁叶茂，果实累累，并不是因为我有什么非凡的才能和秘诀，我只不过是顺应树木自然生长的天性罢了，别无它哉！

“大凡树木的天性是喜欢根要舒展，培土要平坦，填土要用原来的，要压实。树木这样栽好了，就不要老是去摸它摇动它，让它自由自在地生长。栽种树木的时候，要像对待自己的亲生儿女一样小心翼翼，关心爱护备至；让树木按照自己生长的天性去生长就行了。我并没有什么使树木枝繁叶茂的特殊做法，我只不过是没有妨碍它自然地成长而已；我也没有什么使树木早结多结果子的诀窍，我只不过是没有阻碍果子的自然发育而已。”

他又说：“别的人种树却不是这样。他们栽种树木时，树根拳在一起，未让其舒展开，填的土又换了新的，培土时不是压得太实就是过于松，很不谨慎小心。而当树木栽好以后，本该让树木自由自在地去生长，可他们却又是‘爱之太殷，忧之太勤’，生怕树活不了，早晨起来看看，晚上又去摸摸，刚刚离开了树木，又返回去再看看再摸摸。更有甚者，刚把树木栽上不久，就把树皮剥开，看看树活了没有，还用力摇晃树干，看看树扎根没扎根。这样做是完全违背了树木生长的习惯，不用说枝繁叶茂、果实累累了，恐怕都难以成活。有人这样做，表面看来是很关心、爱护，其实是在毁害树木；表面上看这样做是在为树木的成活而担心，其实是在以树木为仇敌，要置它于死地。”

柳宗元记述郭橐驼的种树之道，其目的是揭露当时当政者苛令繁多，日夜骚扰，使人们生活疲乏困苦的罪恶行径，告诉人们如何“为官”、“养民”。然而，我们也可以从中体味出育人的道理来。

树木的生长有其自身发展的规律，要使树木栽得活，长得好，长得快，多结果，早结果，其诀窍就是顺应树木生长发育规律。从树木生长的实际需要出发，给予关心、照顾，并不是“爱之太殷，忧之太勤”，树木就越是长得好，长得快。太过分了，反而导致相反的结果。

对人的培养教育也是这个道理。就拿发展孩子的智力、实行“早餐”的做法来说吧。孩子小时候，是进行智力开发的大好时机，他们的感受能力和可塑性相当强，抓紧早期教育，而抓得又科学，是会有利于孩子的智力发展的。将来孩子进入小学学习有一个较高的起点，对孩子是有好处的。但是，我们有一些家长，对于孩子的心理特征并不是太了解，对孩子实际理解能力和接受能力估计过高，总想把孩子造就成一个“神童”。他们看到社会上也确实出现了一些“神童”，古今中外都有，于是误认为自己的孩子也是“神童”的材料，过早地让孩子学习一些很抽象深奥的知识。其实，在理解力、记忆力方面有特殊才能的“神童”，是极少数、极个别的，绝大多数儿童不可能有那么强的理解力和记忆力。学龄前儿童的理解能力和接受能力是有限的，他们的思维特点主要是形象思维，只是在游戏中、日常生活中及与成人的交往中学习一些科学知识。不顾孩子的理解能力和接受能力硬给孩子灌输他们根本不理解的知识，全靠死记硬背，是囫囵吞枣，食而不知其味，食而不化，只能学到一些一知半解、似是而非的东西。孩子小时候学到的知识，往往是“先入为主”，头脑里形成了一些不正确、不完全的知识概念，不仅不会有利于以后学习掌握科学知识，而且还会干扰以后的学习。让孩子小时候学习一些知识，是要发展孩子的智力。如果知识理解不深，掌握得不准确，是根本不能转化为智力的。过早地强迫孩子学习理解不了的抽象知识，他们会感到枯燥、厌烦，结果不但学不到什么知识，还会影响孩子学习知识的积极性。我们还要注意到，学龄前儿童的大脑还未成熟，过早地给大脑加重负担，会使大脑过分早熟，当孩子进入青少年时期，大脑便很容易产生疲劳和惰性，反而影响孩子智力的发展。

有的家长过早地强迫孩子学习书本知识，是受了社会上那种对早期教育、早期智力开发作用过分夸大的影响。认为孩子小时候不聪明，大了肯定成不了才；小的时候教育不抓紧，抓不出成效来，以后的教育就不起作用了。其实这是一种误解。

就古今中外那些在事业上很有成就的人来说，有的人小时候很聪明，有的小时候也并不特别聪明，没有显示出什么特殊的才能，有的是大器晚成。比如，世界著名的哲学家、德国唯心论的集大成者黑格尔，少年时代笨手笨脚，他学不会体操、武术，甚至连话都说不好。入大学以后，同学们给他起了一个绰号“老头”。英国博物学家达尔文的家族中，先后五代均为英国皇家科学协会的权威会员，但他们中间所有的人童年时代的学习成绩都不好，属于“大器晚成型”家系。达尔文小时候，在学校里是一个学习不用功、学习成绩较差的孩子，时常受到老师的批评。老师认为他的学习成绩属于普通程度或略低于普通程度。父亲认为儿子没有什么出息，是生下来就玷污家声的人。世界著名的挪威剧作家易卜生，小时候也不聪明，学习成绩并不理想，人们普遍认为他是一个没有发展前途的孩子。中国清朝有一位博学多才的学者戴震，据说他 9 岁才会说话，10 岁才进私塾读书，后来竟成为著名的哲学家、数学家、训诂学家、教育家。我国现代数学家华罗庚在小时候也不是特别聪明，连中学都没考上。

无数事实表明，一个人的智力在早期没有得到开发，并不一定影响他以后的发展。早期教育对于一个人的成长，并不起绝对的决定作用。我们必须明白，每个孩子的智力的发展具有相对的个性，有的发育早一些，早期开发可以达到预期的效果；有的智力发展较晚一些，过早地开发也不见得起什么积极的作用。

还应当指出的是，有的孩子在小时候即或是很聪明，很有天才，但长大以后不一定学习出色。中国古代曾经出现过许多“神童”，史书有记载的大约就有一百多人，然而以后学有所成的却寥寥无几，大多数人在事业上并没有什么建树。宋朝王安石在《伤仲永》一文中所谈的“神童”方仲永就是一个典型的例子。方仲永小时候相当聪明，5 岁就会写诗，而且还写得相当好，人人都称赞，可谓“神童”。但是，当他到了十一二岁时，所写的诗就大不如以前的了；到了 20 岁的时候，就完全和一般的人没有什么两样了，成了一个凡夫俗子。

以上事实说明了这样一个道理：一个人能不能成才，不能完全指望在早期奠定基础，不可能是一蹴而就的事。要把子女培养成才，要进行长期的系统的培养教育，要进行不懈的努力才能取得成功。盲目地给孩子“早餐”，脱离孩子的实际，不见得有什么好处，弄不好还会有害。当然，我们这样说，并不是否定早期教育的作用，反对实行早期智力开发，而是主张要从孩子的实际出发进行智力开发，科学地进行早期智力教育。正确的做法，应当从孩子大脑不太成熟和思维的具体形象性特点出发，多让孩子在日常生活中开阔眼界，丰富他们的感性认识，爱护并注意训练他们的多种感觉器官，提高他们观察事物的能力，注意孩子的身体保健和锻炼，注意劳逸结合，不可给他们大脑以过重的负担。这样做，才会有利于孩子的智力发展，为以后长期的学习打下基础。

二、不要操之过急，要循序渐进

不从孩子的年龄特征出发，不顾孩子实际的心理发展水平和实际能力，任意加重孩子的学习负担和心理负担，盲目地实行“多餐”，这也是有害的。因为这样做，同样是违背儿童、青少年身心发展规律的。

孩子出生以后，随着年龄的增长，从总的发展趋势上看，其身心发展水平和认识能力是不断提高的。但是，必须注意到儿童、青少年的身心发展同其他任何事物的发展一样，是一个由量变到质变的过程，表现出发展过程的一定的阶段性。不同的年龄阶段，儿童、青少年的身心发展都反映出一般的、典型的、本质的特征，这就是人们常说的年龄特征。

孩子从出生到生理、心理发展成熟大体分为六个时期，亦称六个年龄阶段，每一个不同年龄阶段，在生理上和心理上都表现出区别于其他年龄阶段的一般的、本质的、典型的特征。

第一阶段是乳儿期，从出生到生后第一年。这一阶段，孩子软弱无能，各种器官稚嫩而脆弱，功能不发达，适应环境的能力很差，经不住强刺激，缺乏抵抗能力，不能自由活动和行动，生活不能自理，处处需要成人的关怀和照顾。但是，乳儿期是人身心发展最快的时期，是人生中的第一个生长高峰。在出生后的第一年，孩子的体重一般都要增加几倍，身高增加几十厘米，脑重量也增加很快，各种感觉器官的机能迅速发展。

第二阶段是婴儿期，从一岁到三岁，或称为“先学前期”，即托儿所阶段。这一阶段孩子身心发展速度也比较快，学会站立、行走，具备一定独立活动能力，接触的事物多了，语言也得到发展，能与人交往，各种感觉器官进一步发达，情感也变得丰富。

第三阶段是幼儿期，即三岁到六七岁，亦称“学前期”，指的是幼儿园阶段。这一阶段孩子的身心进一步发展，骨骼、肌肉的机能增强，活动能力提高，活动范围扩大，眼界更加开阔；兴趣广泛，求知欲增强，以游戏活动为主，是进入学校学习的最后准备阶段。

第四阶段是儿童期，从六七岁到十一二岁，亦称“学龄初期”，大致相当于小学阶段。这一阶段，孩子进入学校，其活动内容由以游戏为主转为以学习为主，开始了系统的学习。生活环境和生活内容发生巨大变化，使他们的身心得到迅速发展。他们的骨骼进一步坚硬，肌肉力量进一步增强，跑跳自由，大脑重量接近成年人，有强烈的求知欲望，其思维形式仍以形象思维为主。

第五阶段是少年期，从十一二岁到十四五岁，亦称为“学龄中期”，大致相当于初中阶段。这一阶段是人身心发展的第二个高峰，身高、体重迅速发展，男女孩子都出现第二性征，性机能基本成熟，从外表上看俨然是一个“大人”。其思维形式逐步由形象思维向抽象思维过渡，理解、接受知识的能力大大增强，但又具有许多幼稚的心理特征，是从幼稚到成熟的过渡时期，处于半幼稚半成熟的状况。这一时期的孩子有强烈的成人感，强烈要求独立自主，自己支配自己的言行，对成年人不像以前那样依恋和依赖了，进入“心理的断乳期”（或叫“第二次断乳”）。但是，他们的自我意识、自我约束、自我控制的能力又比较差，思维比较偏激，好走极端，不愿意接受成年人的管束。这一阶段是人生成长过程中一个十分重要的阶段。

第六阶段是青年初期，从十四五岁到十七八岁，大体相当于高中阶段，进入学龄晚期。这一阶段孩子的身心发展基本成熟。

孩子从出生一直到青年初期，是一生中接受家庭教育的重要阶段。孩子从出生到身心发展成熟，不同年龄阶段具有不同的身心发展特征，并且这些特征具有一定的顺序性。前一个年龄阶段是后一个年龄阶段的基础，后一个年龄阶段是在前一个年龄阶段基础之上发展的。家长对孩子进行各种教育和训练，应当按照他们身心发展的规律，打乱了他们身心发展的“秩序”，就会影响他们身心健康发展。

家长在教育孩子过程中，往往有两种倾向：一种是落后于孩子身心发展的水平，就是该进行某种教育和训练了，而家长却没有及时进行；另外一种是超越孩子身心发展水平，对孩子进行教育和训练的内容，其难度和数量是孩子发展水平还不能接受和理解的。后一种倾向是家庭教育中较普遍的现象。

我们知道任何事物的发展总要有一个过程。人的身心发展也是一个渐进的过程。特别是学习知识、发展智力，不是任意增加学习内容、加大学习难度、加快学习进程、大搞突击便可以奏效的，它是一个渐渐积累的过程。古代思想家、教育家孟子说过：“原泉混混，不舍昼夜，盈科而后进，放乎四海。有本者如是，是之取尔。”① 这就是说，从源泉里涌出来的水，昼夜不停地向东流去，一步一步地前进，最后终能流到大海。孟子这是用流水来比喻学习知识的过程，只要不息地努力，终能达到成功的进步。流水要前进，必须灌满一个一个的低洼处，否则决不会前行。学习的过程也像流水一样，必须一步一个脚印，扎扎实实，稳扎稳打，才能把知识学好，智力才可能得到发展。不打好基础，实行跳跃前进，表面上看来进步很快，但知识学不扎实，终不能算有真才

① 《孟子·离娄下》。

实学。孟子说："其进锐者，其退速。"① 就是说知识学得太快遗忘得也快。孔子也说："欲速则不达。"② 是说违背事物发展的客观规律，单凭主观意志想加速事物的发展，那是不可能的。

《孟子》一书讲过这样一个寓言故事：说宋国有一个农夫。他看到地里的禾苗长得不快，就一棵一棵地把禾苗都拔高了一些，一看，果然长得快了，他很满意。当他十分疲倦地回到家中时，儿子问他干什么活这么累。他说："今天可把我累坏了，我帮咱地里的禾苗长高了。"他儿子赶忙跑到地里一看，地里的禾苗全都枯萎了。③ 自然界的生物有其自身发展的规律，顺其自然，使之逐渐成长，就可以长得茁壮；若操之过急，违背了规律，就会犯"揠苗助长"的错误，受到惩罚，遭到失败，前功尽弃。

培养人也是这个道理，孩子还没到那个年龄阶段，心理水平还没有发展到那个程度，接受和理解能力还没有那么强，硬要提前学习他难以理解和接受的知识，就有如"揠苗助长"，非徒无益，反而害之。

朱庆澜先生在他的《家庭教育》一书中，对这种超越孩子年龄阶段的教育进行过尖锐的批评。他把这种做法用请人吃饭做了形象的比喻："教人的（即教育者）不跟着教的人（即受教育者）的程度走，好似主人请个吃素菜的客，却是预备一桌荤菜烧烤，主人尽管费了事，客却没地方下箸（筷）。"他指出，有的父母"太望小孩好，三四岁刚能说话就教他认字"，认不得就打骂，恨不得小孩一下就变成个"孔圣人"。如果这样，"就是孩子有点聪明，也被父母打塞了"。他还指出了这样做的思想根源。他说，教儿子太急的父母，"一半是望儿子好，一半也有个要儿子替我挣个名誉的私心"。"不管他年纪到了没有，聪明长够了没有，一味逼着前进，或是把儿子聪明弄塞，或是把身体搞坏，那就是做父母的害了孩子。"

朱庆澜先生对当时某些父母的批评对今天的父母也有教育意义。现在有些孩子，"厌学"、"弃学"、"逃学"、"辍学"，就是由于学校和家庭强加给孩子的

---

① 《孟子·尽心上》。

② 《论语·子路》。

③ 《孟子·公孙丑上》。

学习负担过重，使他们“苦其难”而“厌其学”，也有的是因为负担过重把身体搞垮了，才不得不中途辍学。

历来的教育家都主张对孩子进行教育不能操之过急，要量力而行，循序渐进。墨子说过：“知者必量其力所能至而从事焉。”① 他又说：“子深其深，浅其浅，益其益，尊其尊。”② 这意思是说，学习知识必须从自己的实际能力所及出发，不可任意超越实际水平。教孩子学习知识，要看孩子的程度深浅、能力强弱，程度深的教之以深，程度浅的教之以浅，能力强的增加内容，能力弱的减少内容。根据孩子的实际理解能力，教以相应的知识，是孩子能够理解消化得了的，是孩子负担得了的，他们就越学越爱学，总有学习的兴趣和积极性。当他们通过自己的努力，掌握了知识，就会增强自信心，提高求知欲望，总还希望学习更新、更多的知识。俗话说“胜任愉快”，指的就是这个道理。孩子学习轻松自如，就会“以学为乐”，把学习当成一种乐趣，“其进自不能已”，就是想让孩子停下来不再学习都不可能，有“欲罢不忍”、“欲罢不能”之感。

明朝教育家王阳明对此也有过深入浅出的论述。他说：“我辈致知，只是各随分限所及。今日良知见在如此，只随今日所知，扩充到底；明日良知又开悟，便从明日所知，扩充到底；如此方是一精功夫。与人论学，亦须随人分限所及。如树有这些萌芽，只把这些水去灌溉，萌芽再长，便又加水。自拱把以至合抱，灌溉之功，皆是随其分限所及。若些小萌芽，有一桶水在，尽要倾上，便浸坏它了。”③ 他这里所说的分限，就是事物发展的一定阶段，对人来说就是接受、理解能力的水平。这段话的意思是说，教孩子学习知识，开发孩子的智力，要根据孩子的心理发展水平和实际理解、接受能力，要量力而行，循序渐进，逐步提高要求。如果不考虑孩子的理解、接受能力，“恨铁不成钢”，操之过急，硬是把大量深奥的知识一下子灌给孩子，这对于身心发展水平还很低的孩子来说，就如同用一桶水倾注在嫩弱的幼苗上，势必会把他淹溺至死。

---

① 《墨子·公孟》。
② 《墨子·大取》。
③ 《王文成公全书》卷三《答黄以方问》。

我们不仅看到，儿童、青少年的身心发展有一定的规律，有一定的阶段性，而且知识本身也是有系统的，有自身的发展顺序。前边的知识为后边的知识打基础，后边的知识是前边知识的发展，先后顺序不能打乱。人们学习知识，也要遵循知识本身的发展顺序，前边的知识未学好、学扎实，不能急于学后边的知识，操之过急，也是学不好的。宋代教育家朱熹说过："未得乎前，不敢求其后，未得乎此，不敢志乎彼，如是则循序渐进焉……"① 我国古代的儒家经典《学记》也说："学不躐等。"这就是说学习知识不能跳跃前进，要一步一步地走。

"循序渐进"是一个普遍的教育原则。在家庭教育中，特别是在当前家庭教育中，这个原则显得尤为重要。循序渐进所要"循"的"序"，实际上有两个，一是儿童、青少年的年龄特征和知识、能力发展水平，二是知识本身的发展顺序。所谓"循序渐进"也就是按照儿童、青少年身心发展的年龄特征和知识、能力发展水平，遵循科学知识本身的发展顺序，由浅入深，由简入繁，由易到难，由少到多，逐步提高要求。

有的家长认为，这样按部就班地教育孩子学知识，是不是太慢了。其实这是误解。"欲速则不达。"表面上看似乎慢了，可基础打得牢固，知识学得扎实，经久不忘，不用再重复学习，实则是进展很快的。家庭教育必须遵循这个原则。

第三节　全面发展，因材施教

一、处理好全面发展和发展特长的关系

在家庭教育中，有一对矛盾比较难以处理好，那就是全面关心孩子，促使孩子在德、智、体、美、劳等方面得到全面发展，和区别不同情况，因材施教之间的矛盾。如何实现这两者的辩证统一，是每个家长必须认真对待并妥善解

---

① 《朱子大全·读书之要》。

决的大问题。

有的家长，为了孩子早日成为有一技之长的人才，在孩子很小的时候就给确定了发展方向，让孩子专攻某一方面的技艺，如音乐、绘画、书法等等，其他方面的知识和能力的发展，则弃之不顾。以为只有早“定向”，早下苦功夫，才能成为专门人才。因为许多家长也听说，一些专门人才都是从很小的时候开始进行训练的。

一些专门人才的培养，的确是从年幼时就下功夫。不仅从小就下苦功夫，而且更重要的是很小就表现出了对某一技艺的极大的兴趣。这种对某一技艺所表现出来的专门的兴趣，是成功的必要条件。而我们一些家长想把孩子培养造就成专门人才，不是从孩子的实际出发，不管孩子有没有某个方面的兴趣，而是根据家长的主观愿望，强迫孩子学习某个方面的技艺。人们常说：强扭的瓜不甜。孩子对某种技艺根本不感兴趣，你强迫他去学、去练，孩子没有兴趣，是不得已而为之，那无论如何也是不能成功的。

目前，在很多地区，钢琴都很“热”。人们的经济条件好了，想发展孩子的特长，而且也具备了一定的经济基础，这种想法不错。但问题是，并非有那么多的孩子像家长所期望的那样，也对成为钢琴家感兴趣。而且一个孩子要成为一个钢琴家，除了要有名师指导以外，还必须有一个较浓厚的家庭音乐环境，至少家长应具备一定的音乐知识素养。可实际上，我们有许多为孩子花重金购买钢琴的家庭，并没有人懂得音乐知识，有的连简谱也不认识，不会视唱，甚至是“五音不全”。只靠十天半个月一次的钢琴教师指点，平时没有人辅导，那怎么能成为钢琴家呢？

某地有一位工人，对自己的独生女非常钟爱，一心指望这个孩子将来能成才。一天，一位朋友到家里去做客，临走时拉着小姑娘的手随便说了一句：“这孩子的手又细又长，将来学钢琴肯定能成功。”那客人随口说出的一句话，在孩子的父亲心里掀起了波澜：“要是我的孩子成为钢琴家，那我该多么神气呀！”于是，他下定决心，省吃俭用，从牙缝里省钱，千方百计地为买钢琴攒钱。他又东挪西借，终于喜气洋洋地为孩子购置了一架钢琴。谁料这女孩子对弹钢琴一点也不感兴趣，让她学钢琴，简直是一件苦事。可孩子的父亲哪肯甘心，花了那么多钱，简直是倾家荡产才购置了这架钢琴，不学哪行，再苦也得学。强行规定孩子每天必须练四小时的琴，练不够时间就不许吃饭、睡觉。对于一个年龄很小、体质柔弱的女孩子来说，那是很难很难的了。家长看孩子完不成训练任务，想起了古人“头悬梁，锥刺股”的做法，孩子疲倦得抬不起头来，就用绳子把孩子的头发吊起来；双手累得举不起来，就把双手吊起来。这样，孩子如受刑一样，肉体上受到折磨，精神上受到摧残，还经常挨打受骂。孩子实在忍耐不下去了，抄起剪子将自己的手筋铰断。孩子送到医院里进行抢救，连大夫都感到十分震惊，问这孩子：“你将手筋铰断，不怕疼吗?”孩子说：“把手筋铰断，我只疼一时；如果不铰断手筋，那我的痛苦却是一辈子也解除不了。”那些被家长强制学弹钢琴的孩子中，还有的用牙痛恨地去咬琴键，有的用切菜刀砍琴键，他们痛恨钢琴，认为钢琴给他们造成了极大的痛苦。更有甚者，为了彻底摆脱自己的无限痛苦，有极个别的孩子自寻短见。

由此可见，家长创造条件满足孩子的兴趣爱好，使之发展一技之长，可以使孩子的个性得到充分发展，也可以为国家、社会造就具有特殊才能的专门人才，但究竟发展孩子哪个方面的特长，不能完全凭家长的主观愿望和意志，不能把家长的兴趣爱好强加给孩子，也不要受社会上某种风气的左右，赶什么时髦，也不要刚刚看到孩子对某方面的活动产生了一点兴趣，就过早地给孩子定向。正确的做法应当是，从孩子年幼起，就要大力支持孩子参加各种兴趣活动，使他们的兴趣得到充分的发展。当他们随着年龄的增加，逐步对某方面的活动产生了较为稳定的兴趣爱好，并有了较为强烈的追求以后，再将孩子的特长发展方向确定下来。只有这样，才能使孩子的兴趣爱好发展为特长。千万不能过早地定向。因为孩子年幼，其兴趣爱好非常广泛而又很不稳定。家长必须注意到这个特点，免得在发展孩子的特长上出现盲目性。

要发展孩子的特长，培养造就专门人才，还必须以全面发展为基础。一个造诣很深的专门人才，除了具有专门的知识和技能技巧以外，还必须有十分广博的知识基础。这就有如建高楼大厦一样，房子盖得越高，地基就要打得越牢，打得越宽。一个知识贫乏、孤陋寡闻的人，在专门业务上的发展是有很大局限性的。就以搞艺术来说吧，一个电影演员缺乏深厚的文学修养和对生活的深刻体验，只凭一些表演技巧，最多只能成为一名“影星”，而成不了电影表演艺术家。一个歌唱演员，只有一副好的嗓子和一些演唱技巧，而没有较广博的音乐艺术修养，也只能成为一名“歌星”，而成不了歌唱家。学弹钢琴，如果不从小打下文化知识学习的基础，连中学生、小学生该学的知识都没有学好，要成为一名钢琴家，那是根本不可能的。

有些家长，为了使孩子的特长得到发展，将来成为专门人才，不惜将孩子在小学、中学应学好的基础知识也弃之不顾，根本不注重孩子的普通文化基础知识的学习。只要求孩子学习某一专门知识，练习某一专门技能技巧，孩子的文化知识学习如何，一点也不关心，这种做法是很有害的。其结果是，孩子不但成不了专业人才，而且连普通劳动者的素质都不具备，这样做不是在培养造就人才，即或是孩子原本有点才，也让家长给毁掉了。

家长必须明白，各门知识之间是有内在联系的，它们互相依存、互相制约。普通文化知识学好了，可以促进专门知识的学习；普通文化知识学不好，反过来也会影响专门知识的学习。普通文化知识学好了，文化素质提高了，可以加深对专业知识的理解；文化素质低，理解能力差，肯定不利于专业知识的学习。

总之，家长要设法处理好全面发展和发展特长的关系，使二者很好地统一起来。

二、针对孩子的不同个性因材施教

不同的年龄阶段，儿童、青少年的生理和心理都具有不同的年龄特征，这是儿童、青少年身心发展的一个特点。除此以外，儿童、青少年的身心发展，在不同的人身上，还表现出各自的个性。就是说，在同一年龄阶段的儿童、青少年中，不同的孩子，由于先天的遗传素质、后天的生活环境和所受到的教育，以及孩子本身的实践情况不同，在身心发展的可能性、方向和水平上是存在差异的，这种差异就叫个性，也叫个性特征。

人与人之间的个性差异是普遍存在的，出生于不同家庭的孩子有个性差异，出生于同一家庭的孩子，甚至是双生子之间，也存在着个性差异。古语说：“人心不同，各如其面。”这是说人们的心理特点各不相同，就像人们的面孔一样，是千差万别的，心理特点绝对相同的人是不存在的。就连同一身体的连体人，也具有不同的心理特征。例如，1843 年在美国北卡罗来纳州举行婚礼的两个新郎，哥哥叫昌·班克，弟弟叫英·班克，两个人是连体兄弟。尽管他们两个人从娘胎里到出生，以至长到成年，身体都连在一起，但脾气却完全不同：哥哥昌·班克脾气暴躁些，弟弟英·班克脾气则较温顺、随和一些。遇有不同意见时，英·班克常常让着点，以免麻烦。他们两个人也曾因意见分歧而打过架，在母亲的说服教育下，两个人才合作得好了一些。

个性心理特征不仅表现在成年人身上，在新生儿身上也有反映。如果你有机会到妇产医院去参观，你会看到，初生的婴儿有的好哭好动，有的则比较安静；有的哭起来没完没了，有的是一阵阵地哭。孩子稍大一些，你还会发现有的孩子好闹好动，见生人不认生；有的则比较平稳、拘谨，害怕生人。随着年龄的增大，孩子的个性心理特征表现得越来越明显、强烈，个性特征也在更多的方面越来越明显地表现出来。孩子小时候所表现出来的个性特征，在很大程度上取决于神经类型的先天差异。但这种先天差异不是一成不变的，在后天的生活环境和教育作用下，差异不断地变化，有的个性特点给掩盖了，有的则在原来基础上进一步发展了，而另外一些新的个性特点又可能出现了。也就是说，在个性特征发展的过程中，随着年龄的增长，遗传的作用越来越小，环境和教育的作用越来越大，个性差异也越来越明显。

“个性”一词是外来语，源于拉丁文，其本意是指演员在舞台上所扮演的角色。后来，心理学沿袭了它的含义，用以说明个人在人生舞台上的行为模式中所表现出来的内心活动。“个性”这个概念含义非常广泛，但主要（或是集中）地表现为气质、性格、兴趣和能力等方面。个性的这些具体表现形式，是教育人时所必须认真对待的，也是实施教育工作的依据，因此，家长必须对这几种个性的表现形式有个大概的了解。

所谓气质，就是我们平常所说的人的脾气、性情，是指人的情感发生的速度、强度，情感发生的外部表现和活动的灵活性等方面的特征的综合。比如，有的孩子情感强烈激动，常常大哭大闹，有的则情感淡漠，遇事反应不大强烈；有的孩子易动感情，一触即发，或哭或笑，有的则动情迟缓；有的孩子动作敏捷伶俐，有的则迂缓迟钝；有的一高兴就喜形于色，手舞足蹈，有的则外部表现不太明显。总之，人的气质是千差万别的。

对于人的气质，人们很早就开始进行了研究。两千多年前，古希腊的朴素唯物论者、著名医生希波克拉底和加伦经研究认为，人的气质是由体内的黄胆汁、血液、黏液、黑胆汁这四种体液多少决定的。有的人易怒、动作激烈，是因为体内黄胆汁过多，这种人的气质称为“胆汁质”；有的人热心而喜欢活动，是因为体内血液过多，这种人的气质称为“多血质”；另一种人冷静而善于算计，是由于黏液过多，这种人的气质称为“黏液质”；还有一种人，神经过敏而又易于郁闷，是因为体内黑胆汁过多，这种人的气质称为“抑郁质”。他们把人的气质分为四种类型，对后世影响很大。直到今天，人们还一般习惯于使用这些旧名称。

现代生理学家巴甫洛夫通过对高级神经系统的实验研究，发现神经系统有强度、平衡性、灵活性三种基本特性。由于三种不同特性的不同组合，从而形成了人的四种不同气质类型：第一，强而不平衡的类型，这种人易兴奋、易怒，难以控制，叫“兴奋型”；第二，强、平衡又灵活的类型，这种人爱动而且行动迅速，但情绪易变化，叫“活泼型”；第三，强、平衡而不灵活的类型，这种人的性情发生缓慢微弱，动作迟缓，叫“安静型”；第四，弱型，这种人情感发生缓慢而又持久，动作迟缓无力，叫“抑制型”。巴甫洛夫的这四种气质类型同古希腊人提出的四种类型分别相当。这四种气质类型是人气质的基本类型，是非常突出而典型的。然而在现实生活中，单纯或绝对属于某单一类型的人是少数，绝大多数人属于混合型。就是说一个人既有这种气质类型的特征，又有另外一种气质类型的特征。只不过是这个人身上可能是这种气质类型的特征更明显一些，而另外一个人身上可能是另外一种气质类型的特征更突出一些罢了。

就气质类型本身来说，并无好坏之分，各种气质类型的人都可能成长。但是每种气质类型的人都存在着易于向某些积极的或消极的品质发展的可能性，这应当引起家长的高度注意。比如，具有明显“胆汁质”特征的孩子，容易形成勇敢、爽朗、有进取心的品质，但也容易出现粗心、粗暴等缺点；具有“多血质”特征的孩子，容易形成活泼、机敏、有同情心、爱交际等品质，但也容易出现轻浮、不踏实、情感不深挚等不良习惯；具有“黏液质”特征的孩子，容易形成稳重、坚毅、实干等优良品质，但也容易变得冷漠、傲慢、固执而拖拉；具有“抑郁质”特征的孩子，容易形成细心、守纪律、富于想象力等品质，但也容易出现多疑、怯懦、孤僻和缺乏自信心等弱点。因此，对于不同气质特征的孩子，家长应有针对性地实施不同的教育和训练，防止产生消极的品质，有目的有意识地向积极的品质方面加以引导。

所谓性格，它与人的气质关系密切，但又不同于气质。它主要表现在人对现实的态度和行为方式上，比如，人们往往用谦虚、诚实、勇敢、善良、骄傲、怯懦、虚伪、凶恶等等表示人的各种性格特征。这些特征相互结合，构成一个整体，这就是一个人的性格。人的性格不是天生的，而是在后天的环境影响和教育的作用下逐步发展和形成的。人生下来的时候，只有神经系统活动的个别特点，无所谓什么性格特征，幼小的孩子并不能意识到自己对现实的态度，他们的行为方式也没有定型。婴儿的行为完全受周围的成年人左右，成年人叫他做的，就照着去做，成年人不允许的，他就不做。到幼儿期，孩子开始出现性格上的个性倾向性，对现实有了一定的态度，开始表现出初步的行为方式，但是这些都处于萌芽状态，很不稳固，易受外界的影响而发生变化。以后，随着年龄的增长，孩子的性格差异越来越明显。

人的性格不同于气质，它有好坏、优劣之分。家长要特别注意孩子表现出来的性格特征，这关系到孩子养成什么样的道德品质和行为习惯，关系到孩子将来成为一个什么样的人，千万不能粗心大意。孩子形成某种性格特征是有一个过程的，开始可能不太明显，而一旦形成了，就难以改变。优秀的性格倾向，家长发现后要及时予以强化；出现不良的性格苗头，家长要及时发现，及早加以纠正，防微杜渐。

所谓兴趣，是指一个人力求认识某种事物，探究某种事物，获得某种事物或接近某种事物的稳定的心理倾向。人与人之间的兴趣是存在差异的，这种差异表现在多方面。比如，在兴趣的方向上，有的孩子喜欢小动物，有的好舞刀弄枪，玩打仗，有的爱写写画画，有的爱唱歌跳舞，有的喜欢学习文科知识，有的喜欢学习理科知识等，兴趣的指向各不相同。在兴趣的广泛性上，有的孩子对什么都非常感兴趣，兴趣非常广泛；有的则只对某一种或很少的几种活动感兴趣，兴趣范围很狭窄；有的则对什么也不感兴趣。在兴趣的稳定性上，有的兴趣很稳定，能持之以恒；有的则见异思迁，很不稳定，今天对这个感兴趣，明天又对那个感兴趣，变化无常。

兴趣是一种带有强烈的情绪色彩的心理倾向，广泛的兴趣爱好对于发展孩子的智力和能力是很有好处的。它可以激发求知的欲望，丰富知识，开阔眼界，开拓思路，培养多种动手操作能力，还可以增强孩子的体质，养成高尚的审美情趣。有人说："兴趣是最好的老师。"这种说法很深刻。强烈的兴趣会引导、促使孩子去不懈地追求、奋斗，锻炼孩子的坚强意志和毅力，增强克服困难、争取胜利的信心，是将来事业成功的重要条件。许多有成就的科学家、文学家、艺术家，都是从小就对某一领域的知识有浓厚的兴趣，有强烈的追求，是兴趣为他们的成功奠定了基础。因此，家长关心子女成长，在事业上有所作为，应当非常珍视子女的兴趣，创造条件，培养、发展他们的兴趣。即或是子女不能成为某种特殊的专门人才，一个人有广泛的兴趣，对他的身心发展也是有好处的，他一生的生活也是会充实的、幸福的。

所谓能力，是大家熟悉的一种心理现象，指人能够顺利完成某种活动所必需的个性心理特征。能力可分为一般能力和特殊能力。一般能力是指在多种活动中都普遍要有的能力，如观察力、注意力、记忆力、思维力、想象力等等。特殊能力则是指某种特定活动中所必需的能力，如绘画能力、创作能力、演唱能力等等。二者既有区别，又有联系。一般能力越发展，特殊能力发展的有利条件就越多；特殊能力发展了，也会促进一般能力的发展。

人的能力是有差异的。有的人能力强，有的人能力差；有的人某些能力强一些，有的人某些能力差一些。人的能力发展有早有晚，提高的速度有高有低，情况各不相同。因此，家长对孩子进行教育和训练，从教育、训练的内容到方法，都应当从孩子能力水平的实际出发，不可落后于他们的能力水平，也不可超越他们的能力水平。人的能力在日常生活和工作、劳动中是非常重要的，是人人不可缺少的，家长应注意培养孩子的各种能力。

孩子的气质、性格、兴趣、能力等个性特征的不同，要求家长对子女进行的教育、训练也要因人而异，区别情况分别对待，做到从实际出发，有针对性。只有这样，家庭教育才能顺利进行，才能成功，才能有利于孩子身心健康发展。

然而，在现实生活中，有许多家长恰恰违背了这一点，他们不从孩子的实际出发，因势利导，长善救失，扬长避短，而是完全由主观愿望出发，盲目地对孩子实施教育、训练。比如，不管孩子的气质类型如何，稍不注意就大发雷霆，吹胡子瞪眼，甚至张口就骂、抬手就打。这样，胆小的孩子就会在家长的威逼、严惩下，变得胆子更小，甚至被逼得说瞎话。有的家长对孩子性格品质好坏不论，只要欣赏，就大加鼓励、赞赏；要是不喜欢的，即或是好的品质也不支持、鼓励。有的家长不管孩子的兴趣、爱好如何，粗暴地强制孩子放弃自己的兴趣爱好，而强迫孩子学习他们根本不感兴趣的东西。也有的家长不从孩子的实际能力水平出发，简单地和别的孩子或家长自己小时候攀比，认为只要别家孩子能学会的，自己的孩子也能学会，或认为自己小时候学习没费这么大力气，那么自己的孩子也应学得轻松。他们强制孩子学习他们力不能及的东西，学不会就讽刺、挖苦、谩骂、殴打等等。这些做法都是违背因材施教原则的，肯定要失败。

因材施教是人们在长期的教育工作中总结出来的行之有效的经验。在我国，孔子是“因材施教”的先行者。他非常善于根据学生不同特点来选择教育内容和使用教育方式方法，取得了很好的效果。《论语》一书中曾记载了这样一件事：一次，孔子的学生子路问孔子：“是不是听到了指令就应该去行动呢?”孔子说：“有父兄在，应当禀命而行，怎么能有闻即行呢?”孔子的另外一个学生冉求问了同样的问题，孔子却答道：“是的，听到就马上去做。”孔子的学生公西华感到很奇怪：两个学生问的是同样一个问题，为什么老师却有两种相反的回答呢？于是他问孔子为什么，孔子说：“因为两个人的禀性不同。冉求畏缩不前，所以要鼓励他前进，要他胆大一些；而子路是好胜过人，故抑而退之，要他谨慎一些。”① 孔子一生有三千弟子，从中培养出七十二贤人，除了他诲人不倦外，能深入了解每个学生的个性特征，注意因材施教恐怕也是一个重要原因。孟子也主张因材施教，他把学生分成五种类型，分别施以不同的教育：对于修养最好的弟子，只要稍加化育之功，“有如时雨化之”，便可成长起来；对于有德行的弟子，要努力把他培养成品德高尚之士；对于有才华的

① 《论语·先进》。

弟子，要努力把他培养成有通达才能的人；对于德才一般的弟子，只要有问有答即可；对于那些因为时间和地点的限制而不能及门授业的弟子，要鼓励他们独善其身，自学成才。① 唐代的韩愈和北宋的张载也都先后提出，培养学生要像处理、使用木材一样，做到“各得其宜”，能做梁的做梁，能做檩的做檩，能做椽子的做椽子。

要做到因材施教，家长必须承认、正视、了解孩子的个性特征。这是因材施教的前提。我们了解孩子的个性特征，不是去消极地迁就、适应，而是要发挥每个孩子不同的优势，使优良的个性得到充分发展；对于不良的个性要加以纠正。孩子的身心究竟要朝什么方向发展，不能完全由家长的主观愿望决定，强制孩子朝自己所规定的方向发展，而应当根据孩子的个性倾向和社会发展的需要，因势利导，促使其发展。历史上有许多这样的教训，家长强制子女服从自己的意愿，抹杀、压制子女的个性，结果扼杀了人才。中国封建社会的家庭教育就是这样，子女的一切都听命于“父母之言”，本来是有条件成才的，结果成了平庸之辈。

要使孩子成才，必须使孩子的个性得到充分的发展。古今中外凡成才者，差不多都是有力抵制了抹杀个性的教育思想，才走上成功之路的。这样的实例不胜枚举。

意大利的物理学家、天文学家伽利略自幼喜欢数学，可他父亲却认为学习数学无论如何也不能维持生计，迫切希望儿子当医生。伽利略 17 岁时按照父亲的愿望，进入比萨大学学医，但他并不喜欢医学，根本学不进去。两年后，他毅然放弃学医而转攻数学，成为世界近代实验科学的奠基人。德国作曲家亨德尔，在尚未学会说话时便开始学习演奏乐器，10 岁时就创作了六首乐曲，表现出了非凡的音乐天才。亨德尔的父亲是宫廷理发师，希望儿子将来成为一名律师。他看到儿子如此迷恋音乐，十分担忧，就采取了严厉禁止儿子演奏乐器的措施，甚至不让儿子去上小学，因为小学里都有音乐课。可亨德尔根本就不理解父母的一片“苦心”。白天不行，他就在夜深人静时起来练琴。为了不被人发觉，只好不出声地练，终于成为与德国著名音乐家巴赫齐名的音乐巨

① 《孟子·尽心上》。

匠。英国博物学家、进化论的奠基人达尔文，其父是一位医生、著名的科学家，当然希望儿子继承父业当医生，并送他到爱丁堡大学读医科。可达尔文从小喜欢植物学和动物学，不喜欢医学，在学医时还潜心钻研生物学。父亲看他“不务正业”，又强迫他入神学院，指望他成为一位牧师。可达尔文还是坚持要学生物学，无奈，父亲只好同意。我国伟大的文学家茅盾，其父是清末的一位富有爱国心的维新派人物，他很希望茅盾学数学或搞工业，认为只有实业才能救国。而茅盾小时候对实业不感兴趣，对文学写作却非常感兴趣，父亲怎么劝说都不成，他还是坚持要学文。父亲至死也没有改变他的主张。在母亲的支持下，茅盾走上了文学道路，终于成为我国文学史上的一位巨匠。

上述这些人之所以能在事业上取得成功，是因为他们能冲破家长对他们的束缚。如果他们未能摆脱束缚，而是屈从于家长的主观意志，去从事他们根本没有兴趣的事业，恐怕都成不了才，更成不了“大才”。

当然，这并不是完全否定家长对子女学习、事业的指导、引导和辅导作用，也不是主张在学习、事业上让孩子任其所为，放任自流。对于那些在兴趣、能力等方面尚无明显特点和倾向的子女，家长视情况为他们创造一定的环境和情境，有意识地引发他们的兴趣，使他们的能力得到充分发挥，为他们未来所从事的事业做一个向导，这也是符合因材施教原则的。

总之，家长一方面要全面关心孩子，使孩子在德、智、体、美、劳诸方面得到充分发展；另一方面也不要把全面发展片面地理解为“平均发展”，而应当在全面发展的基础上，使孩子的个性得到充分发展。只有这样，才有可能把子女培养造就成才。

第四节　态度一致，教育统一

在家庭教育中，家庭的所有成年人对于未成年的子女来说，都是教育者，都担负着教育的任务。虽然在教育子女的时候，一般都是某一个家长单独实施教育，但家长对子女的教育和影响作用却是通过家长集体的工作实现的。因此，要顺利地进行家庭教育，达到预期的教育目的，所有担负并从事教育工作的家长，都必须对子女有一个一致的态度，做到要求、教育统一。不能一个家长是这种态度，一个家长是另外一种态度；一个家长这样教育，一个家长又那样教育。不能有的管教，有的放任不管；有的管得严，有的管得又很松。也不能有的只管吃、喝、穿、戴，不管思想品德好坏；而有的只管教育，或是只会训斥，却从不关心、体贴孩子，不过问孩子的生活。这样只能分散教育力量，不能形成教育合力，必然管教无力，效果不好，由于家长的态度不一致和教育不统一，养成子女的两面习惯、市侩作风，当着这一家长的面是一套，当着另外一个家长的面又是另外一套。

家庭教育中为什么会出现态度不一致、教育不统一的现象呢？这是由于家庭成员生活经历、对社会生活的体验、思想文化素养、教育思想、教育能力不同，每个成员与子女关系不同；而且家庭里的教育者又不像学校里的教育者那样，是一个有组织有领导的教育者的整体，每个家长都有教育子女的“自主权”，因此，“一人一把号，各吹各的调”，各行其是的现象常常发生。

家长对子女的态度能做到一致，教育工作能够做到统一，心往一处想，劲往一处使，相互配合、协作，就会形成一种强有力的教育合力，对子女形成一种集体的影响作用，从而大大提高家庭教育的效益。

一、家长对待子女的态度要一致

家长对待子女的态度要一致，是指在某一时、某一事的教育上，所有家长要态度一致，家长之间不要矛盾、对立。在对子女一时、一事的教育上，究竟持什么态度，是严一点还是松一点，是批评还是表扬，是肯定还是否定，对子女有什么样的要求、要求有多高、掌握什么分寸，对子女进行什么样内容的教育、采取什么方式方法、如何进行教育，等等，这些在事先要使所有家长有一个统一的认识，有一个一致的态度，不能各行其是，谁想怎么管教就怎么管教。当然，家长对待子女的态度，对子女的要求和教育，不可能都不谋而合，一点差异都没有。事实上，在人们对孩子进行管教时，家长与家长之间的相互矛盾是难以避免的。有差异、有冲突并不要紧，有时也很难都在事先统一好思想认识，但要特别注意，千万不能把家长之间的差异、矛盾暴露在子女面前。

如果将差异、矛盾暴露在子女面前，各持己见，互不相让，那么子女就会无所适从，不知听从谁的教导，终将导致家长的任何教导都失去作用。战国时期思想家韩非说过："一家二贵，事乃无功。夫妻持政，子无适从。"① 是说一个家庭里父母争权夺利，家里什么事情也做不成；对子女进行管教，一个人一个主意，子女不知道听从谁的教导。最后，子女是谁的教导都不听从。在实施教育时，一旦在子女面前反映出了差异和矛盾，那怎么办呢？最好是有一方暂时先做让步，收回自己的意见，事后再统一认识，千万不能在子女面前争吵起来。然而，在教育子女的实践中，却常常发生当着子女的面，父母公开争论的情况。这种情况大多发生在年轻父母身上，双方火气都很大，都想证明自己是对的。其目的，有的是为了"维护"自己的威信，不愿在子女面前认输；也有的是为了赌气，你越说我不对，我越要坚持。这样做的结果是双方在子女心目中的威信都降低了，子女将是谁也看不起。

上述教育子女时的态度不一致是无意识的。也有另外一种情况就是父母有意识地不一致。有的家长认为，在管教子女时，"一个唱红脸，一个唱白脸"，说这样一严一慈，一硬一软，相互配合，相得益彰，就可以迫使孩子顺从、就范。有人还为这种做法找到了"理论依据"，说中国从来都是主张"父严母慈"，这是教子的诀窍。

其实这是一种误解。中国过去的确有"严父慈母"的说法。但是，"严父慈母"的本意并不是指父母对于子女的教养态度，而是指父母在封建家庭中的地位。在封建社会的家庭里，每个成员的身份不同，"角色"不同，每个人的行为准则不同，和其他人的关系也不同。过去讲究"父严、母慈、子孝、兄友、弟恭"，等等，这指的是封建家庭的伦理道德关系。"父严"实际上是规定了男子在家庭里的特殊地位。这里的"严"，是"尊严"的意思，不是"严格"的严，是说家庭里辈分最高的男子是"一家之长"、"一家之主"，必须维护他的突出的地位和尊严。而"母慈"呢，是说母亲处于父亲的从属地位，不能对子女有什么尊严，只能在子女的生活上起着抚养、照顾的作用，负责子女的日常生活管理工作。唯有"严父"（即有尊严的父辈）才有资格管教子女，唯有

① 《韩非子·扬权》。

“严父”的意志才是子女言行的准绳。而“慈母”在子女教育中完全处于无权地位。“父严母慈”实际上是反映了封建家庭里男尊女卑的伦理道德，并不是什么教育子女的诀窍。

在现代的家庭教育中，如果真是一个家长过于严厉、苛刻，一个家长过于温和、宽容，一个要求特别严格，一个又一味地迁就、姑息、放任，不难想象，就会出现以下的情形：孩子当着严厉家长的面，就像耗子见了猫一样，战战兢兢，唯唯诺诺；有话不敢说，即或是正确的话也不敢说，有理不敢申辩；有事不敢放手去做，即或是好事也不敢大胆去做。而当着太温和、宽容的家长的面，则像换了一个人似的，言行放肆，为所欲为，对家长的管教置之不理，当耳旁风。这样的家庭教育肯定会造成孩子心理上的不正常状态，养成不良习惯，比如欺软怕硬、看人眼色行事、见风使舵等等。

有的家长对孩子一味地温和、宽容，在孩子心目中没有威信，孩子不听管教。当比较严厉的家长不在家时，这管不了孩子的家长往往借用严厉家长的威慑力恫吓孩子，以便使孩子听话。比如，孩子不穿衣服，就对孩子说：“你爸来打你了！”有的让孩子做一件事，孩子不愿做，就说：“你爸爸快回来了，你还不去干！”借用别的家长的威力恫吓孩子，可能在一时一事上有效，但是从长远来看却是有害的：一是总用严厉的家长恐吓孩子，这样的家长肯定越来越被孩子看不起，不放在眼里，不受尊重；二是动不动就用严厉的家长恐吓孩子，实际上进一步离间了那个家长和孩子的距离，使孩子对本来就怕的家长越来越畏惧。

还有一种现象很普遍，当严厉的家长不在家时，平时很温和、宽容的家长便迁就孩子。比如孩子不好好吃饭，总想吃点心、巧克力，爸爸对孩子要求严格，不许吃。过一会儿，爸爸有事出门了，孩子再一次提出要吃点心、巧克力时，妈妈拗不过，只好允许吃了，并对孩子说：“你吃是可以的，你爸爸回来可别告诉他。”爸爸回来果真谁也没说。这种做法在独生子女家里常常发生，妈妈背着爸爸迁就孩子，爷爷奶奶背着孩子的父母迁就孩子。这样做是非常错误的，实际上是在教孩子撒谎，而且使孩子越发亲一个，疏一个，当着这个家长的面一套，当着另外一个家长的面是另外一套，学会阳奉阴违。

我们说“一严一慈”的教养态度不是成功的诀窍，但并不是要父母都有严而无慈，都对孩子板着面孔，凶神恶煞似的，也不是要父母双方都只有慈而无严，一味地心慈面软。在家庭教育中严和慈都是必要的。没有严，就会失于放任自流；没有慈，父母子女关系就不会亲近，感情就不会融洽、亲密。

正确的教养态度是任何家长都要有严有慈，既严厉又温和，二者兼而有之。该严的时候就得严，要严得起来；该温和的时候就要温和，让孩子感到和蔼可亲。“严”会使家长在孩子心目中更有威望，说话更有分量。这样孩子才会服从家长的管教，养成良好的习惯，形成良好的品德。“慈”会使孩子感到亲切、信赖，使孩子愿意接近你，有心里话敢跟你讲。这样，家长才能更深入地了解孩子，教育才有针对性，也才管得了。

每个家长应当既严又慈，让孩子对你的感觉是：“望之俨然”而“即之也温”。在孩子看来，家长有威严，不可恣意妄为，想干什么就干什么，想怎么做就怎么做；但孩子和家长接近起来，又感到和蔼可亲，平易近人，这样才是理想的家长，才能取得良好的教育效果。

然而家长要做到这一点，并不是一件容易的事，需要切实加强自身修养。一是家长应时刻意识到自己的身份和责任。父母，既有责任严格要求子女，又有体贴子女的义务，要把二者统一起来。二是对子女要有全面的认识。有的孩子品行好，学习好，比较理想；有的孩子却表现较差，家长不满意，有偏见。对于理想的孩子要慈，也要有严；对于不太理想的孩子要严，也要有慈。三是家长双方应相互支持、配合，对于有严无慈的家长，另一位家长要时刻提醒他注意态度温和一些；而对于有慈无严的家长，另一个家长要支持他严得起来。只有这样，每个家长才能单独担负教育子女的责任，两个家长共同教育子女，效果才会更好。

二、家长对所有子女要一视同仁

在非独生子女家庭里，家长对子女不能有亲有疏。不能对这个孩子放任自流，要求很松，对另一个要求却很严。不能对有的孩子很关心，对另外的孩子很冷淡。更不能偏宠、偏爱一个，而讨厌、歧视其他子女。这样做危害极大，被偏宠者可以为所欲为、任性骄横、不服管教，养成坏毛病；被歧视者容易产生自卑对立情绪，不利于孩子健康成长，不易接受家长管教。同时，对子女不一视同仁也会在同胞兄弟姐妹之间造成隔阂和矛盾，使子女不和睦。

在多子女家庭中，对子女不能做到一视同仁，这是古今中外家庭中常见的问题，带有一定的普遍性。

我国南北朝时期的颜之推早就注意到了这个问题。他在《颜氏家训》一书中指出："人之爱子，罕亦能均；自古及今，此弊多矣。"① 是说父母对于子女的爱，是很少有人能做到不偏不倚的；这样不一视同仁地对待子女，其害处是很多的。他告诫做父母的说："贤俊者自可赏爱，顽鲁者亦当矜怜；有偏宠者，虽欲以厚之，更所以祸之。"②他的话很发人深省。德才兼备的子女自然应当疼爱，对那些顽皮愚钝的子女，则也应当同情怜爱。对某个子女过于偏宠，尽管家长本意是在爱，是为子女生活得幸福，但实际上反而更害了孩子。他的这种分析既辩证又深刻。

在中国历史上，由于父母偏宠偏爱子女给家庭教育和子女成长造成危害的事例举不胜举。在魏晋南北朝的梁朝梁元帝时，有一学士聪明有才，其父偏宠偏爱。这个儿子说对了一句话，做对了一件事，便逢人就夸，一年都夸个不停；而当这个儿子做错了事以后，则是极力文过饰非，替他遮遮掩掩，从不批评管教，希望其偷偷地改正。由于父亲对儿子太偏心，渐渐地养成了儿子的骄横性格，结果做官时因出口伤人，惨遭别人陷害。中国有句古话说，惯子如杀子。这一点也不夸张，偏宠偏爱就是在害孩子。

在一般家庭里，偏宠偏爱孩子最多是影响家庭教育和子女成长，而在掌权者家庭中，偏宠偏爱孩子的后果就非同小可了，有时甚至在政治上会遭到极大危害。颜之推为了说明这一点还列举了四个偏宠偏爱子女的历史故事。他说："共叔之死，母实为之。赵王之戮，父实使之。刘表之倾宗覆族，袁绍之地裂兵亡，可为灵龟明鉴也。"③这四个家庭的惨痛教训很值得后人借鉴。

这四个历史故事的实际情况是这样。

据《左传·隐公元年》记载，春秋战国时期郑武公的妻子姜氏生有两个儿子，一个叫寤生，一个叫共叔段。姜氏对两个儿子的态度不一致，她偏宠共叔

①②③ 《颜氏家训·教子》。

段，而讨厌寤生。她请求郑武公立共叔段为继位人，因为共叔段是次子，郑武公不允许，还坚持立长子寤生为继承人，后来寤生继承了王位，称庄公。其母姜氏很生气，在郑武公去世后，破例让共叔段掌管京都大权，可共叔段多行不义，为政残暴，最终被庄公打败。

据《史记·吕太后本纪》记载，汉高祖的戚姬生赵隐王如意，戚姬偏宠偏爱，她哭哭啼啼地非要立如意为王位继承人，以代替太子。汉高祖刘邦死后，皇后吕雉为除后患，命令永巷把戚姬囚禁起来，并且毒死了赵隐王如意。

据《后汉书·刘表传》记载，刘表有两个儿子，一个叫刘琦，一个叫刘琮。刘琦的相貌酷似刘表，刘表就偏宠偏爱刘琦。这样刘琮、刘琦兄弟之间就产生了尖锐的矛盾，刘琮依靠母族的势力，诬蔑、攻击刘琦，刘琦被排挤到外地做官。刘琦是长子，本应是立他为嗣，做继承人，结果反而立刘琮为嗣，刘琦被排挤。就在他们二人争权夺利时，曹操趁机发动进攻，刘琦逃走，刘琮投降，造成"刘表倾宗覆族"的悲剧。

据《后汉书·袁绍传》记载，袁绍有三个儿子：袁谭、袁熙、袁尚。袁谭是长子，德行好，袁尚是幼子，长得英俊漂亮。袁绍的后妻刘氏偏爱袁尚，排挤袁谭、袁熙。官渡之战，袁绍大败，发病而死，尚未来得及定嗣，于是兄弟之间发生矛盾互相残杀，结果在曹操攻击之下，袁绍"地裂兵亡"。

许多事实表明，对子女不一视同仁，偏宠偏爱，有百害而无一益。偏宠偏爱的现象在今天的多子女家庭中，还不同程度地存在着。偏宠偏爱的对象大体是以下几种情况。

一是子女中的幼小者，就是人们常说的"老疙瘩"。子女中最幼者，在众多子女中年龄最小，脱离母体的时间最短，这个孩子和父母之间的依恋之情最强烈。这最幼者在父母心目中地位很重要。因为最小，独立生活能力不如兄或姐强，需要特殊地给予周到的照顾。这一切，作为兄、姐的子女是能理解的。然而不少父母对最幼小的孩子过分迁就、娇纵，兄弟姐妹之间遂发生了矛盾，父母的裁判总是偏心、不公正，兄弟姐妹之间的争吵、分歧总是在父母的强行干预下以最幼者胜利而告终。

二是不同性别的多子女中，唯一特殊的性别者。比如，三个或三个以上子女中，有一个男孩，其他均为女孩；或有一个女孩，其他均为男孩，这唯一的男孩或女孩，“物以稀为贵”。家长往往给予特殊地位，孩子也知道自己的身价不一般。家长偏宠偏爱，孩子也自己娇自己，自命不凡。

三是多子女中的聪明伶俐者，学习好，品德好，能给家长脸面上添光彩。对这样的孩子，家长往往另眼看待，产生“一俊遮百丑”的思想，只看见孩子的优点、长处，对于他（她）的缺点、短处则充耳不闻、视而不见，甚至明明知道孩子有缺点、错误，也不加管教，采取放任自流、任其为所欲为的态度。

四是多子女家庭中身体有残疾或体弱多病者。对于这种孩子，家长在生活上给予一定特殊照顾，谁都会理解、支持的。问题是有一些家长往往由于可怜他（她），在行为和思想品德上也降低要求，有缺点、错误也舍不得管，有不良习气也不忍纠正。

五是多子女中的相貌英俊漂亮者，或者相貌酷似父母者，或是继承了父母相貌的长处者，也往往成为父母偏宠偏爱的对象。

在失去父亲或母亲的单亲家庭中，家长往往觉得孩子命运不好，舍不得管教孩子。在重新组合的家庭里，有的继父或继母对自己的骨肉偏疼偏爱，而对前妻或前夫的遗孤却是歧视、虐待。

在家庭里，受家长偏疼偏爱的孩子，一般在物质生活上特殊化，物质条件应有尽有；在思想品德上有缺点、毛病，不管不教，放任自流，甚至姑息纵容；兄弟姐妹之间发生了分歧、矛盾、纠纷，家长不分青红皂白，总是站在自己宠爱的孩子一方，强制别的子女忍让，甚至明明是被偏宠偏爱者的错误，也硬逼着其他子女认错。这样，多子女家庭中的被偏宠偏爱者，思想品德、行为习惯好的很少，独立生活能力和适应社会环境的能力一般比较差，到社会上同别人的关系也很难处理好，最后能在事业上有成就的也很少。其中还有一些被偏宠偏爱者甚至走上了犯罪道路。

有一个中学生患有小儿麻痹症，又是家中唯一的男孩。一家人从爷爷、奶奶到爸爸、妈妈，都娇他宠他，有错不管，生活上特殊化，他的姐妹中平时谁手里也没有零花钱，他却花钱如流水。上中学以后交上了一些坏朋友，经常结伙打架，他性情暴躁，蛮横无理，动不动就用手杖打人，被称为“打架大王”，终因打人致伤而违法。

上海铁路局一位干部生了三个姑娘，最后终于得了一个儿子，这时他已年近五十。老来得子，又是传宗接代的“香火”，自然倍加疼爱。在物质生活上一切满足，在学习上没有要求，在思想品德上从来不管不教。不管儿子对他姐姐们多么无理，从来都是姐姐遭训斥。久而久之就把儿子娇惯得实在不像样子，打姐姐，骂父母，成为家里一霸。小时候是父母舍不得管；到上中学时，想管又管不了。这孩子从小就学抽烟，到上中学时已经成瘾，经常向父母要烟钱。有一次他要买一件衣服，其实同类衣服他早就有了，也没穿坏就又要买，父亲断然拒绝了他的要求。他恼羞成怒，竟愤怒地用烟头去烫父亲的脸。一贯为父亲所偏宠偏爱的儿子竟然如此粗暴野蛮，父亲愤怒之极，忍无可忍，抄起一斧头就劈向儿子，儿子当场死亡，父亲也受到了惩罚，家破人亡。这种悲剧是极个别的，但偏宠偏爱子女的危害，确实使人震惊。

在多子女家庭，家长对子女应一视同仁，尽可能在态度上、管理上掌握平衡，同样关心，同样爱护，同样严格要求。当然，根据子女不同的年龄、性别、个性特征、身体状况，家长在要求和管理教育上可以有所区别。但是区别不能过于悬殊，不能偏宠偏爱，更不要歧视、虐待。要做到这一点，一是家长要加强自身修养，增强理智，时刻意识到自己是子女的教育者，一切从子女的教育实际出发，不能感情用事；二是要有辩证的观点，爱孩子是可以理解的，但不能过分，过分了就会走向反面。“虽欲爱之，实则害之。”

三、对子女的态度要一以贯之

家庭教育中，对子女态度上存在的问题，还有一个前后不一致的问题，就是对子女的要求、教育“此一时也，彼一时也”。先是这样要求、教育，后是那样要求、教育。“朝令夕改”，反复无常，没有一定之规。这样去对待和管教，孩子不仅不能养成良好的行为品德习惯，而且也无所适从，不知家长哪种要求、教育是要听从的。

对子女进行的家庭教育是一个长期的连续的过程，从出生到青年时期，是家庭教育的重要阶段，长达十七八年之久。在这一过程中，家长对子女的管理教育，应当始终保持积极负责的态度。不能在某一个阶段严格要求，坚持正确原则；而过一段时间又采取放任自流的态度，放弃正确的原则。假如像这样不能一以贯之、始终如一的话，前一阶段的教育也会前功尽弃。

家长还要明白，我们对子女进行的教育，从某种意义上说主要是培养种种良好的习惯，使子女掌握良好的道德行为规范。要达到这一目的，绝不是一朝一夕、一蹴而就的事，需要长时间地反复练习，反复训练，反复强化。家长对于子女的要求、教育和训练若不能坚持前后一致，任何良好的习惯也难以形成。比如，关于孩子文化知识学习问题。学习文化知识是一件比较艰苦的事，完全靠孩子的自觉性是不行的，有些孩子有学习的积极性，也不是自发产生的。需要家长和教师常抓不懈，不断教育，不断督促，久而久之就会形成热爱学习的习惯。再比如，要养成孩子良好的卫生习惯，家长就要处处以身作则，时时进行督促检查，发现孩子做得好，就要予以肯定、赞许，发现孩子没有做好，就要指出来予以纠正。

对孩子的态度要一以贯之，除了要不懈地抓紧子女的教育以外，还要求家长在对子女的要求和管理教育上始终保持一致的宽严程度，不能一会儿对孩子要求很严，一会儿又对孩子特别放松，此一段时间内事事严格要求，严格管理，严格教育，严格训练，而彼一时则是事事特别放松。在对待子女的宽严态度上不能大起大落，前后矛盾。当然对待不同的孩子在不同问题上，不可能时时绝对一致，但也不能出尔反尔、自我否定。

在一段时间内，在某一个具体的教育问题的管教上，对待孩子必须宽严始终一致。但是，在孩子从出生到长大成人这一整个家庭教育过程中，不能要求家长对子女的教育、管理始终做到绝对一致，也不可能做到在这一漫长过程中始终一致。因为在整个的家庭教育过程中，孩子从一个软弱无能、无知无识的新生儿一直长到十八九岁，他们的身心各方面发生了极大的变化，他们的知识丰富了，能力增强了，经验增多了，自觉性也增强了，和成年人的关系以及对待成年人的态度也发生了巨大变化。这一切，都要求家长随时掌握好对孩子要求和管理教育的宽严程度，这是必然的。

那么，子女从小到大，家长对他们是“先松后严”还是“先严后松”呢？换句话说，就是小时候松一点，随着年龄的增长逐步趋向严，还是相反，小时候要严，随着年龄的增长，逐步管得松一点？这个问题是很值得研究的。

有的家长主张应“先松后严”，其理由是孩子小时候无知无识，不太懂事，又缺乏各方面的能力，管严了孩子受不了，也没有什么用处。等孩子长大了，懂事了，能力也强了，再管严一点也不迟，管教效果也会更好。也有的家长持与此相反的看法，认为应当是“先严后松”，其理由是小孩子可塑性强，又缺乏道德是非善恶观念，小时候严加管教形成了良好的道德品质和行为习惯，长大以后放松一点也不会出现什么问题。这两种对立的观点不仅在中国的家长中存在，在外国也同样存在。在日本、英国习惯于“先松后严”的做法，而欧美其他一些国家则主张“先严后松”。

哪种观点和做法更符合教育规律，教育效果更好呢？从建立家长的威信和掌握子女教育主动权的角度说，“先严后松”是有益的。家长的威信是顺利教育子女并取得成功的重要条件之一。孩子小时候一般都对父母很崇敬，家长的威信是比较容易建立起来的。从孩子小时候起，家长就有较高的威信，以后的管理教育就会比较顺利。因此，许多有见地的教育家都主张“先严后松”。

英国著名教育家洛克说过：“凡是有心管教子女的人，应该在子女极小的时候早早开始管教；而且还要看清楚，他们是否完全服从父母的意志。你想使你的儿子过了童年期后仍旧服从你吗？那么，必须在他刚刚知道服从，知道自己置身于谁的权威之下时起就立刻树立起做父亲的权威。”① 当时英国许多家庭对子女是“先松后严”，小时候很放任，对此他持反对态度。他说：“在我看来，人们对待子女的方法极为失策，他们在子女幼小时，任其放肆，与大人不分你我，然而一旦子女长大成人，却又对其声色俱厉，与其保持距离。自由与放纵对于儿童毫无好处可言；他们遇事缺乏判断的能力，所以非得有人管束、规范不可。”②等孩子长大了，有了理智和主见再去专制或严厉，就会引起子女的极大反感。他主张在孩子小时候就严加管教和训练，随着孩子年龄增长，应逐步放松一些。他说：“倘若他们年龄渐长，能够运用理智之后，管束的严厉就照他们那时应当受到的对待逐渐放松，父亲变得更加和颜悦色，父子间的距离日趋减少；那时，父亲以前的管教反而可增加他们对父亲的热爱，因为他们懂得了父亲以往的管教本质上是一种善意，是一种关怀，是为了使他们值得受

①② ［英］洛克著，杨汉麟译：《教育漫话》，人民教育出版社2006年版，第36页。

到父母的恩惠及旁人的尊重。”①

中国过去的家庭教育传统也是“先松后严”。宋朝袁采就曾指出过，在孩子小时候，中国的父母往往是放任自流，任其为所欲为，有错误不批评孩子，反而指责、批评别人，这叫作“曲爱”，即溺爱；而当孩子长大以后，则“爱心渐疏”，抓住孩子的一点点错就大做文章，有时孩子根本没什么过错，还吹毛求疵，这叫作“妄憎”，即过分地严厉。这样做的结果，小时候不管不教，养成了毛病，家长不检讨自己的过失，反而痛恨孩子，孩子长大了再过分地吹毛求疵，挑剔毛病，肯定会引起对立，绝不会有什么教育子女的主动权。

从培养良好的习惯角度看，也是“先严后松”有利，而“先松后严”则有害。孩子小时候，分辨是非善恶的能力很差，缺乏良好习惯的训练，生活中又需要有良好的习惯，小时候若加以培养训练就比较容易形成良好习惯。即或是有一些小毛病，也容易纠正。而随着孩子年龄的增长，逐步放松一些，良好习惯也会继续发挥作用，制约孩子的言行，不会出现什么大问题，因为习惯已成自然。如果小时候太放松，任其为所欲为，很容易养成不良习惯，长大了再想严加管教，坏习惯亦是成“自然”，那就难以纠正了。对此种情况，早在宋朝时期司马光就进行过深刻的分析。他说：“人之爱其子者，多曰儿幼，未有知耳，俟其长而教之，是犹养恶木之萌芽。曰俟其合抱而伐之，其用力顾不多哉！又如开笼放鸟而捕之，解缰放马而逐之，曷若勿纵勿解之为易也。”② 这段话的意思是说，古代家长在孩子小时候不管不教、娇纵溺爱，一般的想法都是认为孩子还小，不太懂事，管教也无用，等长大了以后再严加管教也不迟。这就好比栽培树木，树小的时候不去修剪整枝，任其自由发展，很可能长得歪歪斜斜；而等到长成合抱之木，再去修剪整枝，哪能不费极大的力气呢？这样做，又好比打开鸟笼把鸟放走，然后再重新去捉；也好像是解开缰绳，把马放跑，再重新去捕捉，这不是自己给自己找麻烦吗？哪如当初就不打开鸟笼，不解开缰绳更为省力呢！司马光认为先放任而后再严加管教，有很大害处，不利于孩子的健康成长发育。

---

① ［英］洛克著，杨汉麟译：《教育漫话》，人民教育出版社2006年版，第37页。
② 《温公家范》卷三。

从儿童、青少年身心发展的年龄特征来说，“先严后松”易于为孩子接受，而“先松后严”则违背了身心发展的规律。孩子年幼时，思想不定型，可塑性强，严加管教，孩子容易接受，管教效果也很明显。随着孩子年龄的增长，他们的独立意识越来越强，不希望父母对他们像小时候一样事无巨细都大包大揽，遇事愿意自己去判断，去拿主意，去独立处理。在这时候，逐步放松了对他们的管教正好符合了他们自主、独立的心理要求，同时多给他们一些自主权，遇事多让他们自己去思考、去处理，也会对他们的成熟有好处。事实上，逐步放松管教，放手让他们自己去分析问题、解决问题，充分体现了家长对孩子的尊重和信赖，当孩子体会到这一点以后，会更加自尊、自重，进一步严格要求自己，谨慎从事，一般不会出什么大的问题和过失。这样做，一般家长和孩子的关系都比较和谐、亲密，孩子的心情舒畅，也更加尊重父母，遇事会主动和家长商量。

总之，家长对子女的态度要做到一致，教育工作要有统一的行动。

上述家庭教育的教养态度，是对家长的最基本的要求，是家长处理子女教育问题的最基本的依据，适合于各种类型的家庭。这几种基本的教养态度，是分别从不同角度提出的，它们之间有密切联系。因此，在教育子女的实践中，不能把某一种教养态度孤立起来看待，更不能把它们相互对立起来，而应当同时坚持几种正确的教养态度，以便发挥几种正确的教养态度的综合效益。

[思考与研究]

1. 家庭教养态度在子女教育中有什么重要意义？
2. 我国家庭教育中溺爱子女有哪些表现？
3. 违背“量力而行，循序渐进”的教育原则有哪些危害？
4. 确定发展孩子特长的依据是什么？
5. 为什么在家庭教育中往往产生不一致的现象？

第七章 家庭教育的方法

家庭教育不但要有正确的教育原则做指导，而且也必须通过科学的教育方法去实施。

家庭教育的方法，是指家长在对子女实施教育时所选择和运用的具体措施和手段。能不能恰当地选择并创造性地运用科学的教育方法，直接关系着家庭教育能不能顺利地进行，直接影响着教育的效果，决定着家庭教育目的和任务的实现。

家庭教育所承担的任务是多种多样的，影响家庭教育的因素是错综复杂的，家长和子女的情况各不相同，家庭教育过程中所遇到的问题是纷繁复杂的。在这种条件下进行家庭教育，要求家长要理解、掌握多种教育子女的科学方法，学会选择并运用教育方法。如果做不到这一点，只有一个教育好子女的良好愿望，那愿望也只能是愿望而已，肯定不会取得理想的效果。

教育子女的方法是多种多样的；同时，教育方法也有科学与否、正确与否之分。就教育方法本身来说，并没有什么阶级性。在阶级社会里，不同的家庭都分别属于一定的阶级。但是，世上并没有什么资产阶级的教育方法、无产阶级的教育方法。某一种教育方法，可以为资产阶级服务，也可以为无产阶级服务。问题是，不同的阶级对于教育方法有不同的选择。

剥削阶级的家庭教育，其目的、任务和内容有鲜明的阶级性，完全是从该阶级的阶级利益出发，为了造就剥削阶级的接班人，因此所选用的教育方法往往带有强制性、欺骗性和非科学性的特征。比如，奴隶社会、封建社会的剥削阶级家庭，为了向子女灌输剥削阶级的思想意识、伦理道德观念，养成驯服的性格，都有意扼杀人的个性，教育子女多是采取强制手段和特别严厉的措施。中国古代就流传着“不打不成才”、“棍棒底下出孝子”的所谓教子“诀窍”。以为家长打骂子女是天经地义的，正所谓“刑罚不可偃于国，笞罚不可偃于家”。就是说，治理国家不能没有刑法，治理家庭同样不能没有体罚。西方国家的奴隶社会中也曾流传过这种说法："男孩子的耳朵是长在背上的，打他，他才听话。"我们社会主义家庭的子女教育工作，同一切剥削阶级家庭的子女教育工作，在性质上是根本不同的。它的目的是造就社会主义的一代新人。在家庭教育工作中，应充分体现社会主义人道主义原则，尊重人的价值，尊重人的个性，并创造条件充分发展人的个性，努力把儿童、青少年一代培养造就成为有理想、有道德、有文化、守纪律的劳动后备力量。因此，我们的家庭教育在教育方法的选择和运用上，应充分体现科学性，注意调动一切积极的科学的手段和措施，着眼于启发和调动受教育者的自觉性和积极性。

那么，家庭教育的科学方法都有哪些呢？在实践中如何运用好这些教育方法呢？现重点加以介绍。

第一节 家庭环境，熏陶渍染

家庭生活环境的熏陶，是家长有意识地创造一个和谐、良好、优美的家庭生活环境，使子女置身于其中，在日常生活中受到潜移默化的影响。这种教育方法主要是为了培养子女良好的生活习惯和思想品德，形成高尚的道德情操和行为规范，使子女在德、智、体、美诸方面都得到发展。

一、重视家庭环境影响

孩子一生下来，首先进入家庭，这是人生的第一个生活环境。最初的生活环境对孩子的身心发展影响极大。刚刚进入人世间的孩子，他们无知无识，对人世间的一切都是陌生的，同时也是十分新鲜的。他们所直接接触的周围的一切，对他们都产生刺激，他们也会做出相应的反应。这种刺激和反应就是教育作用发挥的过程。

在家庭里，人们连续生活的时间最长久。儿童、青少年时期，家庭是他们主要的生活场所，即或是走上社会独立生活以后，家庭也是他们重要的生活场所。家庭生活环境时时刻刻都在对他们发挥着潜移默化的作用。再加上儿童、青少年有较强的可塑性，家庭生活环境对他们的生活习惯、思想品德、道德情操、行为规范等方面影响极为深刻，打上深深的烙印，久久不能消失。家庭生活环境对儿童、青少年的影响作用，是自然而然地产生的，孩子们接受这种影响也是不知不觉的。这种教育方法表面看起来是无意识的，而恰恰由于无意识进行教育，才更易于为儿童、青少年所接受，教育的效果更为明显，也更为深刻。

有许多家长，在谈到教育子女的方法时，往往只注重于说服、批评、表扬等方法，而忽视了利用家庭生活环境去影响孩子这一方法。其实，家庭的生活环境每时每刻都在影响着自己的孩子，这种事实是客观存在的。当然，不同的家庭，生活环境不同，对孩子的影响作用也不同，有的是给孩子以积极的影响，有的则是在给孩子以消极的影响。家长必须重视这一教育方法，学会运用这一教育方法，有意识地创造一个有利于孩子身心健康成长发育的家庭生活环境。

中国古代特别重视家庭生活环境对人的影响、教育作用。过去，人们重视“治家”、“齐家”，目的就是管理好家庭事务，处理好家庭关系，创造一个理想的家庭生活环境，使家庭成员受到熏陶、感染，就像颜之推所说的那样：“潜移暗化，自然似之。”①

朱庆澜先生把家庭生活环境称为“家庭的气象”。他认为应当重视“家庭的气象教育”。他说：“气象就是样子，家里是个什么样子，小孩子一定变成那个样子。家庭气象，好比立个木头，小孩好比木头的影子，木是直的，影子一定直，木是弯的，影子一定曲。”他认为：“小孩的脾气，学坏事极容易，学好事极难。”一个家庭里，“如果只是父母极和气勤谨，而伯伯叔叔伯娘婶婶都是极乖张，极懒惰，小孩不知不觉地也学会那伯伯叔叔伯娘婶婶的坏样子”。只有把全家所有成员都教好劝好，整个家庭形成一个“好样子”，小孩子才会学好。因此他主张：要搞好家庭教育，“治家是第一层功夫”。

苏联教育家马卡连柯在说到家庭教育时说：“家庭集体的完整和团结一致是良好教育的一个基本条件。”家庭生活本身时时刻刻都在教育着儿童。他还

① 《颜氏家训·慕贤》。

说："教育的过程是一个不断的过程，它的各个细节由家庭的风气来解决，而家庭风气不是想出来的，也不能用人工来保持。亲爱的父母们，家庭风气是由你们自己的生活和你们自己的操行创造出来的。如果你们生活上的一般作风不好，即使最正确、最合理，并且是精心研究出来的教育方法，也将是没有用的。相反的，只有正当的家庭作风，才能给你们提供对待孩子的正确方法，特别是提供劳动、纪律、休息、游戏和……权威的正确方式。"家庭生活既是进行家庭教育的前提条件，家庭生活本身也是一种教育方式方法。因此，马卡连柯指出："教育工作中最主要的在于组织家庭生活。"

二、创造良好的家庭环境

家庭生活的内容是十分丰富的，但归纳起来，也不外乎物质生活和精神生活两个方面。物质生活指的是家庭的物质生活条件、物质生活的安排，诸如家庭经济收入的安排、使用，家庭陈设的布置，家庭环境的美化，等等。家庭的精神生活，主要指的是家庭成员的思想品德、行为规范，家庭成员之间的关系，兴趣、爱好和追求，等等。要运用家庭生活环境教育和影响孩子，家长必须从两方面努力，创造良好的物质生活环境和精神生活环境。

第一，家长要首先安排好家庭的经济生活。

家庭的经济收入有多有少，经济负担有重有轻，家庭生活水平有高有低，这些情况都不决定究竟是给子女以积极的影响，还是消极的影响，起决定作用的是如何对待、如何安排家庭的经济生活。家长能科学地安排经济收入，精打细算，量入为出，收入支出大体相抵，略有节余，使家庭生活过得平静、和谐，即或是物质生活条件艰苦一点，孩子也觉得是幸福的、温暖的，会有利于孩子的身心健康发展。如果家庭经济收入支配得不科学，胡花乱花，没有什么计划，即或是一家人吃得再好，穿得再好，也不会对孩子有积极的影响，很可能还会产生消极影响。因此，家长要尽一切努力把家庭经济生活安排好。如果能让子女也参与家庭经济管理，还会使子女有家庭责任感，并在实践中学会如何生活。

第二，家长要根据家庭条件，注意美化家庭生活环境。

家庭是全家人每天饮食起居、生活、休息、团聚的场所，家具的选购、摆放，房间的布置，反映家庭的审美情趣。房间的陈设、布置风格优雅、色彩谐调、美观大方、舒适宜人，每天都整理得清洁卫生、井井有条，有利于陶冶孩子的情操，也能促使孩子养成良好的生活习惯。布置房间最好也让孩子参加意见，让孩子动手。特别是孩子自己的起居室、生活学习用具，家长最好不要包办代替，应让孩子自己去整理。

第三，全家人都要严格要求自己，创造和谐的家庭生活。

每个家庭成员都要自尊、自爱、自重，严格要求，互敬互爱，自觉按照正确的道德行为规范行事，使子女过幸福、愉快、温暖、轻松、和谐的家庭生活，从中学会如何做人，如何爱人，如何按正确原则处理人与人之间的关系。在这种家庭环境中生活的孩子，一般性格开朗、活泼，心地善良，富有同情心，朝气蓬勃，积极向上，具有优良的道德品质和行为习惯。

第四，家长要不断提高自己的文化素养，追求高尚的精神情趣。

许多事实表明，家长的文化素养决定一个家长的精神情趣。有的家庭，平日的生活既严肃又活泼，人人讲究文明礼貌，精神生活丰富、充实、高雅，喜欢读书学习，在这样的家庭里生活的孩子，肯定会受到良好的影响。

这里要特别注意的一点是，要建立良好的家庭生活环境，家长的作用是很关键的。但是只靠家长还不行，必须所有家庭成员共同努力才行。

第二节　说服教育，以理服人

说服教育，是家长对子女进行教育常用的最基本的教育方法。主要是通过摆事实、讲道理，讲清是什么、为什么、如何做等问题，以便启发子女的自觉性，提高子女的思想认识，培养良好的道德品质，形成正确的行为规范。这种教育方法是建立在对子女充分信任和尊重的基础之上的，是以理服人，不是以势压人，它适合于各种年龄阶段和个性特征的孩子，教育效果好，易于为孩子所接受。当然，不同年龄阶段、不同个性的孩子，具体的说服方式应有所不同。

说服教育的具体方式，一般有两种：一是谈话，二是讨论。

一、谈　话

这种形式是说服教育方法中最常用的方式。谈话是结合子女的思想实际，由父母有针对性地摆事实、讲道理，进行分析、论述，多是用来帮助子女领会某种道德行为标准，掌握正确的思想观念。这种教育方式，家长起主导作用，运用起来比较灵活，一般不受时间、地点、场合的限制，在家在外都可以进行。谈话的内容可以是多种多样的，但内容的深浅程度要适合孩子的理解接受能力。每次谈话的内容，可以是广泛的，也可以集中谈某一个方面的问题。谈话的态度要温和，气氛应当轻松，不能总是居高临下，板着面孔训斥。让孩子觉得家长既是他们的严师，又是和蔼可亲的益友。谈话要具有针对性，所谈内容是孩子正好需要解决的认识问题；要有灵活性，要看孩子理解接受的情况，不可强制灌输，要有启发性，引导孩子自己去思考，不见得都由家长把结论得出来；要有具体形象性，对孩子谈较为深奥的道理，要尽可能做到深入浅出、通俗易懂，联系孩子身边的实际，多摆事实。有可能的话要用比喻，“寓教于喻”。像古代孟母用断织来教育孟子好好读书，像吐谷浑首领阿豺用折箭教育儿子们团结一致、齐心协力那样，教育效果就好多了。

和子女谈话，最重要的是家长要有正确的思想观点，通过谈话真正使子女明辨是非。家长的思想观点不正确，那教育肯定是失败的。

二、讨　论

此种教育方式，是家长和子女以平等、民主的态度共同研究讨论问题，以便使子女在和家长的共同研讨中明辨是非善恶，提高思想认识，掌握正确的行为规范。这种教育方式，充分体现了家长对子女的信任和尊重。不论对年龄较大的孩子，还是年龄较小的孩子，都可以采用。采用这种方式，把子女当成讨论问题的对手，可以使子女对问题的实质理解深透，避免填鸭式的硬灌，以致食而不化。讨论的题目，可以由家长提出，也可以由孩子提出。要讨论得起来，题目必须是家长和子女共同关心的问题。讨论最好是在聊天过程中自然引起。讨论问题时，家长要放下架子，持真诚、平等、民主的态度，要让子女充分发表意见，阐述观点。子女讲话，家长要认真地听，即或是家长认为不正确的观点，也要让孩子讲完讲清楚，然后慢慢加以解释。子女不同意家长的观点，可以反驳，可以批评；如不能说服家长，还允许保留他们自己的看法。家长千万不能一听到不同意见，就无理压制，简单粗暴地去训斥。

运用讨论这种方式教育子女，一般效果是很好的，能真正使子女明辨是非善恶。通过和子女自由地讨论，不仅可以锻炼、培养子女的逻辑思维能力、口头表达能力，还可以更加深入、全面地了解孩子，掌握他们的个性特征和思想动向，知道他们是不是真正理解了问题，理解得有多深，对进一步深入细致地进行教育是很有好处的。

运用讨论的方式教育子女，反映了社会主义家庭中新型的家长和子女的关系。在讨论的过程中，可以使子女认识自身的价值，培养追求民主的精神，这对于他们适应社会生活，在社会生活中发挥主人翁的责任感，是极为有利的。这种教育方式，不仅讨论问题的结论对孩子有益，讨论的过程本身也是有益的。这种教育方式的选用，反映了我们社会主义家庭教育的本质特征。对于我国的家长来说，要真正能运用好这种教育方式，恐怕最重要的是克服千百年来遗留下来的封建家长制的旧意识。

第三节　树立榜样，形象影响

榜样，又称作示范。树立榜样，是以家长和别人的好思想好行为教育和影响子女的一种形象、具体、生动的教育方法。

一、榜样的力量是无穷的

儿童、青少年的思维特点是具体形象性。就是说具体的形象对他们有巨大的吸引力、感染力和说服力，易于为他们所理解和模仿。“榜样的力量是无穷的。”对所有的人来说都是这样，对儿童、青少年来说，就更是如此。孩子的年龄越小，榜样的感染力就越大。小时候受到榜样的影响，印象极为深刻，甚至终生不忘。

孩子出生以后，首先接触的是父母和家庭的其他成员。在孩子还没有掌握语言工具的时候，他们受教育和影响的方式，主要是借助于具体形象。比如，小时候孩子们玩玩具，就是接受教育和影响的过程。孩子最初形成的行为习惯，几乎都从模仿家长而来。不管是好的或不好的行为习惯，孩子们都不加选择地一概去模仿。随着孩子年龄的增长，独立活动能力日益增强，活动范围也随之日益扩大，接触的人也越来越多，在纷繁复杂的社会生活中，各种各样的具体形象，都会从不同的角度和不同的方面去影响孩子，其中有的是积极的影响，有的是消极的影响；而他们的天性又是好模仿，且缺乏分辨是非善恶的能力，往往从一时兴趣出发，专爱模仿那些消极的东西。比如，文学作品中的反面人物形象常常引起孩子极大的兴趣，恶作剧对孩子也有极大的魅力。总之，孩子的模仿具有很大的盲目性。因此，家长应特别重视榜样对孩子的巨大影响作用，注意创造条件，引导他们去模仿正面的积极的东西，以便从中受到教育。

二、引导子女向榜样学习

第一，家长要亲自给子女树立榜样。

家长，特别是父母，是子女最经常、最直接的模仿对象。家长亲自给子女树立榜样，是一种重要的教育手段。马卡连柯说过：“一个家长对自己的要求，一个家长对自己家庭的尊重，一个家长对自己每一举止的注意，这就是首要的、最重要的教育方法。”家长亲自给孩子树立榜样，生动、具体，看得见，摸得着，有亲切感，教育效果好，而且家长处处以身作则，还会进一步提高家长在子女心目中的威信，可以把握教育、管理子女的主动权。

家长作为教育者，一般都想严格要求自己，努力检点自己的言行，给子女做出好的榜样。但是，“人非圣贤，孰能无过？”家长也免不了说错话、办错事，发生一些过失，但这并不可怕。可怕的是有错不认错，甚至明明知道是错误的，也极力文过饰非，无理狡辩。这样做，是错上加错，使孩子误以非为是，形成错误的是非观念，造成极坏的影响，而且会极大地降低家长的威信。家长有了过失，应当勇于承认，当面向孩子澄清是非。知错认错，知错改错，是一种优秀品质，不仅可以挽回不良影响，也给孩子树立了好的榜样，有利于维护家长的威信，而绝不会降低家长的威信。

第二，借助于革命领袖、英雄模范、历史上的伟大杰出人物和文艺作品中的正面典型形象，影响教育孩子。

这些人物都是儿童、青少年特别崇敬的，深为爱戴的，他们的高尚品质、光辉业绩、巨大历史功绩和先进事迹，是教育儿童、青少年的极好教材，有巨大的激励作用。家长要通过各种形式让孩子了解，结合孩子的思想实际和理解、接受能力，引导他们学习这些人的优秀品质、崇高理想和高尚情操。要使孩子从中受到深刻的教育，家长必须首先对这些人物的思想境界有深刻的理解，有深厚的感情，并以此去影响、感化、引导孩子。

第三，引导孩子向周围的同学、老师、亲朋和社会上各行各业的普通劳动者学习。

英雄模范、革命领袖是儿童、青少年学习的榜样，除此以外，现实生活中的普通人物也有许多可以学习的地方，家长应当注意加强引导。这些普通人在平凡的岗位上，兢兢业业地工作、劳动，也有许多好思想、好品德、好作风，引导孩子向这些人学习更为亲切。

引导孩子向他们的同学、朋友学习，是家长经常采用的方式。与他们同年龄、有同样生活经历的同学、朋友，所表现出来的好思想、好品德、好作风，孩子比较熟悉，更为接近，容易理解、接受，更能激起赶超的上进心，具有直接的教育作用，家长应充分利用这些学习榜样。但是，家长要切记，不能专拣朋友、同学的优点、长处去和自己孩子身上的缺点、短处比，更不能借机去讽刺、挖苦孩子，以发泄对孩子的不满。比如，有的家长常说："看看人家那孩子多好，看看你，真没出息!""我要有那样一个孩子多好，你看你，真让我失望!"这样的教育方式，肯定会起消极作用，孩子越比越消极。正确的做法是循循善诱，启发自觉，从正面激励孩子学先进，赶先进，超先进，增强他们的自尊心、自信心和上进心，强制孩子学习别人的优点、长处是不会奏效的，弄不好还会事与愿违，使孩子更加反感。

第四节 实际锻炼，切身体验

实际锻炼系指根据子女自身的发展和社会的需要，让孩子参加各种力所能及的实践活动，从中受到锻炼，以便学会某种技能技巧，增长实际才干，培养良好的行为习惯和思想品德。

一、重视实际锻炼

实际锻炼是让孩子身体力行，亲自去做。一个人的技能技巧、实际才干、良好习惯和品德，不是先天就有的，不是自然而然形成的。不管是多么简单的技能、技巧和才干，也不管是什么样的品德和习惯，不经过亲身实践是不行的。从社会发展的趋势看，未来的社会生活特别需要的是独立生活的能力、适应社会环境的能力、工作劳动的能力和社会交往的能力，缺乏这些基本能力，将来不可能有什么作为，甚至都不能在社会上站得住脚。积极引导、支持并放手让孩子进行各方面的实际锻炼，是家庭教育的重要方法。

实际锻炼的内容是多种多样的，而且从孩子小时候就可以进行。比如，小时候学站立、走路、说话；大一点进行游戏、文娱体育活动，社会交往，生活自理，参加家务劳动，代家长办事情，待人接物，社会公益劳动，等等。

二、指导子女进行实际锻炼

搞好实际锻炼，家长要做到以下几点。

第一，家长要鼓励孩子克服困难，不怕挫折和失败，坚持到底。

参加任何实践活动，都不是一帆风顺的，完成一项任务，不是轻而易举的，总要遇到这样或那样的困难、障碍；而儿童、青少年往往缺乏毅力，意志不够坚强，家长的鼓励是孩子战胜困难、取得成功的巨大动力，要多鼓励，少批评，更不能轻易指责孩子笨拙、懒惰。

第二，家长要有恒心，舍得让孩子吃苦。

要学会某种技能技巧，要养成某种习惯和品质，吃苦头、受磨难是难免的。小孩子学习走路还都得摔跟头。有些家长心疼孩子，孩子刚一叫苦喊累，就做出让步，半途而废，这不仅不能使孩子学到什么技能技巧，反而会使孩子养成怕苦怕累，做事虎头蛇尾的毛病。比如，孩子学走路，刚摔了一个跟头，你就心疼得不得了，把孩子抱在怀里，再也不让孩子下地走路，那就会影响孩子尽早学会走路。孩子上学了，自己动手洗洗手帕、领巾、袜子，一喊累，家长就接过来替他们洗，不利于培养他们生活自理的能力。孩子小时候，家长舍不得让他们吃一点点苦，受一点点磨难，应该学会的技能技巧不会，应该具备的能力不具备，等孩子长大离开父母独立生活，会吃更大的苦头，会受更大的磨难。

第三，要正确对待孩子实际锻炼中出现的失误。

孩子参加实践活动，完成家长交给的任务，由于缺乏实践经验和能力，难免出现这样或那样的失误。家长应该正确对待。我们不可能指望孩子开始一学什么就会，一做什么就做得很好，一实践就成功。任何技能技巧的掌握，都要经过由不会到会，由不熟练到熟练的过程。成年人尚且如此，未成年的孩子更是如此。当孩子在实践锻炼中出现失误，甚至造成一些损失时，家长不要过多责怪，更不能因噎废食，不许孩子再做。而应当帮助他们分析失误的原因，从中总结经验教训，鼓励他们勇于实践。这对培养孩子的坚韧不拔、不怕挫折的精神，是很有好处的。

第四，要注意孩子的年龄特征、个性特征和性别特征。

从孩子的实际能力出发，实践的内容和任务不要过难，当然也不要过易。过难，容易使孩子产生畏难情绪；过易，又不能引起孩子的兴趣。实际锻炼的难易程度应当是经过孩子的努力可以胜任的。实际锻炼应当由易到难，由简单到复杂，量力而行，循序渐进，逐步提高要求，不能操之过急。在实际锻炼之前，家长要提出具体要求，进行具体指导。指导孩子实际锻炼，也要注意孩子的年龄特征。对年龄较小的孩子，指导工作要尽可能具体一些。如有可能，家长还可以先示范、演示一下。对于年龄较大的孩子，则不必指导得过于具体，给孩子留有余地，让他们去创造性地实践，以便锻炼他们独立生活的能力，发挥他们的创造性。指导得过于具体，会使孩子产生厌烦情绪。

第五节　表扬奖励，正面鼓励

表扬奖励，是对孩子的好思想、好行为的积极的肯定的评价。通过表扬奖励，使孩子明确自己的优点、长处，以便孩子巩固、发展自己的优点、长处。这是家庭教育常用的一种重要的教育方法，运用得好，可以激励孩子不断进步。表扬奖励对于任何年龄阶段和具有任何个性特征的孩子都适用，都有积极的效果。

一、表扬奖励的方式

表扬奖励的具体方式有三种。

一是赞许。就是对于孩子的好思想、好品德、好行为，表示赞同或给予肯定。可以运用口头语言“对”、“好”、“是”、“可以”来表示，也可以用目光、点头、微笑、手势、亲热等来表示。

二是表扬。这是对孩子的好思想、好品德、好行为，给予较为正式的好评。可以是口头的，也可以是书面（信件）表扬。可以单独进行，也可以当众表扬。当众表扬效果更好。

三是奖赏。这是对孩子较为突出的好思想、好品德、好行为和明显的进步，给予充分的肯定和高度的评价。奖赏又分为物质和精神的两种。物质的奖赏是满足孩子物质上的需要，精神的奖赏是满足孩子精神上的需要，其目的都是为了激励孩子上进。

二、正确进行表扬奖励

表扬奖励，一般家长认为这种教育方法比较简单，容易做好，其实不见得。表扬奖励也有学问。要收到积极的效果，应遵循以下要求。

第一，要实事求是，恰如其分。

进行表扬奖励，要看孩子好思想、好品德、好行为的实际程度，一般的程度可以用赞许，稍高一点用表扬，突出的、明显的可用奖赏。因为表扬奖励不仅仅是对孩子的一种激励，也是一种评价，让孩子在家长的评价中正确认识、估价自己。表扬奖励的方式用得不恰当，过低，达不到激励的目的，起不到进一步调动积极性的作用；过高，容易使孩子满足现状，降低要求，故步自封，停滞不前。对于年龄较小的孩子，表扬奖励适当高一些，是可以的。孩子年龄稍大一些，表扬奖励过高了，孩子就会对表扬奖励持无所谓的态度。如果对孩子的优点评价太高，对进步估计得太过分，孩子还会认为你的表扬奖励不是真心实意的，弄不好会引起孩子的反感。表扬奖励还要根据孩子个性的不同有所不同。对好自满、容易骄傲的孩子，要特别注意掌握尺度分寸，而对于比较自卑的孩子，则要适当加重表扬奖励。

第二，表扬奖励要及时，不能事过太久。

孩子表现出好的思想、品德，有好的行为，有了进步，家长发现了，应及时给予适当的表扬奖励。因为儿童、青少年的思想情绪有不稳定的特点，容易动摇、反复，及时的表扬奖励可以对他们上进的愿望给以强化，使之得到巩固。如果事过很久才表扬奖励，事过境迁，孩子上进的表现得不到及时肯定，上进的愿望得不到及时的支持，那么表扬奖励的激励作用就会大大削弱。要做到及时表扬奖励，这就要求家长平时注意观察、了解孩子的实际表现，随时掌握孩子的思想情况。

第三，以精神奖赏为主、物质奖赏为辅。

奖赏是一种高层次的表扬奖励，对孩子的激励作用较赞许、表扬更强烈。尽管如此，也不能滥用。物质奖赏在家庭教育中是必要的，也是可行的，因为孩子经济上未独立，物质生活条件是依靠家庭给创造、提供。给予物质的奖赏，也是满足孩子物质生活需要的一个途径。但应当坚持以精神奖赏为主、物质奖赏为辅的原则。因为一味地给予物质奖赏，会促使孩子只图物质上的满足和享受，不利于激励孩子在思想、行为上的进步。精神奖赏的方式是多种多样的，可以根据孩子的年龄特征和个性特征加以选择，诸如带孩子逛公园、走亲访友、看电影、旅游、举行庆祝会等。物质奖赏可以购买玩具、文具、书籍、文娱体育用品，也可以买食品、衣物等，但一般不要给孩子现金，尤其是年龄较小的孩子。

第四，给予物质奖赏不要事先许诺。

给不给物质奖赏，给什么物质奖赏，给多少物质奖赏，不能事先许诺，只能视当时情况而定，在孩子思想、行为确该奖赏的时候给予。事先许诺，就是用物质利益、享受诱使孩子进步，容易导致他们为单纯追求物质利益、享受而学习、进步，不能从根本上提高他们的思想觉悟和思想境界。事先许诺，可能会在一时一事上发挥积极作用，但用得多了，也就会失去刺激作用。事先许诺多了，还会使孩子讨价还价，养成斤斤计较的庸俗习气，那就完全失去了物质奖赏的积极意义。

第五，给予物质奖赏要结合进行说服教育。

家长要明确，当孩子有突出的、明显的进步时，给予一定的物质奖赏，这是给他们以肯定、好评、鼓励的一种教育方式。但满足孩子的物质利益，给予一定的物质享受，这不是目的，只是一种手段，其根本目的还是以此激励孩子上进。因此，要增强物质奖赏的教育作用，在给予物质奖赏的同时，要伴随以说服教育，指出为什么要给予物质奖赏，说明孩子好在哪里，哪些方面有进步，有什么重要意义，今后应当怎样去做，这样就会使孩子在得到物质上的满足以后，能够转化为精神上的动力，明确前进的方向，争取更大的进步。

总之，表扬奖励是通过孩子的进步，给孩子的好思想、好品德、好行为以好评，使之在精神上得到愉快、满足的体验，充分调动孩子自身的积极因素，不断进步。这种教育方法对所有孩子都有积极作用，尤其是对那些表现不太好的孩子，显得更为重要。因为表现不太好的孩子，身上的消极因素较多，平时很少能得到肯定、好评，而受批评、训斥较多，他们缺乏自尊心、自信心和上进心，尤其需要正面鼓励。对于这样的孩子，家长应首先扭转厌烦他们的情绪和态度，不能“恨铁不成钢”，越恨，他们就越消极。另外，要全面地发展地看待他们。这些孩子缺点、毛病比较多，身上有许多消极因素，但他们身上肯定也有积极因素。只不过是对于缺点、毛病比较多的孩子，家长往往感情用事，产生偏见，对缺点、毛病看得清楚，看得过多、过重，而对优点、长处、进步则又往往视而不见，看见了也不以为然。只是抓住毛病、缺点不放，常常批评、训斥，孩子就会越来越消极，还会加深对立情绪，以至完全丧失上进的信心。家长要端正教育思想，努力发现这些孩子身上的优点、长处和进步，哪怕是微不足道的，在别的孩子来说是不值得一提的，可对这些孩子来说是极其可贵的，应及时抓住，给予表扬奖励，而表扬奖励应当是诚心诚意的，千万不能虚情假意。虚情假意的表扬奖励，比不表扬奖励效果更坏。

第六节 批评惩罚，严格要求

批评惩罚是对孩子的不良思想、行为、品德给予否定的评价。其教育作用在于使孩子认识自己思想、行为、品德上的错误，促使其克服、纠正和根除不良的思想、行为和品德。

一、重视批评惩罚

批评和惩罚两种教育方法，都是对孩子不良思想、行为、品德的否定，但有程度上的不同。批评是运用在一般性的缺点、错误、过失上，而惩罚则是运用于性质和后果较为严重的缺点、错误和过失上。批评惩罚对于孩子之所以有教育意义，是因为否定孩子的不良思想、行为、品德，能引起他们不愉快的情感体验，使之内疚、痛苦、悔恨，从而使其从缺点、错误、过失中吸取教训，不再重犯。批评惩罚的教育方法运用得好，不仅可以使孩子明辨是非善恶，还可以促使其学会用意志努力去克服自己的缺点、错误，纠正自己行为上的过失。在这个过程中，也可以培养孩子形成有错就改、克制不正确欲望的意志品质。

二、正确进行批评惩罚

那么，如何运用批评惩罚，效果才会好呢？

第一，首先必须端正批评惩罚孩子的目的。

批评惩罚是一种教育手段，不是家长“出气”的方法。孩子有缺点、错误、过失，表现出了不良的思想、行为、品德，会引起家长生气，是可以理解的。家长疾恶如仇，不容忍、不袒护、不姑息、不纵容，是对的；给孩子施以必要的批评惩罚，是应该的。但是必须明确，之所以要批评惩罚，不是因为孩子的缺点、错误和过失伤害了家长的感情和面子，而主要是由于孩子违背了正确的思想原则和行为规范，如若不及时指出，促使其纠正，对孩子的成长是不利的。那种把批评惩罚孩子当成家长“出气”的办法，是以“出气为快”，是不会恰当运用这种教育手段的，往往太过火，肯定达不到预期的教育目的。在批评惩罚孩子时，家长一定要保持头脑冷静，用理智克制自己的感情冲动，绝不能只是为了“出气”，在“一气之下”采取过火的行动。

第二，批评惩罚必须公正合理，恰如其分。

孩子有了缺点、错误、过失，是批评还是惩罚？批评惩罚的程度如何把握？这些都要从实际出发，视情节的轻重程度及其所造成的后果，努力做到公正合理，恰如其分。批评惩罚孩子，是对孩子的严格要求，体现了家长的爱护、期望。但绝不是批评惩罚得越厉害，效果就越好。就是说，不能认为严厉程度和教育效果完全成正比。批评惩罚的目的，是为了促使孩子克服缺点，改正错误，纠正过失。而要达此目的，家长给予的批评惩罚就必须为孩子所理解、接受，使之认为是理所应当的。只有批评惩罚是公正合理、恰如其分的，孩子才会心服口服，才会正确对待，认真思考，从缺点、错误和过失中吸取教训。也只有真正做到公正合理、恰如其分，孩子才会感到家长的批评惩罚是关心和爱护，才能克服缺点，改正错误，纠正过失。批评惩罚如果太过分，太过火，那就会有“出气”之嫌，孩子不会服气，势必产生对立、反抗情绪，必然达不到预期的目的。所以，在批评惩罚孩子时，家长要认真地、全面地了解情况，弄清情节，恰当地估计其严重程度，还要弄清主客观原因。不能在情况不明的情况下鲁莽行事，任意批评惩罚孩子。

第三，批评要讲究方式方法。

批评孩子，应当指出错在什么地方，帮助孩子分析错误是怎么产生的，告诉孩子若不及时纠正，任其发展下去会有什么危害，或是已经造成了什么危害，指出如何改正，今后应当怎么做。批评过程中的态度应该是严肃的，但必须明确，批评并不等于只是简单地否定，粗暴地训斥，也不能用讽刺、挖苦、奚落、谩骂的办法。批评必须体现着尊重、爱护、期望和信任，促使其进行激烈的思想斗争。简单的否定，不能提高孩子的思想认识。训斥、讽刺、挖苦和奚落等做法，不尊重孩子的人格，会伤害他们的自尊心，势必会引起对立情绪。批评要注意时间、地点、场合，最好不要当着外人的面，以免给孩子以难堪。也不要在睡觉前或吃饭过程中批评孩子。睡觉前批评孩子一顿，孩子郁闷而寝，心情不好，影响睡眠。在饭桌旁批评孩子更为有害。有一些家长平时见不到孩子，往往一端起饭碗就开始批评、训斥孩子，这几乎成了一种习惯。这样做影响孩子进餐时的情绪，科学早已证明，这不利于消化，影响身体健康，也很容易引起孩子的反感。

批评孩子要有始有终，不能一批评起来就没完没了，一见孩子的面就批评，絮絮叨叨，“有始无终”。这样会使孩子认为：家长总是抓住缺点、错误不放。批评孩子还要注意留有余地，不要把话说过头，可以视孩子认识、觉悟的程度，提出一些问题，让孩子去思考，自己找到问题的答案，得出正确的结论，不见得全由家长把话说透。

家长还要注意到，孩子认识错误、克服缺点、纠正过失会有一个过程，不一定是“立竿见影”，不见得一批评，立即就认识很深刻，完全克服，彻底纠正。即或是认识到了，在行动上可能还会出现反复。反复是不可避免的，特别是已经形成了的不良习惯，不可能希冀一天就克服纠正。家长不能操之过急，要允许有一个过程。

在批评孩子时，也应对孩子有一个全面认识。孩子有缺点、错误、过失，并不等于一无是处，有优点、长处还要给予肯定，有进步有变化应及时肯定、表扬。有时孩子在行为上出现过失，不见得其出发点也是错误的，有时是为了做好事，只是由于经验不足、能力不强、办事不稳妥等原因，才出现过失的。在这种情况下，要首先肯定孩子的出发点，然后再批评其行为上的过失，这样孩子就会心服口服。在批评孩子时，一定要坚持实事求是、一分为二的原则，做到赏罚分明。

第四，惩罚不是体罚。

有许多家长误认为惩罚就是体罚，这是不对的。惩罚是要给孩子以痛苦的体验，是要强制执行的，但不是殴打、断食、伤害身体。惩罚是剥夺孩子的某种权利，限制某种精神上的需求和欲望，不允许孩子做想做的事，不想做的事却强制孩子去做，不满足正当的需求，不使某种合理的愿望实现。比如，当孩子犯了某种严重错误或在行为上出现严重过失，就限制孩子自由活动，不许看电视、电影，不许走亲访友，不许出家门，要当众承认、检讨错误，要写检查，要赔礼道歉，等等。

体罚孩子有百害而无一利。首先，体罚伤害孩子的身体健康。对孩子实行体罚，常常是在家长非常气愤、恼怒，丧失理智，不顾后果的非正常的情绪状态下发生的，很容易打孩子太狠，不选择安全部位，不择手段，伤害孩子的身体，致伤、致残，甚至致死。青海省夏斐之死，就是因其母亲殴打失手所致。

体罚孩子会严重伤害孩子的人格和自尊心，造成心理上的创伤，完全失去上进心。有一首《挨打歌》很值得细细品味："首次挨打战兢兢，两次挨打哭不停，十次挨打眉头紧，百次挨打骨头硬，千次挨打功夫到，酣然微笑入梦中。"越打孩子越是破罐破摔。

体罚孩子会促使孩子学会撒谎。为避免受皮肉之苦，孩子也要想妙策进行自我保护。隐瞒事实真相，以假话欺骗家长，是保护自己最妙的办法。

体罚孩子会使孩子完全丧失自我教育的主动性。苏联教育家苏霍姆林斯基说："每个人都应当知道：假若孩子体验到体罚的可怕和震惊，那么在他的心灵里，那种内在的、自身天赋的、作为自我教育的力量就减弱了。体罚越多、越残酷，那么自我教育的力量也就越薄弱。"

体罚孩子势必会引起孩子的对抗情绪，降低家长在孩子心目中的威信，失去教育的主动权。

体罚很容易把孩子逼上邪路。苏霍姆林斯基说："人，若是在童年、少年时代体验过体罚，那他就不怕民警局的儿童室、法庭、感化—劳动院。"经常挨打的孩子，还会产生厌世、恨世、报复的心理和举动，甚至走上绝路。

第五，正确对待和运用"自然后果的惩罚"。

在惩罚上，有一种理论叫作"自然后果的惩罚"。通俗地说，这种惩罚手段就是自作自受。这种教育理论是18世纪法国思想家、教育家卢梭最先提出来的。

他主张孩子犯了错误，不给予人为的惩罚，而是让孩子在错误所造成的直接后果中去自作自受，从中体验到不快或痛苦，从而迫使其改正错误，纠正过失。他举例说："他打坏他所用的家具，你别忙着给他另外的家具，让他感觉到没有家具的不方便。他打破他房间的窗子，你就让他昼夜都受风吹，别怕他受风寒，因为，宁可让他着凉，不可让他发疯。"他又说："……我们不能为了惩罚孩子而惩罚孩子，应当使他们觉得这些惩罚正是他们不良行为的自然后果。"①

英国教育家斯宾塞也有同样的主张。他认为，孩子犯了错误，运用自然后果的惩罚，至少有四个方面的好处："第一，儿童由于个人经验了好坏后果，就得到了正确和错误行为的理性知识；第二，儿童因为只受到了自己错误行动的痛苦效果，必然多少明白地认识到惩罚的公正；第三，既认识到惩罚的公正，同时又是从事物的规律中而不是从某一个人手中受到惩罚，儿童的情绪波动就可较少些，家长因为只在尽一个比较消极的责任，只是让自然惩罚发生影响，也能够比较保持平静；第四，因为照这样防止了彼此的激怒，亲子之间会有一个较愉快的和较有力量的关系。"②

卢梭和斯宾塞所提出的"自然后果的惩罚"这种理论，事实上在许多做父母的教育子女时是常常采用的。然而，有不少家长之所以采用这种方法去惩罚孩子的过错，带有很大"出气"的成分。这样容易引起孩子的憎恨，他们会认为家长是仗势整人。采用这种教育方法，一方面要使孩子从自己造成的后果中取得教训，杜绝此种错误行为的发生；同时也要进行说服教育，说明为什么要这样惩罚及错误行为的危害性，以便从根本上提高孩子的思想认识。比如，孩子把新衣服给弄破了，可以让他继续穿撕破的衣服，让他从中体验不爱惜衣服的不快；与此同时，要教育他懂得撕破新衣服是浪费，是错误的行为，提醒、引导他以后要注意爱护，并指导孩子学会如何爱护。当孩子有了认识以后，要给他缝好补好衣服，或另换一件衣服。采用这种教育方法，如不同时进行说服教育，孩子会减少某些过失，但其动机还只是停留在自己少吃苦头这一水平上，并没有从根本上提高思想觉悟。另外，采用这种教育方法，还要注意应以

① ［法］卢梭著，李平沤译：《爱弥儿》上卷，人民教育出版社 2001 年版，第 105、107 页。

② ［英］斯宾塞著，胡毅、王承绪译：《斯宾塞教育论著选》，人民教育出版社 2005 年版，第 100 页。

不伤害孩子的身体健康为前提，伤害了健康就失去教育的作用。像卢梭所说的打破玻璃让孩子伤风感冒的做法，是不可取的。

第六，运用惩罚手段要慎重。

惩罚是一种教育手段，运用得好能给孩子以非常深刻的教育，甚至终生都有作用。但是不能滥用，要尽量少用，能不用就不用，在可用可不用的情况下，还是不用为好。惩罚用得过多、过于频繁，往往会使受惩罚者产生极大的对抗情绪，或是对惩罚无动于衷，满不在乎，从而大大减弱甚至完全失去教育作用。即或是非用惩罚不可的时候，也一定要谨慎从事，要依据具体情况机智地运用。不得已采用惩罚手段时，要考虑孩子的具体情况，惩罚的手段、方式和轻重程度应是孩子在精神上、心理上承受得了的。还要考虑孩子的个性、性别上的特征，依据孩子犯错误的性质、情节、原因、后果轻重，以及对错误的认识、态度等情况，分别是初犯还是屡犯，是无意还是故意，是品德问题还是一般过失，是思想意识问题还是能力经验问题，区别对待。总之，不能简单从事，鲁莽行事，意气用事。

第七节 暗示提醒，简便易行

暗示是用含蓄、间接、简化的方式方法对孩子的心理实施影响，并能迅速产生效用的教育过程。希望孩子做什么，如何去做，或是为防止孩子出现某种错误、过失，家长根据需要给孩子一个“信号”，使孩子能迅速觉察，心领神会，并按照家长的意图去行事。这种教育方法就是暗示。

暗示也就是人们平常所说的提醒。暗示是一种简便易行的教育方法，在家庭教育中常常使用。暗示的运用，有一个重要的前提条件，那就是教育者和受教育者之间关系比较亲密，双方相互熟悉，在长期的共同生活和接触过程中，形成了双方都很熟悉的传递信息的行为模式。运用这种教育方式方法，充分体现了教育者对受教育者的了解、信任和尊重，有利于调动、发挥受教育者的主动性、积极性和自觉性，进一步密切教育者和受教育者之间的关系。

暗示可以由人直接施授，也可以由情境施授。施授暗示的具体方式，可以用简单的话语，也可以用手势、表情、动作或其他暗号。

暗示主要分直接暗示、间接暗示、反暗示和自我暗示四种类型。不同的暗示类型，施授的方式不同，适应的场合和对象也不同。现将四种暗示类型实施的做法介绍如下。

一、直接暗示

直接暗示是把家长的意图直接提供给子女，使之迅速而无意识地加以理解、领会。比如，家里来了客人，家长用手势、动作、眼神、表情等方式暗示孩子给客人倒茶；家长给子女辅导数学难题，究竟要孩子如何做，不直接说出，而是由子女在家长的讲解过程中自己去体会；看到孩子的考试成绩单，家长眉头皱一皱，表示对成绩不满，引起孩子继续努力争取好成绩的欲望；等等。

二、间接暗示

间接暗示是借助于人的行为或其他媒介，将家长的意图和对子女的要求、期望，间接地提供给子女，使子女迅速而无意识地加以接受。比如，家长希望孩子对人热情、有礼貌，不用语言去告诫，而是在平时家里来客人时热情招待，彬彬有礼，使子女在家长的实际行动中受到启迪和暗示。家长为促使孩子重视文化知识学习，不是每天去说教，而是借来科学家、文学家的传记书籍给孩子看，以此表达家长的期望。家长希望孩子成为诚实的人，当家长在处理某件家庭事务时出现差错，是因为家长考虑不周，这时家长主动承担责任，检讨自己的过失，从而使孩子受到诚实的影响。这种间接暗示要比直接提出要求和批评更容易为子女接受，效果一般比较好。

三、反暗示

反暗示是利用外界刺激物的暗示引起相反的反应的一种暗示。就是说，家长的意图和对子女的要求、期望，不是正面提出，而是有意地从相反的方向去刺激孩子，从而激起孩子按照家长的意图、要求和期望行事的愿望。这种暗示方式也就是人们常说的“激将法”。比如，在孩子复习功课准备考试的时候，为激励孩子保持优秀的成绩，家长故意当孩子的面“贬低”孩子，说:“你这次考试能进入前十名就不错了。”当带孩子外出郊游时，为激励孩子爬上山顶，家长有意地说:“你今天肯定爬不上去!”孩子听了这话，还非下决心爬上去不可。这种做法，是根据孩子有争强好胜的心理特点，有意从相反的方向去刺激孩子，以激励孩子产生不达目的决不罢休的决心。

四、自我暗示

自我暗示是起自内心而不是来自外界的暗示。自我暗示有积极和消极之分。所谓积极自我暗示，就是像“空城计”、“破釜沉舟”那样，即使自己处于不利地位，也总是内心自我鼓励，增强自信心，争取好的结果。所谓消极暗示，就是像“杯弓蛇影”、“草木皆兵”等那样，是由于自己心理的原因而引起不良后果的自我暗示。

自我暗示的能力，一般是进入童年期以后才逐步形成的。自我暗示的能力，不是自然而然形成的，它必须以充分的自信、坚强的意志以及丰富的实践经验为前提，需要外界给予鼓励、启发，从而逐步形成这种能力。比如，在解数学难题时，刚一接触题目就觉得无从做起，甚至认为是老师把题目给出错了。可根据过去的经验，又认为老师不会出错题目。从过去的经验来看，以前也曾遇到过无从做起的情况，但只要把思路放宽，认真思索，总是能够找到解题途径的。于是就树立起必胜的信心。又比如，在体育比赛场上，以往由于临赛时过度紧张，思想负担重，成绩不太理想。根据这种教训，这一次临赛反倒尽可能放松一些，不管名次如何，一心想把自己的技术水平正常发挥出来，结果倒取得了出乎意料的好成绩。这些都属于积极的自我暗示，家长可以引导孩子发挥这种暗示的积极作用，同时，也要引导孩子克服消极暗示的负作用。

在家庭教育中，运用暗示教育法，最好是将几种暗示方式综合运用。比如，一位母亲希望孩子学会把自己的学习用品整理好，先不直接对孩子说，而是对孩子的父亲说："请你把你用过的资料整理好，不要等别人替你收拾，不然到用的时候又找不到了。""好！我自己的东西自己动手整理，自己的事情自己做。"父亲边说边动手整理。然后，母亲又对孩子说："你自己的学习用品呢?"稍停又说："你要是不会整理，那我帮你。"儿子会说："我自己也能整理好。"在这个教育孩子的过程中，就综合运用了间接暗示、直接暗示和反暗示几种方法。

为使暗示的教育方法收到更好的效果，最好和说服教育结合起来运用。一般情况下，暗示只是要解决做什么、怎么做的问题，不能解决为什么要这样做或那样做。结合说服教育进行暗示，摆事实、讲道理，使孩子懂得为什么要这样做或那样做的道理，就可以进一步巩固暗示的效果。

第八节　课外阅读，加强指导

书籍、杂志、报纸是儿童、青少年的朋友，他们有浓厚的阅读兴趣。家长应该支持并尽可能创造条件，满足孩子的阅读要求。课外阅读，可以增长知识，开阔眼界，活跃思维，发展智力，陶冶情操，提高分析问题的能力，养成勤于学习的好习惯。对于在校读书的孩子来说，多阅读课外读物，可以学到课本上学不到的知识，促进对课业知识的理解，有利于激发学习文化知识的兴趣，提高学习成绩。家长不能限制孩子进行课外阅读，不能把阅读课外书籍和校内文化学习对立起来。实践证明，二者是相互促进、相得益彰的。家长应当加强对孩子课外阅读的指导。

首先，家长应当帮助、指导孩子选择适合他们年龄特点的有益的课外读物，不可放任自流，任其随意去读。因为当前社会上出版的各种读物迅猛增长，有一些荒诞、淫秽的黄色书刊出现。这类书对于儿童、青少年来说是毒害很大的，有一些犯罪青少年就是因读坏书而走上邪路的，这类书要绝对禁止孩子们去阅读，去接触。即或不是黄色的，也不是所有的书都适合儿童、青少年阅读，家长应当帮助孩子选择有利于他们身心健康的读物。

其次，要加强阅读的具体指导，帮助理解书刊的内容，引导他们从中吸取有益的精神营养。当孩子读完某一部书或某一本杂志、某一篇文章之后，家长最好能同孩子一起交谈、讨论，以便使孩子掌握其中的科学知识，更深刻地体会、理解思想内容。指导孩子勤于写读书笔记、读后感，是很有好处的。俗话说：不动笔墨不读书。结合读书写体会，不仅可以加深理解，积累知识，还可以锻炼写作能力。

第九节 收看电视，加以节制

一、充分发挥电视的积极作用

随着人民生活水平的提高，电视机进入千家万户。城市居民家庭差不多已经普及，在农村家庭电视也日益增多。如何指导孩子通过看电视受到教育，这是当前家庭教育面临的一个新问题。

电视是传递知识、信息的重要手段和途径，丰富着人们的精神生活。电视机进入家庭，成为全家人，特别是儿童、青少年的一件大喜事。它吸引着全家人，对儿童、青少年尤其有魅力，是他们非常亲密的伙伴。通过看电视，孩子们可以增长许多知识，获取大量的信息，极大地开阔了他们的眼界。上下五千年，纵横数万里，天文地理，人文历史，各种各样的知识和见闻，只要一打开电视机，便可一目了然。“秀才不出门，全知天下事。”这在过去交通、信息不发达的古代，只是一种幻想。今天家庭里有了电视，便可以成为现实。家庭里有了电视，使家庭生活也日益信息化，使人们的精神生活更加丰富、活跃、充实，儿童、青少年受益更大。

电视机进入家庭以后，如何使用它，在一般家庭内，有两种偏向。一是孩子上学，怕影响孩子学习，买了电视机根本不让孩子看，把电视机当摆设。这样做，当然不好。另外一种偏向恰恰与此相反，就是无任何节制地随便让孩子看，想看什么节目就看什么节目，想看多长时间就看多长时间。也有的把电视机当成孩子的“保姆”或“伙伴”，每天让孩子尽情地看电视，免得影响家长的休息或学习。这种偏向是很普遍的，对孩子的危害更大。

二、加强对孩子看电视的指导

对孩子看电视不加限制，看的时间过长，次数过多，不仅对孩子的身体健康有害，在心理上造成的危害更大，我们不能不特别提醒家长。

第一，孩子看电视往往精神非常集中，很少讲话，久而久之，就会影响孩子口头表达能力的发展。电视看得多了，与父母接触的时间必然减少，以致影响了父母子女间的思想感情的交流，这对孩子的心理发展是不利的。

第二，看电视太多，大大减少孩子户外活动的机会，会影响孩子社会交往能力和社会生活能力的发展与提高，使孩子变得性情孤僻、不善交往。

第三，看电视太多，容易消磨孩子的意志。因为看电视不用怎么多动脑筋，无须任何努力就可以理解电视的内容，只是把看电视当成消遣解闷的手段。时间长了，就会使孩子变得懒惰，怕动脑筋，怕吃苦，削弱为实现目标而努力奋斗、追求的精神和毅力。

第四，看电视太多，孩子只习惯于娱乐性的生活，而对于缺乏娱乐性的活动，如读书、写作业、上课、劳动等，会感到厌烦，注意力不易长时间集中，很容易疲倦。

鉴于看电视太多对孩子身体健康有很大的危害，家长不可不加以指导。要有选择地让孩子看内容适宜的电视节目，不能什么节目都看。要限制孩子看电视的时间、次数，不可时间过长，次数过多。平时看得要少一些，假日可以适当多看一些。家长要抽时间和孩子一起看电视节目，可结合电视节目的内容和情节，向孩子提出一些问题，引导孩子分辨是与非、善与恶、美与丑、真与假，使之受到启迪和教育。

第十节　生活秩序，井井有条

家庭教育有一个重要特点，它是在家庭的日常生活中进行的，教育活动寓于日常家庭生活过程之中。指导孩子安排好日常生活，使之通过有条不紊的生活实践，受到教育，养成良好的生活习惯。这种教育方法，要比单纯说服教育，效果好得多。

说服教育，给孩子讲清道理，能使孩子懂得应当做什么，不应当做什么，为什么要这样做，掌握行为规范，这是很重要的。但是，还应当让孩子学会怎样去做，学会怎样去生活，养成良好的生活习惯。这就需要结合孩子的日常生活实践，加以具体的指导，使之在平常生活中得到锻炼。

对于年龄较小的孩子，家长要尽可能具体地给予指导和示范。随着孩子年龄的增长，就可以多用启发、点拨、暗示、诱导的方式加以指导，以便发挥孩子的主观能动性、自觉性和创造性。孩子再大一些，就要督促孩子自己去安排自己的日常生活，家长的责任主要是监督执行，平时只需多给予提醒就是了。

孩子的生活，将来都要由孩子自己去独立安排，家长一定不要包办代替，不能一切都替他安排妥当。应当在家长指导、参与、启发、诱导下，由他们自己去安排，这样，孩子实践起来更为自觉。

指导孩子安排日常生活秩序，应当全面考虑，学习、娱乐、休息、体育锻炼、社会交往等都要安排好，不能只考虑学习而不顾其他活动。坚持科学的生活作息，家长要从孩子年幼时起就严格要求，不能迁就放任，比如，按时吃饭、睡觉、起床、上幼儿园、上学，不偏食、挑食，不暴饮暴食，注意个人卫生、家庭卫生，参加家务劳动，生活自理，讲究文明礼貌，按时按质按量完成学习作业，等等，都要努力做好，养成习惯。要求孩子有秩序地生活，应逐步提高要求，循序渐进；也要因人而异，从实际出发，照顾到孩子的个性特征。教育孩子有秩序地生活，要多加强训练，坚持始终，不可半途而废，不能有始无终，而要持之以恒。指导孩子安排好日常生活秩序，不仅可以使孩子学会如何生活，养成良好的生活习惯，还可以培养孩子的意志品质。

总之，在家庭生活中，教育子女的方式方法是多种多样的。但要选择、运用得好，并不是一件轻而易举的事，要讲究科学，讲究艺术。教育方式方法本身再好、再科学，不能恰当地选择并创造性地运用，只会生搬硬套，也是不会有好效果的。

家长教育子女，要达到某种教育目的，或是解决某种教育中的实际问题，不能指望只采用某一种教育方式方法，而应当同时运用几种教育方式方法，注意发挥多种教育方式方法的综合效益。以上所列举的教育方式方法，尽管都是科学的，但是任何一种方式方法都不是万能的，不是包医百病的“灵丹妙药”，不是“绝招”。这一点，家长必须有一个清醒的认识。

在教育子女时，究竟应当选择、运用哪种教育方式方法，必须从实际出发，既要考虑教育的任务、目的，也要考虑孩子的年龄特征和个性特征，千万不能凭主观意志，想当然，盲目地选用教育方式方法。

[思考与研究]

1. 家庭教育的方式方法在儿童青少年的家庭教育过程中有什么重要意义？
2. 选择、确定家庭教育方式方法的依据是什么？
3. 谈谈综合运用各种家庭教育方式方法的理论根据和实践意义。
4. 在教育子女中如何运用惩罚手段？体罚子女有什么危害？

第八章
家庭教育的艺术

做父母的一般都很重视子女的培养教育工作。然而，不同的家庭，培养教育的效果却大不一样。有的父母，每时每刻都在严加管教子女，为子女的做人成才可没少操心、费力，可子女的品学却都不好；可有的父母，在人们看来，平时似乎也没怎么费口舌、花气力去严加管教，可子女却品学兼优。这是什么原因呢？这主要是在教育子女的实践过程中，有的父母根本不懂得、不会运用教育艺术，有的父母则具有高超的教育艺术。原因往往就在于此。

现实生活中，有些做父母的在教育子女时遇到问题和困难，不去认真分析原因，不去寻求解决问题和克服困难的途径，不讲究教育艺术，却幻想获得一种什么“绝招”，掌握一种什么“秘诀”，指望这种“绝招”或“秘诀”一施展，便可万事大吉，一些问题迎刃而解，一切困难得以克服。就像包医百病的“灵丹妙药”一样，无论什么疑难病症，药到病除。这种想法，不仅现在有，过去也有；不仅中国有，外国也有。

苏联教育家马卡连柯就曾谈到过这个问题。

过去就有这样一位大学教授，很有学问。可是，在教育子女方面，他的知识却少得可怜。他相信世界上就有那么一种教子“秘诀”，认为只要有了这种“秘诀”，一切都会满意：家长满意，孩子满意，又合乎教育原则，教育效果极灵，只要一运用，从此便天下太平，万事大吉。

这位教授有一个上中学的儿子。一次在吃饭时，不知为什么，张口就谩骂了他的母亲。教授很生气，他极力克制自己，没有发作。稍稍思考了一下，想出了一个“绝招”，当即他就做出这样一个决定：“你既然敢辱骂你的母亲，看来你不配和我们坐在一起吃饭。从明天开始，我每天给你五个卢布，你爱在什么地方吃饭，就去什么地方吃饭吧！”

教授自认为这个决定很英明，这一“招儿”一定特别灵，他自信地认定：儿子一听我这个决定，马上就会认错。可事情并没有按照这位教授的愿望发展，他完全估计错了。他等了好几天，儿子都没有认错。对他的决定，儿子很高兴，自由了，想在哪里吃就在哪里吃。过了几天，钱不够花了，跟父亲要钱，没给。儿子就偷了父亲的毛料衣服去卖，换了酒喝。时间不长，这个儿子就学坏了，最后不得不把儿子送到工读学校去。从此，教授认输了，再也不相信有什么教子“秘诀”了。①

相信教育子女有什么“绝招”、“秘诀”，这是把子女教育工作简单化的表现，是很有害的。我们必须明白，教育子女不同于用机器加工零件。机器加工零件，只要选好原料，知道零件的规格，按照操作规程，一开机器，符合规格的零件就出来了，这很简单。教育子女可不是一件简单的事，因为教育对象是活生生的人。教育子女是一个复杂的过程，必须进行复杂的劳动。马卡连柯指出：对于孩子，企图“用简便的手腕来应付，是无济于事的”。用简单的手段处理复杂的问题，弄不好就会把事情搞糟。因此，必须讲究教育艺术。

所谓讲究教育艺术，就是从实际情况出发，恰当地选择、创造性地灵活运用教育方式方法，去解决子女教育中的实际问题。

第一节　以身作则，导之以行

在谈到子女教育时，人们首先想到的，往往是如何对子女讲清道理，怎样进行说服教育。说服教育是一种适合于各种年龄和不同个性的子女的行之有效的教育方式方法，固然很重要。可子女之所以信服、听从父母的说服教育，不仅仅是由于家长讲清了道理，更重要的是因为父母也是按照他们所讲的那样身体力行，做到了以身作则。

自古以来，人们特别重视以身作则的作用。孔子说：“其身正，不令而行；其身不正，虽令不从。”② 是说教育者自身行为端正，受教育者就会跟着学；教育者自身行得不正，就是强令受教育者也不会行得端正。他又说：“不能正

① 《父母必读》，《马卡连柯全集》第4卷，人民教育出版社1957年版。

② 《论语·子路》。

其身，如正人何？”[1] 是说自己言行不端正，怎么能教育别人呢？孟子说：“身不行道，不行（读 xìng）于妻子。使人不以道，不能行于妻子。”[2] 是说自己没有好的德行，不能以好的德行去给别人做出榜样，即或是在家庭妻子儿女之间，也不会有人听从其言。

家长能以身作则，给孩子做出好的榜样，这是无声的语言，是最有说服力的教育。要求孩子做到的，自己首先做到，家长威信就高，就可以取得教育者的资格，掌握教育的主动权，教育工作就会很有效。如果要求孩子做到的，家长自己并不做，也不准备做，那么家长就没有威信，不具备教育者的资格，就没有教育的主动权，教育效果肯定不好。朱庆澜先生说：“无论什么教育，教育人（即教育者）要将自己身子做个样子与学生看，不能只凭一个口，随便说个道理，学生就会信的。”特别是在家庭里，“做父母的，一天到晚同儿女在一起，一举一动，儿女都把你监管着的。比如教儿女不要吃烟，父母断断不可吃烟，如果父母吃了烟，不但叫儿女疑心”，还“从此不信父母的话”，“看不起父母”，“做出不服父母，不孝父母的事”。因此，他要求做父母的，“要禁止儿女不要做哪件事，总要自己先不去做；要教儿女做哪件事，总要自己先去做”。朱庆澜先生把家长的以身作则，看作家庭教育的“根本道理”、“根本方法”，并且断言：“根本法一错，什么教法都是无效的。”这话是很有道理的。

家长必须明白，家庭教育是在家庭的日常生活中，由父母的言传身教为主要教育方式的一种教育工作。孩子在家庭里生活，和父母朝夕相处，尤其在年幼时，与父母形影不离。父母是子女最直接的模仿对象，父母的一言一行、一举一动，甚至连站立的姿势、走路的步态、说话时的声调和表情，都会为孩子所效法。这不仅仅是由于接触多的缘故，更主要是父母在孩子心目中有很高的威望。孩子越是在小时候，就越是崇拜、敬仰、信赖父母。他们认为父母的一切言行举止都是最标准、最美好的，对父母的一切都有强烈的模仿欲望。对孩子来说，父母本身就是一种教育因素。这种因素的影响作用往往是在无意之中发挥的，是潜移默化的，但其作用也是最直接、最深刻、最持久的。父母自身

---

① 《论语·子路》。

② 《孟子·尽心下》。

行为好，孩子就会受到好的影响；父母自身行为不好，不检点，就会给孩子以不良影响。有人说，孩子是父母的影子。这话不无道理。孩子对于父母的言行举止，都是努力去模仿、去效法，不管是好的还是不好的，他们都不加选择取舍地模仿。所以，要提高教育效率，取得理想的教育效果，家长以身作则是最为要紧的事。绝不能只是寄希望于某些具体的教育方式方法。而且，要想最大限度地发挥各种具体教育方式方法的作用，家长以身作则是重要的前提。

马卡连柯曾经告诫做父母的，说："你们自身的行为在教育上具有决定意义。不要以为只有你们同儿童谈话，或教导儿童、吩咐儿童的时候，才是在教育儿童。在你们生活的每一瞬间，甚至当你们不在家的时候，都教育着儿童。你们怎样穿衣服，怎样跟别人谈话，怎样谈论其他的人，你们怎样表示欢欣和不快，怎样对待朋友和仇敌，怎样笑，怎样读报，——所有这些对儿童都有很大的意义。"① 马卡连柯还认为："父母对自己的要求，父母对自己家庭的尊敬，父母对自己一举一动的检点：这是首要的和最基本的教育方法！"②

有些做父母的，不在加强自身修养上下功夫，不注意以身作则，却单纯指望能找到一种"巧妙"的办法，只要一使用这种方法，就可以把懒汉教成热爱劳动的人，把恶棍管教成诚实的公民。针对这种想法，马卡连柯指出："没有这样的奇迹。""所谓教育上的奇术，根本上是不存在的。"他断言："如果教育者个人有很多的缺点，那么，任何的方法都是没有用的。"③

因此说，讲究家庭教育艺术的前提，是家长要以身作则；从某种意义上来说，家长以身作则本身就是一种教育艺术，或者说是最重要、最高超的教育艺术。

家长以身作则，用自己的言行给孩子以好的影响，说起来容易，做起来并不是一件简单的事。有一位家长平时为人老实厚道，和同事、邻居关系都很好。可他的孩子却总是欺负小朋友，老师怎么管教都无效。老师请这位家长到学校，家长说："这孩子从小就特别淘气，为此我没少揍他。我也不明白，为什么就揍不好他？"教师听家长这么一说，明白了，原来孩子好欺负小朋友，完全是受他家长的影响。这位家长很不服气说："我从来不和别人闹矛盾，更

---

①②③ 《马卡连柯全集》第4卷，人民教育出版社1957年版，第400页。

不欺负别人。”实际上，这位家长管教孩子完全是用“打”的方式。家长并无心以此教孩子欺负小朋友，可他“打”孩子的行为，使孩子从中领悟到了一个“真理”：以强凌弱。你看，大人可以理直气壮地打孩子，那么，大孩子对小朋友不满意，照样可以采取“打”的办法，孩子是从家长那里学到的。

许多事实证明，家长做某一件事，说某一句话，本不是有意做给孩子看的，也不是说给孩子听的，可孩子偏偏学了你的样子。日常生活中，这种现象常常发生。说它怪，也不怪。这就叫作：做者、说者无意，看者、听者却有心。

有时候，家长有意做给孩子看的，孩子偏不看；家长有意说给孩子听的，孩子偏不听。就是“视而不见，充耳不闻”。而家长不希望孩子看的、听的，他们往往都注意看、注意听了。这是什么原因呢？我们平时欣赏文艺作品和文艺节目，往往有这样一种体验：越是真实的东西，对人的吸引力、感染力越强。这是因为这种作品和节目真实地反映了现实，有真情实感，容易引起读者和观众的共鸣。这和教育的道理是相通的：在日常生活中，家长无意的言行，是家长人格的自然流露，自然对孩子的吸引力和感染力就大。

因此，家长的以身作则，并不是说在平时“注意一点”就行了，而是要求家长时时、处处、事事都要严格要求自己，给孩子做出好榜样。要做到这点，家长必须从根本上加强自身修养。家长必须明白，以身作则并不是说家长像演员那样是给孩子“表演”。从根本上说，以身作则是要求家长用自己的人格教育孩子。

家长以身作则，用自己的言行去影响孩子，这是一种有效的教育方式。但它也不是什么“绝招”，不是包医百病的“灵丹妙药”。不是说只要家长做好了，就可以万事大吉了。因为事实上，并不是家长做得好，孩子就肯定好。比如，家长好读书学习，孩子不见得也爱学习，学习成绩好；家长很勤劳，爱干活，孩子很可能特别懒惰；家长很温存，孩子有可能很粗暴蛮横。正如人们所说的：“懒人是勤人给惯出来的”，“横人是㞞（sóng）人给惯出来的”。这种现象的发生，表明孩子对家长行为的模仿，随着年龄的增长和对社会生活体验的丰富，逐步能够进行选择取舍，不是一切都模仿；同时也说明，有时家长的行为，在一定情况下也给予孩子以反暗示的影响作用。所以，家长的正确行为，要想使孩子跟着学，一方面要以身作则，“导之以行”；同时，也要进行说服教育，加以有意识地引导，“晓之以理”。只有身教和言教有机地结合起来，才能取得理想的教育效果。

第二节　数子十过，不如奖子一长

多数家长对孩子要求很严格，有缺点、错误，从不放过，发现了就及时批评教育。这种不姑息、不袒护、不放任自流的态度是对的，也体现了家长对孩子深切的爱。但是，只是抓缺点、错误，一味地批评，教育效果并不一定很好。什么原因呢？因为这样做，不符合孩子的心理特征。

儿童、青少年都是有上进心的，包括那些缺点、毛病比较多的孩子，都希望得到肯定、赞扬和表扬。当他们由于进步或做了好事受到家长肯定、赞扬和表扬的时候，都会在情绪上产生快感，在心理上得到满足，在精神上受到激励和鼓舞。这样，积极的内心体验就会逐步丰富和加深，从而增强自尊心、自信心和上进心，产生再进步或再做好事的欲望。如果总是受批评、遭指责，总是产生不快的内心体验，他们的情绪就会越来越低沉，精神就会越来越萎靡不振，心理上的压力就会越来越大，逐步丧失自尊心、自信心和上进心，以至于最后“破罐破摔”，专门跟家长对着干。

这个道理，一般家长都很容易理解，也认为对孩子应该多鼓励、多表扬，采取积极诱导的方法，充分肯定孩子的进步、优点和长处，但往往一联系到自己孩子的实际，做起来就不那么容易了。因为，现实生活中，有的孩子平时表现很不错，进步快，优点多，长处显著，家长很满意。这样的孩子，当然可以多肯定，多表扬。问题是有的孩子，表现不太好，甚至很不好，家长是想多表扬、鼓励和肯定，可总觉得没有什么可以值得表扬、鼓励和肯定的，总是出问题，犯错误，思想、学习、品德等表现都不怎么好，要表扬、鼓励和肯定什么呢？家长很为难。有的家长说：还表扬呢？我一看见他，气就不打一处来！

然而，恰恰就是这种孩子更需要以表扬、鼓励为主，尽可能多地给予肯定、表扬和鼓励。这样的孩子，毛病多，家长不满意，平时很少听到有人赞扬、肯定，而听到的批评、数落、指责太多了，几乎成了家常便饭。这对他们成长很不利。家长必须意识到，我们是教育者，对孩子不能感情用事。孩子表现好，进步快，能给家长争光，家长很满意，就爱得起来，成天夸个不停，从不批评；而孩子表现不太好，毛病缺点比较多，总是给家长丢脸，就怎么也爱不起来，成天批评数落，一句也不肯定、表扬和鼓励。这样做都是不对的。其实，优点多、表现好、进步快的孩子，不见得身上没有缺点、毛病；同样，缺点、毛病多的孩子，身上也有积极因素，总有所长，只不过是不太突出、显著而已。如果家长不抱成见的话，肯定会发现。问题是，这类孩子的家长总是抱有成见，持有偏见，从感情上就讨厌，即使有积极因素也视而不见，而对缺点、毛病，看得非常清楚，有时还夸大，"抓住一点，不及其余"。抱着这种态度和情绪教育孩子，成天就是批评、数落，把他们批得一文不值，数落得一无是处，使他们丧失了自信心，就更难以教育了。

清朝思想家、教育家颜元说过："数子十过，不如奖子一长。"这就是说，数落孩子十个过错，其作用不如表扬、奖励孩子一个长处。这个道理是很深刻的。它对每个孩子都是适用的。尤其是对那些表现不太好的孩子，这样做，有时会产生奇效。

有一个孩子很贪玩，每天放学后像出笼的小鸟，尽兴地玩耍，直到玩得满头大汗才去做作业，作业极为马虎，错误连篇。妈妈为此很生气，几乎天天批评、数落他，可总也改不了贪玩的毛病。恰好舅妈从外地来，她是个教师。舅妈看这孩子和小朋友玩得很好，趁他回家喝水的工夫，边替他擦汗边对他说："你跟小伙伴们相处得不错，知道让着别人，大家也都听你的。你能不能先和小伙伴们一块做完作业再玩？做完作业再玩，不是玩得更开心吗？你跟他们说说，看他们听你的话不？"那孩子很懂事地点点头说"好"，一招呼，几个小朋友全来他家写作业。从此，这孩子便按舅妈的主意做了，而且坚持得很好。这种教育方式，就是发现并抓住孩子的长处、优点，给予肯定，使之受到激励，然后加以引导。这就体现了以表扬、鼓励为主的教育效果。

在某些表现不太好的孩子身上，积极因素往往表现得不太明显，甚至是潜在的，很难发现。要做到"奖子一长"，家长必须克制自己无益的感情冲动，保持冷静的头脑。

以表扬、鼓励为主，不仅对优点、进步、长处是这样做，有时对于孩子的缺点、过失、短处也不要直接批评、指责，而是改用期望、信任和勉励，运用正面激励的方式。这样做起来，当然不容易，但做得巧妙，效果肯定特别好。

有这样两位小学老师，当学生的作业没有做好时，持完全不同的两种态度，教育效果也大不相同。一位老师发现学生作业写得特别潦草，很生气地在学生作业本批示道："××同学：你的作业写得太乱，太不认真。你必须给我再重写一遍!!!"学生拿到作业本一看，心想：这老师真厉害！是要惩罚我。不过，"师命难违"，不得不再重写一遍。学生尽管又重写了一遍，但由于不情愿，是不得已而为之，写得比第一次好不了多少。而另外一位老师，发现同样潦草的作业，虽然也很生气，但他克制住了自己不快的感情冲动。他知道，不是学生不能写好，而是态度不认真。他想：与其批评他一顿，不如正面激励他。于是，这位教师给学生写下了这样一段批语："××同学，你的作业写得太潦草了，不符合要求，要重写一遍。我知道，要你重写你是不大乐意的。可我为什么还要让你重写呢？因为我相信，你第二遍肯定会比第一遍写得好得多。"学生一看这位教师的批语，开头也有点儿不大高兴，可往后一看，似乎严明而慈祥的教师就在眼前，一种期待、信任的无形力量，使他受到激励，驱使他又认真地复写了一遍，如老师所期望的那样，写得相当好。

这两位老师同样是要求学生重写，为什么却出现不同的教育效果呢？因为一个教师是批评惩罚学生的过失，施加的是一种压力，是一种负强化，学生从感情上不愿接受；而另外一个教师的批评中带有信任和期望，给学生的是一种驱动力，是一种正强化，学生乐于接受。

这个故事，虽然讲的是教师教育学生的事，但和家长教育子女的道理是相通的。它告诉我们，对于有错误、缺点和过失的子女，只是痛恨、批评、惩罚，只能使之越来越消极，以至于对抗，对于改正错误、缺点和过失并无什么益处。最好是采用正面激励的方式方法，调动子女的自尊、自信，促使其利用自身的积极因素克服自身的消极因素。这种教育方式方法，是使受教育者主动接受教育，而不是被动接受教育，教育效果一般情况下是会很好的。

我们说，数子十过，不如奖子一长，主张以正面激励为主，并不是完全否定对错误、缺点和过失的批评、惩罚。批评惩罚仍然可以采用，但不要过多、过滥，不要把批评惩罚当成家长“出气”的手段。另外，批评惩罚是一种否定，是一种压力，但是，批评惩罚同时也可以成为一种激励、一种动力。要做到这一点，家长要有理智，努力克制自己无益的感情冲动，要增强教育意识，要讲究批评惩罚的艺术。

第三节 掌握分寸，划清界限

家庭教育中有一个难以掌握的问题，就是分寸尺度问题。有许多父母，在管理教育孩子时好走极端。比如，要说对孩子严格要求，就以为越严越好，认为严格的程度和教育的效果成正比例，于是无论大事小事，一概严得不得了，把孩子管得死死的，一动不敢动；要说对孩子爱，就爱得不得了，看孩子哪儿都是优点，是“完人”，一点缺点、毛病都没有，事事迁就，处处放任，一点儿也不管。要说给孩子以自由，就完全放手，一点纪律、规矩也没有，该要求的不要求，该管的不管；要说对孩子讲纪律、规矩，就一点自由也不给，成天挑孩子的毛病，甚至吹毛求疵。要说跟孩子讲平等，就和孩子一点界限也没有；要说跟孩子讲民主，就事事都由着孩子的性子来。这些做法，家长不见得是有意识的。在大多数情况下，是一种盲目性的表现，是不懂得事物发展的辩证法，不理解做事情掌握“度”的必要性和重要性。

什么叫“度”？这是一个非常抽象的概念。在哲学上指一定事物保持自己质的数量界限。在这个界限内，量的增减不改变事物的质，超过这个界限，就要引起质变。德国著名哲学家黑格尔在《小逻辑》一书中，曾经用比喻的方法对“度”这个概念做过解释：一位农夫赶着一头小毛驴在路上轻快地走着。农夫看小毛驴驮着货物毫不费力，就给小毛驴背上增加货物。加完后，看它还能驮，于是再增加货物。就这样，一点一点儿地往驴背上加，最后终因加的货物太多，把小毛驴压垮了。这“最后”压垮小毛驴所增加的那“一点儿”货物，就是“度”。

任何事物的发展，都有一个“度”，亦即界限。因此，不论做什么事情，都要求人们掌握“度”或“界限”。不然的话，将一事无成。即或做的是好事，做得过了“度”，超过有益的限度，也会变成坏事。有人说，真理超越了一步便成为谬误，就是这个意思。比如，对人不客气，对方不满意，但客气过了“度”，就会使人感到虚假，对方也会不满意。再比如，食盐是炒菜最重要的佐料，不放盐的菜吃起来味同嚼蜡。尽管如此，但绝不能因为它是必不可少的佐料，在炒菜时就任意多放。食盐放得太多了，过了量，和炒菜不放盐一样，同样不能食用。这就是“过犹不及”的道理。做事超过了有益的“限度”，同做得不够，效果同样不好。

在教育子女时，这个“度”或“界限”掌握不好，也不会达到预期的目的。比如，严格要求过了“度”，不讲分寸，就会变成苛求，不但不能对子女有积极的教育作用，反而会引起反感、对抗；对子女爱得过了“度”，使子女被爱所湮没，就变为溺爱；对子女纪律过于苛刻，就会束缚个性的发展；平等过了“度”，子女不把家长放在眼里，家长就没有威信，管教就会丧失作用；民主过了“度”，就是极端民主化，家长就会失去教育的主动权；对子女温存过了“度”，就会被视为软弱可欺；对子女管束过多，子女就会呆若木鸡。

培养教育人，就是塑造人的灵魂，这是一件非常细致的工作。不讲究分寸，掌握不好尺度，稍不注意，就很有可能把灵魂塑造得走了样，造成教育工作的失败。宋代林昉《田间书》中说：“木可雕而病于越度，金可铸而病于跃冶。木越度，金跃冶，虽有良工巧将安施？”这是说，木头可以雕刻成工艺品，而雕刻的失败一般都是因为刀工不稳，用力过度；金属可以铸造成各种物件，而铸造的失败一般都是由于冶炼时的火候掌握不好，温度过高。如果不能控制雕刻的力度和冶炼的火候，再好的工匠也雕刻不出精美的工艺品，铸造不出合格的物件。这里讲的是雕刻工艺品和铸造物件，培养教育人同此理相通。教育者如果缺乏分寸感，掌握不好教育的尺度，动机再好，也会把人塑造得走了样。缺乏分寸感，不是一个合格的教育工作者，不是合格的家长。

家庭教育是由家长对子女实施的一种教育工作，教育者和受教育者之间关系特殊，很容易感情用事，往往由于亲情的左右而掌握不好教育的分寸、尺度。因此，中外许多教育家在谈到家庭教育时，都特别重视这个问题。

北齐颜之推认为，家庭教育中最难掌握的是“严”和“慈”的分寸问题。父母对子女“有严无慈”或“有慈无严”，是家庭教育实践中常常出现的偏向。

他说："父子之严，不可以狎；骨肉之爱，不可以简。"① 这是说不能说对子女要严格，就滥用父权；也不能说对子女爱，就放任自流，一点规矩都没有。他又说："简则慈孝不接，狎则怠慢生焉。"②这是说放任自流，没有规矩，子女就会为所欲为；过于严厉，滥用父权，子女就会对抗。因此，他认为："父母威严而有慈，则子女畏慎而生孝矣。"③只有父母对子女既严格又慈爱，掌握好严和爱的分寸，使二者很好地结合，都不偏废，子女才会言行谨慎，尊敬父母，服从教导，教育效果才会好。

民国年间朱庆澜先生很重视家庭教育中的分寸感问题。他发现，当时中国的父母，"一说让孩子活泼，就无论何事都听任他自由，使孩子变得放肆；一说要孩子规矩，就常常何事都不许他自由，使之变得呆板"。他认为，这样肯定教育不好孩子。他主张要严格掌握分寸，划清界限。他说："有规矩的自由叫活泼，没有规矩的自由叫放肆；不放肆叫做规矩，不活泼叫做呆板。"他以孩子说话为例，说："小孩爱如何说，听他如何说，这叫做活泼；因为听他随便说，就连粗话、横话、下流混账话都不干涉他，如此就是放肆了。不准他说粗话、横话、下流混账话，就无论何种话都不准他说，好似贴张封条在他嘴上，如此就是呆板了。"④ 这个界限是划得很科学、很清楚的，对人们很有启发。

我国现代著名教育家陈鹤琴先生在《家庭教育》一书中，曾经明确指出，家庭教育中常常发生两种偏向。一是对孩子过于宽容姑息，一点也不管，任其为所欲为。他说："这种'姑息养奸'的教育在家庭里是常看见的，会使孩子养成利己害人的坏思想。"二是对孩子规矩过严，事事都要秉承父母的意旨，不给孩子一点自主的权利和余地。他说："他的父母待他好像待成人一样，所以他慢慢儿以他父母的意志为意志，以他父母的性情为性情，这样一个活泼的小孩子竟变成一个萎靡不振、具体而微的小成人。"陈鹤琴先生认为，上述这两种做法都"不得谓之良好教育"。鉴于此，陈先生强调指出："我们教小孩子当折其中：一方面予以充分机会以发展自动的能力和健全的意志，一方面限以

---

①②③ 《颜氏家训·教子》。

④ 朱庆澜著：《家庭教育》，1917年印制。

自由范围使他不得随意乱动，以免侵犯他人的权利。教育若能如此折中施去，小孩子未有不受其惠的。”① 陈鹤琴先生在这里所说的“折其中”，就是掌握分寸、尺度，不管教孩子什么，怎么教，都不要过分、过头，走极端，要掌握平衡，恰到好处。

马卡连柯对这个问题，给予了充分重视，并把它作为一个重要的普遍的教育原则提出来，做了详细的论述。他把掌握分寸、尺度，叫作坚持“中庸之道”。所谓“中庸之道”就是不偏不倚，调和折中。他举例说，“(孩子)独立性的成分应该有多么大，要给孩子什么样的自由，在哪一种程度上需要‘手把着手指导’，在哪一种程度上需要他自己来加以解决，禁止什么，什么应该取决于他本人的意志”，等等，这实际上就是“某种标准的规则”②。

马卡连柯认为，应当在以下几个问题上坚持“中庸之道”，也就是注意掌握分寸，划清界限。

第一，关于纪律和自由的关系。他认为，孩子没有一点自由不行，但没有纪律也不行。他说：“如果你们想到的只是对于孩子的无限的自由，那么，这是有害的。可是，假如孩子应该什么都问，应该永远到你们那里来，经常由你们去决定并且按照你们所说的那样去行动，那么，孩子就没有发挥自己的主动性、机动性和从事个人冒险的任何余地了。这也是要不得的。”他主张：“应该在一定的程度上允许他去冒险，以便使孩子成为一个勇敢的人”；如果限制过多，什么都由父母决定，“会使儿子不能长大成为一个真正的人”。③

第二，关于积极性和克制能力的关系。他说：“我所坚持的一个主要的原则，就是找出一个中庸之道，也就是找出培养积极性和克制能力的尺度来。”他认为，如果能养成儿童的“积极性和克制能力之间的分寸感，这也就等于解决了教育的问题”。因为要使儿童将来适应社会生活，只有积极性而没有克制能力，或只有克制能力而没有积极性，都是不可能的。④

第三，关于父母与子女的关系。马卡连柯认为，父母对子女虽然应该尽可能亲近一些，但也不宜过分亲近。“亲近是应该的，保持距离也是应该的。不

---

① 陈鹤琴著：《家庭教育——怎样教小孩》，教育科学出版社 1994 年版，第 44 页。

②③④ 《马卡连柯全集》第 4 卷，人民教育出版社 1957 年版，第 511、512、492—493 页。

能对孩子亲近得连一点距离也没有了。在孩子的心目中，你们多少总要处在比较高一点的地位。”① 如果父母和子女过分亲近，父母在儿女面前毫无威严，子女对他们没有适当的尊敬，合理的教育也是无法保证的。

第四，关于慈爱和严厉的关系。他说：“严厉和慈爱——这是一个最难解决的问题。”②

马卡连柯认为：“严厉并不是什么愤怒，也不是什么歇斯特（底）里地叫喊。”③

说到慈爱，马卡连柯认为：“爱是一种最伟大的感情，它总是在创造奇迹、创造新的人、创造人类最伟大的珍贵的事物。”“没有父母的爱所培养出来的人，往往是有缺陷的人。”同时，他又认为，对子女的爱也应当是有分寸的，正如服用药物或对待食品一样，“任何人不能吃十公斤面包并由此来夸耀他吃得很好。爱也是要求有分量、有尺度的”。④

在这个问题上，有许多家长掌握不好分寸、尺度，从而往往陷于溺爱。他指出：“人们时常说：我是母亲，我是父亲，一切都让给孩子，为他牺牲一切，甚至牺牲自己的幸福。”他们以为只有这样爱才算爱，其实过分的爱，恰恰是害。马卡连柯把这种过分的爱看作父母送给儿女的“最可怕的礼物”。他说：“这种可怕的礼物，可以这样来比方：如果你想毒死你的孩子，你就给他饱喝一服足量的你个人的幸福，他就可以被毒死。”“最可怕的事情就是用父母的幸福来栽培儿童。”⑤他断言：“一味抱着慈悲心肠为儿女牺牲一切的父母，可以说是最坏的教育者。”在《父母必读》一书中，他用生动的事例说明，过分的爱，以儿童为中心的家庭，只能培养出冷酷无情、毫无心肝的利己主义者。假如母亲把自己变成儿女的奴仆，“儿女就将在母亲劳动的基础上过着主人的生活”，这样只能造就出“小暴君和压迫者”。

分寸和尺度是家庭教育中极为重要的问题。马卡连柯说：“不管你们采用哪一类教育方法，你们都需要一个尺度。因此，也就需要在自己的身上培养分寸感。”

---

①②③④⑤ 《马卡连柯全集》第 4 卷，人民教育出版社 1957 年版，第 500、510、511、507、563—564 页。

掌握分寸，划清界限，是实现家庭教育科学化的重要条件，也是家庭教育科学化的重要标志。在家庭教育中，时时、处处、事事都要注意这个问题。为此，家长必须克制自己无益的感情冲动，克服盲目性和随意性，小心翼翼，谨慎从事。要以理智支配自己的教育工作，克服感情用事的毛病。

第四节　遇物则诲，择机而教

做父母的望子成龙心切，对子女的培养教育工作，一般都比较重视，只要一有空闲时间，一见子女的面，就抓紧教育。这种教育的责任心和积极性是难能可贵的。

但是，有不少家长只有一个良好的愿望，却不注意讲究教育的效果，往往不分时间、地点、场合，只要和孩子在一起，便无休止地空空洞洞地进行说教。我们说，说服教育是一种正确的教育方法，但不是在任何时候、任何情况下都会发挥积极作用的。有时候，家长苦口婆心地说服教育，孩子并没有听进去，而是当成耳旁风；有时候，家长完全出于对子女好，进行说服教育，子女不但不听，反而厌烦，甚至顶撞。是家长说得不对吗？是道理没有讲透吗？都不是。而往往是因为家长的说教，是毫无针对性的空洞说教，或是说服教育的时机很不恰当。这说明家长的教育，没有选择好恰当的教育机会。

所谓教育时机，就是进行教育效果最好的时机。家长对子女进行教育，究竟能不能取得预期的效果，达到教育的目的，不仅取决于教育动机好不好，教育内容对不对，教育方式方法正确与否，还取决于是不是选择了最好的教育时机。教育时机选择得恰当，孩子乐于听取，听得进去，接受得了，在不知不觉之中受到深刻教育。而教育时机选择得不好，在不恰当的时候进行教育，动机再好，内容再正确，方法再科学，也会事与愿违，弄不好还会使家长和孩子双方都不愉快。教育时机抓得准，抓得好，这是教育成功的重要条件，也是教育艺术的具体体现。

唐太宗李世民是封建社会的一个帝王，在历史上是一个很有作为的皇帝，以“知人之明”而著称。在太子的教育方面，也表现出高超的教育艺术。有一次，他曾对他的侍臣说，我教育太子是“遇物则诲”。

何谓“遇物则诲”？唐太宗有以下的解释。

在太子吃饭时，唐太宗就对太子说：“种庄稼可是一件不容易的事啊！你要是懂得了这个道理，就会永远有饭吃。”

在太子骑马时，唐太宗就对太子说：“这马和人一样，应当有劳有逸，不能让它过度劳累，把气力都用尽了。你要是懂得了这个道理，就会永远有马骑。”

在太子在大树底下乘凉时，唐太宗就指着树干对他说：“木匠锯木头，只有依照绳墨才能锯成直木板。你将来做君主，要想做到圣明，就得认真听取侍臣的进谏。”

在太子乘船在江河游览时，唐太宗就对他说：“你看，水能把船给浮起来，也可以把船给掀翻。老百姓好比是水，君主就像是船；老百姓可以维护你的地位，也可以把你推翻。”

很明显，唐太宗教育太子的根本宗旨是培养造就封建统治者的接班人，灌输的都是安民治国之道，他进行的家庭教育有鲜明的阶级性。然而，我们不能不承认，唐太宗的教子艺术确实是耐人寻味的。

在太子吃饭时，唐太宗针对太子平时过的是养尊处优、不劳而获的生活，不知“稼穑之艰难”，进行“稼穑之不易”的教育；在太子骑马时，唐太宗针对封建统治者迫使老百姓接受沉重徭役的现实，教育太子要让人民休养生息；在太子在树下乘凉时，唐太宗针对君主地位高、权力大，往往独断专行的问题，教育太子将来要注意纳谏；在乘船时，唐太宗针对封建统治者和劳动人民阶级矛盾尖锐这一事实，教育太子将来要提防人民起来反抗。唐太宗实施的这一系列的教育，不仅具有强烈的针对性，不是空口说教，而且选择了最恰当的教育时机，有如春风化雨，非常及时、适时，使太子不知不觉地受到了启迪，领悟了“安民治国”的道理。

现实生活中，有许多做父母的，头脑里根本没有“要选择教育时机”这样的概念，教育实践过程中随意性太强，想什么时候说教，就什么时候说教。在一些父母看来，似乎每时每刻、任何地点和场合，无时、无处不可以施教，误认为“只要施教，就会有效益”。这是缺乏教育意识的表现。

在家长当中，不注意选择教育时机，父亲和母亲的表现是不同的。做父亲的，往往在很不恰当的时候管教子女。比如在吃饭时教训子女，既不符合饮食卫生要求，也会引起子女反感。也有的在来了客人时训诫子女，使子女“下不了台”，从感情上难以接受。做母亲的，多是好絮叨，一件事反复说多少遍，没完没了。不管是什么时候，什么场合，只要想起来就说。这也很容易引起子女的反感。

在独生子女家庭中，父母望子成龙心切，空闲时间和剩余精力又多，往往进行“过度教育”。他们迫不及待，不等待教育时机的出现，想什么时候教育就什么时候教育，想训诫多长时间就训诫多长时间。这也是不注意选择教育时机的一种表现。

与此相反，日常生活中出现了很好的教育时机，白白地放过，未能及时发现并抓住，进行相应的教育，这又是不注意选择教育时机的表现。

不该进行教育的时候实施教育，效果不好；而应该进行教育的时候，却不实施教育，其效果当然也不会好。

要取得理想的教育效果，家长应针对子女的思想实际，结合子女的实践活动，进行有关内容的教育。比如，孩子穿一件新衣服，及时教育孩子注意讲究卫生，爱护衣物；在得到别人帮助和照顾时，及时进行互相帮助、互相关心的教育；在来客人之前，进行礼貌教育；在考试取得好成绩时，教育孩子不骄不躁，继续努力；等等。这样不失时机地进行教育，要比事过境迁以后再毫无针对性地进行空洞说教，效果要好得多。

上述这些教育时机，在家庭日常生活中经常出现，应抓住不放。除此以外，还有一种教育时机，是“千载难逢”，很少出现，而这类教育时机又是极好的教育机会，一旦抓住，将获得非常好的教育效果。如白白放过，将是极大的损失。例如，在汉朝有一位叫陈寔（shí）的人，一天夜里发现一个“梁上君子”。他抓住教训小偷的机会，对子弟们进行品德教育，使子弟们得到终生难忘的教益，被世人传为佳话。当然，能抓住并利用这种突如其来而又非常难得的教育时机及时施教，需要有强烈的教育意识和高超的教育艺术。

第五节 寓教于喻，深入浅出

解决孩子的思想认识问题，提高孩子的思想觉悟，要靠讲道理。但是，要把较为深奥的道理给孩子说明白，可不是一件容易的事，不是人人都可以做好的。跟孩子讲道理，大有学问。

有的家长常常抱怨孩子不听话，说孩子不理解父母的一片苦心，故意跟父母作对。你跟孩子苦口婆心、反反复复地说多少遍，他们当成耳旁风，原来怎么做还怎么做，或者是刚说完还按你的要求去做，不久就忘记家长的教导，为此，家长很生气。

出现这种情况，当然和孩子有一定的关系。但在许多情况下，恐怕责任主要在家长。是家长没有把道理讲清楚，讲透彻，没能使孩子真正弄懂，使孩子刻骨铭心。

儿童的思维特点是以形象思维为主，抽象概括的思维能力较差。他们对事物特点的认识，对某种道理的理解，往往要通过对具体事物形象的概括而实现。要使孩子真正掌握某种行为规则，必须让孩子理解。只有理解了的东西，在行为上才能自觉。而孩子们生活阅历浅，生活经验不丰富。要使孩子理解较为深奥的道理，最好是运用通俗恰当的比喻，用某些有类似特点的事物来比拟想要说的某一事物或某一道理，以便表达得更加生动鲜明，便于弄懂弄通。这就叫作“寓教于喻”。这种教育艺术运用得好，往往会产生预想不到的效果。

我国古代的父母，在实践中积累了许多这方面的经验，很值得借鉴。

孟子小时候，很不喜欢读书学习，总是贪玩。一天，还没到放学的时候，他就回家来了。孟母正在织布，问他为什么这么早就回家来了。孟子说：“我觉得念书没什么意思。”孟母很生气，但觉得只是严厉训斥，并不能解决问题。她当即用剪刀把正在织的布剪断。孟子对母亲这一举动感到不解，问道：“母亲，好好的布，您怎么给剪断了？”孟母对儿子说：“你读书学习，就跟我织布一样。织布是累丝成寸，累寸成尺，累尺成丈，累丈成匹，这样才能成为有用之物。你读书学习，也只有下累年累月之功，不分昼夜，不断积累学问，才能成为有用之材。而你却懒学厌倦，中途逃学，前功尽弃，一事无成。我剪断织的布，就像你中途弃学一样，什么有用的物件也成不了。”孟子从母亲的比喻中领悟到了深刻的道理，深受教育，再也不逃学了。从那以后，他发愤笃志，朝夕勤学，终于成为著名的儒家学者。这就是“子不学，断机杼”的教子佳话，一直流传至今。

魏晋南北朝时，我国北方有一个被称为“吐谷浑”的民族，他们能骑善射，英勇顽强，活跃在西北广大地区。这个民族有一个首领叫阿豺，他有二十个儿子。他在病重时，最担心的是他死后儿子们争权夺利，闹不团结。可怎样才能让儿子们理解团结的深远意义呢？他终于想出了一个巧妙的办法。他把儿子们都召到床前，令儿子们各拿出一支箭来，要他们折断。只听“嘎巴”、“嘎巴”，二十个儿子，不论年龄大小，都轻而易举地把手里的箭折断了。而后，他又让二十个儿子各拿出一支箭，把二十支箭捆成一捆，命儿子们把这二十支箭折断。儿子们一个个走上前来，任凭他们怎样用力，不论小的大的，谁也折不断。这时，阿豺对儿子们说：“你们都试过了，一支箭很容易折断，二十支箭捆在一起，谁也折不断。这说明一个道理：‘单者易折，众者难摧。’我死后，你们只有团结一心，齐心协力，才能有力量，才能保住国家呀！”儿子们听了父亲弥留之际的嘱托，深深懂得了团结的重要性。

林则徐小时候，办事粗心、性情急躁，常常为一两句话不对自己的心思就发急、发怒，怎么说都改不过来。有一天，父亲林宾日给林则徐讲了一个“性急判官”的故事：从前，有个判官，由于他非常孝敬父母，每当遇到犯人是不孝敬父母的，他就要重判。有一天，两个彪形大汉扭送来一个年轻人，他们说：“这个家伙是不孝之子，他不仅骂他娘，还要动手打他娘。”判官一听，顿时火冒三丈，命人打年轻人五十大板！那个年轻人刚要喊冤，他的嘴立即被堵住，无法申辩，屁股被打得皮开肉绽。就在这时，一个老太婆拄着拐杖闯上堂来，边哭边喊：“请大人救救我的儿子！刚才有两个强盗溜进我家牛棚偷牛，被我儿子发现，想把他们扭送官府，却反被强盗给捆走了……”判官一听，心里一惊。老太婆一看，被打得死去活来的正是她的儿子。判官发现自己上当，立即令人把那两个大汉带上来，可不知什么时候，那两个强盗早就逃之夭夭了。父亲讲的这个故事，给林则徐以极为深刻的教育，不仅当时帮助他认识并改正了自己的缺点，就是在他后来做了大官，总是在书房的墙壁上挂起亲笔书写的“制怒”的横匾，作为自己的座右铭，以时时提醒自己。

像上述这样教育儿童、青少年，不仅便于理解，而且会留下极为深刻的印象，终生不忘，终生起作用。

要做到“寓教于喻”，首先家长要充分认识儿童、青少年的年龄特征和思维特点，不要把孩子当成成年人看待；其次，家长要有丰富的生活经验和社会文化知识，加强学习，不断充实自己的头脑；最后，家长对孩子要有极大的耐心，不要一遇到教育的难题就动怒。

总之，能做到深入浅出，“寓教于喻”，需要家长有较高的文化素养，家长应切实加强并不断提高自身的素养。

第六节　宽容感化，以情动情

子女在行为上出现过失，犯了错误，一般家长都是进行批评、训斥，甚至给予惩罚。这是家长惯于运用的教育方式方法。如果与此相反，当子女在行为上出现过失，犯了错误，不用批评、训斥或惩罚的教育方式方法，而是采用宽容的态度，原谅子女的过失和错误，可不可以呢？有没有积极的教育效果呢？

印度民族英雄甘地的成长过程是不平坦的。他在回顾自己成长过程的时候，曾经深有感触地说过这样一句话：“是我父亲那崇高的宽容态度挽救了我。”一般情况，说“挽救”的措施，都是严厉批评或处罚。而甘地为什么会说出这样耐人寻味的话呢？

事情是这样的：

甘地出生于印度一个小藩王国的宰相之家。上有三个兄长和一个姐姐，他年龄最小。

幼年的甘地从小就不爱撒娇，性格也不太开朗。他对父母十分顺从，对周围的事物也特别敏感，自尊心很强，一旦被人奚落，马上就会哭鼻子。在学校一挨教师批评，就难过得受不了。如果受到体罚，他在精神上感受到的痛苦和悲伤远比肉体更为强烈。

然而，甘地在成长过程中也走过弯路。在少年时期，他同许多好奇心强、自负心胜的孩子一样，不知怎么的，突然对抽烟很感兴趣。起初，他只是模仿着大人的样子试着抽，后来烟瘾越来越大，想戒也戒不掉。由最初拣别人丢下的烟头抽，发展到偷兄长和家臣们的钱买烟抽的地步，越陷越深。

渐渐地，他觉察到自己偷别人的钱，背着家长抽烟的行为太可耻了。一想起来，就觉得无脸见人，内心十分痛苦、烦恼，感到无地自容。他悔恨极了，甚至为此还想过自杀，以求得解脱。

当他终于不堪痛苦与烦恼的折磨时，便把自己迄今为止的整个堕落过程，详详细细地写在一个笔记本上，鼓起勇气，把笔记本交给他父亲，渴望能得到父亲的严厉批评、惩戒，以减轻内心的痛苦与烦恼。

父亲看了笔记本，知道了这一切以后，自然是非常生气，心情十分沉痛，他真没想到儿子竟会做出这样的事来。但是，甘地发现，父亲丝毫没有责备他，只是久久地凝视着他，两行热泪像断了线的珠子滚滚落下……

甘地从未看到父亲那极为痛苦的样子，受到极大的刺激，更为内疚、悔恨、自责，深感对不起父亲对自己深切的期望、无微不至的关心和耐心的教诲。他痛下决心，洗心革面，彻底改正错误，走上了正路。自那以后，思想行为上从未出现过失。事隔多年，甘地回顾年少时的那段经历，激动不已，心情久久不能平静，仍然深有感触，于是便说出了前边那耐人寻味的肺腑之言。

甘地的体会是有道理的，也是很深刻的。的确，在特定的情况下，宽容不失为一种效果很好的教育手段。能够恰当运用，体现了高超的教育艺术。

不但是孩子，就是我们成年人有时也会有这种体验：当我们在工作中不慎出了差错，造成了损失，自己知道错了，觉察到问题的严重性，深感后悔、内疚，认为理所当然地要受到批评、处罚。就在你等待接受批评、处罚的时候，领导了解到你的态度与心情，不但没有批评、处罚，反而鼓励你认真总结教训，以实际行动尽可能地减少或挽回损失，还劝慰你不要因此背上思想包袱，仍旧给予信任，要你继续大胆放手地去工作。在这宽容、谅解之中所受到的教育，恐怕比挨批评、受处罚还要深刻得多。

为什么宽容、谅解会产生如此奇效呢？因为宽容、谅解是对人的过失和错误不予追究，反映出对犯有过失和错误的人的深刻理解和极大的信任。当一个人对自己所犯过失和错误有深刻认识时，内心感到歉疚和痛苦，此时此刻最需要的恰恰是理解和信任。若此时此刻给予理解和信任，不但不会使犯有过失和错误的人减轻痛苦、内疚之感，从而原谅、姑息、放任、迁就自己，反而会使之更进一步加深痛苦和内疚，从而促使其以实际行动“将功折罪”，痛改前非。

对犯有过失和错误的人，采取宽容、谅解态度，出乎犯有过失和错误的人的意料之外，是一种强烈的刺激，会大大加剧心理上的不平衡，促使其内心的思想斗争。

我们有不少家长，由于望子成龙心切，往往有“恨铁不成钢”的思想，“疾恶如仇”，容不得孩子有过失、犯错误，甚至孩子偶尔出现一点儿过失或是只有一次考试不好，不管孩子的心情和态度如何，火气一上来，就是一通批评、训斥、责骂，有的还拳脚相加，随意殴打，不给孩子留有丝毫悔过的余地。之所以这样对待孩子，当然也是为了教育孩子，但是，一般说来，出气、解恨和发泄不满的成分也相当大。

孩子有毛病，有过失，犯有错误，做了不该做的事，做了家长不满意的事，家长为此而不满、生气，这是可以理解的。要批评教育，也在情理之中。问题是，我们教育孩子是要促使其改正错误，纠正过失，接受教训，不再重犯，那么，究竟采取什么教育措施效果更好，就不能不首先看一看孩子对错误和过失的态度。他对错误、过失是满不在乎呢，反以错为荣呢，还是认识到了自己的错误和过失，后悔莫及，内心感到痛苦呢？孩子的态度是很重要的。如果孩子已经有了一定的认识，从内心希望得到家长的理解和谅解，家长还不问青红皂白，劈头盖脑地训斥、责骂或殴打一顿，这表明家长对孩子的极大的不信任、不理解，这对孩子要求改正错误、纠正过失的良好愿望，无形中是极大的打击和挫伤。这样，孩子由此会产生这样的想法和情绪：“认错还不行吗？既然是这样，我就这样了，想怎么处置就怎么处置吧。”反正家长是不信任，认错也没用，这对于孩子认错和改错是非常不利的。

家长还应认识到，有时候孩子犯错误，或行为上出现过失，并不是有意而为之，也不属于品德问题，而是出于好心，只是由于缺乏经验和能力才造成的。比如，孩子帮助家长打扫室内卫生，不慎将一花瓶打碎，或帮家长洗碗而一不小心把碗摔碎，等等。像这类错误和过失，就更不能采用批评、训斥或打骂手段。不具体分析孩子犯错误和过失的原因，或他们的出发点和动机如何，而采取简单粗暴的态度对待，就会大大伤害孩子的美好心灵和良好动机，其效果是很不好的。

家长必须明白，批评、处罚是教育，宽容、谅解也是教育。宽容、谅解是一种感化，是“以情动情”，是以温暖的父母亲情去抚慰孩子那痛苦、歉疚的心，是宽容大度强化孩子认错改过的勇气，是以期望、信任促使孩子弃旧图新，这是一种强大的积极的精神力量，是一种教育艺术。甘地的父亲就是恰如其分地并且很成功地运用了这种教育艺术，因此获得了意想不到的奇效。

成功地运用宽容的教育艺术，需要家长具备理智的心理品质。当孩子在思想行为上出现过失、错误并造成严重后果时，家长尽管很气愤，但如果孩子的行为确属无意，或不属于习惯性的品行问题，或属于初犯，并且在思想上有所认识，在这种情况下，家长应当极力克制自己，不要随意发作。虽然做到这一点，对一般家长来说，的确不那么容易，但应尽可能做到。因为这种自我克制能力本身就潜在着，或者说就是一种教育因素。

成功地运用宽容的教育艺术是有前提条件的，不是任何家长都可以运用的。这个必要前提就是，家长必须在孩子心目中有较高的威信，家长的态度对孩子是很有分量的，举足轻重。如果平时家长在孩子心目中根本没有威信，家长的任何态度对孩子来说都无足轻重，无关紧要，那么，这样的家长再宽容也不会在孩子思想上产生任何反应，当然也不会有什么教育意义。所以，家长必须提高自己的威信。

运用宽容的教育艺术，要谨慎从事。家长始终在思想上要明确，宽容不是放任，不是迁就，一定要在全面了解和掌握情况的前提下审慎选定，切不可草率从事，感情用事。

第七节　转移注意，另谋教机

家长都明白，对孩子不合理的要求，无原则地给予满足，久而久之就会惯出许多毛病来。可是，现实生活中确有一些孩子已经养成了任性的毛病，有时候家长不让干什么，他非要干不可，家里没有什么，他非要不可。总之，客观上不允许做什么，孩子非做不成。遇到这种情况，有的家长就采取严厉训斥或打骂的方法，用强力迫使孩子“就范”。采取这种方法，有时可以暂时解决问题，有时候也不见得能解决问题，有时甚至会把家长逼到非常尴尬的境地，进退两难。

比如，你带孩子到商店去，孩子在玩具柜台前看中了一种新式玩具，吵着闹着非买不可。或是因为家里已经有了这种玩具，孩子喜新厌旧，也可能是由于家长手里没有钱，家长不给买。可孩子很任性，你不买，他就赖在那里不走，甚至干脆躺在地上打滚撒泼。遇到这种情况，你怎么办？你打他，骂他，当着众人的面，他会更来劲，许多人围观，使家长难堪。迁就他吧，你本心是真不想买或没钱买不了。不知如何是好。

有一些较为理智而又机智的家长，往往采取转移孩子注意力的办法，解除僵持局面。比如，对孩子说：“你看你这样胡闹，人家叔叔、阿姨、小朋友都笑话你了。”或者说：“你的衣服都弄脏了，明天怎么上幼儿园呢?”或者说：“我提包里有好吃的，你尝尝好吃不好吃。”或者说：“我下星期日再给你买。”或者说：“我先给你买那个玩具吧。”家长设法把孩子的注意力转移到另外一个事物或另外一个方向上去，以缓和暂时的矛盾状况，这种方法是可取的。

儿童、青少年的注意力不太稳定，在一定时间内不易把注意力集中于某一对象或某一活动上，而由于受到另外的刺激或条件变化的影响，很容易转移到另外一个对象或活动上去。当儿童任性发作时，道理讲不通，说理也说不服，而客观情况又不允许再无休止地说服开导下去，家长可根据孩子的兴趣或需要，以另外一个对象或一种活动吸引、诱导，来满足孩子另外的一种欲望，以便另谋教机再进行教育，这是对待任性的孩子的一种有效的教育艺术。

有的家长认为，对孩子严格要求，就是要针锋相对，丝毫不能退让。孩子要这样做，我偏不许；孩子要什么，我就是不给；孩子要买什么，我就是不给买。其实，这是对严格要求的一种误解。在家长的态度和孩子的愿望、要求恰好矛盾，双方处于相持的僵局时，不见得非得强制孩子服从家长的意志。因为采取针锋相对、强制的态度，只可能在一时一事上有效，没有真正打通思想，没有提高思想认识，终不能培养成为良好的行为习惯和道德品质。而且有的孩子的任性，恰恰就是由于家长的“任性”给了孩子以暗示所造成的。比较实际的做法是，家长可以做出暂时的让步。让步不见得是迁就，如上述转移注意力的做法，也是一种让步。暂时的让步，是为了摆脱僵局，缓和矛盾，以便另外选择或寻找恰当的教育机会，暂时的让步，并不是永远迁就。

转移孩子的注意力，家长常运用许诺的办法。比如，孩子要一种什么东西，当时没有，家长说：“等一会儿，我给你找。”或者是根本没有孩子要的东西，家长说：“我给你一个别的东西吧。”运用许诺的办法，转移孩子的注意力，要特别注意的是：许诺不等于欺骗，许诺了的事一定要设法兑现，不能言而无信，说了不算数。如果不打算兑现，或事实上难于兑现，那就不要轻率地许诺。不然的话，眼前的僵持局面是摆脱了，可从长远看，会产生言而无信的不良影响的。

有的家长认为孩子小，过一会儿就忘了，对孩子许诺的事，不必当真，不见得许诺了就非兑现不可。这种想法是不对的、有害的。这反映一些家长缺乏教育意识。

我们必须明白，家长是以另外的许诺作为孩子听话或放弃原来要求的交换条件的，孩子听从了家长的话，放弃了原来的要求，克制住了自己的强烈的愿望，是付出了代价，做出了一定的“牺牲”的；而家长的主动许诺，又恰恰是孩子所需要或有兴趣的，孩子肯定会念念不忘，时时刻刻都在盼望家长来兑现，不会轻易忘记或放弃。如果不兑现，孩子就会有充分理由，认为你是言而无信，是撒谎骗人。要特别注意，家长是孩子心目中的楷模，在孩子面前的一言一行、一举一动，都会影响孩子。“上行下效”，家长言而无信，孩子不仅从此再不信任家长，家长的话再也不会听从，而且孩子也会跟着学撒谎骗人。

孩子最容易学会撒谎。因为撒谎是达到某种不正当目的的最简便的手段，也是万恶之源，最为有害。英国教育家洛克说过：“说谎是一种恶劣的品质，是许多恶德败行的温床和庇护所。”① 儿童做错了事，为避免挨批评，逃脱受惩罚，常常借助于说谎话去蒙骗家长。因为他们知道：“撒谎是掩盖任何过失的一种现成便捷的方法。”②不需要做出任何的努力，不需要付出任何的代价，

①② ［英］洛克著，杨汉麟译：《教育漫话》，人民教育出版社2006年版，第126页。

就可以保护自己。而孩子一旦沾染了这种毛病，那后果是不可想象的。学会了撒谎，有其他缺点、错误和毛病，就难以改正了。以撒谎做“护身符”，便会肆无忌惮地去做坏事，走上犯罪道路。

家长许诺了的事没有兑现，在许多情况下是无意的。家长无意，可孩子有心，对缺乏分辨是非善恶能力的孩子影响尤大。因此，有远见卓识的父母都特别注意，时刻检点自己的言行，看有没有言而无信的问题，尽一切可能避免给孩子造成不良影响。中国古代这方面的事例很多，值得家长们效法。

春秋战国时期，有一个人叫曾参（shēn）。有一次他妻子要上街，儿子哭着闹着也非要跟着去不可，妻子怎么劝，儿子也不听。为摆脱儿子的纠缠，她对儿子说：“你在家里等着我，回来我给你杀猪炖肉吃。”儿子听了，当然很高兴，答应妈妈在家等着。这一切，曾参都看到了。妻子从街上回来，进门一看，曾参正磨刀霍霍准备杀猪，便急忙上前阻拦道：“怎么，你真的要杀猪？我本来是随便说说，哄他不要跟我上街。你何必当真！”曾参严肃地说：“对小孩子怎么能说谎呢？孩子的一举一动都是跟着父母学的。你言而无信，说了不算数，就等于教孩子撒谎。这可是要不得的。”曾参不顾妻子的阻拦，果断地把猪杀了。

孟轲的母亲也是一位教育孩子的有心人。她言行谨慎，教子有方，为世人颂扬。在孟轲小时候，有一次看到东邻家杀猪，他跑回家去问母亲：“东邻家杀猪干什么？”母亲正在忙着织布，未加思索，随口说道：“杀猪给你吃肉呗！”孟轲听了，自然很高兴。话刚说出口，孟母自觉失言，马上意识到自己做了一件错事，很懊悔地自言自语道：“我今天这是怎么了？当我还在怀着他的时候，就注意实行胎教，言行谨慎，生怕对他有不良影响。现在他都懂事了，我却这样不慎重，轻易地许诺给他吃肉，人家杀猪哪里是给他吃的呢？我这样说，不明明是在欺骗他吗！”孟母深深自责。尽管她家当时生活很困难，还是买了猪肉给孟轲炖好吃了，挽回了即将造成的言而无信的不良影响。上述这些故事，很值得家长们深思。

对于年龄较小的孩子，以另外的对象或事物转移孩子的注意力，是比较容易做到的。对年龄较大的孩子，就不那么容易了。对年龄大一点儿的孩子，要转移注意力，可以采取摆事实、讲道理，即“晓之以理”的方式，使其明白利害关系，懂得需要和可能的关系。或者采取家长和子女双方都暂时妥协一步的方法，双方都进一步冷静思考，反复斟酌，利用时间的帮助，逐步缓解对立，达到统一。然后，再引导子女把注意力转移到其他事物或方向上去，以便另外等待或寻求机会进行教育。

[思考与研究]

1. 你认为“教育子女有绝招”的观点，在理论上有什么错误，在实践中有什么危害？

2. 举例说明“掌握分寸，划清界限”在子女教育中有什么实践意义。

3. 结合家庭教育实际，说明选择教育机会的依据。

4. 要掌握和运用好家庭教育艺术，家长必须具备哪些条件？

第九章
独生子女的家庭教育

第一节 独生子女问题的提出

儿童、青少年是国家的未来，民族的希望。独生子女作为一个特殊的社会群体，不但在今天，而且在未来的社会生活中都有着举足轻重的作用。独生子女的家庭教育不能不引起人们的关注。

一、独生子女日益增多

新中国成立以后，我国实行了计划生育政策，家庭子女的数量日益减少，并且出现了一些独生子女。但是，独生子女的绝对数量不多，在儿童、青少年中的比例也很小，在社会上的地位也不显著，没有引起人们的关注。

进入20世纪80年代以后，情况发生了变化。在此之前，我国政府虽然提出要实行计划生育，号召人们移风易俗，减少生育子女的数量，但在每对夫妇生育子女的数量上，并没有提出具体的严格的指标。80年代初，我国政府提出一对夫妇只生育一个孩子，并且逐步制定、完善相应的政策，这样，我国的独生子女就大批出现了。

1984年年底，我国政府有关部门对实行计划生育政策以后出生的独生子女进行了统计。当时，我国的独生子女就已达3 500万人。在所有育龄夫妇家庭中，独生子女家庭占21.2%。差不多在四户育龄夫妇家庭中，就有一户是独生子女家庭。这个比例，在城镇要比农村大，大城市要比小城镇大，内地要比边远地区大，先进地区要比落后地区大，文化发达地区要比文化落后地区大，汉族地区要比少数民族地区大。例如，当时北京市的这一比例就高达43.3%，差不多每两户育龄夫妇家庭中就有一户是独生子女家庭。

独生子女在我国大批出现，其意义是非常重大的。从宏观角度看，它意味着我国人口的出生率和增长速度大幅度降低，有效地控制了我国人口自然增长的速率，减轻了社会人口激增造成的压力和负担，有利于促进我国社会生产力和国民经济以及文化教育事业、社会福利事业等方面的进一步迅速发展，使社会主义现代化在我国早日实现，使我国人民尽早享受高度物质文明和精神文明生活。

从微观角度看，独生子女的大批出现，独生子女家庭日益普遍，使我国家庭的规模缩小，结构简单，传统的家庭生活得到改变，大大减轻了父母对未成年子女在抚养、照料、管理等生活方面的负担；而相应地在子女的培养教育上，投入更多的精力，花费更多的时间，下更大的功夫，多增加智力投资，提供更丰厚的物质生活条件。这样，既有利于孩子享有丰富的物质生活和精神生活，身心得到健康发展，也有利于家长自己的身心健康、工作、劳动、学习和思想进步，使家庭生活更幸福。

总之，独生子女在我国大批出现和迅速增多，这是一件利国利民的大好事，不仅具有重大的现实意义，也有深远的历史意义。

二、中国过去为什么独生子女极少

中国过去独生子女极少。有一对夫妇只生育一个孩子的，也是在特殊情况下，不得已而为之。现在，我国独生子女大批出现，这反映了人们生育观念的转变。尽管我国独生子女数量发展很快，但生育观的根本转变，仍旧是一个较为缓慢的过程。

中国过去是一个典型的封建家族社会，人们头脑里的家族观念甚为浓重。长期以来，中国人都把儿女看作传宗接代的“香火”，认为子孙多是“人丁兴旺”，是家族繁荣昌盛的条件和标志。因此，人们都讲究“多子多福”，希望“儿孙绕膝”，陶醉于“儿孙满堂”的家庭生活。同样也是由于家族观念浓重，为保证家族的兴旺不衰，抵御外家族的侵扰，必须多生子女。因为子孙后代多，是“人多势众”，家族势力大，不受欺负，日子过得安稳，心里踏实。

这种“多子多福”的生育观念，从根本上说是来源于落后的生产方式和低下的生产力。在旧社会，我国的生产方式极为落后。人们从事的是简单劳动，靠体力吃饭，生产力发展水平相当低下。那时候，生产劳动中的智力成分很少，用不着什么科学文化知识，落后的生产方式没有也不需要对劳动后备力量在文化素质和科学文化知识水平上提出什么要求，只要有体力能干活就可以了。特别是自封建社会以来，我国实行的是自给自足的自然经济形式的小农经济体制，一个家庭就是一个独立的生产单位，人们基本上都是在家庭范围内进行生产劳动，通过家庭的生产劳动维持全家人的生活。在那种情况下，人们要想维持和改善家庭生活，唯一有效的途径和办法就是增加劳动力的数量。有钱的人家可以花钱雇用劳动力或出租土地，而广大劳动人民没有别的办法，只有靠多生子女，特别是多生男孩来增加劳动力。

新中国成立以前，广大劳动人民受压迫受剥削，不仅在政治上没有地位，在生活上也没有可靠的保证。做父母的都担心将来年老失去劳动能力以后，没有其他可靠的经济来源，难以维持生活，只能指望儿女养老送终，这样，就形成了“养儿防老”的生育观念。在生产方式落后和生产力水平低下的情况下，子女数量少，做父母的担心生活来源不可靠，于是就多生育子女，以解除后顾之忧。

封建的家庭伦理道德观念也是促使人们尽可能多生育子女的重要社会因素。在封建社会，“三纲五常”的伦理道德提倡孝道，要求做子女的以“孝为百行之首”，而“不孝有三，无后为大”。如果一个人没有后代，那是最大的不孝，要遭受家长、族人的痛恨和社会舆论的谴责。在以“父子为中心”、父权制为重要特征的封建家族社会里，只生育女儿，不算是有后代，必须要生男孩。那时候，在男尊女卑的思想观念支配之下，妻子对丈夫的主要义务就是生儿育女，以为男方家族传宗接代，传递“香火”。妻子是以生男孩、多生儿女为荣耀，以生女孩、不能多生为耻辱，并由此决定她在家庭里的地位和境遇。在封建社会，丈夫休弃妻子有七条理由，其中头一条理由就是不能生育：“七出者：无子，一也。”即或是不被休弃，不能生育的妻子也会受歧视甚至虐待。有的男子，就是为了孝祖先，不惜再娶二房、三房，以期能有后代，使家族的“香火”不断。

新中国成立以前，医疗保健科学技术很落后，婴幼儿死亡率相当高，高死亡率要求以高出生率来补偿，因此，只有多生子女才有可能免于“绝后”。

由于上述种种原因，新中国成立以前，多子女家庭十分普遍，一对夫妇生育三个五个孩子那是保守的，生育七个八个是平常的，有的甚至生育十多个孩子。那时候，虽然婴幼儿的死亡率相当高，儿童早夭现象相当普遍，全国每户平均人口数仍在五口以上，有的省份甚至平均高达七口人以上，独生子女是极个别的现象。

新中国成立以后，我国建立了社会主义制度，但由于种种原因，社会主义制度的优越性未能充分发挥出来，我国的生产力发展水平还比较低，经济文化的发展没有达到应有的高度，生产方式还比较落后。特别是广大农村，手工劳动还占主要地位，家庭劳动力多，收入就多，生活就富裕。由于我国人民消费水平比较低，抚养孩子的费用相应也低，即或是多生几个孩子，也增加不了多大的负担。况且，孩子长大了，能成为劳动力。因此，生产方式的落后和生产力水平的低下，仍旧作为重要因素刺激人们多生育子女。

几千年封建社会形成并遗留下来的封建伦理观念，不可能在新中国成立以后的二三十年中完全被清除，“传宗接代”、“多子多福”、“重男轻女”等旧的思想观念还有很大的影响。尤其是在农村，在经济文化发展比较落后的地区，传统的旧观念旧意识还相当严重，多生育子女的现象很普遍。

另外，“左”的思想路线同样反映在人口思想理论上。当时，人们只是看到，人作为劳动者是生产力中最活跃的因素，能够创造社会财富的一面，而没有看到这样一个事实，一个人从出生到成年，由可能的劳动者到现实的劳动者，能为社会创造财富，在这一二十年的漫长成长过程中，还需要大量的物质消费，从而片面地强调人多是好事。在这种“左”的思想影响下，新中国成立以后一段相当长的时间内，人们对于人口发展问题没有给予应有的重视，在人口生育上毫无节制，处于一种无政府状态，多子女家庭仍旧很普遍。

到了20世纪70年代，我国政府在全国范围内普遍提倡计划生育，随着社会的发展，人们的生育观念也在发生变化，生育子女的数量逐步减少，一般是两个子女，也有的是三四个子女，但一对夫妇只生育一个孩子的仍是少数。在为数不多的独生子女家庭中，自觉自愿只生育一个孩子的极为罕见，这主要是在文化层次比较高的知识分子和干部家庭。其他独生子女的出现，一般都是在特殊情况下，不得已而为之。比如，夫妇生育一个孩子后，丧夫、丧妻或离异，不再嫁娶；或者是夫妇患病，经济条件不好，不能供养，等等，主客观条件不允许再多生育，才不得已只生育一个孩子。所以，在80年代以前，我国的独生子女为数不多。

总之，生育子女的动机和数量的多少，反映了一定的生育观。生育观作为一种意识形态，它是社会政治经济在人们头脑里的反映。生育观支配生育行为，直接决定生育子女的数量。所以说，过去中国的独生子女甚少不是偶然的，是由政治经济所决定的。

三、西方国家大批独生子女出现的历史背景

我国的独生子女大批出现，是20世纪80年代的事。可在西方国家，出现大批独生子女却是19世纪末，比我国要早近一个世纪。了解西方国家在19世纪就出现大批独生子女的历史背景，可以进一步认识大批独生子女的出现和政治经济的关系。

19世纪时，资本主义发展进入上升阶段。到19世纪末，科学技术迅速发展，生产手段进一步现代化。高度发达的机械化、电气化使得资本家对于雇佣劳动力数量的需求大大减少，而相应地对于劳动力的质量要求提高，社会上出现了庞大的失业大军。失业成为资本主义国家的一个重大社会问题。为减少失业造成的社会矛盾和压力，西方国家政府希望控制人口发展。社会对劳动力数量需求的减少和对劳动力素质要求的提高，促使人们由对子女数量的追求逐步转向对子女质量的追求。因此，人们生育子女的数量日趋减少。在这种情况下，西方国家的大批独生子女应运而生。

西方国家大批独生子女的出现，其根本原因是政治经济的发展，是生产手段的现代化和生产力水平的提高。同时，由于政治经济的发展所带来的其他社会变革，也促使西方国家大批独生子女的出现。

那么，还有哪些社会变革发挥了作用呢？

第一，大家族逐步消亡。西方国家在资本主义发展以前，也是自给自足的自然经济形式，与此相适应，和中国一样，也是大家族制的普遍存在。随着资本主义的发展，生产的机械化和社会化，生产劳动从家庭转向社会，家庭不再

是生产劳动的唯一或主要单位，人们的家庭观念随之逐渐淡薄，大家族制度发生动摇，家族对其成员的吸引力和控制力大大削弱。生产方式的变化促使人们进行新的社会组合。年轻的夫妇不再向自己原来所属的大家庭靠拢，而主要是向同龄的伙伴、社交的团体、工作中的同事同行靠拢。老年人由于有了退休制和社会保险，而越来越不愿意和子女住在一起。年轻人为了就业也需要离家居住，他们只是遇到重大的事情和节日，如传统的节日、婚礼、纪念日或丧葬等，才同家族的人聚集。这样，大家族对年轻人的行为失去控制，生育子女也不再受大家族习惯势力的束缚和制约，如果愿意只生育一个孩子，就有可能自己下决心。

第二，妇女得到了应有的独立人格的地位。随着社会的进步，妇女的社会地位不断提高，不再是男子的附属品，家庭成员的分工也相应发生变化，妇女不再被束缚在厨房、围裙、奶瓶、尿布和接送孩子上学这一类家务之中。她们取得了独立人格的地位，走出了家门，活动范围广了，视野开阔了，有了自己独立的追求，在社会上和男人展开同等的竞争，上大学，拿文凭，攻学位，争取事业上的成功。有的迫于时间、精力、受教育和就业竞争等方面的压力，干脆放弃做母亲的机会，免得使自己堕入“孩子的陷阱”中去；但更多的人不愿意放弃做母亲的机会和乐趣，为了自己既在事业上做出成绩，又能养育好孩子，只能要一个孩子。

第三，避孕、堕胎技术的发展和完善。在西方国家，信仰宗教的人相当多，而多数宗教的戒律是不限制生育子女的数量。但面对现实生活，年轻夫妇也不能不以现实的态度对待现实生活，认为不能无限制地生育子女。随着医学科学事业的发展，避孕技术不断完善，男女双方都很容易实行避孕，怀孕机会比过去大大减少。这样，要不要孩子，多要少要孩子，能够有效地控制。与此同时，堕胎在西方国家的合法化，如只愿意要一个孩子，也有了确实可靠的保证。

第四，抚养和教育孩子所需费用日益增多。由于资本主义国家经常发生经济危机，通货屡屡膨胀，抚养和教育孩子所需要的费用日益增多，所以，多数人在生育孩子时，不得不从经济负担和家庭生活上进行考虑。这样，经济条件也成为许多人只要一个孩子的原因。

第五，离婚率相当高。在西方国家，家庭的稳固程度相当差，有的已濒于崩溃的边缘，离婚率相当高，这也是促使人们只要一个孩子的原因。像美国，离婚率约占结婚总数的三分之一，破裂家庭越来越多。面对婚后可能分居或离婚的情况，夫妇双方很可能在结婚的最初阶段，就潜意识地考虑到节制生育孩子的数量，以便检验、考察他们的结合是否牢固，他们的婚姻关系能否持久，家庭能否持续稳定下去。为此，有的婚后拖延怀孕的时间，尽可能晚怀孕；有的生完一个孩子以后，拉长第二次怀孕的间隔；有的干脆只要一个孩子，免得以后离婚时给孩子造成困境，给夫妻双方带来麻烦。

第六，家庭经常流动。在西方国家，人口流动较为频繁，举家迁徙是常有的事。孩子太多，在由于家庭迁徙而带来的上学、工作等方面的麻烦，相应会多一些，而少要孩子，这方面的麻烦就少一些。如工作变动需要迁居，人口少，家庭规模小，就可以迅速转移。即或是有一些实际困难，也好解决一些。

第七，一个孩子便于管理教育。除上述种种原因外，这也是许多父母只要一个孩子的重要原因。西方国家社会环境复杂，对孩子有许多消极的影响，青少年犯罪问题严重。面对这种情况，许多父母为更好地管理教育孩子，保证孩子健康成长，下决心只要一个孩子。

综上所述，可以清楚地看到，西方国家大批独生子女的出现，是多种社会因素综合作用的结果，其原因是多种多样的。但归根结底，最根本的原因是生产力的发展和生产方式的变革。

四、我国大批独生子女出现的历史背景

我国大批独生子女的出现，是有一个发展过程的。回顾一下这个过程，对于我们贯彻执行计划生育政策是很有好处的。

新中国成立以后最初的几年里，我国人口的发展和往昔一样，依旧是自发的、无限制的，每对夫妇生育孩子数量，没有一点减少的趋势。其原因，除了生产力发展水平低、生产方式落后和“传宗接代”、“多子多福”的旧观念仍旧发挥作用以外，还由于当时人口无计划的迅增和有计划增长的物质资料生产并没有发生严重不协调，那时的人口理论和社会政策措施实际上不是限制，而是

鼓励人们生育的。在人口理论上，误以为人口不断地迅速地增长是社会主义人口规律的客观要求，是社会主义制度优越性的表现。在社会政策措施上，当时城市住房和农村合作化后的自留地都是按人口数量多寡分配，国家和集体对家庭子女多造成的生活困难给予补助，严格限制人工流产，禁止绝育，等等。

20 世纪 50 年代中期，我国人口迅速增加到 6 亿，人口无计划地迅增和社会经济的发展矛盾开始显露出来，儿童、青少年入学、升学和城市住房问题开始紧张，妇女避孕节育的要求变得强烈，学者中间也开始出现控制人口增长的主张。有鉴于此，1956 年，周恩来总理代表中国政府在《关于发展国民经济的第二个五年计划的建议的报告》中提出："为了保护妇女和儿童，很好地教养后代，以利民族的健康和繁荣，我们赞成在生育方面加以适当的节制。"

1958 年，在全国范围内，一个以高指标、瞎指挥、浮夸风和"共产风"为主要标志的"左"倾错误泛滥开来，在人口理论领域也发展到严重地步。当时人口理论的错误表现在两个方面：一是无视人是生产者和消费者的统一，把人是生产者的一面夸大到荒谬的程度，提出"人口越多越好"的"理论"，甚至说人口越多、增长越快就越有利于多快好省地建设社会主义；二是把主张节制生育、控制人口的理论不加分析地一概斥为马尔萨斯反动人口论。在这种情势下，刚刚提出的控制人口的思想和控制人口的理论变成了"禁区"；与此同时，鼓励人口增长的宣传和社会措施照常继续坚持。结果，家庭的子女数量有增无减，全国人口继续自发地、无计划地迅增，以至于 1963 年出现了新中国成立后最高的人口出生率水平——43.4‰和最高的人口自然增长率水平——33.3‰。①

由于经济建设指导工作中的错误，加上自然灾害和外国政府撕毁合同，我国国民经济在 1959 年到 1961 年间出现了严重困难，由于多年人口迅增酿成的隐而未发的人口压力，强烈地显露出来。面对这种新的情势，中共中央和国务院在 1962 年联合发布《关于认真提倡计划生育的指示》，提出："在城市和人口稠密的农村提倡节制生育，适当控制人口自然增长率，使生育问题由毫无计划的状态逐渐走向有计划的状态，这是我国社会主义建设中既定的政策。"

① 国家统计局编：《中国统计年鉴（1983）》，中国统计出版社 1983 年版，第 105 页。

1966年开始的“文化大革命”，给我国各族人民带来深重的灾难，使刚刚建立起来的人口机构陷于瘫痪，刚刚开始不久的人口控制工作被迫停顿，刚刚萌芽的人口政策面临夭折的危险，家庭子女数量刚刚出现的减少的趋势又出现了回潮。从1966年到1971年，出现了新中国成立以后人口持续高速增长的时期，平均每年净增人口2 000万人以上。早已潜在的人口问题日益显露出来，人口压力严重，人口增长过快和社会主义建设事业的发展产生了一系列的尖锐的矛盾，诸如人口与经济生活水平的矛盾、人口与资金积累的矛盾、人口与劳动生产率的矛盾、人口与就业的矛盾、人口与教育事业发展的矛盾、人口与国民素质提高的矛盾、人口与消费水平提高的矛盾等等。

面对上述事实，20世纪70年代初，毛泽东同志发出“人口非控制不行”的指示。从中央到地方、到基层单位陆续建立计划生育工作机构，并提出了“晚、稀、少”作为政策的基本要求，即鼓励男女青年晚婚晚育，鼓励夫妇拉长两胎之间的间隔，鼓励夫妇少生子女。后来明确为“最好一个，最多两个”。政策的重点放在少生子女上。

1978年中国共产党十一届三中全会以后，人们对于人口过快过多地增长所造成的人口问题有更加深刻的认识。中央明确提出人口问题是“重大战略问题”、“长期的战略任务”，“实行计划生育，是我国的一项基本国策”。从这个认识高度和具体目标出发，根据我国人口增长仍较迅猛的新情势，进入20世纪80年代以后，大力提倡和鼓励一对夫妇只生育一个孩子，并且进一步完善有关政策和加强管理。

我国的计划生育政策无疑是正确的，但要真正得以贯彻执行，取得相应的社会效益，必须变成人民群众的行动。

计划生育政策的提出，是从我国的国情出发，是根据社会发展的需要。实行计划生育，提倡和鼓励一对夫妇只生育一个孩子，不仅有其必要性，也有贯彻执行的可能性。也就是说，人民群众接受并贯彻执行计划生育政策，具备了物质的和思想的基础。

第一，生产力的发展和生产方式的变革，提供了物质基础。党的十一届三中全会以后，我国实行改革开放政策，解放了生产力，活跃了城乡经济，人民群众生活水平提高，没有后顾之忧；生产手段的现代化，使体力劳动日益减轻，生产劳动中的脑力劳动因素增加。这样，人们逐步从过去单纯追求子女的数量转移到减少数量、提高质量上，“生男生女都一样”的观念逐步树立。

第二，随着社会的发展，时代的进步，人们的思想观念也发生变化，“传宗接代”、“多子多福”的思想逐步淡化。生育子女的“物质动机”，诸如养儿防老，逐步转变为“精神动机”，诸如有子女可以增加家庭情趣，使精神生活充实。

第三，医疗保健事业的发展，婴幼儿成活率高，使夫妇可以放心大胆地少生，以至于只生一个孩子。避孕、堕胎技术的发展，也保证夫妇少生，或只生育一个孩子。

第四，人们物质消费水平提高，抚养教育子女所需费用成倍增加，子女多，家庭难以承受经济负担。只生育一个孩子，既可以享受到天伦之乐，又可以减轻经济负担，使家庭生活幸福。

第五，妇女同男子一样走出家门就业参加工作，双职工家庭日益普遍，子女多了，抚养教育所花费的时间和精力太多，难以承受。只生一个孩子，可以减轻夫妇负担，有利于身心健康和自身发展，对工作、学习都有好处。

第六，独生子女的人身保险和独生子女家长的养老公益事业的发展，也解除了人们的后顾之忧。

鉴于上述原因，一对夫妇只生育一个孩子，既有必要性，也具备可能性；既有利于国家，也有利于人民群众。所以，进入 20 世纪 80 年代以后，大批独生子女在我国出现。

五、独生子女的教育事关重大

随着我国独生子女的日益增多，独生子女的教育工作越来越受到社会各界的高度重视。为什么呢?

第一，独生子女教育关系到国家的未来。

独生子女家庭在我国日益普遍，独生子女的绝对数量和在儿童青少年中的比例迅速增长，这一现象意味着：随着时间的推移，独生子女将成为我国社会主义现代化建设事业劳动后备力量重要的甚至是主要的组成部分。如果说过去由于我国社会生产力发展和科学技术水平较为低下，生产手段较为落后，对劳动后备力量在德、智、体诸方面的素质没有提出，也不需要提出更高的要求的话，那么在今后，随着科学技术的进步、生产力的发展和生产手段的现代化，社会对劳动后备力量在德、智、体诸方面素质的要求，势必会越来越高。作为我国社会未来的劳动者的独生子女，他们所受到的教育效果如何，他们的思想品德、文化素养、知识水平和体质状况如何，对未来的现代化建设事业起着举足轻重的作用，甚至也可以说决定着我国社会主义现代化建设事业发展的速度和成败，决定着我们中华民族的兴衰荣辱。

第二，独生子女教育关系到我国计划生育政策的实施。

从继续推行计划生育这项基本国策的角度看，普遍推行一对夫妇只生育一个孩子的政策，在很长一段时间内确实是控制我国人口激增的一项有效的和十分必要的措施。

一个家庭只有一个孩子，很自然，全家人把希望全都寄托在这一个孩子身上。独生子女作为国家未来的劳动后备力量，国家当然希望提高他们的素质；作为家长和家庭的希望，更是迫切希望他们有很高的素质。如果我们的独生子女教育工作实现了科学化，很成功，独生子女的身心发展状况普遍良好，广大家长和社会各界都很满意，人们就会更有信心地（或者说更放心地）继续坚持计划生育，这样，我国人口增长的速率就会继续得以有效地控制。相反，如果我们对独生子女所进行的教育工作不成功，或是效果不那么理想，独生子女身心发展状况不佳，人们就会怀疑，以至于抵制计划生育政策，这样，就会影响我国人口数量的有效控制，加剧人口增长速度过快、人口数量过多的矛盾。

因此，从这个角度说，独生子女教育也是事关重大。

第三，独生子女教育关系到千家万户的利益。

从每个家庭利益的角度看，现在我国虽然绝大多数家庭生儿育女不是为了继承家产、家业，但子女的身心发展状况和父母及家庭关系极大。一对夫妇只有一个孩子，每个家庭的前途与未来，全部寄托在这唯一的一个孩子身上。除此以外，别无其他指望。独生子女家庭和多子女家庭不一样，多子女家庭的第一个孩子不成才，可以指望第二个，第二个还不行，再培养第三个……独生子女家庭没有这种回旋的余地。独生子女在德、智、体诸方面素质如何，是否能成才，直接关系到家庭的切身利益，关系到每个家庭的兴衰，关系到每个家庭的幸福，也关系到家长在社会上的“形象”。中国过去有一句古语：“母以子贵。”如果独生子女身心发展状况良好，有出息，有作为，父母精神上就会得到宽慰，心理上得到满足，对生活充满信心和希望，家庭生活就会幸福美满。假如，仅有的一个孩子身心发展状况不好，或是在思想品德上出了问题，违法犯罪，就会给家长带来烦恼和痛苦，家长就会对生活失去希望和信心，不但家庭得不到幸福，对社会也会造成危害。

独生子女的成长，同非独生子女一样，也需要学校教育和社会关心。但是独生子女的教育问题，说到底，首先是一个家庭教育问题。独生子女身心发展状况如何，首先取决于起奠基作用的家庭教育的成效。家长们深知家庭教育关系重大。因此，每个独生子女的家长都把孩子的教育问题，看作是家庭生活中的一件大事，家家户户都很重视。

第四，独生子女教育关系到学校教育的成效。

从学校教育的角度看，过去学校里虽然也有独生子女，但毕竟是学生中的少数。独生子女家庭教育和影响的天然的局限性，虽然也通过学生带来一些不良因素，但在学生集体生活中影响不大，并没有成为普遍的问题。进入 20 世纪 80 年代以后，情况发生了变化，独生子女一批一批地进入学校，在学生中的比例逐年增大。由于独生子女家庭生活环境的特殊性和教育上的不得法，独生子女在行为习惯和个性发展中的一些弱点，在学生集体中得到集中而强烈的反映，使得学校教育面临着许多新情况、新特点和新问题。学校教师不得不花很大的气力对独生子女进行再教育，以纠正他们在家庭生活中养成的一些普遍性的毛病，使之尽快适应学校的集体生活。在实践中，学校深深体验到，没有家庭教育的有力配合，单靠学校是不能把儿童青少年教育好的，必须下大力加强和改善学生的家庭教育。为了使家庭教育和学校教育一致起来，把家庭教育和学校教育这两股教育力量拧成一股绳，学校除了搞好校内的各项教育工作以外，还要指导学生的家庭教育，向家长传授教育子女的科学知识，促使家庭教育科学化。因此，广大中小学和学前教育机构也非常关心、重视独生子女教育问题的研究，注意独生子女家庭教育的状况。

第五，独生子女教育有待加强。

国家、社会、家庭、学校对独生子女的期望和要求都很高，希望他们个个身心发展良好，希望他们个个成才，这对独生子女的成长和进步，是一种强大的推动力。这是问题的一个方面。而另一方面，我国独生子女的教育实践还没有积累更多的成功的教育经验，教育实践中还不同程度地存在许多盲目性和主观随意性。对于独生子女身心发展的特点和教育规律的研究、探讨，特别是对于我国具体条件下的独生子女教育的规律研究得不够，在教育实践上还没有从“必然王国”发展到“自由王国”。在我国实行一对夫妇只生育一个孩子的政策以前，我们对于独生子女教育问题缺乏应有的舆论和理论上的准备。大批独生子女的出现，广大家长在子女教育上缺乏心理上的准备；我们对于独生子女家庭教育的指导，渠道不够畅通，工作也不够得力；在对独生子女的认识上和社会舆论上也有一些偏差，宣传上有一定的片面性，致使许多独生子女家长在教育上缺乏理性认识和具体办法，有的甚至是束手无策、一筹莫展。特别是在中国，长期以来，家庭的子女数量很多，人们已经习惯于大家庭、子女多的家庭生活，一下子把子女的数量降低到最低限度——只有一个，这在中国家长心理上造成了巨大的反差，普遍有一种失落感，感到不满足，甚至为此失去了心理平衡。因此，娇惯溺爱的现象相当普遍。由于上述种种原因，许多独生子女身上出现了一些确实令人担忧的毛病和问题。联想到独生子女肩负的重大社会责任和家庭责任，难免使人们产生忧虑。这也是独生子女教育问题引起社会各界密切关注的一个重要原因。

总之，独生子女教育问题事关重大，必须认真研究，切实加强，不断改善。广大独生子女家长也要把独生子女的教育问题，当成一件关系国家、民族前途和命运的大事来对待，切实提高自己作为教育者的素质，以便更好地承担起社会赋予的神圣而光荣的历史使命。

第二节　必须正确看待独生子女

马克思主义认为，要改造客观世界，必须首先认识客观世界。正确认识客观世界是改造客观世界的前提。

独生子女是我们的教育对象，我们的任务是教育好独生子女，把他们培养成才。要实现这一任务，首先必须对独生子女有一个正确的、全面的、合乎实际的看法。如何看待独生子女，关系重大，它直接影响家长的教育态度和措施，并且是决定独生子女教育工作成败的一个重要因素。对独生子女认识的任何偏差，都会导致教育实践上的失误。不能正确认识独生子女，在教育实践上难免陷入盲目，弄不好就会导致失败。

自从我国大批独生子女出现以来，国内有不少人进行调查研究，首先对独生子女和非独生子女进行比较。调查的结果，有的认为独生子女身心素质和表现比非独生子女好，有的则认为相反，出现了两种完全对立的看法。近些年来，后一种看法逐步占了上风，甚至有些人还认为独生子女普遍患了一种心理疾病——“四二一综合征”，并说此症大有蔓延之势，致使人们对独生子女身心发展前景产生了种种忧虑。

究竟如何看待独生子女？独生子女和非独生子女相比较，有没有本质上的特异性，换句话说，独生子女是特殊儿童，还是普通儿童？这是人们普遍关心的一个问题。怎样认识独生子女，事关重大，很有必要弄清楚。

一、历史上对独生子女的几种看法

我国对独生子女教育问题的研究，是近几年才开始的，而在国外，19 世纪末 20 世纪初，西方的医学家、心理学家就已开始了独生子女问题的研究。回顾一下独生子女问题的研究，对于我们今天正确认识独生子女是很有帮助的。

19 世纪末，欧美国家随着经济近代化的发展，就开始实行人口控制政策，社会上出现大批独生子女，并且开始独生子女问题的研究。1898 年，美国心理学家鲍哈诺教授经过大量调查研究，发表了世界上第一篇独生子女研究的论文——《家庭中的独生子女》，开创了世界范围内独生子女问题研究的先河。这个研究是从美国心理学之父霍尔指导下的特殊儿童研究中发展起来的。鲍哈诺在研究中发现，在特殊儿童中，独生子女占了极大的比例。并且还发现，独生子女固然有温和、正直、驯良、宽容等优点，但也表现出自私、娇气、嫉妒、固执、早熟等缺点。于是，他们便将独生子女也作为特殊儿童加以研究。

稍后，德国小儿科医师内特尔总结自己的临床经验并吸收鲍哈诺的研究成果，在1906年写成了一部题为《独生子女及其教育》的专著，成为德国独生子女教育问题研究的先驱者。内特尔经研究认为，独生子女是有特异性的"问题儿童"，他们缺乏独立奋斗的能力，依赖心十足，没有办事能力，不会待人接物，缺乏社交能力，早熟、孤僻、神经过敏、娇气、身体虚弱、任性、冷酷、嫉妒等。

德国的施麦因格总结了内特尔、鲍哈诺以及其他学者阐述的独生子女的特异性，并对照独生子女的心理和青春期心理特性加以研究，系统地阐述了独生子女的特异性。他们阐述的特异性，几乎可以说是包揽无遗的，具体如下：

自私自利；骄傲自大；好自己深思；无益的反省；对自己的身心过于敏感；健康状况不佳；情感过分微妙；忧郁症的倾向；神经质及歇斯底里；集体中的以我为中心的行为；刺探别人心思的行动；好找别人岔子；架子太大；不合群；缺乏勇气；办事能力差；好空想，吹牛；智能好但学习成绩差。

综观上述独生子女的特异性，可以说独生子女是典型的"问题儿童"，是"问题疙瘩"。这使人自然想到美国心理学家霍尔曾经说过的一句名言："是独生子女，仅这一客观事实本身，就是一种疾病。"

20世纪30年代，苏联也出现了大批的独生子女，引起了社会的极大关注。马卡连柯经过观察研究，认为独生子女"成了最困难的教育对象"，"是社会的危险物"。他说："可以完全肯定地说，教育一个儿子或女儿比教育许多儿童困难得多。"① "甚至在最好和最幸运的情形下，甚至在有才能而又关心的父母手里，要教育一个独子，也是一种极端困难的工作。"②因此，他劝告父母："即使家庭在物质上存在某些困难，也不可以只要求生一个孩子。""如果只有一个孩子，而且因为某种原因，不能再生第二个孩子，那怎么办呢？很简单：要一个别人的孩子，从儿童之家抱一个孩子，或者收养一个没有父母的孤儿……不管你的物质条件多么困难，你一定要这样做。"③他还回顾他的亲身经

①②③ 《马卡连柯全集》第4卷，人民教育出版社1957年版，第396、103、160—161页。

历说，在工学团工作期间，“经我的手教育过的有家的（犯罪）儿童大约有四五百人，他们很少是从多子女的家庭里来的，在大多数情况下都是一些独生子女”。

以上是国外独生子女教育问题早期研究的一种观点。霍尔和鲍哈诺作为心理学家从心理学的角度研究，内特尔和施麦因格作为医学家从医学的角度研究，马卡连柯作为教育家从教育学的角度研究。尽管他们的研究角度不同，但是殊途同归，结论一致：都认为独生子女是具有特异性的“特殊儿童”或“问题儿童”。

到 20 世纪中期，国外一些专家经过调查研究，又提出了一种与上述观点截然相反的观点，否定了那种认为独生子女是“特殊儿童”或“问题儿童”的观点。

例如，美国加利福尼亚州的约翰·克劳迪等人，从 1960 年开始，到 1980 年完成的综合研究中，通过对 40 万名中学生的调查、对比，发现独生子女比非独生子女更聪明，更富于创造性，更有教养，更成熟，对事业更敏感。美国精神健康研究所发表的《对出生次序、个性和智力商数的研究说明了什么?》一文所得出的结论是：头生子女一般都很有成就，独生子女也很出色，并认为独生子女智力较强。论文中有关统计数字表明，头生子女和独生子女在《名人录》中几乎占统治地位；在有成就的行政或商业领导中，同样也显示出这个特点；在美国的宇航员中，首批执行太空任务的 23 人中，头生子女和独生子女就占了 21 个。有两位美国科学家与纽约州的社会卫生部门合作，在研究了荷兰大约 40 万名 19 岁男青年智力测验的成绩，并对 80 万名男女青年申请全国优等助学金进行了调查之后，也得出头生子女和独生子女在智力上优于其他子女的结论。这里，他们之所以把头生子女和独生子女列在一起，是因为他们认为头生子女在他（她）的弟弟、妹妹出生以前，在一段时间内，曾经是“独生子女”，过了一段独生子女的生活，所以头生子女也具有独生子女一样的特征。

到 20 世纪 80 年代，美国有两位科学家做了大规模的独生子女和非独生子女的比较研究。其中一位科学家对 2 000 名 5 岁的儿童进行了调查，追踪到 16 岁；另一位对 3 200 名独生及非独生的高中生进行调查。两个研究者都发现在智力及能力上，独生子女明显地优于非独生子女，而且发现在高中时独生子女更注重学业，到快 30 岁时，在受教育方面收获也更大一些。

这是国外独生子女问题研究史上的第二种观点。由此，对于独生子女的看法上，就形成了两种完全对立的观点：一种观点认为，独生子女是“问题儿童”，身上存在很多缺点、毛病，是劣等儿童；另一种观点则认为，独生子女是“优等儿童”，身上优点、长处多。

这两种互相对立的观点，有一个共同点，就是都认为独生子女和非独生子女相比较，有独具的特异性，独生子女不是普通的儿童。

二、独生子女也是普通儿童

那么，上述两种观点，究竟哪一种是正确的，是符合实际情况的呢？

应当承认，历史上形成的这两种完全对立的观点，都不是在头脑里空想出来的，是经过调查研究的，是有一定事实依据的。但是必须指出，他们在调查研究中所发现的那些事实，比如独生子女身上的问题、缺点、毛病，或是独生子女身上的那些优点、长处，并不是先天的，与生俱来的，其形成的原因主要是后天的生活条件，其中首先是独生子女后天所处的家庭生活环境及所受到的家庭教育，包括家庭的结构、规模、家庭关系、家庭的生活方式、家长的人生观、文化素养、受教育程度、教养态度、教育能力等等所造成的。原因是客观方面的，而不是主观方面的。他们把所发现的那些事实，完全或首先归咎到“独生”上，是不实际的，也是不科学的。

为什么这样说呢？一是因为在过去的许多研究中，作为研究对象的独生子女数量较少，仅仅调查一部分独生子女，就很容易得出片面的结论，而不可能具有普遍意义的结论。二是过去的许多调查研究中，没有对影响儿童身心发展的所有有关因素进行综合考察，往往忽视了家庭政治、经济、人员构成、家长的文化素养、教养态度、教育能力等因素的作用。比如，鲍哈诺的研究只有没有兄弟姐妹这个条件搞清楚了，但对其他条件都是不明确的。有一个调查，在作为调查研究对象的 44 名独生子女中，双亲俱在的只有 19 人，仅占调查研究对象的 43.3%，其余的要么没有母亲，要么没有父亲，或者父母全没有。把从这种其他重要条件并不均等的情况下进行的比较研究的结果中得出的差异，武断地认为完全是“独生”这一因素所造成的，那肯定难以令人信服。要想得出科学的、符合实际的、具有普遍意义的结论，必须首先排除那些异常性质的因素，仅仅把“独生”和“非独生”这一个因素抽出来，就是说，调查研究的对象，是家庭结构、经济状况、家长的文化素养、教养态度、教育能力等因素都完全相同，只是在“有无兄弟姐妹”这一点上不同，这样将独生子女和非独生子女进行比较，才能得出比较实际、科学的结论。但是很遗憾，要做到这一点谈何容易！

应当承认，人与人之间在遗传素质上是存在差异的。由不同的父母所生养的儿童，其遗传素质是不同的。但是，这种遗传上的差异一般是极少的。如马克思所说：“‘个人之间天赋才能的差异，实际上远没有我们所设想的那么大；这些十分不同的、看来是使从事各种职业的成年人彼此有所区别的才赋，与其说是分工的原因，不如说是分工的结果。’从根本上说，搬运夫和哲学家之间的差别要比家犬和猎犬之间的差别小得多，他们之间的鸿沟是分工掘成的。”① 这里马克思所说的“分工”，实际上是指人的后天所处的生活环境及所受到的教育。过去国外的学者把从对独生子女和非独生子女相比较中得出的某些差异，看成是独生子女的特异性，并由此下结论，说独生子女是“问题儿童”或“优等儿童”，这实际上是遗传决定论的观点。

人们所发现的独生子女和非独生子女的种种差异，即或是和遗传素质不同有一定的关系，那也不是“独生”和“非独生”这一不同所造成的，而是因为孩子分别出生自不同的父母，不同的父母遗传给孩子的素质不同罢了。因为现实的独生子女父母，并不具备什么生育独生子女的特殊的素质；同样，非独生子女的父母，也不具备什么生育非独生子女的特殊的素质。独生子女是相对的，不是绝对的，其身份是可以改变的。如果父母生育一个孩子以后，主观上不想再生第二个、第三个孩子，或是客观上不允许再多生，那么，这个孩子就是独生子女；还是这个独生子女的父母，要是再生一个的话，那么这个独生子女立刻就会成为非独生子女。既然独生子女不是绝对的，那么，只是独生子女才独具的特异性也是根本不存在的。

---

① 《哲学的贫困》，《马克思恩格斯选集》第1卷，人民出版社2012年版，第238页。

历史上形成的认为独生子女有特异性的两种观点，虽都认为独生子女有特异性，但他们所指出的特异性的方向却完全相反，在反映儿童素质的几种重要指标上存在着严重的分歧。比如，有人认为独生子女的身体健康状况不良，有人却认为独生子女整体的身体健康状况比有兄弟姐妹的非独生子女优越；有人认为独生子女的学习成绩是优秀的，有人却认为独生子女的学习成绩是低劣的；有人认为独生子女的性格特征中积极的方面占主导地位，有人认为独生子女的性格特征中消极的方面占主导地位；在社会生活方面，有人认为独生子女善于交往、合群，有人则认为恰恰与此相反。这些完全相反的看法，一直到今天都没有统一起来，所谓独生子女有特异性的说法就不能令人信服了。

在两种完全对立的观点中，有一点是唯一一致的。那就是：双方都认为独生子女的智商平均数为108，非独生子女是103，两组在统计学上有显著的差别。苏联布隆斯基用比奈智力量表测定小学一年级儿童的智力，该年级33名独生子女的平均智力年龄比同班非独生子女高7个月。也有人在小学五年级一个班进行智力测验，结果是独生子女的平均分数为89.4，非独生子女的平均分数为67.7。日本山下俊郎运用整体智能测验法，将中学一年级学生中的独生子女和一般儿童相比较，他把测验对象的智能分为七个等级：最优、优、正常上、正常、正常下、劣、最劣，以“正常”一等为界限。他发现一般儿童整体智能在正常以上的占29.76％，而独生子女整体智能在正常以上的占31.26％；在正常以下的，一般儿童占31.14％，独生子女整体占28.13％。同样也得出了独生子女智能优秀的结论。

仅凭这一点，是不是就可以认定独生子女是具有特异性的儿童呢？

不能。因为一个儿童的智能高低不是先天形成的。人的智能，一般包括注意力、记忆力、观察力、想象力和思维能力等。人的智能高低，当然同先天的遗传素质有关系，但这并不起决定的作用。独生子女的智能如果比非独生子女高一些，也主要是由于家里只有一个孩子，家长对孩子的期望高，关心孩子的智力培养，有时间和精力在发展孩子智力上多下功夫。同样，如果非独生子女的家长也能和独生子女的家长一样地在孩子身上下功夫，非独生子女的智能也会和独生子女一样的优异。事实也是如此。

尽管独生子女的智能比较优秀，但在实际的学业成绩上，独生子女并不一定也优于非独生子女。许多事实都说明了这一点。如德国施麦因格在他所叙述的独生子女的“特异性”最后一条所指出的那样：“智能优秀但学习成绩差”。这个结论是不是自相矛盾呢？学习成绩和智能高低有密切关系呀。是的，是有关系。但是，由于一般的独生子女家庭对孩子娇惯溺爱，缺乏严格要求和严格训练，致使许多独生子女缺乏毅力，缺乏吃苦耐劳、克服困难的精神，再加上独生子女家庭条件一般比较优越，孩子缺乏通过学好功课、得到理想的职业，进而改善生活条件的愿望和要求，学习积极性不高。而一个人学习成绩的优劣，不仅仅取决于他的智力因素，在很大程度上取决于非智力因素，诸如学习目的、学习态度、兴趣、爱好、意志、性格、习惯等等。一个儿童如果缺乏学习的积极性、主动性和克服困难的毅力，不具备良好的学习习惯，就不可能把较为优异的智能转化为优异的学习成绩。因此，仅就智能优秀这一点，也不能说明独生子女有什么特异性。

近几十年来，随着科学研究方法的逐步完善和科学化，独生子女问题的研究又有了很大的发展，对于独生子女又出现了新的看法。

1928 年，即在鲍哈诺发表《在家庭中的独生子女》一文 30 年以后，美国的胡恩顿经过对独生子女问题的专门研究，否定了以前那种认为独生子女有特异性的观点。然后，美国的胡卡、乌斯塔、季尔福特等人，也都得出了同胡恩顿同样的结论，认为独生子女和非独生子女相比较，几乎没有什么差异。这是独生子女问题研究史上的一个新的突破，具有重要的理论意义和实践意义。

自 1980 年以来，我国也开始就独生子女的看法问题进行了较为周密、深入的调查研究。比如，1982 年辽宁省教育科学研究所对沈阳、锦州、铁岭、阜新、凤城五个地区的 10 所城镇幼儿园进行了调查，随机抽取 270 名 3～6 岁独生子女和非独生子女。调查测试的内容包括：身高、体重、胸围三项身体发育水平，生活知识、自然知识、社会知识、实物、图形、言语、词汇、数概念、理解问题等 10 项心智发展水平，礼貌与无礼、友爱与不友好、合群与孤僻、公正与自私、自制与任性、勤劳与懒惰、俭朴与挑食挑穿、主动与被动、大方与吝啬、果断与主观、上进与不上进等 11 项行为表现，分别进行测量统计与观察、问卷的计数统计。中国科学院心理研究所也进行了几项研究：1985 年进行了关于 3～6 岁独生子女和非独生子女类比推理能力的比较研究，对图形类比推理、图片类比推理和数类比推理几方面的平均成绩和发展水平进行比较；1984年对六个幼儿园的5～7岁的265名独生子女和非独生子女的独立性和攻击行为等个性特征进行了观察记录；1984年对96名3～4岁的独生子女和非独生子女入幼儿园初期（一个月内）的情绪状态进行了逐日的观察评级。上述这些调查研究的结果都表明，独生子女和非独生子女相比较，在德、智、体几方面的情况并没有显著差异。

科学研究的结果告诉我们，不能把独生子女看作特殊儿童，他们和其他儿童一样，也是普通儿童。

三、必须纠正对独生子女的偏见

20世纪80年代，国外一家很有影响的报纸以《3 500万小皇帝》为题，报道了中国独生子女的状况；另外一家外国报纸又以《中国的独生子女成了温室的娇花》为题著文，对中国的独生子女的发展前景表示了担心。国外的这些反映不是偶然的，实际上，它反映了中国舆论界对独生子女的看法。

我国舆论界对独生子女普遍抱有偏见，即认为独生子女身上的毛病多、缺点多，把独生子女称为“小皇帝”、“小太阳”。也有像“美国心理学之父”霍尔那样，认为独生子女是“病态儿童”，说中国的独生子女普遍患了一种疾病——“四二一综合征”。有不少人一提到独生子女就摇头、叹息，对独生子女的发展前途忧心忡忡。这是一种偏见，必须加以纠正。

应当承认，目前我国有些独生子女在行为习惯上确实存在一些毛病，比如娇气、骄傲、生活自理能力差、独占欲强、不爱惜东西、不爱劳动等等。这是事实，不能完全否认。但是，我们也必须正视这样一个事实，那就是：上述这类缺点、毛病，并非仅存于独生子女身上。在非独生子女的家庭里，孩子都不太多，或者是因为一儿一女，或是因为两孩子在年龄上差距较大，家长往往把两个孩子看作是“两个独生子女”，和独生子女一样地对待，一样地娇惯溺爱。在那些多子女家庭里，子女中的“老疙瘩”、唯一性别者、聪明伶俐者、学习成绩拔尖者、身体病弱者、长相漂亮者，家长往往因此偏疼偏爱，而对其迁就姑息，不管不教，放任自流，这些孩子身上的毛病、缺点，甚至比独生子女有过之而无不及。总之，目前的孩子，不管是独生子女还是非独生子女，身上的毛病、缺点大体都差不多，只是程度不同罢了。孩子身上的毛病、缺点，不仅有家庭的烙印，更有时代的特征。就是说，既有个性，又有共性。我们不能只看到独生子女身上的毛病、缺点。

既然独生子女身上和非独生子女身上都有类似的毛病、缺点，为什么人们对独生子女的发展前景担心呢？这是因为独生子女是近些年才在我国出现的一个社会群体，人们特别予以注意。而一个家庭只有一个孩子，人们把希望全部寄托在这一个孩子身上，期望自然很高，希望孩子能十全十美、完美无缺。在这种心理支持之下，独生子女身上的毛病、缺点也自然会引起人们的注意，并且被夸大。

事实上，现实生活中的我国少年儿童，包括独生子女和非独生子女，其绝大多数都是品学好的和比较好的，差的只是极少数。许多调查研究的结果都可以表明这一点。据某市对两所小学412名独生子女学生所做的调查和测定，发现他们在行为表现、文化学习、身体素质等方面都优于非独生子女。三好学生、好队员比例是：独生子女14%，非独生子女8.5%；少先队大、中、小队长比例是：独生子女5%，非独生子女10.9%；身体素质方面，80%以上的独生子女身高高于非独生子女，90%以上的独生子女的体重高于非独生子女。这说明，从整体上看，独生子女在身心发展上是健康的，和非独生子女相比要更好一些。

近几年，我国关于独生子女的调查研究，多侧重于学龄前儿童，这是由于学龄前儿童中独生子女所占比重较大。在调查中，发现处于学前阶段的独生子女，在行为品德上，缺点、毛病是多一些。但是，在对幼儿园、小学、中学做了系统调查之后，人们欣喜地发现，独生子女随着年龄的增长和学龄的提高，在行为习惯和思想品德上有很大的变化，其变化趋势是越来越好。例如，沈阳市有关部门在和平小学、桂林小学、南京小学、一二六小学等四所小学里，对233名独生子女和3 716名非独生子女进行考察和了解，发现独生子女不良行为人数的比例虽然还大于非独生子女，但是这个比例和学龄前相比已明显降低。比如，任性发脾气的，非独生子女占7%，独生子女占18%，比原来的31%降低了13%；对同学不友好的，非独生子女占7%，独生子女占10%，原来为 30%，降低了 20%；对长辈不尊敬的，非独生子女占 5%，独生子女占 9%，原来为 36%，降低了 27%；不遵守纪律的，非独生子女占 10%，独生子女占 16%，原来为 31%，降低了 15%。他们又从二中、一二一中、十一中三所中学中选择了部分班级作为考察对象，发现独生子女的某些不良行为的百分比，不仅低于小学时期，而且低于同年龄阶段的非独生子女中学生。例如，以不守纪律来说，非独生子女占 10%，而独生子女占 8%，比小学时期的 16% 降低了 8%，在干部、三好学生、优秀生、好团员中，独生子女所占的比例高于非独生子女 16%；调查事实也表明，独生子女在小时候养成的某些毛病、缺点，不是一成不变的，而且在各方面的发展上，独生子女比非独生子女还要好一些。

应当承认，独生子女的家庭结构、家庭生活环境对儿童的行为习惯和思想品德的形成是有一定影响的。但是，孩子们所处的环境，随着年龄的增长、活动能力的提高以及活动范围的扩大，也在不断地变化。如果说独生子女家庭结构和家庭生活环境有些消极影响的话，那么，孩子上了小学、中学以后，他们生活环境更大了，活动范围更广了，接受教育和影响的场合不再局限于家庭，学校、社会成了他们生活、活动的重要场所，特别是学校的学习、生活，同学之间的影响，教师的教育和训练，大大抵消了家庭的某些不良影响。

事实证明，“四二一”的独生子女的特殊的家庭结构和家庭生活环境，容易给孩子以不良影响，但这种可能的不良影响，在独生子女整个成长过程中也并不起决定作用。而且，家长是否娇惯溺爱子女，并不完全取决于家庭中长者的多少和孩子的多少，而主要取决于家长的文化素养、思想觉悟、教育思想、教育能力、教育艺术以及对孩子的态度等等。

总之，独生子女和非独生子女身心发展规律是一样的。不管是独生子女，还是非独生子女，展现在他们面前的道路都是宽阔的。他们能不能成才的关键在于教育，首先是家庭教育。我们切不可对独生子女持有任何偏见，而应当齐心协力，为独生子女的教育和成长，创造一个有益的社会环境。

第三节　独生子女家庭生活环境的特点

如前所述，环境是影响儿童、青少年身心发展的一个重要因素。在儿童、青少年所面临的纷繁复杂的社会环境中，对他们身心发展影响最直接、最深刻、最持久的是家庭生活环境。家庭是儿童出生的地方，是儿童出生后接触的第一个生活环境，生活于其中的时间最长久。从整体上看，独生子女和非独生子女，在遗传素质上并没有什么显著差异，只是家庭环境不同。独生子女的家庭生活环境是特殊的，有许多不同于非独生子女家庭的地方。这些不同之处，对儿童、青少年的影响作用不是绝对的，就是说，可能是积极的，也可能是消极的。为尽可能发挥其积极作用，抑制并克服其消极作用，扬其长，避其短，必须认识独生子女家庭生活环境的特点。

一、没有兄弟姐妹

顾名思义，独生子女是不会有兄弟姐妹的，然而，正是这一点对独生子女的身心发展起着重要的影响作用。

只有一个孩子，没有兄弟姐妹，这一点从教育的角度看，有许多多子女家庭不可企及的优势。

其一，独生子女在家庭里受父母的关注和教育得天独厚，这是非独生子女家庭的孩子所无可比拟的。只有一个孩子，父母可以集中全力关注这个孩子，没有其他孩子与之分享父母的关注。只有一个孩子，父母对未成年孩子在生活上的抚养、照顾所花费的时间和精力就相应地多，而有可能在教育上多花费时间和精力。在非独生子女家庭里，几个孩子都需要关注，父母对子女生活上抚养、照料会占去大量时间，消耗大量的精力，而在培养教育上则是心有余而力不足了。特别是有的家庭，因为孩子太多，家庭收入有限，常常入不敷出。在这种情况下，父母把大部分时间和精力都放在生活的奔波劳碌上，没有时间和精力培养教育孩子，即或是有时间，精神上的重负也使得父母没有培养教育子女的兴趣。而独生子女受父母教育的机会就多得多了。

其二，独生子女在心理上有充分依靠。家里只有一个孩子，父母是孩子最可靠的后盾和保护者，孩子可以无忧无虑地幸福地生活，不用为失去父母的爱、关心、保护而担心。而在多子女家庭里，在最小的孩子出生以后，父母一般要给予更多的关注，当哥哥姐姐的自然会受到冷落，就会在心理上产生失落感，感到孤单，认为父母不重视，对父母产生成见，甚至造成与父母的隔阂。

其三，独生子女没有兄弟姐妹之间相互争宠于父母的麻烦。从父母的角度谈，也不会出现偏宠偏爱的问题。“人之爱子，罕亦能均；自古及今，此弊多矣。”① 偏宠偏爱在多子女家庭里很难避免，对子女危害很大。独生子女家庭就完全避免了这种麻烦。

但是，任何事物都不是绝对的。必须看到，没有兄弟姐妹，对于独生子女的成长来说，也潜在着一些可能的不利因素。

其一，没有兄弟姐妹，家庭里仅有的一个孩子，往往被视为不可多得的“珍宝”，成为家庭关注的中心人物，摆在家庭生活的特殊地位上。孩子是家庭的未来，家长对孩子寄予了极大的希望。独生子女家庭若失去了孩子，就等于失去了全部，家庭的幸福、欢乐全都化为泡影。所以，独生子女家长往往是担惊受怕的，怕孩子生病，怕孩子有个三长两短，甚至孩子咳嗽一声，一家人都会惊慌失措。独生子女往往生活在担心、溺爱、娇惯的气氛中。一切为了孩子，一切属于孩子，一切都由着孩子，一切都服从孩子。一家人真是像众星捧月一样恭维着孩子，像行星一样围着“小太阳”转，也像臣仆一样侍奉着“小皇帝”。一家人往往自觉不自觉地把孩子摆在特殊的地位上，创造了一个特殊的生活环境。“存在决定意识。”这样，孩子很容易滋长特殊的思想、心理和性格。如马卡连柯所说：“独生子女最容易习惯于他占有的特殊地位，变成家庭里真正的暴君。”这里说是“最容易”，而不是“肯定是”，但确实是可能性很大。

其二，没有兄弟姐妹，独生子女在家庭里没有一个“儿童的世界”。儿童的天性是喜欢集体生活和集体活动，特别是乐于和年龄相同或相近的孩子一起

---

① 《颜氏家训·教子》。

生活和活动。年龄相同或相近的孩子之间，其心理特点大体相似，有共同的语言、情感、兴趣、爱好。他们在一起生活可以得到精神上的满足，有无限的乐趣。而独生子女的家庭就不具备这种天然的条件。马卡连柯说："没有兄弟和姐妹，因而也就没有体贴、照顾的经历，没有玩耍、相爱、互助的经历，没有模仿、尊重的经历，最后，也没有共同的经历——没有共同的享受，也没有共同努力的经历——简直什么也没有，连普通的来往都没有。"这种环境很容易使独生子女变得任性、孤僻，成为利己主义者。什么原因呢？马卡连柯指出："他是孤零零的，他没有一个真正的社会。"

其三，没有兄弟姐妹，没有"比照者"，孩子难以正确地自我认识、自我评价。家长在认识、评价孩子时也往往由于没有一个客观标准，或家长在教育子女时，也不能像非独生子女家庭那样，利用子女间的差异进行激励，鼓励孩子们开展竞赛，你追我赶，促使孩子进步。

二、生活条件比较好

生活条件是家庭存在的物质基础，是家庭维持正常生活的前提，也是家庭教育得以正常进行、儿童身心正常发育的必要条件。

一般情况下，独生子女家庭的物质生活条件要比非独生子女家庭优越一些。家庭孩子少，经济负担自然轻一些，开支相对少一些。同样的家庭经济收入，一个孩子，肯定要比两三个孩子的家庭经济负担轻一些，物质生活条件要好一些。同时，家里只有一个孩子，家长更舍得投资，尽一切可能为孩子提供更为优越的物质生活条件。

其次，独生子女家庭更有条件、也肯于为开发孩子的智力进行投资。购买玩具、文具；订阅书报杂志；带孩子外出参观旅游；出资供孩子学习绘画、书法、音乐、舞蹈，发展各种特长；条件更为优越一些的家庭，有的还为孩子购置电子琴、钢琴等高档乐器，请家庭教师辅导孩子的文化学习。

此外，家庭生活条件好，负担轻，家庭成员之间为经济问题产生的矛盾也会少一些，家庭关系和谐；家长不为生活而奔波劳碌，也还有培养教育孩子的情趣、积极性和精力。这一切，无疑对独生子女身心的发展具有积极作用。

但任何事物都不是绝对的。物质生活条件是影响家庭教育实施和效果的一个重要因素，但并不是绝对的因素。因为事实上，物质生活条件较差的家庭，孩子不见得成不了才；相反，物质生活条件很优越的家庭，孩子也不见得一定成才。这里的关键是看家长如何对待和利用现有的物质生活条件。

如果独生子女家长能够科学安排并合理使用家庭经济收入，比如适当加强孩子的营养，在开发孩子智力上多花些钱，创造一些必要条件，毫无疑问，优越的物质条件就会对孩子的身心发育发挥积极作用。而如果独生子女家长对于较为优越的物质条件陷入盲目性，不能科学地安排并合理地使用，给孩子提供过于优厚的条件，只知道让孩子吃好、喝好、玩好、穿好，一味地和别人家的孩子比吃穿、比阔气，讲排场，好面子，让孩子尽情地享受，而不在教育上多投资，不抓紧培养教育，就会使孩子只知道享受，不求上进，不懂节俭，缺乏吃苦精神，成为“花花公子”、“娇娇小姐”。假如，父母以孩子生活得更舒服，作为自己精神上的补偿，宁可自己节衣缩食，不惜过着苦行僧般的生活，牺牲自己的幸福，好吃的、好喝的、好穿戴全让给孩子，这样就势必把孩子给惯坏。久而久之，孩子的独占欲无限发展，自私自利，心目中只有自己，而没有别人，不仅成不了“才”，也成不了“人”。

当前，人民群众家庭生活水平提高了，在还要不要对孩子进行艰苦奋斗教育的问题上，为数不少的独生子女家长在思想上并不是很明确。有的独生子女家长甚至认为，自己小时候没有条件享受，生活很清苦，现在条件好了，又只有这么一个孩子，应该让孩子尽情地享受，以便使自己得到精神上的补偿。这是一种很普遍的思想，很少有人对孩子进行这方面的教育。另外，在当前的条件下，对孩子进行艰苦奋斗的教育，也是比较困难的。我们必须明白，形成艰苦奋斗的品质，并不是单纯讲道理可以解决的，必须有一定的实践基础。独生子女过惯较为优越的物质生活，对艰苦的生活没有切身体验，要形成艰苦奋斗的品德是不太容易的。况且，我国的独生子女是出生在 20 世纪 80 年代以后，一生下来生活条件就很优越，对父辈们过去的生活状况一无所知，头脑里没有今昔对比，他们并不感到是优越的，甚至还觉得很不满足。如果家长还是用忆苦思甜今昔对比的方式进行教育，他们是很难接受的。因此，在独生子女当中有不少人缺乏艰苦奋斗的精神，不爱劳动，不会劳动，不爱惜劳动成果，不以艰苦朴素为荣，而是奢侈为荣，视节俭为小气、寒碜，比吃，比穿，比花钱。

有不少独生子女家长认为，人们的生活水平越来越高，用不着进行什么艰苦奋斗的教育了。这种看法是片面的。随着社会的进步和发展，人们的物质生活条件，从总体上来看肯定是越来越好，这是毫无疑问的。但是，对于每个具体的人来说，在人生旅途中，很可能会遇到艰苦的生活，我们应当让孩子在这方面有思想准备。不然的话，他们只会享受，不能吃一点苦，一旦需要他们过艰苦的生活，就会不适应。古语说："由俭入奢易，由奢入俭难。"为了使孩子将来能适应各种生活的考验，有意识地让孩子吃点苦，是有好处的。另外，一个人在事业上有没有成就，除了和他的能力有关以外，同他能不能吃苦有很大的关系。俗话说："成由俭，败由奢。"俭朴的生活能催人奋进，奢侈的生活能消磨人的意志。孟子也说过，人要能够承担重任，成就大业，必先"苦其心志，劳其筋骨，饿其体肤，空乏其身"。为使孩子将来在事业上有所成就，艰苦奋斗的精神必须从小有意识地培养。

三、受到的父母之爱强烈而集中

爱是一种情感，一种态度，对儿童来说是一种精神环境，它影响孩子的身心发展。

父母爱孩子，这是天性。一对夫妇只生育一个孩子，这一个孩子自然会得到全家人，包括父母、祖父母、外祖父母以及其他亲人的关注和爱护。独生子女在家庭里得到的爱不仅强烈，而且集中。这种强烈而集中的爱，会使孩子心情舒畅、精神振奋、思想活跃，个性得到充分的发展。独生子女享受到父母之爱是多子女所不及的，这是他们身心健康发育得天独厚的精神环境。

然而，这种强烈而集中的爱，如掌握不好分寸，就很可能变为溺爱。马卡连柯就曾说过："家庭里只有一个儿童，他会立刻成为家庭的中心。父亲和母亲的关注完全集中在这个儿童身上，往往超过了有益的范围。在这样的情形下，父母的爱会很突出地有某种神经质的情形。"他举例说："儿童的疾病或死亡对于这样的家庭所给予的痛苦是很大的，做父母的总是感到这种不幸的威胁，使他们失掉应有的安静。”①

独生子女最容易受到家长的溺爱，而溺爱会使孩子养成许多不良习惯，甚至会导致孩子走上邪路。如东北某市，有一独生女，聪明伶俐，长得又很漂亮，父母视为“掌上明珠”，溺爱娇惯，不管不教。上学以后，更是任性，根本不听父母管教，只知吃喝玩乐，追求打扮，无心学习，成天东跑西颠，旷课逃学。父母都是共产党员，自认为“红色家庭里不会出败家子”。在父母的放纵下，那女孩和男流氓在一起鬼混，常常彻夜不归，这才引起了家长的注意。然而，此时孩子已陷得很深，管不了了，你一管她就顶撞，再管，就不回家。后来因参与打群架，被扎伤住院，父母感到这样的女儿太丢人现眼，从不到医院看她，恨不得把她扎死了才好。可她的哥儿们姐儿们却一拨一拨地带着水果罐头去探望。这使那姑娘觉得还是哥儿们姐儿们亲，更恨自己的父母。出院后，一天夜里，趁父母睡熟之机，放把火把家里的房子点着了，企图将自己的父母化为灰烬。由于被邻人发现得早，及时抢救，她的父母才幸免于难。

在国外，溺爱独生子女的现象也很普遍。如日本，独生子女也很多。近年来，一些独生子女家庭常常发生“家庭内暴力事件”。在欧美国家家庭内暴力事件一般表现为“丈夫殴打妻子”、“父母殴打孩子”或是“儿女虐待老人”这三种情况。而在日本，则常常是未成年的孩子向父母及其祖父母施行暴力，殴打他们。日本每年要发生数千起这样的“家庭内暴力事件”，其中有上千件要提交警视厅处理。孩子的这种暴力行为使家长们伤透了心，有些父母伤心地称自己的家庭为“地狱”，一些父母，特别是那些深受其害的母亲，恨不得想和丧失了人性的孩子同归于尽。

日本为什么会发生此类事件呢？据日本的一些专家分析，在独生子女家庭里，尝过贫困滋味的父母，总是尽力为子女创造更优越的生活条件，他们觉得只有这样才能在精神上得到补偿，于是溺爱娇惯独生子女现象十分普遍。在父母看来，孩子唯一要做的事就是学习，争取上大学深造，将来可有个好前途，根本不让孩子干活。如果女孩子到厨房干点活，母亲会说：“不用你干，你去背外语单词吧。”“你去练练钢琴吧。”十几岁的孩子划根火柴，都会惊呼“可

① 《马卡连柯全集》第4卷，人民教育出版社1957年版，第396—397页。

怕、可怕”。每年过新年父母给孩子压岁钱，平均为一万几千日元。这样，孩子的物质欲望越来越高，越来越自私、骄横，体力也很差。尽管这些孩子享受着他们前辈辛辛苦苦创造的从未有过的高度物质文明，但他们并不满足，并不体会父母的一片苦心和辛苦操劳。极端个人主义恶性发展，物质贪欲恶性膨胀，脾气越来越坏，性情越来越暴躁，再加上社会不良风气的影响，稍不如意，就对家长实施暴力。当然，这种“家庭内暴力事件”的发生，在日本还有其更深刻的社会原因。但是，父母的溺爱娇惯，确实给孩子及父母本身带来很大的危害。

总之，独生子女得到的父母之爱比非独生子女要强烈，要集中。如果这种爱是理智的，会有益于孩子的身心发育；反之，将是有害的。在爱孩子的问题上，独生子女家长尤其要注意掌握分寸。

四、生活上受到的照顾更周到

一对夫妇只有一个孩子，自然对孩子特别爱，在生活上更关心、体贴，照顾更周到。只有一个孩子，父母也有时间和精力多关心照顾孩子。对于未成年的孩子来说，也需要父母更多的关心和更周到的照顾。父母照顾周到，可以使孩子有安全感，生活舒适有规律，减少疾病，身体发育良好。

但是，对孩子的照顾周到到什么程度，如何照顾，哪些事该由孩子自己去做，哪些该由父母帮助做，这里是有学问的。照顾得适当，就有利于孩子身心的健康发育；如果照顾过分周到，也是有害的。

一般说来，独生子女家长很容易照顾得太过分。有不少家长照顾孩子不是从孩子生活的实际需要和孩子生活自理能力的程度出发，而是把照料孩子的生活视为满足家长自己精神需要的手段。不管孩子需要不需要，整天围着孩子转，孩子的一切事情，即或是他们自己能做的，家长也大包大揽，什么也不让孩子自己动手，什么事都包办代替。比如，孩子自己会吃饭了，父母还是一口一口地喂；孩子会穿衣服了，父母还替他穿；孩子会自己洗脸了，父母还替他洗；孩子上学能自己走，还得父母接送；等等。让孩子过这种“饭来张口，衣来伸手”的生活，就等于把他们的手脚都束缚住了。他们不从事任何实践活动，不亲自动手去做，自然什么能力也没有，将来一旦离开了父母、家庭，就会感到寸步难行。孩子是从小由父母“抱大”的，就会缺乏独立意识和能力，滋长懒惰、好逸恶劳的思想。孩子只会接受别人的照顾，肯定不会有照顾别人、帮助别人、为别人服务的思想，缺乏同情心和社会义务感。

有的独生子女，就是由于从小缺乏锻炼，完全是父母“抱大”的，尽管智力发展很好，终究不能成才。有一个独生子，非常聪明，学习相当好，功课拔尖，从小学到中学都是学生中的佼佼者，并提前升入大学，十九岁就学完大学本科。大学毕业后，轻而易举地考取了硕士研究生，而且还是第一名。学校领导看他才华出众，认为很有发展前途，于是，学校决定送他到国外留学深造。一般青年人要是有这样的机会，那是非常高兴的。可这个学生却不然，当他听到要出国学习的消息后，非常害怕，说：“到国外学习，妈妈不能跟我去，谁照顾我的生活呀?”他为什么有这样的想法呢？就是因为他是独生子，从小到大都是由父母照顾他的生活，什么自理能力也没有。直到上大学以后，母亲都要每周去学校两次，一是带给他一些好吃的，二是替他收拾内务，洗衣服、袜子什么的。他在学习上是强者，在生活上却是弱者。后来，学校送他到北京语言学院进修外语，做出国前的训练。由于他太担心出国以后无法独立生活，每天晚上都失眠，得了习惯性的失眠症。夜里常常在睡梦中惊叫，大呼“妈妈”。到后来，只要有人一当他的面提到“出国”二字，他便浑身抽搐，口吐白沫。经多方治疗，也未奏效，成为一个废人。有人问医生他得的是什么病？医生说：“他得的是古今中外罕见的出国惧怕症。”一个好端端的孩子，全是由于家长太过分的照顾，使得他如同废人。像这样典型的例子，虽是极个别的，但对于那些盲目地过分地照顾孩子的独生子女的父母来说，不啻是一个警钟。

综上所述，我们可以看到，独生子女的家庭生活环境同非独生子女家庭生活环境是有所不同的。而且，独生子女的家庭生活环境，对独生子女的影响作用，既不像有些人所说的是绝对有利，也不像另外一些人所说的绝对不利，而是两种可能性都存在。独生子女的家庭生活环境究竟对孩子的成长有利还是有害，这要看家长是不是有一个清醒的认识，如何对待。环境对人的影响作用，是自发性的，在人的身心发展中并不起决定作用，但环境的影响也是不容家长忽视的，家长必须对此有一个清醒的认识，努力发挥其优势，并创造条件，尽一切可能化消极因素为积极因素。

第四节　独生子女教育应特别注意的问题

根据我国的国情和独生子女家庭生活环境的特点，独生子女的家庭教育工作，应特别注意以下几个问题。

一、把孩子摆在恰当的位置上

我们知道，存在决定意识。一个人在社会生活中，处在什么样的社会地位，就会产生相应的思想意识。在家庭生活中也是如此。一个人在家庭里处在什么地位，必然导致他同其他家庭成员的一定关系，从而决定他对其他家庭成员的态度，决定他自己形成什么样的人格。比方说，中国过去实行的封建家长制，家长是“一家之主”，地位特殊，权力极大，他指挥一切，占有一切，“一户之内，所有田粮，家长主之；所有钱财，家长专之”。这种特殊的地位，使他与其他家庭成员形成人身依附的关系，他自己也滋长特殊化的思想意识。

同样，孩子如果也居于这样特殊的地位，也会产生特殊化的思想。在独生子女家庭里，孩子的地位极高，家长往往视其为“小皇帝”、“小太阳”，一家人像众星捧月一样，全都围着他转。而独生子女呢，正如马卡连柯所说的那样：“独生子女最容易习惯于他占有的特殊地位，变成家庭里真正的暴君。”①这对孩子、对家长都是有害的。

马卡连柯对于独生子女在家庭中的地位非常重视。他曾经叙述过这样一个独生子的成长情况：男主人公凯多夫喜得一子维克多，这孩子长得漂亮、可爱、动人，聪明伶俐，凯多夫看他的儿子是世界上最好的儿子。在他心目中，

① 《马卡连柯全集》第4卷，人民教育出版社1957年版，第397页。

儿子简直是完美无缺，视为“无价之宝”，把儿子的地位摆得过高。后来儿子入了大学，父母高兴得不知如何对待他的儿子，于是“开始像奴隶般侍候他们的儿子”。在这种地位上生活，儿子维克多觉得“他是家庭的中心人物，是家庭唯一的理想，是家庭崇拜的偶像”，成为家庭的“特等公民”，思想开始发生变化，渐渐对父母产生了一种“冷淡的无情”。母亲尽心照顾他，给他预备洗澡水，洗完后，又替他收拾干净，但儿子从不道一声“谢谢”。父亲因病住院治疗，儿子连看都不去看；让他替父亲买药，他却去陪女朋友看戏，置父亲死活于不顾。这对夫妇把独生子摆在特殊的位置上，使得儿子变成了“冷血动物”。

我国河南省原阳县，曾发生过一起母亲被独生儿子活活气死的事件，也是因为父母把孩子的地位摆得太特殊。

死者任素兰结婚多年，盼星星盼月亮，终于盼来了一个儿子。中年得子，能有不爱之理？简直不知怎样对待儿子才好。自打儿子投入母亲怀抱的那一天起，任素兰就舍不得放下他，让儿子吃睡都在怀里，儿子已满3岁，一年三百六十五天，一天也未脱衣睡过觉。儿子上了小学，妈妈还搂着儿子睡觉。学校离家很近，妈妈早晨送、中午接、午后送、傍晚接，课间还送牛奶、吃食。任素兰一心扑在儿子身上，其他啥也不管，专门侍奉儿子。她平时省吃俭用、节衣缩食，把好吃的都给儿子吃。简直是在供奉着一个“小皇帝”。儿子深知自己的身价和地位，根本不把父母放在眼里，沾染了许多坏毛病，抽烟、酗酒、打架、旷课。一次儿子旷课，妈妈说了两句，这下可惹恼了儿子，把母亲臭骂一顿。这还不解气，又砸坏了收音机和其他家具，弄得家里一塌糊涂。任素兰如此供奉，实指望儿子成才，现在看来一切化为泡影，万念俱灰，第二天下午便服毒身亡。任素兰自杀以后，邻居到外边找正在玩耍的儿子，怕他听说母亲自杀会难过，谎称他母亲病了，孰料儿子却恶狠狠地说：“她死了才好！我不回家。”他父亲又找到他说：“你母亲生你的气，喝毒药自杀了。你闯了大祸呀！”儿子把眼一瞪吼道：“你啰唆个啥？想死你也去死，把你一块埋了算啦！”

被父母供奉的“小皇帝”竟这样绝情，这样凶残，实在令人气愤！这种悲剧的发生，责任全在家长，把独生子女捧到特殊的位置上，像祖宗一样供奉，一切都顺着他，一切都由着他，一切都满足他，一切都属于他，就会使孩子变得越来越骄横野蛮，一旦稍不如意，就不能容忍，首当其冲的便是父母。

这样被供奉为“小皇帝”的独生子女，将来到社会上也难以适应社会生活。他在家庭里滋长了特殊化的思想意识，是家庭的“特等公民”，家长可以容忍他，但社会上绝不会允许“特等公民”存在。这样的孩子容易发生反社会的行为，胡作非为，走上犯罪的道路。

为了教育好独生子女，使之健康茁壮成长，家长首先应把孩子摆在一个恰当的位置上，让他过着普通人的生活，使之正确地、实事求是地认识自己的价值、地位和身份，意识到自己的责任和义务，掌握正确的行为准则，形成良好的生活习惯。这样，将来他们步入社会生活，就会找到自己的恰当位置，对社会，对人生、对他人有一个正确的态度，成为合格的社会公民。

二、对孩子的期望要实事求是

教育者对于受教育者总是抱有期望的。特别是家长对于自己的子女更是望子成龙心切。因为孩子是父母生命的延续，是家庭的未来。独生子女家庭里只有一个孩子，父母与家庭的全部希望和未来都寄托在这唯一的一个孩子身上，自然期望很高。

过去，一般家庭里孩子都比较多，家庭教育有回旋余地。父母开始教育第一个孩子时缺乏经验，经过实践，可以逐步从失败中总结出一些经验教训来，不断提高自己的教育能力，多子女家庭允许付出失败的代价，可独生子女家庭不允许，只能成功，不能失败。特别是有些独生子女的父母，他们由于种种原因，没有接受高等教育，觉得是终生的遗憾，希望由孩子来补偿；未能实现的愿望，只能由孩子去奋斗。广大独生子女的家长从社会发展趋势上也清楚地看到，随着社会的发展，未来社会对人的素质要求越来越高，没有文化知识，没有真才实学，不可能有什么作为，在优胜劣汰的人才竞争中是站不住脚的。

由于这一切，独生子女家长往往对孩子的期望过高。许多地区调查表明，独生子女家长希望孩子上大学接受高等教育的，一般都在百分之九十以上。目前，我国的高等教育虽然有很大的发展，但无论如何也不能满足所有的独生子女都上大学的愿望。希望孩子上大学，那么就必须要求孩子在上小学、中学时学习拔尖，甚至在学龄前阶段就要表现出非凡的才能。这样，家长往往会对孩子提出不切实际的要求，给孩子精神上、身体上带来了极大的压力。而家长过高的要求，孩子费九牛二虎之力也不能实现，屡受挫折，屡遭失败，就会使孩子丧失自信心，在心理上一败涂地。有的家长为逼迫孩子达到自己不切实际的要求，采取种种高压手段，摧残孩子的心灵，使孩子失去了生活的勇气，走上了绝路。这种悲剧，已经发生了不少次。

要使孩子健康茁壮成长，成为有用之才，家长必须实事求是地要求孩子，家长所提出的要求应当符合孩子的实际能力，在经过他们做出一定的努力之后能够达到，只有这样，家长的期望和要求对孩子才有积极的促进作用。这一点，独生子女家长必须切实注意。

三、要全面关心独生子女

由于家里只有一个孩子，家长对于孩子一般都特别关心、爱护。但是，因为多数独生子女父母不太懂得儿童身心发展的规律，在关心爱护孩子时，往往出现一些偏差，存在着很大的片面性，对孩子的身心健康发展是很不利的。要全面关心孩子，使其身心各方面得到全面的协调的发展。

既要加强孩子的营养，又要加强孩子的身体锻炼。家长希望孩子的体质发育良好，有一个良好的体格，这是对的。但是，有不少家长片面地认为要想使孩子身体健康就得多增加营养。于是，给孩子吃大量的鸡蛋、牛奶、巧克力，还有什么人参蜂王精、花粉健美酥之类的营养品、补品。只要广告上一说什么有益儿童健康、能长个儿、能强身健脑的东西，就赶紧去买来让孩子吃。钱花了不少，可孩子未必健壮。有些孩子虽然长得白胖，可身体素质较差，动不动就伤风感冒。

要使孩子身体健康，最根本的办法，是让孩子积极锻炼身体，让孩子多参加户外活动，不能总是把孩子关在屋子里，像对待温室里的娇花那样去养育孩子是不行的。

既要关心孩子的物质生活，又要关心孩子的精神生活。人有多种需求，概括起来就是物质需求和精神需求两个方面。对于每个人来说，缺少哪一方面都不会感到幸福，身心都得不到健康发育。

有一些家长认为，自己的职责就是让孩子吃好、穿好、喝好，满足于做一个“衣食父母”。满足孩子物质生活的需要固然很重要，但是仅仅做到这一点是远远不够的。只有在满足孩子的物质需求时，也不断满足孩子的精神需求，孩子才会感到幸福，孩子的身心才能得到健康发展。

特别是今天，实行改革开放，社会生活日益信息化，各种信息多又杂，孩子们年龄小，分辨能力差，如不关心孩子的精神生活，并悉心加以指导，很容易受到不良影响，因此，尤其要多关心孩子的精神生活。

既关心孩子的智力开发、文化学习，又要关心孩子的思想品德。孩子的智力开发，抓得早，抓得及时，抓得好，这对孩子以后的入学读书学习是有好处的。关心孩子的文化知识学习，督促孩子学好功课，这也是符合社会需要的。但是，有一些独生子女家长是“单打一”，只管学习成绩好坏，而不管思想品德好坏，误认为学好数理化，走遍天下都不怕，大有“一俊遮百丑”之嫌。

要知道，一个人的智力发展、文化学习是和其思想品德相辅相成的，是相互制约、相互促进的。思想品德好，有一个正确的发展方向，有学习的动力，才能去努力刻苦学习；思想品德不好，没有正确的人生观和发展方向，缺乏明确的学习目的，没有学习动力，再聪明也不会学习好。在学校里，有不少孩子学习成绩不好，学习成绩下降，并不都是由于智力不发达、不聪明，而首先是因为思想品德不好，没有学习的动力，缺乏明确的生活目标，因此，思想品德教育绝不能放松。

既要在生活上照顾好孩子，又要注意培养孩子的自立意识，发展孩子的自立能力。家长必须明确，孩子总要长大，总要进入社会生活，不可能总在父母身边生活。没有自立意识和能力，不可能在社会上自由地生活，在事业上还会有什么作为？我们做家长的在生活上照顾孩子，是家长的责任和义务，但应当明确这样一个思想，我们在小时候给孩子以照顾，是为了将来不用照顾。在照顾孩子的过程中，要注意培养他们独立自主的思想意识，训练他们学会生活自理，发展自立的能力。

独生子女教育是我国家庭教育所面临的一个新的课题，我们应当给予高度的重视。目前，国外已经出版一些独生子女教育的书籍，介绍了一些教育独生子女的经验。这些书籍，可以阅读，但只能作为参考。因为独生子女除了有其自身的特点以外，不同国家、不同社会的独生子女还具有民族特点，这一点也要充分给予注意。中国的独生子女是在一种特殊的背景下大批出现的，我们在研究独生子女的教育问题时，切不可忘记中国的国情。

[思考与研究]

1. 揭示独生子女教育规律的理论意义和实践意义是什么？

2. 你认为“独生子女是问题儿童”的观点，在理论上有什么错误，在实践中有什么危害？

3. 中国的家长为什么容易娇惯溺爱独生子女？

4. 认识独生子女家庭生活环境的特点有什么理论意义和实践意义？

5. 你认为当前我国的独生子女家庭教育存在哪些问题？

第十章
特殊儿童青少年的家庭教育

家庭教育是教育者和受教育者共同参与、相互作用的教育过程。家庭教育过程中，教育者（家长）居于主导地位，起着主导作用，教育者的素质对教育效果的好坏有重要意义。与此同时，受教育者（子女或其他年幼者）的素质，也影响着教育的实施和效果。因此，要改善家庭教育，提高家庭教育的效果，也必须重视受教育者自身的情况和特点。

在一般家庭里，儿童、青少年的身心发展都是正常的。而在少数家庭里，儿童、青少年的身心发展是不正常的，例如智力超常儿童、智力低常儿童，还有品行不良、违法犯罪青少年等，这些儿童、青少年统称为特殊儿童青少年。

这些特殊儿童、青少年，虽然在整个儿童、青少年中占有较小的比例，也应当受到社会、学校，其中首先是家庭的关心，使他们在现有的基础上，获得身心两方面的充分发展。为此，我们必须针对儿童、青少年的特殊情况和素质，实施特殊的家庭教育。

第一节　超常儿童的家庭教育

一、什么是超常儿童

“超常儿童”，顾名思义，主要是指智力发展或某种才能显著超过同年龄常态儿童一般发展水平的儿童。

我们现在所说的“超常儿童”，在我国古代，人们把这类儿童称为“神童”或“奇童”。之所以称“神”或“奇”，是由于人类对自身认识的局限和封建迷信的影响，人们往往把超常儿童视为“天意神授”的产物，蒙上了一层神秘的色彩。在外国，则称为“天才儿童”、“英才儿童”。

超常儿童在古今中外都曾出现过。春秋时7岁的项橐才思敏捷，被孔子称誉为“后生可畏”；秦国甘罗12岁即出任上卿；东汉张衡，10岁就能博览群书；东汉班固，9岁能作文章；三国曹植，10岁博览群书，下笔成章；唐朝李太白“五岁读六甲，十岁观百家”；杜甫“七龄思即壮，开口咏凤凰”；白居易3岁读书识字，5岁会作诗，《新唐书》说他9岁通声律；王勃6岁善辞文；宋朝方仲永，5岁“指物作诗立就”；女神童林幼玉，9岁求考，诵经书43件；8岁女神童吴志端，取得了赴中书省复试资格。

在外国人中，著名音乐家莫扎特3岁即会弹钢琴，4岁能创作协奏曲，5岁能识谱并胜任四重奏中的第二小提琴手；著名大作家歌德8岁就掌握了德、法、意、拉丁、希腊等多种语言，14岁就写出了脍炙人口的五幕悲剧；西班牙人伊凡·迪亚斯，7岁就开始创作童话和短篇小说，9岁开始撰写罗马和埃及简史，15岁时已创作了60余篇小说、散文等。

在我国现实生活中，也发现了不少超常儿童。武汉魏敏，不到4岁就能读报，看《上下五千年》等儿童读物；不到5岁，已掌握词汇2 000多个，能初步自学。山西夏县的申克功，五六岁时，对多位数的整数、分数、小数的加减乘除及开方、乘方的心算速度大多数都快于袖珍电子计算器，被誉为“心算神童”、“活电脑”。广西柳州的江筱茜，8岁时已成为有世界影响的“书法家”，70多幅作品先后在日本、我国香港等8个国家和地区展出，并在国内外多次获奖。四川万县罗翔，8个月开始识字，1岁8个月识字600多，2岁3个月识字1 400个。沈阳的吴大江，3岁识字3 000个，会查字典，背诵近百首古诗，能解一元一次方程，学完小学12册语文书。中国科技大学少年班前四期毕业生十四五岁，考取国内外研究生的109人，占75%。他们之中出了我国最小的博士生——15岁的谢彦波，最小的出国留学博士生——16岁的干政，最小的大学助教——17岁的宁铂，等等。

智能超常儿童，在儿童少年各个年龄阶段都有，表现为多种多样类型。有的表现为艺术才能优异，有的是数学计算能力非凡，有的是外语能力超群，有的创造能力很强，有的写作能力突出，等等。其智能发展水平，也不完全一致。但是，他们有共同的特点：好奇心强，兴趣广泛，求知欲旺盛，观察力敏锐，反应灵敏，注意力集中，记忆力强，争强好胜，毅力顽强，自信，勤奋，进取心强。

智能超常儿童，虽然古今中外都曾出现过，屡见不鲜，但在整个人类中仍旧是极少数。据我国心理学家调查，智力超常儿童在人口中约占千分之三。

二、超常儿童的形成和鉴别

古今中外的超常儿童，其超凡出众的才智和能力，当然不是源于什么“天意神授”，也不是因为先贤圣哲投胎，而是由父母遗传、优生优育、早期智力开发，以及家庭和社会的良好环境等因素决定的。也就是说，超常儿童的产生，既有先天遗传因素的作用，更是后天教育的结果。

人的天赋、才智确有高低之差，这首先是因为人们与生俱来的感觉器官、神经系统、大脑等方面的机能是有一定差别的。而这些差别，往往与父母的遗传素质有直接关系。超常儿童的出现，首先取决于健全的生理机制。

孩子出生以后，身心发展迅速，儿童时期是发展的关键阶段。宾特纳在20世纪20年代提出一个假设：“平常的智力从出生到5岁时，增长最快，从5岁到10岁，增长速度稍慢，再过5年，增长速度逐渐减缓。”布鲁纳总结了前人的大量研究资料，提出了与宾特纳一致的看法，认为一个孩子到4岁时，其智力已发展了将近50%，另外的30%到8岁时发育完成，其余的20%到17岁时完成。这说明科学的及时的早期教育是促使超常儿童产生的关键因素。

超常儿童，一般分为两大类：一类是智能相对地比较全面超常的儿童，另一类是表现为特殊才能的超常。

超常儿童的鉴别，在国内外一般是采用观察与实验方法，并辅之以智力测验。

超常儿童一般具有以下特征：一是能较早地正确使用大量词汇，语言发展能力强；二是较早地发生多种兴趣和爱好，对事物提出较多问题，善于思考，抽象思维能力强；三是对事物能深入观察，注意范围广、时间长，能察觉一般儿童未察觉的事物和特征；四是学习速度快、效果好，记忆速度快且巩固，喜欢研究难题，阅读能力发展较早，情绪稳定，能分析自己和判断别人；五是在某一方面有较高的才能，会运用知识解决问题。

对儿童进行智力测验，通常采用“斯坦福—比奈量表”。这是原由法国比奈和西蒙用语言、文字或图画、物品等形式编制出的一套“量表”。后经美国斯坦福大学的心理学家推孟加以修订而成。根据对美国大量儿童实地测验的结果，推孟把智商 90～110 定为正常智力水平，110～120 为高智力，120～140 为最优秀智力，140 以上为类似天才或天才，80～90 为次正常智力，70～80 为临界正常智力，60～70 为轻度弱智，50～60 为深度弱智，25～50 为亚白痴，25 以下为白痴。人类的智力通常呈常态分配。自从 20 世纪初美国心理学家推孟把智力测验用以鉴别和研究天才儿童后，约四十多年时间里，许多国家都把智力测验作为鉴别智能超常儿童的主要工具，把智商在 130～140 以上作为鉴别的决定性指标。自 20 世纪 70 年代以来，许多研究者发现智力测验并不是鉴别所有超常儿童的完善工具，因为它不能测出儿童的科学能力、创造力以及领导能力等。随着人们关于天才儿童概念的扩展，在鉴别超常儿童指标上，已由仅把智商作为指标，发展到采用多种指标。在鉴别方法上也出现多样化，概括起来有：标准化智力测验，各种创造力、学习能力的测试，对成果的评定，核查家庭、学校及有关人员提供的材料，直接面试等。

智能超常儿童表现的领域是广泛的，同时在各个年龄阶段都存在。在我国，经过多年的实践探索，吸取国外有益经验，在智能超常儿童的鉴别上，一般是采用动态比较研究、定期追踪考察和多途径、多指标，智能与非智能因素相结合的研究与鉴别的方法。智能超常的儿童是客观存在的，对他们的鉴别应该采取综合的方法，还要经过较长期的观察和检测。

三、超常儿童的教育

人的知识和智能是在后天的生活实践中，在有目的有计划的教育和训练中获得的。教育是教育者与受教育者双方共同的活动，只有符合儿童年龄特征和心理发展水平，并为儿童所接受的教育，才能有助于儿童智能的发展。

儿童的智能的“曙光”，首先在家庭里出现。家长（其中首先是父母）是儿童的首任教师，是儿童生活的引路人，担负着智能启蒙和早期智力开发的任务。要使智能超常儿童出现并得以健康成长发展，家长必须科学地实施早期教育和智力开发。

第一，要正确估价自己的孩子。

智能超常的儿童，在社会上是客观存在的，且古今中外都有。但是，这种儿童在整个儿童群体中，总是极个别、极少数，并非“比比皆是”。

要有效地改造客观世界，首先要正确地认识客观世界。同样的道理，要教育好自己的孩子，应首先正确认识自己的子女。自己的孩子是超常儿童，没有被发现，埋没了孩子的才华，未及时地给予相应的培养教育，会阻碍自己孩子的发展；相反，自己的孩子不是超常儿童，属于一般儿童，家长却误认为是超常儿童，从而“揠苗助长”，也会适得其反。

在当前，人们越来越重视早期教育和智力开发。有的家长，由于特别珍视自己的孩子，视为掌上明珠。期望自己的孩子早成才，快成才，成大才，成为佼佼者，于是，就出现过于夸大孩子智能潜力和过高估计孩子智力水平的现象。怎么看自己的孩子也不是平庸的孩子，越看越像“神童”。就像“情人眼里出西施”那样，“父母眼里出神童”。

在这种偏见的促使下，超越孩子智力发展水平，盲目地实施强制性或掠夺性的智力开发，弄不好反而会伤害孩子的智力和身心健康。因此正确估价自己的孩子是很重要的。即或是超常儿童，不同的超常儿童之间，其智能潜力和智力发展水平也是有差异的，我们不能不正视。

第二，开发智力要循序渐进，量力而行。

超常儿童智力发展的速度要高于一般儿童，发展水平也超出一般儿童。但是，超常儿童的智力发展也是有规律的，具有一定发展程序的。开发孩子的智力，一是要按照知识和智力的内部逻辑体系，由浅入深，由简到繁，由易到难，由具体形象到抽象概括；二是要从孩子的实际出发，按照儿童认识和思维的特点，根据孩子心理发展的实际水平，逐步提高要求，加大难度，加快速度。不能单凭主观愿望，随心所欲地进行智力开发。

国内外心理学研究表明，儿童各种能力的发展也有特定的关键期：2～3岁是口头语言发展的关键期，在正常语言环境中，这个时期儿童学习口语最快，掌握得也最巩固。如果在这个时期完全脱离人类语言环境，其后再学习说话，就会增加难度。4～5岁是学习书面语言的最佳期。4岁以前是儿童图像视觉辨认的最佳期。儿童在5～6岁时掌握词汇能力发展最快。儿童掌握概念的最佳年龄是5岁到5岁半。家长应根据自己孩子所表现出来的超前反应，及时进行正确发音、口语表达、识字阅读、丰富词汇、形成数概念等方面的培养和训练。但应试着进行培养训练，因势利导，不可强制进行。

在我国，许多人往往单纯以孩子识字早晚和多少为标准，来衡量孩子的智力发展水平和速度，这是不尽科学的，也是不实际的。而应当从孩子的观察力、记忆力、思维力、想象力等智力因素，多方面进行考察和分析。识字早晚和多少，是一个考察孩子智力发展水平的重要标准，但不是唯一标准。有的孩子识字早一些，多一些，有的则晚一些，少一些，即使都是超常儿童，也是存在差异的，不能简单地和别的儿童进行攀比。

第三，发展孩子的特长要因人而异，因材施教。

儿童的性格、气质、兴趣和能力，在出生以后就表现出差异，随着年龄的增长，这种差异会越来越明显。家长进行早期智力开发，发展孩子的特长，一定要从自己孩子所表现出的个性差异出发。不能根据家长的主观愿望，按照家长的爱好和意志，强制孩子发展。即或是在同一范围和方向上表现出的兴趣和能力，不同的孩子也是有差异的，比如音乐，有的适合发展声乐，有的适合发展器乐，有的弹钢琴有发展前途，有的拉小提琴容易出成绩，等等。

孩子小时候，兴趣相当广泛，对一切新奇的陌生的事物都感兴趣。兴趣的指向不但广泛，而且不太稳定，今天喜欢这个，明天又爱好那个。根据这种情况，家长在选定孩子特长培养发展方向时，一要慎重，二不要操之过急。过急过早把方向确定下来，往往会出现偏差，使孩子的特长得不到充分的发展。

第四，因势利导，循循善诱，激发儿童求知的兴趣。

兴趣是智慧的火花。兴趣是最好的老师。浓厚的兴趣使人产生灵感，情绪高涨，智力活动活跃，努力去追求。对超常儿童的调查表明，许多超常儿童的出现，都是家长有意识进行早期智力开发，注意因势利导，循循善诱，激发儿童求知的兴趣。一般情况下，对音乐有兴趣的人，音乐方面的智能就会发展起来；对绘画感兴趣的人，绘画方面的智能就会发展起来。人的某种智能的发展与他所从事的活动的兴趣，是有密切关系的。广泛、稳定而有中心的兴趣，对于智能的发展极为重要。广泛的兴趣能促使人去获取多方面的知识，发展多方面的智能；兴趣稳定而有中心，能使人集中于某项活动，发展某方面的才能。

家长对儿童进行早期智力开发，一定要从激发孩子的兴趣入手；发展孩子的特长，一定要从孩子的兴趣指向出发。不要把家长自己的兴趣强加于孩子，不能忽视或压制孩子的兴趣。

第五，坚持德智体全面发展。

对于超常儿童，做父母的往往特别重视孩子的智力和某方面特长的发展，肯下功夫，肯进行投资；而对于其他方面，诸如思想品德教育、体育、劳动教育、美育等，则严重忽视，置于可有可无的地位。这样，不但不利于孩子智力和某方面特长的发展，反而会产生消极影响。

家长必须明白，孩子的学龄前阶段，不仅是智力发展的关键期，同样也是道德品质和行为习惯形成、身体发育和体质增强、劳动能力和习惯形成，以及正确的审美观念和审美能力形成的极好时期。孩子德、智、体、美、劳等素质，是一个相互联系、相互依存、相互影响和制约的整体。只有诸方面素质全面协调地发展，才会有利于智力的发展，单纯进行智力开发，不可能使智力得到充分的发展。

从目前情况看，智能超常儿童智力片面发展的现象比较普遍。在学前阶段，片面发展还未能显示出其局限性，随着年龄的增长和时间的推移，其局限性和危害就会越发严重地暴露出来。因此，如有片面发展的情况，应及早纠正。不然的话，将来会造成不可挽回的损失。

第六，头脑清醒，谦虚谨慎，正确对待荣誉。

超常儿童在很小的时候就表现出超群出众的才华，往往会引起社会的关注。人们表示惊讶，大加夸奖赞扬，报纸、杂志、广播、电视纷纷宣传，所到之处都是掌声、鲜花、荣誉。应当承认，社会各界对特殊儿童的关注、赞赏、宣传，都是出于好意，也反映人们对具有特殊才华的儿童的重视。

但是，家长必须时刻保持清醒头脑，不可头脑发热，要正确对待人们的赞扬和社会给予孩子的荣誉，并且教育孩子也要有一个正确的态度，不要被掌声、鲜花、荣誉冲昏头脑。超常儿童是具备得天独厚的天赋，很早就表现出特殊的才华，但若不继续不懈地努力，也会失去这种优势。“小时了了，大未必佳。”小时候很聪明的孩子，长大了不一定都能成才。不管是天赋多么优越的人，如果没有良好的教育和个人的持之以恒的刻苦努力，仍旧不能成才。古今中外，有不少的“神童”或“天才儿童”长大后成为平庸之人，其中一个重要原因就是被荣誉冲昏头脑，骄傲自满，不求进取，故步自封。这样的教训，家长应当引以为戒。

宋朝王安石笔下的方仲永是一个有很高天赋的孩子，五岁就能作诗，而且作得相当好，受到时人称赞。本来是很有天赋和发展前途的“神童”，但由于其父经不住赞扬和金钱的考验，未能及时给予良好的教育，方仲永也未能继续努力，结果到 20 岁就和普通人没有什么区别了。由“神童”沦为“平庸之人”。

19 世纪初，德国乡村教师卡尔·威特，运用科学的教育方法对儿子小威特进行早期智力开发，取得了惊人的成效。小威特八九岁时，就能够自由运用德语、法语等六种语言，并且通晓动物学、植物学、物理学、化学，尤其擅长数学，是名副其实的“天才儿童”。然而，老威特并没有为儿子非凡的才华冲昏头脑。他忌讳人家称赞他的儿子为“天才儿童”，更不许别人当面夸奖儿子。

有一次，一位督学慕名而来，想考一考小威特，老威特同意了，但约定一条：“不管考得怎样，决不要当面称道我儿子。”考试时，督学故意出了一些数学难题，小威特轻而易举地都做了出来。督学大为欣赏，禁不住脱口说：“哎呀，了不起！超过了我们的学生！”老威特一听，赶忙纠正说：“哪里哪里，由于儿子这半年在学校里听数学课，所以还记得。”

督学官接着又出了一道当时的大数学家欧拉“考虑了三天才好不容易做出来”的难题。只有一杯茶的工夫，小威特又解了出来。督学官又忘记了约定，当着小威特的面向老威特祝贺说：“我应该说，你儿子胜过了欧拉！”老威特更不高兴了，在桌下边掐了一下他的手，脸色严峻地说：“瞎鸟有时也能拣到豆，他这也是偶然的。”

小威特在父亲的引导下，避免了某些一度被誉为“神童”的少年人通常易犯的骄傲自满、故步自封的毛病，从而也避免了“十岁神童，十五岁才子，过了二十成庸人”的厄运，刻苦学习进取的锐气一直盛而不衰。9 岁那年，他考入莱比锡大学。不到 16 岁，提交数学论文被授予博士学位。两年之后，又获得法学博士学位，并被任命为柏林大学的法学教授。

正反两方面的经验教训，很值得超常儿童的家长们深思、借鉴。

第二节　低常儿童的家庭教育

一、什么是低常儿童

“低常儿童”，顾名思义，是指智力发展明显低于同年龄儿童平均水平并有适应行为障碍的儿童，又称智力落后儿童、弱智儿童、智能不足儿童、智力残缺儿童。

参照世界卫生组织（World Health Organization，简称 WHO）和美国智力缺陷协会（American Association for Mental Deficiency，简称 AAMD）的资料，中国对低常儿童分为四级。

第一，一级智力残疾（极重度）。智商在 20 或 25 以下。这种儿童适应行为极差，面容明显呆滞，终生生活全部需要由他人照料，运动感觉功能极差。如通过训练，只在下肢、手及颌的运动方面有所反应。

第二，二级智力残疾（重度）。智商在 20～35 或 25～40。适应行为差，即使经过训练也难以达到生活自理，仍需要他人照料，运动、语言发育差，与人交往能力也差。

第三，三级智力残疾（中度）。智商在 35～50 或 40～55。适应行为不完全，实用技能不完全，生活能部分自理，能做简单的家务劳动，具有初步的卫生和安全常识，但阅读和计算能力很差，对周围环境辨别能力差，能以简单方式与人交往。

第四，四级智力残疾（轻度）。智商在 50～70 或 55～75。这种儿童适应行为低于一般儿童的水平，具有相当的实用技能，生活能自理，能承担一般的家务劳动或工作，但缺乏技巧和创造性。一般在指导下能适应社会生活，经过特殊教育，可以获得一定的阅读和计算能力，对周围环境有较好的辨别能力，能比较恰当地与人交往。

在低常儿童中，各级的比例是：极重度占 5%，中度、重度占 20%，轻度占75%。一般情况下，患病率极重度为0.5‰，中度、重度为3‰，轻度为20‰～30‰。

我国抽样调查表明，在经济、文化比较发达，医疗卫生条件比较好的地区，低常儿童发病率不低于3‰，个别地区可达到7‰～8‰。在一些偏僻的山区，特别是克丁病流行的地区，则远远超过这个数字。据安徽、湖北、陕西、河北等地区的流行病调查说明，患病率均在30‰左右。

低常儿童的评价、测查方法，分为测验法和评定法两种。前者是用智力量表按测得的智商高低进行智力评定；后者是用评定量表，按适应行为能力的高低进行评价。全面的评价应使用两种方法。

低常儿童中，轻度的是可教育的对象，中度、重度是可训练的对象，极重度应受社会监护。

近年来，虽然由于临床医学、遗传生化、神经生理、行为发展等科学的发展，通过预防、诊断、治疗和教育训练，低常儿童人数逐渐下降，某些病人状况也得到某些改善，但低常儿童还是一个严重的社会问题。

关于低常儿童问题，已经为世界各国所重视，世界卫生组织为此设立了专门机构，很多国家也都设有专业机构，从事专项研究，并采取专门的预防、医疗、教育和限制等措施，以求降低儿童的出生率和改善他们的状况。近年来，我们国家也开始重视这个问题，有的地区还制定了禁止痴呆傻人生育的地方法规。

二、低常儿童的成因

造成低常儿童的原因很复杂，其病理表现也各不相同，有些病因尚待进一步查明。从目前研究看，造成低常儿童的原因大致可分为：遗传原因，先天非遗传性原因，产程中的原因，后天性原因。

第一，遗传性疾病。

许多低常儿童的出现与遗传有关。现在全世界发现的遗传病种逐年增加，目前已知的有3 000种以上，其中包括先天愚型、畸形、无脑儿、阴阳人、血友病、色盲等，威胁人类健康，造成严重的社会问题。人体细胞核内有23对染色体，它载有从父母亲遗传下来的、决定一个人各种特质的物质，叫基因。不正常的染色体或基因，例如染色体的一部分短缺或倒转，染色体某些部分贴附于另一部分上，出现三个同型的染色体合在一起的“三体性”，某一对染色体中失去一个或基因突变等，通过父母的生殖细胞传给下一代，使下一代产生畸形和病态，这种疾病统称为遗传病。患有遗传性疾病，大都会造成智力落后。

第二，先天非遗传性原因。

母体中受精卵移入子宫内膜后，开始迅速生长。在胚胎发育阶段，是极为脆弱的，母亲服用的某些药物，母体营养不良或患病，都会严重损害胚胎。母亲的情绪不稳定，也会通过激素的分泌干扰胚胎发育。一切有损于母体健康的因素，对胎儿都有不利影响。

孕妇营养对胎儿脑的发育有重要作用。妇女在怀孕六个月之内营养不良，胎儿脑的发育将受到不良影响，严重的可能会造成智力低下。孕妇在妊娠期间患有某些病毒感染、风疹等过敏性疾病，受过放射线的照射，妊娠毒血症、肝炎、高血压、糖尿病、肾炎等慢性疾病，都会影响胎儿发育，直接造成脑发育障碍，大脑皮质细胞发育不完善，中枢神经受到损害，而形成智能低下。嗜酒、嗜烟和年龄过大的妇女，也容易生出智力低下的孩子。

第三，产程中的原因。

临床观察证明，分娩的速度、产位和脐带异常等，都可能引起对婴儿脑损害，造成智能落后。

婴儿在出生过程中受到的损害，往往是颅内出血和缺氧。分娩的时间过长，能造成母亲筋疲力尽，会引起婴儿缺氧致使脑受损害。胎位不正造成难产，使用产钳分娩不当，也可能造成脑颅损伤。脐带过长，先于婴儿落入产道，容易在母亲的骨盆中为婴儿头所压，致使婴儿缺氧。婴儿横位产对母婴双方都有危险，对婴儿有可能造成脑损害。由于脑伤所导致的智能落后，程度有很大不同，而诊断又比较困难，所以对孕妇产前的身心健康、加强孕期保健和产前检查极为重要。对高龄妇女妊娠生产，更要注意接生工作。

第四，后天性原因。

出生后的婴儿还处在继续发育时期，人的大脑一般要到 18 岁左右才发育完全，因而在婴幼儿期发育阶段，任何影响脑发育的因素都有可能造成智能落后。

新生儿所处的环境很重要。缺少外界必要的刺激和人的照顾，严重束缚孩子手脚使之无法活动，都可能造成孩子智能落后。不要把产妇和婴儿住房捂得严严实实，弄得房间里空气污浊，气味难闻，在缺氧的条件下，会损害新生儿脑的发育。因为，氧气是细胞代谢不可缺少之物，对脑细胞更为重要。人脑耗氧量占全身耗氧量的1/4，而4岁以前幼儿脑耗氧量则几乎要占全身耗氧量的1/2。婴幼儿脑细胞正处于旺盛生长期，如果缺氧势必影响脑的发育，导致智力落后。

婴幼儿期的脑炎、脑膜炎等烈性传染病，可以直接损害脑神经细胞。头颅外伤、营养不良、慢性疾病、地方病等，都会损伤脑的发育，造成智力残疾。

三、低常儿童的防治与教育

做父母的都希望生一个发育健全的孩子，生育了低常儿童，都希望病情好转。为此，必须尊重科学，采取必要的预防、治疗与教育措施。

第一，根据成因积极预防。

造成低常儿童的原因是多种多样的，要减少低常儿童，避免低常儿童出生，就要采取多种多样的措施进行预防。

首先，要严格遵守婚姻法禁止近亲结婚的规定，不能通婚的，一定不要通婚；同时，要劝患有智力残疾的人主动放弃生育，以减少智力残疾的孩子出生。

育龄夫妇要实行计划生育，注意孕期卫生保健，定期进行产前检查，加强营养，及时治疗妊娠疾病。

育龄夫妇要戒除烟酒嗜好，尤其是孕妇。妊娠期间避免接触放射线、化学毒剂和有毒气体药物等。

孕妇要保持良好的情绪，适当参加轻微劳动，进行体力活动。

注意婴幼儿卫生保健，及时治疗所患疾病。

避免高龄妊娠。35岁以上的妇女妊娠，应进行早期产前检查，如发现染色体异常，要及时中止妊娠。

第二，正确诊断早期治疗。

造成低常儿童的原因比较复杂，有些病因尚未查明，这就给治疗带来一定的困难。治疗的关键是正确诊断，弄清病因。早期治疗，收效较好。特别是轻度智力低下的儿童，如及早发现，及早地给予治疗、训练与教育，情况可以有很大的改善。父母要注意婴幼儿的智能发展情况，如果发现孩子与同龄孩子相比，身心发展有显著差异，就应带孩子到医院进行测查、检查，千万不可粗心大意，掉以轻心。例如，两岁以前的婴儿，如发现苯丙酮尿症，及时用低苯丙氨酸食物喂养，就有可能使脑的发育正常进行；假如两岁以后才发现并治疗，就收效甚微了。呆小症在婴儿期发现，及时进行甲状腺素治疗，也能使婴儿脑获得正常发育。

对于低常儿童，除用药物进行早期治疗以外，还要及时进行早期教育与训练。二者配合进行，效果会很明显。

第三，根据病情区别对待。

按智力低下的程度分类，低常儿童分轻度、中度、重度和极重度等。在实施教育、训练和监管方面，要根据轻重程度，区别对待，有所侧重。

属于轻度智力低下的低常儿童，多数可以在良好的教育条件下，视知觉、动作、情感、意识等方面的障碍能有明显的减轻，能够学到一定的文化知识，掌握一些技术和本领。有的长大以后，工作能力和表现都不错，能自食其力。在家庭里，家长要进行必要的教育和训练；同时，若有条件最好送他们到弱智学校或弱智班学习。

对于中度、重度低常儿童，主要是通过教育和训练，使他们学会料理自己的生活，具有独立生活能力。例如，穿脱衣服、吃饭、个人洗漱、正常作息等。做父母的不要歧视、厌弃他们，坚持耐心教育训练，鼓励他们进步。如有可能，可教育他们掌握一些日常用语，学会一些简单操作，以便从事某些简单劳动。

对极重度低常儿童，由于他们生活不能自理，语言困难，需要妥善管护，防止发生意外。家庭里出生这样的孩子，确实是一件憾事，做父母的不能一味怨天尤人，而要有高度的同情心和责任心，需要有极大的耐心，不仅尽到父母的责任，也要尽到社会的责任。

第四，坚持训练，耐心教育。

低常儿童是大脑发育不健全或受到损伤的精神活动出现障碍的孩子，做父母的要全面了解孩子的身心状况，正确对待他们，要及早坚持训练，耐心教育，不要迫使他们做难以胜任的事。

首先，要听从医生指导，拟订合理医疗和教育训练计划，不要迷信、幻想和自作主张。

其次，要循序渐进，持之以恒，热情耐心，态度坚定。正因为孩子智能落后，所以学做一件事很不容易，常常要多次反复教育训练才能学会，急躁是无用的，斥责、打骂只会加重病情或影响教育训练的效果。

要重视日常生活规范的训练。当孩子具备独立生活能力以后，更有利于接受简单技能的训练和文化学习。对极重度低常儿童，要给他们安排良好的生活环境，以使他们情绪安定。

能进入学校学习的轻度低常儿童，父母要与学校老师保持密切联系，互相配合，力求与学校教育训练的内容、方法取得一致，以便提高教育训练效果。

家庭所有成员要注意以身作则，给孩子做具体的良好的示范，有些动作和能力要不厌其烦地手把手地教，边看边做，切勿抽象说教。

第三节　犯罪青少年的家庭预防与教育

青少年犯罪问题是广大家长特别担心的问题，也是整个社会特别关心的问题，尽管青少年犯罪是个别现象，犯罪青少年在全体青少年中所占的比率极其有限，但给家庭和社会带来的危害却是巨大的。如何减少青少年犯罪，是社会各界，首先是家长特别重视的一个问题。

一、青少年犯罪的发展趋势

1980 年 8 月，联合国在委内瑞拉首都加拉加斯召开了第六届预防犯罪和罪犯待遇大会，共有101个国家、45个国际组织的代表、观察员、专家1 200多人参加会议。从会上的发言看，世界多数国家和地区青少年犯罪的趋势，无论在数量上还是在形式上，都呈上升发展的趋势。从犯罪率看，发达国家比发展中国家高，资本主义国家比社会主义国家高。这一点已被许多资料所证实。比如，1981年，我国违法青少年仅占全国青少年的1.2%，同期前后，一些发达国家的青少年犯罪率则比我国高得多，日本占1.5%，法国占2.54%，英国占3.66%，美国占4.5%。

尽管我国青少年犯罪的比率比发达国家低得多，但也应引起我们高度的重视。

青少年刑事犯罪的类型比较集中，主要是偷盗扒窃、打架行凶、侮辱强奸妇女等，尤以偷盗扒窃最为严重。青少年犯罪，因年龄性别不同，犯罪类型的分布也有所不同。研究材料表明，11～16岁绺窃犯占85%，15～19岁盗窃、打架行凶、流氓犯分别占83%、90%、87%，常常是一身兼多种犯罪。男犯以偷窃、打架行凶所占比例最高，女犯以道德败坏所占比例最高。

根据国内外的研究材料分析，青少年犯罪的高峰年龄区有两个：一个是初犯的高峰年龄区，大约在13～15岁；另一个是犯罪的高峰年龄区，大约在15～18岁。

二、青少年犯罪的家庭原因

按照辩证唯物主义和历史唯物主义的观点看，青少年犯罪，既有主观原因，又有客观原因。主观上的原因主要是青少年发展不良的心理因素，客观上的原因主要是社会环境、家庭教育和学校教育的不良影响。

健康的社会环境像个大熔炉，可以把青少年锤炼成有用的“钢材”；不健康的社会环境则像个大染缸，可以给青少年染上各种不良习气。淫秽的书刊、影视，对青少年的心灵毒害很大；社会上犯罪分子的拉拢、胁迫和教唆，诱使品行不良的青少年走上犯罪道路。

学校教育是青少年接受教育的重要渠道。有些学校片面追求升学率，忽视思想品德教育，歧视学习成绩不好的学生；有的学校违背教育原则，在管理上简单粗暴，体罚、侮辱学生。这些情况，都是造成某些青少年犯罪的原因。

家庭是同青少年生活关系最密切的环境，家庭教育不当、家庭环境恶劣是导致青少年犯罪的重要原因。许多犯罪青少年，之所以走上犯罪的道路，当然有其自身的主观原因，也有不良社会环境和学校教育的消极影响，但最直接的原因往往是家庭教育不当和家庭环境不好。

造成青少年犯罪的家庭，大体可以分为三大类。第一类是缺陷家庭，即家庭结构有某些缺陷，如离婚家庭、再婚家庭、丧父或丧母家庭等。第二类是存在不良影响的家庭，即家庭结构虽然正常，但其中却有各种不良影响，如家庭成员本身有不良品行、家庭成员关系不和睦等。第三类是管理教育不当的家庭。

第一类：缺陷家庭。

缺陷家庭中，对子女影响最大的是父母离婚家庭。有人说，父母离婚对子女心灵的打击和伤害，其严重程度仅次于亲人的死亡。当然，父母离婚不一定直接导致子女犯罪，但往往使子女容易接受某些犯罪诱因。父母离婚对子女的消极影响，不仅仅是离异行为本身，而主要是整个离异过程造成的。父母离异，往往先是闹矛盾，关系不协调，无休止地争吵，连绵不断而且不断升级的打架；把子女当“出气筒”，对对方的不满情绪，在子女身上任意发泄；或是为争取子女的支持，互相攻击对方，或是双方都想要子女，或是把子女当成“拖油瓶”，谁也不肯要孩子，推来推去；离婚后，子女的生活、教育问题，未妥善解决，没有着落；等等。这一切，使子女苦闷、烦恼、紧张、畏惧、惶惶不可终日，精神上受到极大的刺激。

再婚家庭遇到的主要问题是继父或继母同子女的关系问题。继父母对孩子不能一视同仁，亲者宠爱，疏者歧视，这种不公正的态度和做法，会引起孩子的极大不满，以致仇视、反抗，严重的会离家出走，接触不良分子，受到不良影响。由于父母对子女有亲有疏，兄弟姐妹之间也容易造成不和，以致出现裂痕、对立、仇视。如果父母不能从中调解，或者火上浇油，也会促使家庭暴力发生，或离家出走。

丧父或丧母的家庭，最突出的问题是家长既要当爸爸，又要当妈妈，精力不足，时间有限，照料、管理、教育、监督不够，出现顾此失彼的现象。丧父的缺陷家庭，在经济生活上受到影响更大一些；丧母的家庭，则在生活照料、管理上问题多一些。

第二类：结构完整，但存在不良影响的家庭。

家庭成员本身，如父母或兄弟姐妹，有不良行为，或品行不端，或有犯罪行为，对青少年来说，有很恶劣的影响。首先，家庭成员的不良行为和品德，对青少年有潜移默化的消极影响。其次，家庭成员行为和品德不良，不能对青少年的行为做出正确的评价，该反对的却默许、赞扬，该肯定、赞扬的却反对，这样就会使青少年是非不分、善恶不辨。

家庭成员素质低下，关系不好，常常为一些琐事争吵不休，甚至互相打骂。家里又无人有能力协调关系，调解矛盾，或是因无能为力撒手不管，或是依仗家长权威，强行制止。在这样的家庭里生活，家庭成员的粗暴、野蛮行为不仅给青少年以潜移默化的不良影响，而且会使他们焦虑、忧愁，整天怀着惴惴不安的心情生活。青少年在家庭里得不到温暖，难以忍受家庭的矛盾纠纷，便会外出寻求安静和欢乐，这种心理倾向会给坏人以可乘之机。

第三类：管理教育不当的家庭。

有的家长素质不高，缺乏起码的管理能力，或是威信不高，缺乏应有的权威性。说话子女不听，管理孩子不顺从。子女放任自流，为所欲为，肆无忌惮。

有的家长对子女娇惯溺爱，无原则地迁就子女不当的物质要求，使子女物质贪欲不断膨胀，追求享乐；有的把子女的地位摆得过高，视为“小太阳”、“小皇帝”，一家人像众星捧月一样，围着孩子转，放任、姑息，不管不教。这样，会使孩子任性、执拗、顽劣、胆大妄为。

有的家长，因为种种原因，冷淡孩子，感情上不亲热，生活上不照料，学习上不关心，品德上不教育。有的甚至采取歧视、唾弃的态度。这样，会使孩子产生自卑、孤僻等弱点，也容易产生愤恨不平，寻机反抗或报复的心理。

也有的家长脾气暴躁，恨铁不成钢，常常采用打骂体罚手段，管教孩子。其结果，不仅损害家长和子女的关系，丧失威信和教育的主动权，而且会伤害孩子的身心健康，使孩子变得粗暴野蛮。孩子对家长不能报复，就采取同样的态度和手段，对其他人施暴，以求发泄。

总之，造成青少年犯罪的家庭原因是多种多样的。但归根结底，最直接的原因是家长素质不高，教育能力差。

三、怎样预防青少年犯罪

青少年犯罪的原因是复杂的，受到的消极影响是多方面的。那么，要有效地预防和减少青少年犯罪，需要全社会高度重视，家庭、学校、社会都要相互配合，密切协作，努力减少消极影响，化消极因素为积极因素，优化青少年成长的环境。

由于家庭是青少年生活时间最多、也是最主要的生活环境，家长和子女关系密切，接触多，影响也最大。所以，在预防和减少青少年犯罪中，家庭担负着最主要的任务。

第一，要注重儿童的早期思想品德教育。

青少年犯罪不是突然发生的，是有一个过程的。犯罪青少年的出现，往往与缺乏必要的、有效的早期思想品德教育有直接关系。有的家长认为，孩子年幼，不懂事，管教也没有用处，从而采取不管不教、放任自流的态度，结果使孩子养成了不良的行为习惯和思想品德。在小时候，好管教，效果明显的时候，不管不教，等孩子长大了，不好管教时再着手管教，就很难了。在儿童时期，由于年龄小，缺乏犯罪能力，等到了青少年期，有了犯罪能力，在一定的外界不良条件影响下，就会出现犯罪。因此，加强早期教育，特别是早期思想品德教育，是预防和减少青少年犯罪的最重要措施。

第二，要讲究教育的方式方法。

导致青少年犯罪的另一个原因，是教育方式方法不当。娇惯溺爱，放任自流，任其自由发展，这会使孩子缺乏正确的行为规范，助长孩子的不良行为；对孩子打骂体罚，管理教育态度粗暴，手段野蛮，会使孩子精神上受到创伤。家长应学习和掌握教育子女的科学知识，了解孩子的心理特点，采取正确的方法，讲究教育艺术，提高教育效率。

第三，家长要加强自身修养，以身作则。

“近朱者赤，近墨者黑。”家长是孩子最直接、最经常的模仿对象，家长的言谈举止是孩子效法的榜样。家长素质低下，言谈举止不文明，或在道德品质、行为习惯上有问题，会对孩子产生腐蚀侵袭作用。像这样的家长，在子女面前也没有威信，教育子女理不直、气不壮，子女不服从。家长应当明白，教育方式方法固然很重要，但家长自身的素质更重要。家长教育子女，最重要的是利用自身的人格去影响孩子，自身人格是最重要的教育因素。家长希望子女成为什么样的人，自己应身先士卒，首先成为什么样的人。

第四，处理好家庭关系。

家庭对孩子来说至关重要。他们不仅要从家庭得到物质生活条件，也要从家庭得到精神生活条件。家庭关系和谐，亲密无间，幸福温暖，会促使孩子身心健康发展。家庭关系紧张，矛盾重重，四分五裂，使孩子得不到安静、舒适、温暖和幸福的家庭环境，就会受到心理和精神上的伤害，发生心理变态。

父母是孩子的依靠。父母关系紧张，发生破裂，以致离异，对孩子来说是极大的打击和伤害。为减少父母离异对孩子的打击和伤害，在恋爱、结婚时就应取谨慎态度。结婚后，有矛盾，要共同努力，想办法协调、处理、解决矛盾，尽量不要导致矛盾激化。夫妻关系实在难以维持，可以离异，但要取慎重态度，最好是和平分手，不要非得“打破头”、打成仇人再分手。离婚时，要处理好子女的抚养教育问题，不管孩子跟谁，都要按宪法和婚姻法规定，尽父母理应尽的责任和义务，任何人不得借故推卸。重新建立的家庭，不论是继父还是继母，对子女都要一视同仁，有没有血缘关系，都要关心爱护，尽心尽力抚养教育，不得歧视非血缘子女。在单亲家庭里，家长的生活负担要相应地繁重一些，但也不是没有条件抚养教育好子女，应增强自信心、自强心，引导子女在困境中生活、成长。

第五，要特别关心犯有罪错的子女。

子女犯有罪错，对于家庭、家长来说是一种沉重的打击。事到这个地步，抱怨是没有用的，放弃教育的责任也是道义上和法律上不允许的。对待这样的子女，家长应努力关心他们，体贴他们，创造条件引导他们弃旧图新，增强改正罪错的勇气。如放弃他们，会重新把他们推向犯罪的道路。对待犯有罪错的子女，在教育时要有极大的耐心，做深入细致的工作，要正确对待他们身上出现的反复，不要操之过急，简单从事。

总之，青少年犯罪问题是一个需要进行综合治理的问题。家庭教育在治理当中，有着十分重要的作用。家长不仅要注意并且切实改善家庭教育工作，而且还要特别注意子女在社会上接受什么样的影响，努力防止子女接受不良的社会影响。

[思考与研究]

1. 用《矛盾论》的观点说明研究特殊儿童青少年家庭教育的意义。

2. 超常儿童的培养教育和一般儿童的培养教育有什么异同?

3. 防止青少年犯罪，家庭负有什么样的责任?

第十一章 家长的自身修养

家庭教育是由家长对其子女实施的教育。在教育过程中，家长居于主导地位，发挥着主导作用。家长的自身修养如何，决定着教育的效果和成败。因此可以说，我们研究家庭教育问题，从根本上来说是研究如何教育并提高家长自身修养的问题。

第一节 必须加强家长的自身修养

在家庭教育中，家长是教育者。“教育者先受教育”，这是一条普遍的原则。家长作为子女的教育者，理所当然地应该先受教育，以便获得教育子女的知识，取得教育者的资格。

然而，这个问题在过去并没有引起人们应有的重视。《礼记·大学》篇中说：“未有学养子而后嫁者也。”意思是说，有史以来，还没有过先学会教养子女才结婚的事。就是说，教育子女，人们天生的都会，不用学习，不需要什么知识和能力。事实上也正是如此，自古以来，在漫长的人类社会发展史中，还没有人为掌握教育自己子女的科学知识，专门进学校学习或拜师求教。人们只要能生儿育女，便都堂而皇之地做了父母，承担起了教育子女的责任。对此，历来人们都司空见惯，习以为常，并不觉得是个问题。

只是到了近代社会，人们才开始注意到这个问题。

鲁迅先生在《随感录二十五》一文中记述了这样一件事：前清末年，某省初开师范学堂的时候，有一位老先生听了，感到不可思议，便愤愤地说：“师何以还须受教，如此看来，还该有父范学堂了!”那位清朝的遗老，认为为培养学校师资要开办师范学校是令人吃惊的事，那么，开办父范学堂培养训练家长，更是咄咄怪事，无法让人接受。借这件事，鲁迅先生严肃地指出：“这位老先生，便以为父的资格，只要能生。能生这件事，自然便会，何须受教呢。却不知中国现在，正须父范学堂；这位先生便须编入初等第一年级。”① 在中国几千年的人类社会发展上，鲁迅先生破天荒第一次直接批评了“当父母不须受教”的愚昧观念，也是第一次正式提出要专门为家长开办父范学堂。这具有划时代的意义。

我国现代著名教育家陈鹤琴先生，针对过去中国许多做父母的不懂得做父母的学问，而又不打算学习、钻研、掌握做父母的学问，在1937年撰写了一篇题为《怎样做父母》的文章，专门谈了掌握做父母的学问的重要意义和做父母应该掌握哪些学问的问题。他指出：“父母，不是容易做的，一般人以为结了婚，生了孩子，就有做父母的资格了，其实不然。我们知道，栽花的人，先要懂得栽花的方法，花才能栽得好；养蜂的人，先要懂得养蜂的方法，蜂才能养得好；育蚕的人，先要懂得育蚕的方法，蚕才能育得好；甚至养牛、养猪、养羊、养马、养鸟、养鱼，都先要懂得专门的方法，才可以养得好。难道养小孩，不懂得方法，可以养得好吗？可是一般人对自己的孩子，反不如养蜂、养蚕、养牛、养猪看得重要。对于养孩子的方法，事先既毫无准备，事后又不加研究，好像孩子的价值，不及一头猪，一只羊。这种情形，在我国目前，到处可以看见，真是一件奇怪的事。”

不重视家长修养的问题，不仅在过去的中国普遍存在，在西方国家也同样存在。英国思想家、教育家斯宾塞，就在他1861年出版的《教育论》一书中曾严肃提出这个问题。他说：“说正经话，子女的生与死，善与恶，都在于父母怎样教养他们。可是（当时僧院派学校的课程内容）对于今后要做父母的人在教养儿童方面连一个字的教导也没有，这难道不是一件怪事吗？”他又说：“如果一个商人毫无算术和簿记的知识就开始经商，我们会说那是瞎干，而眼看他要得到惨痛的后果。或者一个人如果没学解剖学，就开业进行外科手术，我们也会为他的胆大包天感到惊讶，而可怜他的病人。可是一般父母从来未考虑过那些在身体、道德、智慧方面应该指导他们的原则，就开始教养儿童这个

① 《鲁迅全集》第1卷，人民文学出版社2005年版，第312页。

艰巨任务，却并没有引起对他们的惊讶，也没引起对受害者的怜悯。”① 斯宾塞对这种咄咄怪事简直有点忍无可忍。他郑重提出，必须重视对父母进行教育，提高家长的素养。

从中外教育家对不重视提高家长素养的批评中，我们可以深深体会到，这个问题有多么重要。

受到中外先进思想家严肃批评的那种愚昧的观念和落后的社会现象，在今天也没有完全杜绝。人们之所以不重视家长自身的修养，有其深刻的社会根源和思想根源。一是由于人们思想意识上的愚昧无知，不重视科学知识的作用，认为培养教育子女无须什么科学知识，“树大自然直”，不管他们也会一天天长大的。二是有封建家长制思想的残余，认为“天下无不是的父母”，人只要当上了父母，便成为“完人”，成为真理的化身。家长的话对子女来说就是法律，怎么管教都是对的，子女必须绝对服从，用不着加强自身修养。三是认为自己从小就接受父母的培养教育，在受教育的实践中也会知道如何培养教育自己的子女，掌握培养教育子女的能力，因此用不着进行专门的学习。诸如上述这些糊涂观念，至今仍旧盘踞在人们的头脑中，影响着家长素养的提高。

然而，人们并没有认真思考过这样一个事实：在世界上客观存在的万事万物中，最复杂的是什么？是人，是对人进行的培养教育工作。越是复杂的工作对象，越是复杂的工作，就越需要人们有较高的素质，越需要掌握科学知识。家庭教育作为“人之初”的教育，作为终身教育，家长作为子女的首任教师和终身教师，在人的成长发育过程中起着相当重要的作用，在提高整个民族素质中负有重任。不具备一定的素养，没有较高的素质，是难以胜任如此重任的。

家长的自身修养，对于成功地教育子女来说，有着十分重要的意义。第一，家长是教育者，在家庭教育过程中居于主导地位，发挥主导作用；而家庭教育又是一种私人教育，有很大的独立性，家长有很大的自主权。究竟对子女进行什么内容的教育，如何教育，最终要把子女培养成什么样的人，这一切家庭教育的重大问题都取决于家长的意志和家长的素质。家长具备较高的素质，

---

① ［英］斯宾塞著，胡毅、王承绪译：《斯宾塞教育论著选》，人民教育出版社 2005 年版，第 24—25 页。

就能以正确的教育思想指导整个家庭教育工作，有很强的教育子女的主动性和自觉性，能够选择恰当的教育内容和科学的教育方式方法，运用高超的教育艺术，妥善处理子女教育中的种种疑难问题，使家庭教育获得成功，达到预期的目的。第二，家长自身的素质，本身就是一种教育因素。对子女有极大的影响。它起着耳濡目染、潜移默化的作用。家长素质高，就会对子女产生积极影响；而素质低，则产生消极的影响。中国有句俗话："老子偷瓜盗果，儿子杀人放火。"这是说，家长身上的小毛病，可以影响儿子陷入大的罪恶。家长自身素养高不高，此事非同小可。因此，有人说："课子课孙先课已"，"打铁先得自身硬"。这都是告诫做父母的要特别注重加强自身修养，提高自己的素质。

特别应当指出的是，社会在不断地进步，社会生活中不断出现新情况新问题，需要人们的思想观念随之不断更新，不断充实自己的知识，不然的话，很难适应社会生活的变化。在社会政治经济急剧变革，新事物新思想新观念层出不穷的今天，完全依靠传统的家庭教育观念和知识去教育当代社会的子女，是很难掌握教育的主动权和取得良好效果的。

德国教育家福禄培尔说过："国民的命运，与其说是操在掌权者手中，倒不如说是握在母亲的手中。"① 这是说，一个国家、一个民族的素质如何，关系到国家的命运和民族的前途。而作为家长，责任相当重大。加强家长自身修养，不仅关系到每个家庭子女教育的成败，而且关系着民族素质的提高。这个问题，应当引起人们高度的重视。苏联教育家苏霍姆林斯基说得非常正确："母亲的教育修养的重要性是怎样估计都不会过分的。"

第二节 家长要有义务感

随着社会的进步，人们越来越重视自己子女的教育，自觉性、主动性和积极性不断加强。但是，也不能不看到，社会上确有一部分做父母的，未能很好

① 转引自［日］木村久一著，河北大学日本研究所译：《早期教育和天才》，河北人民出版社2001年版，第160页。

地承担起抚养教育子女的责任。有的父母，对子女放任自流，不管不教，任其自由发展。等到孩子在品德、学习上出现了问题，则态度粗暴，管教方式方法简单、野蛮，采取打骂手段。极个别的父母，甚至把管不了的孩子赶出家门，使其浪迹社会。也有一些家庭，夫妻关系不好，经常吵架，闹分居、离婚，置子女于不顾，或拿子女当“出气筒”。离了婚的父母，双方都不要孩子，不管孩子，遗弃孩子，推卸抚养教育的责任；遗弃女婴、非婚生婴儿的现象，屡有发生……这些问题的出现，反映某些做父母的，不懂得自己在生养了子女以后，要承担什么责任，严重缺乏社会公民必须具备的社会义务感。

什么叫“义务”？所谓义务，是指人们一旦具备一定的社会关系，处于一定的物质生活条件中，必然要担负的使命、职责或任务。义务是由物质生活条件决定的人与人之间关系的反映，它表明个人对社会和他人承担的责任，也表明社会和他人对个人行为的要求。在阶级社会中，义务反映不同阶级的利益。

义务有两个方面的含义：一是政治法律上的义务，二是伦理道德上的义务。两种含义的义务，既有区别又有联系。政治法律上的义务，是指根据国家法律的规定，个人必须对社会和他人所应承担的使命、职责和任务。这种义务有一个显著的特点，它同权利相联系或相对应。马克思说：“没有无义务的权利，也没有无权利的义务。”这就是说，谁要在政治法律上享有一定的权利，他必须尽到相应的义务；同样，谁要尽到自己的义务，他就可以享受一定的权利。

伦理道德上的义务则与此不同。它是指人们作为一定社会的成员，在社会生活中，不论是个人意识到或没有意识到，在客观上必须对社会和他人负有一定的道德的使命、职责和任务。这种任务有两个显著特点。第一，它不是以获得某种相应的权利为前提，而是以或多或少地牺牲个人利益为前提。当然，在实现了自己的道德义务，完成了自己的使命、职责和任务时，可以得到社会舆论的赞扬，甚至也可能得到社会给予的权利和他人的报偿。但是，从行为者本身来讲，不但在行为过程中不应该要求以某种权利和报偿为条件，而且在行为开始以前的动机和目的上，也不应当希求得到某种权利和报偿。第二，它是一种自觉地履行的义务，是行为自由的表现。义务是一种职责，就是“应该做的”，不是被强制的。从它的客观要求和内容来说，是一种使命、职责、本分或任务，具有不以人们的主观意志为转移的客观约束力。但是，从主观方面来说，它是在人们认识和理解了客观要求，自觉到自己的使命、职责、本分或任务的基础上，形成的一种内心信念和意志，因而，履行这种义务又是自由的。就是说，当人们认识理解到社会对他的要求时，就会自觉地、愉快地去履行自己的义务，不感到是约束，而感到是自由，就像是得到“道德命令”一样，毫无被动之感，履行义务成为人们生活的需要、性格和习惯。

这两种义务，尽管有所不同。但它们有一个共同点，那就是：义务是由社会提出的，人们必须去履行。

父母抚养教育子女的义务，既是政治法律上的义务，又是伦理道德上的义务，具有双重意义。

在剥削阶级占统治地位的社会里，抚养教育子女也是父母的义务。但这种义务是以父母享有极大的不合理的权利为前提的。在奴隶社会和封建社会，家长要承担子女的抚养教育任务，可家长对子女有任意支配、处罚、出卖、虐杀、遗弃的权利。在半封建半殖民地的旧中国，曾经颁布过一个《民法草案》，明确规定了家长的权利和义务：“第一，家长有统摄家政之权。所谓家政，包括家庭伦理上、法律上、财产上的一切行为；第二，允许亲属入籍之权；第三，择立嗣子及撤销立嗣之权；第四，为监护人及保佐之权；第五，抚养之权；第六，承受遗产之权；第七，对家属负有抚养之义务。”这个法律规定，家长抚养子女的义务仅有一条，而享有的权利却达六条之多，权利和义务很不平衡。而且，法律还规定，家长抚养的程度，要依家长的资力而行，并且只对无过失而不能自存的家庭成员才承担这一义务，否则便无负此义务之必要。实际上，抚养教育子女的义务，在法律上并没有得到保证。这正如鲁迅先生所指出的那样：中国人对子女，“权利思想很重，义务思想和责任心却很轻”。

鲁迅先生对于中国家长不尽教育子女的义务的现象，就进行过严肃的批评。他说：“中国的孩子，只要生，不管他好不好，只要多，不管他才不才。生他的人，不负教他的责任。虽然‘人口众多’这一句话，很可以闭了眼睛自负，然而这许多人口，便只在尘土中辗转，小的时候，不把他当人，大了以后，也做不了人。”① 当时普通的老百姓是这样，那么，具有新思想的人们是怎样的呢？鲁迅先生说：“我们的新人物，讲恋爱，讲小家庭，讲自立，讲享乐了，但很少有人为儿女提出家庭教育的问题，学校教育的问题，社会改革的问题。先前的人，只知道‘为儿孙作马牛’，固然是错误的，但只顾现在，不想将来，‘任儿孙作马牛’，却不能不说是一个更大的错误。”②

鲁迅先生十分重视家长要尽抚养教育子女的义务的问题。他说，父母生育了子女，“总算已经达到了继续生命的目的。但父母的责任还没有完，因为生命虽然继续了，却是停顿不得，所以还须教这些新生命去发展。凡动物较高等的，对于幼稚，除了养育保护以外，往往还教他们生存上必需的本领。例如，飞禽便教飞翔，鸷兽便教搏击。人类更高几等，便也有愿意子孙更进一层的天性”。鲁迅先生在这里对父母教育子女的义务的论述，虽然没有超出进化论思想的范畴，但还是相当深刻的。在此基础上，他进一步明确指出：“总而言之，觉醒的父母，完全应该是义务的，利他的，牺牲的……‘自己背着因袭的重担，肩住了黑暗的闸门，放他们到宽阔光明的地方去；此后幸福的度日，合理的做人。’”③

做父母的生养了子女，他们就获得了生存、发展的权利。子女刚生下来，不能独立生存，必须由父母抚养，给予他们生存和生活所必需的物质生活条件和精神生活条件，让他们健康茁壮地成长。随着他们年龄的增长，他们逐步具备了独立活动的能力，父母还要对他们进行培养教育，培养他们的独立生活能力、适应社会生活的能力、良好的行为习惯和道德品质，指导他们学习科学文化知识，保障他们身体健康，把他们培养造就成能自立于社会的人。

马克思曾经说过：家长的行业，就是教育子女。所谓行业，就是终生为之奋斗的事业。不管在什么样的社会制度下，做父母的都要毫无例外地承担起教育子女的责任。因为这是有子女的公民向社会尽义务的一种特殊途径。正如苏联教育家马卡连柯所说的那样：“父亲对于子女所负的责任，是他对于社会所

① 《随感录二十五》，《鲁迅全集》第 1 卷，人民文学出版社 2005 年版，第 311—312 页。
② 《上海的儿童》，《鲁迅全集》第 4 卷，人民文学出版社 2005 年版，第 581 页。
③ 《我们现在怎样做父亲》，《鲁迅全集》第 1 卷，第 140、145 页。

负的责任的一种特殊形式。”①

年轻夫妇生育了子女，做了爸爸妈妈，这自然是十分欣喜的事。然而，人们是否意识到，从做了父母的那一天起，就承担起了一项重要的社会义务，把子女培养成合格的公民。每个家长都要有这种公民意识。马卡连柯曾非常诚恳地告诫做父母的人们说：“你们应该常常记得：你们生养和教育儿女，不是仅仅为了父母的愉快。在你们的家庭里，在你们的领导下，成长着未来的公民、未来的事业家、未来的战士。如果你们处理无方，教育出不好的人来，那么，由此所得的苦痛，不仅是你们的，而且是许多人的，是整个国家的。不要忽视这个问题，不要认为这是使人厌烦的议论。要知道，在你们的工厂里，在你们的生产机关里，如果没有生产很好的产品，而生产了粗劣的产品，你们会感觉羞愧的。给社会造就出不好的或有害的分子，尤其是你们更大的耻辱。”②他还进一步指出：“在我国，任何儿童的不幸和挫折，任何百分比的废品，哪怕是百分之一，都不应当存在！”③马卡连柯的话，非常深刻，发人深省。

我们做父母的都是国家的主人，为了民族的兴旺发达，国家的繁荣昌盛和人民的幸福，为了尽快实现社会主义现代化，我们不仅要通过自己的辛勤劳动，创造丰富的物质财富和精神财富，为社会主义物质文明和精神文明建设做出贡献；与此同时，还要自觉地精心抚养和科学地教育自己的子女，使之健康成长，成为合格的公民和劳动后备力量。每个做父母的，都要感到自己肩上责任的重大，未来的建设者都要出自我们之手。应当树立这样一个观念：“通过自己的精心培养教育，能够把子女培养成为有理想、有道德、有文化、守纪律的一代新人，是我们的光荣，应以此感到自豪、欣慰和精神的满足；相反，假如没有把自己的子女培养教育好，就像是对社会、对国家、对子女欠了一笔债似的。”

有的家长说，我们工作忙，任务重，没有时间教育子女。工作忙，任务重，这是事实，特别是中青年家长，都是各条战线、各个单位的骨干，闲暇时间的确较少。但是，时间总还是可以挤出来的。教育子女的机会总是有的，关键是我们有没有教育子女的强烈的义务感和高度的责任心。况且，能不能把子

①②③《马卡连柯全集》第4卷，人民教育出版社1957年版，第31、398—399、7页。

女教育好，并不在于时间多少，主要是能不能科学地教育子女，能不能有较高的效率。只要我们念念不忘自己有教育子女的义务，就会自觉地千方百计地去挤时间，抓机会，把子女教育好。

有的家长说，子女能不能成才，随他们的便。年老退休我们有退休金，又不打算依靠他们，学成什么样算什么样，只要不犯法就成。这种观点，是“养儿防老”传统观念的翻版。“养儿防老”是旧社会人们的普遍心理，是落后的生产方式和低下的生产力发展水平的必然产物。在旧社会，劳动人民没有生产资料，受剥削受压迫，生活水平很低；年老丧失劳动能力以后，没有社会保障，无依无靠，不能生存，指望子女养老送终，有“养儿防老”的思想，是不足为怪的。今天，人们没有这个担心了，优越的社会主义制度，解除了人们的后顾之忧。但是，绝不能因此而放弃培养教育子女的责任。

我们必须明白，父母培养教育子女，这不仅是法律上所规定的义务，也是社会伦理道德上的义务。这种义务不是以获得某种权利为前提，而是以或多或少地牺牲自己的利益为前提。不管将来能不能得到子女的好处，也不管是否打算依靠子女，都必须无条件地担负起培养教育子女的义务。不能把教育子女仅仅看作家庭里的私事，这是国家大事，是社会赋予的神圣职责，每个做父母的都要无条件地做好，否则就会受到社会舆论的谴责。

有的家长在教育子女过程中遇到困难，子女不服管教，根本管不了。于是，就将教育子女的责任，一股脑儿全推给学校和社会。这种做法是不对的。学校和社会当然要教育你的子女，事实上，我们的学校和各种社会教育机关，每时每刻都在教育着儿童青少年。我们必须清楚，任何一个儿童青少年的成长，都是学校、社会和家庭三者教育和影响的结果。这三者对儿童青少年来说，就像一座“综合加工厂”，缺少哪一个方面的教育，都不利于他们健康成长。特别是家庭，对孩子影响极大，对于思想品德的形成，作用极大，甚至可以说是起着“型塑”的作用。它的作用是其他教育所不能替代的。现实生活中，我们发现许多犯罪青少年，之所以走上犯罪道路，差不多都由于家庭教育不力或有问题而造成的。家长把难以管教的子女的教育责任，全都推给学校，家长不支持不配合，学校教育的效果也不会大；如果把子女推到社会上不管，很容易受社会不良因素的影响，或受坏人的引诱教唆，走上邪路。这是家长和社会都不愿意得到的结果。因此，家长教育子女再有困难，也不能一推了之，撒手不管。

有的做父母的，夫妻关系不好，闹离婚，不顾子女的生活和教育。这是一种不负责任的表现。我国婚姻法规定，实行婚姻自由，这不仅包括结婚，当然也包括离婚自由。但是，夫妻有了子女以后，要不要离婚，必须考虑到离婚对子女的不良影响。夫妻离婚，不仅仅是当事人双方的事，也关系到他人，其中首先是子女的利害。如果只是为了寻求个人的幸福，置子女的利益于不顾，那是自私的、不道德的，于情理不容。即使夫妻离了婚，双方都要依照法律尽抚养教育子女的责任。《中华人民共和国婚姻法》第三十六条第一款和第二款规定："父母与子女间的关系，不因父母离婚而消除。离婚后，子女无论由父或母直接抚养，仍是父母双方的子女。离婚后，父母对于子女仍有抚养和教育的权利和义务。"法律是公民的行为准则，是有权威的，不允许任何父母因离婚而推卸责任。

总之，抚养教育子女，是社会赋予每个父母的神圣责任，是公民的光荣义务，对于这种义务的任何懈怠，都是不允许的。父母应当树立和增强这种公民意识。

第三节　家长要有知识

一、家长必须有知识

家长担负着培养教育子女的任务。家长的责任是重大而艰巨的，不仅要培养子女的良好品德，也要传授知识，开发智力，还要对子女进行身体保健、体育、美育和劳动教育，和学校的专职教育工作者——教师一样，也是塑造人类灵魂的工程师。要成为一名合格的家长，真正担负起培养教育子女的任务，除了具备强烈的义务感和责任心以外，还必须具备一定的知识。否则，就会心有余而力不足，即或是有再良好的愿望，也不会达到预期的目的。

我们知道，种田需要学习，做工要拜师，打算盘、织毛衣需要学习，开汽车、火车、轮船、飞机必须进专门学校，就是赶马车，还要有一个跟车的过程。总之，无论做什么事情都需要知识。而这些知识，都是后天学到的，是“学而知之”，不是“生而知之”。这个道理谁都懂，这些事实都是人们亲眼所见。然而，却有人认为，唯独教育子女不需要学习，不需要知识和能力。其他的知识，花钱出学费都去学，教育子女的知识，不花学费都懒得学。我们不明白，难道世界上的事就数教育子女这件事最简单？难道社会上三百六十行，就是教育子女这一“行”不需要什么知识？

其实不然。家长教育子女，面对的是活生生的人，是具有不同年龄特征、个性特征和性别特征的儿童青少年。他们的年龄特征，随着年龄的增长而不断变化着，他们的个性特征，随着环境和实践的变化也在不断发展。家庭作为教育的环境，尽管结构较为简单，但家庭政治、经济、文化、构成状况等都影响着教育的效果。就家长本身来说，其文化素养、受教育程度、思想觉悟、道德品质、职业特长、成长经历、个性品质都是千差万别的。这一切，都说明家庭教育并不是一件简单的事。苏霍姆林斯基曾经这样描述过家庭教育的复杂程度，他说：“行业、专业、工作，有数十种，上百种，许许多多，有的是修铁路，有的是盖房子，有的是种庄稼、给人治病、缝衣服等。但有一种包罗万象的，最复杂和最高尚的工作，对所有人来说都是一样的，而同时在每个家庭中又各自是独特的、不会重样的工作，那就是对人的养育和造就。”①

家庭教育既然这样复杂，教育子女就是一种十分复杂的劳动。从事复杂的劳动，就要学习、掌握知识。这个道理，应当说是显而易见的。一个不懂得任何教育知识的人，要去教育子女，肯定教育不好，弄不好还要把孩子教坏。“以其昏昏，使人昭昭”是不可能的，这是毫无疑问的。许多调查表明，孩子品德不好，走上犯罪道路，差不多都是因为家长缺乏教育知识和能力，在教育中有极大的困难和盲目性所造成的。这些家长，不懂得儿童青少年的心理，不懂得教育的规律，不是娇惯溺爱，就是简单粗暴，打骂体罚，结果把孩子推向了歧途。

① ［苏］苏霍姆林斯基著，杜志英等译：《家长教育学》，中国妇女出版社 1982 年版，第 8 页。

因此，古今中外许多教育家都主张家长要努力学习和掌握教育子女的科学知识。早在一百年以前，英国思想家、教育家斯宾塞就说过，父母缺乏抚养教育子女的知识和能力，“在儿童身体、道德和智慧的训练上，都是毛病百出”①。他把人们学习、掌握教育子女的知识和能力，看作每个男女所受教育中的最后课题。苏联教育家苏霍姆林斯基甚至主张：“应当在中学时代就给未来的父亲和母亲以教育学的知识。”“没有研究过教育学基本知识的青年公民不应当有成立家庭的权利。”② 鲁迅先生在七十多年前就主张开办“父范学堂”，向家长传授教育子女的科学知识。陈鹤琴在五十多年前曾经告诫说：“做父母的，要想把孩子养得好，在未做父母之前，应该问问自己：是否懂得养孩子的方法？有什么资格做孩子的父亲或母亲？怎样养育孩子，使得孩子身心两方面都充分而又正当地发育？这些，都该弄得明白，才配做孩子的父亲或母亲。”③

二、家长应具备的知识

那么，教育子女都需要哪些知识呢？

第一，优生知识。优生学是提高人口质量的新兴科学。优生学分两种：一种叫积极优生学，是在遗传工程技术的基础上开展工作的，以促进体力和智力优秀的个体繁衍，使后代更加完善；另一种比较有现实价值的是预防优生学，它的目的在于预防遗传缺陷和先天性疾病，减少不良个体的产生。

优生知识就是关于如何生育身心健康的孩子的科学知识。包括什么样的人不可结婚、通婚，什么年龄结婚、生育好，怎样搞好妊娠保健、围产期保健、异常胎儿的产前诊断、防止胎儿畸形和遗传病等知识。青年男女在婚前就应该了解这些知识。

---

① ［英］斯宾塞著，胡毅、王承绪译：《斯宾塞教育论著选》，人民教育出版社 2005 年版，第 28 页。

② ［苏］苏霍姆林斯基著，杜志英等译：《家长教育学》，中国妇女出版社 1982 年版，第 5 页。

③ 《怎样做父母》(1937 年)，陈鹤琴著：《家庭教育——怎样教小孩》，教育科学出版社 1994 年版，第 210 页。

第二，儿童青少年生理学知识。生理学是关于机体的生命活动和体内各器官机能发展的科学。儿童青少年时期，正是长身体的时期。这个时期身体发育是人一生成长发展的基础。家庭是孩子们赖以生存的场所，家长是保证孩子生理健康的主要责任者。为保证儿童青少年身体健康发育，减少疾病，家长必须掌握一些生理学知识。以便给孩子提供良好的物质生活条件和精神生活条件，加强卫生保健和指导体育锻炼。

第三，儿童青少年心理学知识。这是研究儿童青少年心理发展一般规律和年龄特征的科学。处在儿童青少年阶段的孩子，他们的心理发展状况不同于成年人，有自己的年龄特征和个性特征。要搞好家庭教育，家长必须了解儿童青少年心理发展的一般规律。只有掌握了这方面的知识，教育工作才更有针对性，教育效果才会更理想。

第四，教育学知识。教育学是关于教育发展规律的科学。儿童青少年时期，是开发智力、学习文化科学知识和形成良好思想品德及行为习惯的重要时期。要使孩子的智力得到充分发展，学好各科基础科学文化知识，形成良好的思想品德和行为习惯，家长必须学习、掌握教育学知识，了解教育的原则、方法，并且会灵活地创造性地运用教育原则和方法。

第五，各种文化科学知识。家长不仅要掌握优生学、生理学、心理学、教育学等方面的科学知识，还要尽可能地学习各种文化科学知识，包括社会科学知识和自然科学知识。要努力用科学文化知识充实自己的头脑。这样做，不仅仅是为了给孩子做出榜样，也是平时教育孩子所需要的。对孩子进行思想品德教育，需要家长有广泛的知识，这样可以更好地摆事实、讲道理，做到以理服人。辅导孩子学习文化科学知识，家长不懂得，就无法进行辅导。儿童青少年求知欲很强，遇事好问“为什么”。家长知识贫乏，孤陋寡闻，当孩子提出问题时，或不知所云，或无言以对，一问三不知，就不能满足孩子的求知欲望。家长具有广博的文化科学知识，有较高的文化素养，教育的艺术性和有效性也会大大提高。当然，有的家长由于条件所限，学习较为高深的科学文化知识，可能有一定的困难。但是，家长至少应当有学习科学文化知识的兴趣和积极性。

第六，社会生活知识。社会生活是相当复杂的。一个人要能过正常的生活，自由地生活，要生活得幸福，必须具备广泛的社会生活知识。不然的话，会遇到许多困难，处处遭磨难，受限制。社会生活知识对于每一个社会成员都是必要的。社会生活知识，有许多是在书本上学不到的，需要在日常生活中注意学习、积累。而儿童青少年生活阅历尚浅，缺乏社会生活的知识和经验，家长作为子女生活的引路人，有责任教会他们如何生活。所以，家长应具备广泛的社会生活知识，以便在日常生活中随时随地向子女传授。

社会生活知识包括的内容相当广泛，如衣、食、住、行、吃、喝、玩、乐等生活方面的知识，为人处世、待人接物、社会交往等方面的知识，料理家务、布置家庭环境、处理家庭亲戚邻里同事同学关系等方面的知识。

第四节　家长要有能力

一、家长必须有能力

教育子女的知识是人们在教育子女的实践中所获得的关于子女教育方面的认识和经验的总和。教育子女的科学知识，对子女教育实践具有指导意义。作为家长，必须掌握。但是，知识并不等于能力。要解决好家庭教育中遇到的种种实际问题，要把子女培养教育长大成人，还必须具备教育子女的能力。

所谓教育子女的能力，就是运用教育子女的科学知识，解决家庭教育实践中遇到的种种问题，促使子女身心健康发展的技能、技巧。

教育子女的知识，主要解决教什么和应该如何教的问题。而教育子女的能力，则是解决具体怎样教的问题，是解决教育实践的问题。不具备教育子女的科学知识，教育实践就会盲目，当然不成。但只是有知识，有理论，不能把知识转化为能力，只能空谈，仍然不能胜任教育子女的任务，遇到实际问题还是束手无策。

现在，有不少家长开始重视学习教育子女的科学知识，读一些教育理论方面的书籍，这当然很好。但还不够，还应当努力把知识转化为实际能力。理论对于实际具有重要意义，但从理论到实践还有相当的距离。理论是前人在教育子女的实践中总结出来的经验，对前人来说是直接经验，而对我们今天的家长来说，还是间接经验。这些经验，我们应用于教育子女的实践，能够解决子女教育工作中的实际问题，教育工作进展顺利，富有成效，这就表示我们在理论向实践的转化中前进了一步。而如果教育工作不顺利，没有成效，就要分析原因，总结教训，然后再实践。这样反复实践，就可以逐步实现从知识到能力的转化。

家长应当明白，实现这一转化，并不是一件简而易行、轻而易举的事，有时需要经受许多挫折和失败。有的年轻父母认为，自己虽然缺乏教育子女的实践经验，可自己有接受父母教育的实际体验。只要掌握了教育子女的科学知识，就不愁教育自己的子女。应当说，受教育的体验对掌握教育子女的能力，是有利条件。但必须认识到，子女的身心发展，教育子女的实践，都是相当复杂的。特别是今天的子女，他们所处的时代背景，和今天做父母的小时候，是大不相同的，已经发生了巨大变化。社会生活的变化，使子女身心发展出现了许多过去从来未有过的新情况和新问题，教育工作也较以前复杂多了，困难多了。只是依赖自己接受父母教育的体验，还不能轻易实现从知识到能力的转化。家长还必须重视自己教育子女的实践，注意在实践中研究新情况和新问题，不断总结经验和教训。只有这样才能逐步掌握教育子女的能力。

那么，教育子女需要哪些能力呢?

二、家长应具备的能力

第一，首先要有了解子女的能力。

教育子女的前提和基础，是要善于了解子女的情况。情况明，决心才大，判断得准确，教育方式方法选择运用得才恰当，教育工作才更有针对性。家长和子女每天都生活在一起，有条件更清楚地了解自己的子女。但是，这也不是绝对的。有的家长就不太了解自己的孩子，平时自以为孩子表现还不错，可实际上孩子在不当家长面的时候，做了不少错事，等到问题严重了，反映到家长那里，家长才如梦初醒，大吃一惊。这样，家庭教育工作就会陷于被动。

了解子女并不是一件容易的事。随着孩子年龄的增长，越大越难于了解。

因为孩子年龄越大，思想越复杂，越具有封闭性。孩子小时候，一切都无遗地暴露在家长面前，很少对家长隐瞒什么；年龄大了，特别是到了少年期，独立自主性增强，往往有意无意地把自己思想的大门紧闭着，要真正了解，有一定的难度。

要真正全面地了解孩子，必须注意以下几点。

要注意观察孩子的言谈举止，洞察孩子的思想情绪。孩子每天都在想什么、做什么，怎么做，情绪状态如何，家长都要看在眼里，记在心上，要做教育子女的有心人。子女在家庭生活中，在父母面前，一般是能够以真实的思想面貌表现自己的，家长能一目了然。但是，情况也有不同。有的孩子思想比较内向，心理活动比较隐蔽，不好外露，这就给家长了解孩子造成一定的困难。不过，儿童青少年有什么思想动向，情绪有什么变化，要完全隐蔽，一点儿不露声色，是不可能的。只要家长注意观察，有敏锐的观察力，是完全能了解孩子的内心世界的。

家长要主动和孩子接近。孩子年幼时，对父母依恋性很强，和父母形影不离，孩子做什么都愿意有父母参与，父母有什么活动孩子也愿意跟随，有什么话也乐于跟父母讲。随着孩子年龄的增长，特别是到了少年期，独立自主意识日渐强烈，要求摆脱父母的管束，愿意单独活动，既不愿父母参与、干预自己的活动，也不愿跟随父母去活动，有些话也不愿跟家长说了。在这种情况下，家长应主动接近孩子，关心孩子，争取多参与孩子的活动，吸引孩子参与自己的活动。当然，要征得孩子的同意，不得强求。平时多和孩子闲谈、聊天，讨论一些共同关心的问题，从中了解孩子的思想活动和动向。但要力戒见面就"盘问"，更不要进行"审讯"。

要创造一种宽松的家庭生活气氛，以民主、平等的态度对待孩子。家长对孩子要严格，但严格不等于严厉、粗暴。对孩子态度要和蔼可亲，平易近人，子女感到亲切，有话就愿意跟你讲，能够暴露真实思想。过于严厉、粗暴，家长和孩子关系紧张，孩子一见家长就害怕，就会对家长存有戒心，有意躲避，有意掩盖真实思想，不讲真话，只讲家长爱听的话，以假象蒙骗，家长就无法了解孩子的真实思想情况。

宽松的家庭生活气氛，还包括不要事事都管束得特别苛刻，不给孩子一定的自由权利。在原则问题上，在是非问题上，应严格要求，严加管束；在非原则问题上，在一般小事上，要适当宽容、放松一些，让孩子自由地生活。

要全面看待孩子，不要持偏见，不要抱成见。要全面了解孩子，必须从实际出发，不能带任何的框框，不能受印象的左右。对自己喜欢的孩子，不能只看得见优点、长处，而看不见短处、缺点；相反，对于自己不大喜欢的孩子，也不能只看得见短处、缺点，而看不到长处、优点。感情用事，是不能全面了解孩子的。孩子有优点、长处要充分看到，有缺点、短处也要正视、重视。

要正确对待、认真听取别人反映的情况。教师、邻居、孩子的同学和伙伴，向家长反映自己孩子的情况，多数情况下是对孩子的关心，希望家长管好孩子，家长应当持欢迎态度，从中了解自己未亲眼看到的孩子的实际表现。有些家长往往有这种情况，自己亲眼看到的孩子的问题，相信；别人反映的问题，不大相信，总觉得别人是在故意挑毛病。这也是一种偏见，这是护短。只相信自己的眼睛，不相信别人，是不能全面了解孩子的。当然，对于别人反映的情况，也应加以调查、核实，进行必要的分析。必要的时候，可以向孩子做调查。对于别人反映的情况，既不要一概不听不信，也不要偏听偏信。

第二，要有分析问题的能力。

所谓分析问题的能力，就是对了解到的孩子的情况进行分析、综合和抽象、概括，做出切合实际、恰如其分的判断，明确是非，弄清原因。

教育子女的过程，是针对实际情况，采取适当的教育方式方法，促进孩子身心健康发展的过程。了解、掌握情况是教育过程的第一步，究竟选择、运用什么样的教育方式方法，必须依据对情况进行全面分析所得出的判断。判断得准确无误，教育方式方法才能选择得恰当，教育效果才会好；如果判断错了，教育方式方法肯定选择得不恰当，效果肯定也不会好，甚至事与愿违。因此，分析问题的能力对于家长来说，也是非常重要的。

子女身上某一情况的出现，某一问题的发生，原因是多种多样的，并不单单是某一种因素起作用而造成的。有主观原因，有客观原因，有直接原因，有间接原因，等等。客观事物是复杂的，事物与事物之间的联系是广泛的。这就要求家长看问题不能简单化，不能犯主观主义的错误。比如，孩子的学习成绩下降这样一个问题，究竟是什么原因造成的呢？可能是上课不用心听讲，可能是对某一门功课不感兴趣，可能是身体健康状况不好，可能是思想上有什么问题，也可能是教师讲得不明白，等等，要做具体分析。不做具体分析，发现孩子成绩下降，不问青红皂白，就是劈头盖脸地训斥、谩骂或殴打一顿，教育效果不会理想。要全面分析一下，是哪些因素在起作用？哪些是主要原因？哪些又是次要原因？主观原因占多大成分，客观原因又占多大比重？这些问题弄清楚了，做出准确的判断，教育方式方法才选得好，孩子才能接受，才能真正解决问题。

再比如，孩子不听话这一问题，有什么原因？可能是家长未能以身作则，威信不高；可能是家长要求过高，脱离孩子的实际；可能是家长处理问题不公平，孩子有意见；可能是孩子的成人感所驱使，不自觉地对抗家长；可能是孩子的合理要求，家长未给予满足，孩子有意对抗家长；等等。要客观地进行分析，看是家长的责任，还是孩子的问题。遇到此类问题，要冷静，不能一遇到孩子不听话就火冒三丈，大发雷霆。先弄清原因，再做适当处理，问题就能顺利解决。

要具备较强的分析问题的能力，家长首先必须全面了解和掌握有关情况。片面的情况，只能使人得出片面的判断。其次，要坚持唯物辩证的观点，从实际出发，克服主观主义。这就是说，分析问题要客观，从实际出发，不能从印象出发。有的家长，发现自己比较喜欢的孩子身上的缺点、毛病，往往考虑客观原因多一些；而对自己不太喜欢的孩子，一有缺点、毛病，往往武断地认为全是孩子的主观原因。在非独生子女家庭里，兄弟姐妹之间发生了矛盾，有不少家长往往主观臆测是大孩子的责任，而有意无意地解脱小孩子的责任。家长主观臆断，往往会把问题处理错。

第三，要有处理和解决问题的能力。

处理和解决问题，就是针对具体情况，施以一定的教育方式方法，采取一定的措施和手段，促使孩子的思想转化，发扬成绩，克服缺点、错误，不断进步。要达到这样的目的，家长必须具备一定的技能、技巧。

孩子身上出现的情况和问题是多种多样的，有优点、成绩、进步，也有缺点、过失和退步。要能发挥孩子身上积极因素的作用，克服消极因素的作用，化消极因素为积极因素，就要求家长有较强的处理和解决问题的能力。

处理问题要取慎重态度。首先弄清情况、情节，分清是非，做出恰当的判断，分析情况和问题的原因。然后，再着手去处理、解决。不能一发现好的情况，就盲目乐观；也不能一发现不好的情况和问题，就头脑发热。在激情和冲动状态下处理和解决问题，很容易把事情搞糟，把简单的问题复杂化，以至于最后无法收场。

对待子女的进步或过失，要抓好"第一次"。对于进步，哪怕仅是一点点的进步，也要及时给予适当的肯定、赞许、表扬，使之受到激励，取得再进步的动力。如果家长对子女的进步漠不关心，不以为然，或是忽略了，没有给予及时的、必要的肯定，就不能促使其进步得到巩固，也会丧失继续进步的动力。同样，对于子女的过失，也要及时抓，处理好。比如，孩子第一次撒谎，是要体验撒谎能不能掩盖过失、错误，能不能逃避家长的批评、惩罚。如果家长大意了，轻易放过了这"第一次"，使之尝到了"甜头"，那么，紧接着还会有第二次、第三次撒谎。家长要特别重视孩子第一次错误和过失的处理，抓住不放，谨慎处理，严加管教。孩子承认了错误和过失，可以原谅；若是以撒谎掩盖，是错上加错，绝不容许。这样态度明朗地严肃处理"第一次"，会给孩子以一个正确的行为规范，印象极深。当然，对"第一次"处理不当，也会造成很不好的后果。因此，对"第一次"的处理，尤其要慎重。

处理孩子的问题，家长有时也难免有不当之处。处理错了，要向孩子承认错误，以挽回不良影响。千万不能将错就错。

家长处理和解决问题的能力，不是先天就具备的，是在实践中逐步形成的。家长应在教育子女的实践中，不断积累总结经验，使自己处理和解决问题的能力逐步得到提高。

第五节　家长要有威信

一、家长必须有威信

在现实生活中，常常听到一些家长抱怨孩子"不听话"。孩子不听家长的话，自然使人很生气。若问孩子为什么不听话呢？一般家长都是责怪孩子不好。其实，只是一味责怪孩子，这是不大公平的。孩子不听话，当然孩子有一定的责任，但是，主要反映家长在孩子心目中没有威信。

什么叫威信？威信就是威望和信誉。威信的一个重要特征就是意志服从。社会生活的正常运转需要威信，没有威信，没有意志服从，社会生活就不能正常运转，社会秩序就要大乱。同样，在家庭教育中，也必须有威信存在，没有威信，没有意志服从，教育工作就无法实施，教育工作就无效。

家长的威信主要表现在：孩子尊重、爱戴、信赖家长，家长对孩子提出的要求，孩子能自觉自愿地、毫不勉强地接受、听从，并能把这种要求转化为实际行动。家长的威信是一种无形的教育力量，对子女来讲是一种坚持正确、纠正错误的驱动力。如马卡连柯所说："威信本身的意义在于它不要求任何的论证，在于它是一种不可怀疑的长者的力量和资望。"① 家长的威信，是家长对孩子进行有效的教育和孩子自觉接受家长教育的前提条件。没有威信的家长，是没有教育子女的主动权的，不具备家长的资格。

有的家长，对孩子没少管教，态度也严肃认真，可孩子根本不把家长放在眼里，把家长的说教当成耳旁风，就像什么也没说似的，这说明家长没有威信。而有威信的家长，管教孩子并没有说多少话，讲多少道理，态度也很温和，可孩子却能做到令行禁止；有时甚至家长并没有说什么，对于应该怎样做既没有表态也没有暗示，或者家长根本不在孩子身边，孩子也能自觉按照家长的意志行事。可以这样认为，家长在孩子心目中是否有威信，是家庭教育成败的关键所在。因此，要搞好家庭教育，就应当努力建立并维护家长的威信。

究竟要建立和维护什么样的家长威信？这在家长当中是有不同认识的。有的家长认为，威信就是说一不二，绝对服从。不管家长说得对不对，做得对不对，孩子必须无条件地服从。即或是家长说得不对，做得不对，也不许违抗、反驳。他们要求孩子把父母的话当成金科玉律，必须俯首帖耳，言听计从，否则就是大逆不道，就要严惩。这些家长所要建立的，并不是我们所说的威信，而是要建立家长的特权。这种思想反映某些家长头脑里还残存着封建家长制的

① 《马卡连柯全集》第4卷，人民教育出版社1957年版，第403页。

旧意识。在封建社会里，我国的家庭普遍实行封建家长制，家长就是“一家之主”，家长一手操纵全家的政治经济大权，掌握全家人的命运，统治着整个家庭，全家人都要服从家长一人的意志。作为子女，当然更要俯首听命于家长的摆布，没有一点自主权。子女不能有独立意志和独立思考，也没有独立的人格，而家长可以为所欲为。家长的意志可以任意强加于子女和其他家庭成员。家长想怎么说就怎么说，说什么都可以，而子女却没有说话的权利。正如鲁迅先生所尖锐批评的那样：“他们以为父对于子，有绝对的权力和威望；若是老子说话，当然无所不可，儿子有话，却在未说之前早已错了。”① 家长的特权，像一把“尚方宝剑”，扼杀孩子的个性和独立人格，使子女没有自尊，没有头脑，没有独立思考能力，没有独立见解，唯唯诺诺，只会屈从强权，看别人眼色行事，绝不会有什么作为！这种特权，和我们所说的威信，完全不是一回事，在教育中没有任何积极作用，只能招致子女的痛恨。

正确的家长威信，是建立在父母和子女之间平等、民主关系基础之上的。家长的威信，并不意味着强权，而意味着子女的尊重和信赖。

如何建立和维护家长的威信，在现实生活中，也存在着一些不正确的做法。有的以重压获得和维护自己的威信，其表现是：为一些无关紧要的小事或非原则问题，对孩子大发雷霆，大施淫威，动辄就是训斥漫骂、拳脚相加。有的以掩饰自己的过错获得或维护威信，其表现是：管教孩子时，是自己错了，也不认错，而是将错就错，或“无理搅三分”，以虚荣维护自己的“体面”。有的以高谈阔论讲大道理获得和维护自己的威信，其表现是：为在孩子面前表现自己多知多识，夸夸其谈，可在行动上根本不对号。有的以姑息迁就获得和维护威信，其表现是：孩子有了错，睁一只眼闭一只眼，不管不教，以免对立，以原则做交易，讨好孩子。有的以物质刺激获得和维护威信，其表现是：给孩子以丰厚的物质享受资料，或是给金钱，用满足孩子物质贪欲的办法，使之顺从。如此等等，不一而足。这些做法，都是不正确的，不能建立父母的威信；即或是建立起来了，那也不是真正的威信，而是虚假的威信，在教育上也不会发挥积极作用。

---

① 《我们现在怎样做父亲》，《鲁迅全集》第1卷，人民文学出版社2005年版，第134页。

也有个别做父母的，不是把家长的威信看作家长集体共同的威望，而是视为个人的身价、地位，不惜以贬低别的家长作为抬高自己的手段。比如，父亲当着孩子的面贬低母亲，揭母亲的短；或是母亲当着孩子的面贬低父亲，说父亲的不是之处。这种做法是很有害的。相互贬低，不仅提高不了自己的威信，反而会让孩子蔑视、反感，降低了威信。

二、怎样建立和维护家长的威信

那么，怎样才能真正建立和维护家长的威信呢？

第一，家长以身作则，是建立和维护家长威信的首要条件。

孩子和父母的感情最深厚、最真挚，他们相信、仰慕、崇拜父母。父母在日常生活中处处严格要求自己，事事起表率作用，要孩子做到的，自己首先做好，孩子会更加相信、仰慕、崇拜，自觉自愿地按家长的意志行事。家长赞赏的事，孩子自觉去做；家长反对、厌恶的事，孩子也自觉地不去做。家长的以身作则本身就是一种巨大的教育力量。

有的家长认为，父母是家长，孩子必须无条件听从家长的话，服从家长的意志，按家长的要求去做；至于家长怎么做，孩子不应当管。这种想法是不对的。我们任何时候也不要忘记，父母是孩子的首任教师，也是最直接的模仿对象。家长的话，孩子是不是听从，家长的意志，孩子是不是服从，家长的要求，孩子是不是照着去做，在很大程度上是取决于家长自己做得怎样。比如，家长要孩子好好学习，说学好功课是孩子的天职，一个学生不好好学习，就是不务正业。这样教育和要求孩子，当然是对的。但如果家长对自己的本职工作不负责任，玩忽职守，那么，家长对孩子所教育和要求的那一套又有什么说服力呢？家长教育孩子和小朋友、同学团结友爱，而家长和邻居常为一点儿小事闹矛盾，夫妻之间也经常口角，这样，孩子又怎么会相信、听从家长的教导呢？

家长要在孩子面前有威信，就必须首先检点自己的言行。在社会生活中，要兢兢业业，勤勤恳恳，努力做好本职工作，做出成绩来，做一个好公民。在家庭生活中，要事事处处严格要求自己，遇事按正确原则处理，对人对事都讲道德，努力克制自己不正确的欲望，做一个好丈夫或好妻子，做子女的好家长。家长能够以身作则，对孩子提出的要求，对孩子的教育，就会有更大的分量。即或是家长不在场的时候，孩子也会自觉地按照正确原则处理问题，按家长所期望的那样去行事。

第二，要建立和维护家长的威信，家长必须克服封建家长制的思想残余。

封建家长制的思想意识在中国根深蒂固，至今在人们头脑里残存。封建家长制思想的一个重要特征是不尊重子女，不尊重子女的独立人格，把子女当成自己的私有财产或附属品，任意支配、摆布，只是压服不是说服，只有命令没有劝导，不允许子女有独立见解，要求绝对服从家长的意志。在表面看来，这样的家长似乎很有威信，其实，那不是真正的威信。子女对这样的家长不是尊敬，而是畏惧，是痛恨，是敢怒而不敢言。

常言说："敬人者，人恒敬之。"一个人越是尊敬别人，别人也会越发尊重他。这是一个非常普通的道理。这也适用于家长对待子女的态度。家长自觉地清除封建家长制的思想意识，放下架子，尊敬子女，在教育中不打骂不体罚，不侮辱子女人格，注意时间、地点、场合，循循善诱，启发自觉，爱而不娇，严而有格，讲究分寸尺度。这样，子女就会更加尊敬、爱戴、信任家长，乐于接受教导，自尊自重，谨慎自己的言行，家长的威信自然会提高。而那些不尊重子女的家长，在管教子女时不讲道理，态度粗暴、蛮横、滥施淫威，被子女痛恨，视之为恶魔，这怎么能有威信呢。

第三，建立和维护家长的威信，必须和子女建立民主平等的关系。

家长和子女虽是不同的辈分，但在人格上并不分高下，都是同等的。家长不要以为对待子女居高临下，高出一等，才算有威信；不要以为事事独断专行，才算有权威。家长和子女讲民主、平等，子女看到家长没有摆架子，尊重子女，他们才会亲近家长，才会相信家长，有话愿意跟家长讲，有事愿意跟家长商量。教育子女最好的方式是平等对话，共同讨论，共同协商，努力做到使教育内容和教育方式都能为子女所接受。子女自己的事，尽量听取子女的意见，让他们自己做主，自己支配自己的言行。家里的事情，也尽可能争取子女参与，给他们以说话的机会，并注意倾听他们的意见。家长可以要求子女，子女也可能向家长提建议、意见；家长处理子女的问题，如果出现了失误，要勇于承认，当面向子女检讨。如能做到这样，不仅不会降低威信，反而会提高威信。

第四，建立和维护家长的威信，家长之间要相互支持。

家长的威信是指家长集体的威信。家长都有威信，才能顺利地进行家庭教育，家长的影响作用才更大。如果有的家长有威信，有的家长没有威信，子女就会当着这个家长是一种表现，当着另外一个家长则是另外一种表现，形成两面作风。不是所有家长都有威信，也不会形成一种教育的合力。

家长之间要相互尊重、相互支持，不要当子女的面互相贬低。某一个家长有不是之处，最好不当子女的面批评指责，应在子女不在场时提出。教育子女时家长之间有不同意见，不要当着子女面争辩谁是谁非，最好有一方先暂时做出让步，事后统一认识后再进行教育。

第六节　家长要有理智

理智是一种比较复杂的心理活动，是高级的心理品质。所谓理智，就是能够自觉地控制和调节自己的情感，能克制自己无益的激情和冲动。反之，缺乏理智或没有理智，就会遇事好动感情，好冲动，感情用事，喜怒哀乐无度，好走极端，自己不能驾驭自己的感情。

理智这种心理品质，对于任何人来说都是需要的。我们一般人都有这样一种体验：当头脑清醒、情绪稳定的时候，分析判断问题比较清晰准确，处理问题也能做到恰如其分，效果自然不错；反之，当头脑不清醒、情绪反常的时候，分析判断问题往往不太清晰准确，处理问题只凭一时的激情和冲动，往往出现差错。理智是人们正确处理和妥善解决问题的重要保证。

对于从事教育工作的人来说，理智尤为重要。教育工作是培养人的工作，是一项相当复杂的工作，需要谨慎从事。教育工作者被称为人类灵魂的工程师，一言一行都必须置于理智的支配之下。失去理智，凭感情用事，往往会把事情搞糟，也会为受教育者所轻视。

在家庭教育中，丧失理智、感情用事的现象最容易发生。比如，父母爱孩子，这是人之常情。但是，这样爱若处于一种激情和冲动状态，很容易超过有益的限度，成为娇惯溺爱，变爱为害。对孩子管理教育，如果处于一种激情和冲动状态，又很容易失之过严、过苛，态度粗暴，举动野蛮。之所以出现这种情况，主要原因是家长和子女的关系比较特殊，有血缘关系和根本利益一致的关系。学校的教师在教育学生中，也会有不理智的情况出现。但是，和家长教育子女相比较，情况要好得多。

家长缺乏理智，对子女教育工作危害很大。丧失理智，就很难把握分寸、尺度，说过头话，做过头事，把简单的问题复杂化，把复杂的问题搞糟，教育的结果往往和自己的愿望恰恰相反。

一个理智的教育者，要能根据情况需要调节自己的感情，支配自己的感情，随时随地注意克制自己无益的感情冲动。子女有进步，做了好事，应当高兴，但高兴程度也要适当。过分地高兴，往往会出现过头的夸耀、奖励，使子女骄傲自满，故步自封，不求上进。有了过失、错误，应当严肃批评，甚至给予处罚，但不能过于严厉，不能粗暴过了头，会伤害子女的身心健康，以至于造成极为严重的后果。尤其是对于一些突发性问题的处理，不在“火头上”动手解决，可采取“冷处理”的办法，尽可能等自己情绪平静、稳定了之后再着手处理解决。

家长在教育子女时缺乏理智，常常与当时的环境、场合，家长当时的身体健康状况和心境、情绪状态有密切关系。比如，身体不太舒服，或遇上不顺心的事，此时此刻对一切都很厌烦，管教子女就很容易失之过严、过苛；而在其他情况下，如心情很愉快，遇上了特别高兴的事，有意外的收获，此时此刻管教子女往往过于宽容，甚至本该管的事也不管。因此，家长在情绪、心境不正常的时候，要警惕自己出现偏差。

理智是一种比较复杂的心理过程。形成这种心理品质，要经过一定的锻炼，要有高度的责任感，任何时候都不要忘记自己是教育者。

苏联著名表演艺术理论家斯坦尼斯拉夫斯基，在谈到演员的修养时，曾经说过这样一段话：当一个人回到家里的时候，他得把套鞋脱下留在室外的过道里；同样的道理，当演员来到剧场的时候，他也应当把自己个人的一切不快和痛苦留在剧场以外。他必须意识到，在剧场里，他整个的人是属于艺术的。艺术家的这段论述虽是针对演员说的，也适用于家长。作为教育者的家长，在子女面前，在教育子女时，应当想到：自己的一切都是属于子女教育工作的，一切有碍于进行正常教育工作的激情和冲动，都不允许带到子女教育工作中去。这一切，当然说起来很容易，要做到也确有一定的难度。但是，只要有强烈的神圣的责任感，是完全可以战胜自己，做到理智施教的。

家长是子女的全权教育者，责任是重大的。这就要求家长有很高很完美的素养。上述家长所要具备的义务感、知识能力、威信、理智等素质，是针对"家长"这种"职业"的特点，提出的最起码的要求，家长应努力做到、做好。俗话说，名师出高徒。同样的道理，素养高的家长能培养造就好的子女。家长应在教育子女的实践过程中，不断加强学习，总结经验教训，以便使自己作为教育者的素质日臻完善，成为合格的家长。

1997 年，国家教育委员会和中华全国妇女联合会共同制定、颁发了《家长教育行为规范》。2004 年全国妇联、教育部又对原《家长教育行为规范》进行了修改、补充、完善。制定该规范的目的是促使家长掌握保育、教育儿童的知识，引导家长树立正确的教子观念，掌握科学的教育方法，提高家长的教育水平。该规范是在总结和继承我国家庭教育优良传统的基础上，针对新时期家庭教育面临的新情况、新问题，以及 21 世纪对国民素质的总体要求制定的。规范中的教育行为是对家长最基本的要求，其主要内容包括家长教育观念、教育态度、教育内容、教育方法等方面，全文共有十条。《家长教育行为规范》的制定、颁发，对引导广大家长学习教育子女的科学知识，提高自身教育的素质，实现家庭教育科学化，具有重要的意义，广大家长应当认真学习，切实贯彻执行（详见本书附录）。

[思考与研究]

1. 如何理解克鲁普斯卡娅所说的"家庭教育对父母来说首先是自我教育"这句话？

2. 如何理解"抚养、教育子女是父母的义务"？

3. 父母把教育子女的科学知识转化为教育子女的能力有什么重要意义？

4. 怎样维护和提高家长的威信？

第十二章
家庭教育的指导

家庭教育在人的个体发展中和在社会发展中，都具有重要的意义。在学校教育和社会教育高度发展的今天，家庭教育仍然发挥着重要的作用。我们社会主义的家庭教育，是国民教育体系的重要组成部分，在建设社会主义精神文明和物质文明，提高中华民族的文化素质，培养造就社会主义现代化建设所需要的人才中，担负着非常重要的任务。为了开创我国社会主义家庭教育的新局面，振兴家庭教育事业，充分发挥家庭教育的职能作用，必须加强家庭教育的指导。

第一节　必须加强家庭教育的指导

家庭教育是整个国民教育体系中不可缺少的组成部分，自它产生的那一天起，就在社会生活中发挥着重要作用。在原始社会，社会上没有出现专门的教育机构，家庭教育是人们唯一接受教育的途径，生活经验和生产经验的传递，完全靠家庭教育这一渠道，家庭教育在当时维系家族繁衍和社会发展中起着决定作用。到奴隶社会和封建社会，社会上虽然出现了专门的教育机构——学校，但被统治阶级垄断，广大劳动人民一般不能入学接受教育，多数人一生中只能接受家庭教育。到了近现代，学校教育获得发展，人们入学机会多了，家庭教育也没有丧失其职能作用。家庭教育作为培养人的一种社会活动，同学校教育和社会教育一样，都要为政治经济服务。

然而，家庭教育同学校教育、社会教育不同。家庭教育不是正规的教育，不像学校教育、社会教育那样，有相应的行政管理体系加以具体的管理和指导。家庭教育又是一种私人教育，有很强的独立性和自主性，究竟对子女实施什么样的教育、如何进行教育、要把子女培养成什么样的人，主要取决于家长的意志，家长有很大的自主权。而家长的文化素养、教育能力、教育思想参差不齐，各不相同，教育的效果差别相当大。要充分发挥家庭教育在促进人个体发展中的作用和社会生活中的作用，必须加强指导。

特别是在当今社会，社会生活对社会成员提出了更高的要求，需要家庭教育发挥更大的作用。而我们家长的文化素养和教育能力，远远不能适应这种要求，亟待普遍提高。至于家庭观念，由于中国长期处于封建社会，旧的家庭教育思想观念还在许多人头脑中残存，要加强和改善家庭教育工作，开拓社会主义家庭教育的新局面，充分发挥家庭教育在社会主义物质文明和精神文明建设中的作用，促使儿童青少年身心健康成长，不加强对家庭教育的指导是不行的。

长期以来，人们都认为家庭教育完全是各家各户的私事，社会和别人不好直接干预。在剥削阶级占统治地位的社会里，由于阶级的对立，家庭都分别处于不同的阶级地位。不同的阶级地位，有不同的阶级立场和利益，使得家庭教育也不可能有统一的指导思想和共同的要求，要对家庭教育进行统一指导是不可能的事。只是每个家族的祖辈人对本家族的后代进行家庭教育指导，而且这种指导完全是从本阶级的利益出发，具有鲜明的阶级性，自然有很大的局限性。那时候，一些文人学者，总结祖辈人和自己进行家庭教育的经验，撰写成“家训”，一代一代地传给后人；有的人把“家训”刻写在祖坟的墓碑上，传给后人；绝大多数家庭，是采取口授耳传的方式一代一代延续不断地传给后人。这些“家训”只能适用于一定阶级、阶层的家族，而且一般都属于经验型的，有很大的历史局限性。

我国社会发展到社会主义历史时期，消灭了阶级和阶级对立，人们的家庭利益和整个国家的利益根本上一致，应当说有了进行统一指导的思想基础。但是，在一个时期内，家庭教育没有受到全社会的足够重视，没有对家庭教育进行必要的指导，家庭教育的职能作用未能很好地发挥出来，这是一个很大的损失。

随着社会的向前发展，社会主义物质文明和精神文明建设的深入开展，教育工作越来越受到社会的重视，家庭教育的地位和作用也越来越突出地显示出来。如何加强和改善我国的家庭教育工作，使之建立在科学的基础之上，进一步提高家庭教育的水平，充分发挥家庭教育在培养造就一代新人中的巨大作用，已经提到议事日程上来了。对家庭教育加强指导，势在必行。

第一，广大家长要求强烈。党的十一届三中全会以后，全党全国的工作着重点转移到社会主义现代化建设上来，重视科学技术、重视知识、重视人才，成为普遍的社会舆论。以培养造就人才为天职的教育工作，被列为实现社会主义现代化的战略重点之一，社会风气随之发生变化。在这种形势之下，广大家长从社会发展趋势上看到，社会主义现代化建设事业的发展，对劳动后备力量的素质提出了越来越高的要求，自己的子女作为未来的建设者，没有高度的科学文化知识水平，没有德智体诸方面较好的素质，是不能适应未来社会需要的；特别是社会主义市场经济的发展，“物竞天择”、“适者生存”、“优胜劣汰”将成为普遍的社会现象，人才竞争日趋激烈，如果没有较高的素质和竞争能力，是很难立足于社会的。做父母的都十分关心子女的成长和前途。因此，家长们在重视子女接受学校教育的同时，也越来越重视家庭教育，希望能充分发挥“家庭”这个“课堂”和“家长”这个“教师”的作用。要求并主动争取给予家庭教育工作以具体指导，已成为广大家长共同的心理。

第二，全社会极为重视。在长期的教育实践过程中，社会各界越来越深刻地认识到，儿童、青少年能不能健康成长与家庭教育关系极大。特别是在行为习惯和道德品质的形成中，家庭教育甚至可以说是起着“型塑”的作用。人们从正反两方面的经验中都证实了这一点：品学较好的孩子，一般家庭、家长都比较好，家庭教育工作抓得紧；而品学不好的孩子，一般说来，家庭状况、家长的素质和家庭教育工作都比较差。尤其值得注意的是，那些犯罪青少年，几乎都与他们的家庭状况和家庭教育情况有直接关系。家庭教育，不管人们重视不重视，也不论是积极的影响还是消极的影响，它时刻都在子女身上发挥着重大作用，这是不以人们的主观意志为转移的。与其放任自流，各行其是，不如及时给予指导。

从整个教育体系看，家庭教育、学校教育和社会教育是一个不可分割的整体，都不容忽视。忽视任何一个环节，都有可能影响教育工作的整体效应，甚至造成不可挽回的损失。但从实际情况看，家庭教育是一个薄弱环节。如果不加强家庭教育的指导，就不能形成“三位一体”的教育体系，会严重影响整个教育体系作用的发挥。加强家庭教育的指导，使家庭教育同学校教育、社会教育一致起来，统一要求，统一步调，统一行动，形成一种强大的教育合力，提高整个教育体系的教育效益，是社会各界共同的愿望。因此，社会各界都认为很有必要加强对家庭教育的指导。

第三，有理论基础。我们中国素有重视家庭教育的优良传统，在长期的实践中，人们总结积累了非常丰富的家庭教育经验，我国家庭教育理论已经形成很有民族特色的理论体系。教育科学、心理科学和其他有关科学的发展，给我们指导家庭教育提供了理论基础。特别是近些年来，我国家庭教育理论和实践的研究取得了一定的成果。这一切，使我们有可能对家庭教育进行指导。

第四，有经验借鉴。世界各国都很重视对家庭教育的指导，而且不少国家的指导工作从儿童青少年时期就开始进行。英国在中小学普遍开设家政科。美国国会通过拨款，专门资助职业学校，设立家政科，有的地方还专门成立了家政师范，培养家政教师。在苏联，不仅给做父母的建立了家长大学，而且还对中小学生传授家庭教育方面的知识。苏联教育科学院和教育部曾编写了两门课程的教学大纲，即《家庭生活常识》与《卫生和性教育》，规定在普通学校为学生开设。教育科学院副院长安东尼娜·赫利科娃说，设置这两门课的主要目的是向青年男女灌输建立家庭、生儿育女、夫妻生活及培养子女等方面的必要知识，树立对两性关系和家庭生活的正确的道德准则。有的国家则是在青年男女婚前加以指导。如巴西，法律规定要登记结婚的年轻人，一定要首先到政府专门组织的婚前教育机构接受训练，学习的主要课程是家庭社会学。学习时间是一至两个星期，每天上课六七个小时，学习如何处理婚后生活和子女教育等方面的知识。集训结束时要进行考试，及格者发给证书，准许登记结婚；考试不及格者，继续参加学习，直到及格为止。

在日本，一直重视对家庭教育进行指导。为了培养贤妻良母，日本政府于1899年在高等女学校（初中程度）开设家政课。从1920年起，小学也开设家政课，一直延续到现在。

日本的家政教育，不仅起步早，而且有一贯性，形成了一种系统的教育。小学开设家政课，初中开设“技术·家政”课，普通高中开设“家政一般”课，职业高中开设“家政高中”，专修学校和“各种学校”（即社会办的职业教育机构）开设家政学科，短期大学和四年制大学设家政系科。在学校教育中开设家政科，目的是使日本国民都有家政和育儿的基础知识和专业知识，有助于将来家庭教育的实施。

在日本，很多家庭是由母亲负责子女教育工作，国家特别重视成年妇女教育，以便提高母亲的文化素质，使之更好地承担教育子女的任务。随着日本高中教育的普及（入学率达94%）和高等教育的发展（入学率近40%），日本的妇女一般都具有高中、短期大学学历，有大学学历的也相当多。当他们离开学校生活，进入社会之后，日本政府，特别市、镇、村的教育机构，并不敢放松对妇女的教育。他们通过图书馆、公民馆等社会教育设施，加强妇女教育，推动妇女学习。据1985年日本“社会生活基本调查”统计，在这一年里参加各种形式学习班学习的妇女，占15岁以上妇女人口的44%。妇女知识的增长，眼界的开阔，文化素质的提高，有助于家庭教育的开展。

对家庭教育工作进行具体指导，在日本是通过多种多样的渠道和方式实施的。近年来，日本指导家庭教育工作的活动方式主要有以下几种。

一是举办家庭教育学习班与讲座。据统计，93.8%的市、镇、村教育行政机构，举办家庭教育讲习班与讲座。这类学习班与讲座有三类：(1) 家庭教育学习班与讲座，发展很快，学员由1977年的81万人发展到1981年的114万人；(2) 幼儿父母学习班与讲座，学员由1977年的16万人发展到1981年的17万人；(3) 未来父母学习班与讲座，是面向新婚夫妇和妊娠夫妇的，1981年刚刚设立，但发展迅速，一年内就开办了1 432个，学员5.7万人。这些学习班与讲座的学习内容既有广度，又有深度。

二是开展幼儿家庭教育咨询服务活动。鉴于幼儿期的家庭教育对于孩子人格形成有重要意义，日本地方教育行政机构对幼儿家长开展家庭教育咨询活动。主要是向幼儿家长提供有关信息，进行家庭教育指导，解答有关问题。咨询服务方法有明信片通信、巡回指导、电视播放有关节目。

三是推动家庭教育综合研讨活动。为对当前家庭教育课题进行综合性研究，并提出设想方案，日本的都道府县和政令指定城市，都设立规划研究委员会。它主持召开家庭教育综合研讨会，把研究成果编辑成册，发送给有关单位和家长，并在10个县进行家庭教育电话咨询辅导试验。

四是编辑与发送家庭教育参考资料等。为供各地区振兴家庭教育参考，日本文部省每年编辑《妇女教育和家庭教育措施现状》，发给各地区。各地区也编辑、发送《家庭教育指南》。如福岛县教育行政机构从1981年起，编写《家庭教育指南》共六种：（1）面向三岁幼儿父母的；（2）面向四五岁幼儿父母的；（3）面向小学低年级父母的；（4）面向小学高年级父母的；（5）面向初中生父母的；（6）面向高中生父母的。大分市于1984年编写出《新时代的家庭》学习参考资料，发给全市12万户，要求全家阅读，以便同心协力进行家庭教育。

以上种种指导措施，使日本国民不仅重视家庭教育，而且学会了如何进行家庭教育，这是具有战略意义的。

在新中国成立以前，我国当时的教育部门也曾经倡导过对家庭教育加以指导。1942年，当时主持全国家庭教育工作的教育部社会教育司，向全国社会教育机关和社会教育工作人员推荐了一部由王鸿俊编写的《家庭教育》一书，以之作为辅导家庭教育工作的教科书。① 与此同时，教育部还在四川重庆一带进行“推行家庭教育”的试验。但由于连年战争，家庭教育指导工作未推广开来，试验也未能坚持下去。

总之，国内外对于家庭教育的指导，都有一些成功的经验，我们应当注意借鉴，并针对我国当前的实际情况，切实加强家庭教育的指导。

第二节 指导家庭教育的一般途径和方式

家庭教育是分散在各家各户进行的，没有一个专门的组织系统进行管理和指导。究竟采取什么途径和方式进行指导，由谁来进行指导，要从实际情况和实际需要出发，以方便家长和实际效益为准则，采取多种多样的途径和方式。总的原则是，整个社会都要关心家庭教育，和青少年儿童教育有关系的部门和社会团体，都要尽力进行指导。

---

① 请参阅拙著《中国家教之道》，广西科技出版社1991年版。

根据国内外的经验，指导家庭教育的一般途径和方法有以下几种。

一、家庭访问

家庭访问简称“家访”。家访是进行个别家庭教育指导的一种常用的有效的方式，主要是解决儿童、青少年的个别的家庭教育问题。学校的教师、领导、共青团和少先队干部，子女所在单位的干部、民警、妇联干部以及负责儿童、青少年教育工作的农村、城市干部，都可以采用这种方式进行指导。家访的目的一般是沟通情况，商讨教育儿童、青少年的方式方法。这种指导方法比较灵活机动，便于进行，而且指导得比较具体，更具有针对性。按照家访的具体目的和内容，可分为了解性访问、宣传性访问、商讨性访问、通报性访问、警告性访问等等。了解性访问，主要任务是了解儿童、青少年的家庭情况，包括家庭的结构、成员、经济、生活方式、社会关系，家长的职业、文化素养、教育态度、教育能力，儿童、青少年在家庭里的表现等。宣传性访问，主要任务是向家长宣传党和国家的教育方针、政策、法律，传达教育部门、学校、社会对儿童、青少年的要求，传授、介绍教育子女的科学知识和新经验、新思想。商讨性访问，主要任务是针对儿童、青少年的现实表现，和家长共同商讨如何教育他们，以便使家庭教育和学校教育、社会教育配合起来，相互协作，共同教育儿童、青少年。通报性访问，主要任务是向家长传递家长应该了解的信息，介绍儿童、青少年在学校、在社会上的表现，以便使家庭教育更具有针对性，主动配合学校、社会加强教育。警告性访问，是儿童、青少年在学校或在社会上犯有严重的过失或有犯罪行为，而家长尚未了解或没有引起应有的重视，通过访问向家长讲明情况，指出危害，分析严重后果，或告诉家长将要采取的措施，以期引起家长的高度重视。在家访时，往往是几种访问同时进行，完成多个任务。要搞好家访，必须尊重家长，不能粗暴地指责，不能把家访当成是向家长“告状”，要耐心细致地分析情况，具体地指导教育的方式方法。进行家访，一般要告诉儿童青少年本人，得到他们理解和支持。家访时可以要他们本人在场，也可以不要他们本人在场，视具体情况而定。家访要经常进行，随时交流信息、掌握情况，并将所掌握的情况及时记录下来，以备事后查考和进行综合分析。

为及时了解孩子在学校的表现，取得学校教师的配合、支持和指导，家长也要进行“校访”，主动去学校拜访有关教师。

要密切家庭和学校的联系，家庭和学校应坚持互访。如没有必要进行实地互访，也可以通过书信、电话等手段及时沟通情况，相互协商，统一教育思想、教育方式方法。

二、家长会

家长会是对家长群体进行指导的一种方式，是面向家长集体，解决儿童、青少年带有普遍性的问题。这种指导方式是中小学、幼儿园、托儿所经常采用的，有条件的厂矿、企业、机关也可以召开青年职工家长会。中小学和幼儿园、托儿所召开家长会，规模和范围有大有小，可以是全校、全园所学生家长会，也可以是年级或班的家长会，也可把两种规模和范围的会结合起来开，先全校、全园所家长集中，然后分成年级或班分别开。根据不同的目的和要求，可以分别召开爸爸、妈妈、爷爷、奶奶等不同家长参加的会。也可以根据不同的任务分别召开不同类型的学生家长会和不同层次的学生家长会，如男生家长会、女生家长会、新生家长会、毕业生家长会、开学初的家长会、期中考试的家长会、期末家长会，也可以专门召开优等生家长会、中等生家长会，但最好不要专门召开差等生家长会。

家长会效果的好坏，和会议的准备、安排有直接关系。会议时间的确定应尽量照顾家长们参加会议方便，时间不宜过长，事先发出会议通知，把会议的中心议题告诉家长，并取得家长所在单位的支持。学校要组织专人接待家长，布置好会场。会场气氛要热烈。学校主要负责人向家长报告工作，要讲清形势、任务和要求，报告的主题要明确、集中，内容简明扼要，语言通俗、生动、准确。教师在介绍本班学生情况时，要注意肯定主流、成绩和进步，缺点、问题也要讲充分，但讲个别学生的缺点、错误时，不要在家长会上当众点名道姓，会后可以把个别学生的家长留下来，单独进行指导。教师还要针对本年级或本班的学生所面临的任务、存在的共同性的问题，帮助家长进行分析，给家长提出如何进行家庭教育的建议。在年级或班的家长会上，还可以表彰教育子女好的家长，请这些家长介绍教育子女的经验，也可以就某些带倾向性的问题组织家长进行专题讨论。在家长会结束时，应主动借此机会征求家长对学校、年级、班级工作的意见。

三、家庭教育咨询

咨询是近年来由群众新创造的一种家庭教育的指导方式。是由家长提出家庭教育实践中遇到的疑难问题，由特设的专业工作人员给予解答，进行个别指导。这种咨询活动，有的是在固定地点设立专门的咨询站，随时接待来访的家长；有的是在城乡繁华的地方、在节假日、在集市或集会临时设点开展咨询活动。咨询活动的内容有的是单一的，如儿童保健、青春发育期孩子的教育、独生子女教育、孕妇保健、中小学生学习等，有的是多种内容的咨询同时进行。这种指导方式很受群众欢迎，效果比较明显。一定要请具有丰富专业知识和实践经验的人员负责解答家长的咨询，解答问题要有科学性和针对性，不仅帮助家长分析问题的原因，还要指导家长如何去做。解答问题要条理清晰、深入浅出。如果不能解答家长提出的问题，或是没有十分的把握，不能勉强应付，请教别人或查阅资料后再解答。家长在咨询时，要将有关情况全面地、如实地向负责解答问题的人员说清楚，明确提出要求，讲清希望在哪些方面得到具体指导。开展咨询活动时，要将家长介绍的情况详细记录，提出的建议要有记载；家长在咨询后，经过教育实践取得的效果，要及时将信息传递给解答问题的人员，以便总结经验。

咨询活动，除了面对面地提出问题和解答问题以外，还可以对那些带有普遍性的问题，在报刊、电视、广播、网络中开设家庭教育咨询专栏、专题节目，给予公开地解答和指导，使更多的家长受益。

中小学、幼儿园、托儿所是专门性的教育机构，有为数众多的受过专门训练、具有专业知识和教育工作经验的教师，家长带着家庭教育中遇到的实际困难和疑难问题到学校、园所向老师进行咨询访问，应热情接待。医院、卫生保健单位、公安派出所等，也同样有接待家长咨询的责任，也应成立经常性的咨询站。

近年来，有些城镇还利用现代化的通信工具，开展了电话咨询、网络咨询，这是便利家长的咨询方式。有什么情况，家长在电话里、网络上跟咨询人员讲，咨询人员通过电话、网络跟家长商谈教育子女的方式方法和具体措施，这些方式很受家长欢迎。

四、家长委员会

家长委员会是中小学和幼儿园、托儿所组织的、由家长代表参加的一种群众性的组织，它的任务是密切联系本校、本班的家长，收集并及时反映家长对学校工作的建议和意见，协助并参与学校的教育工作，动员家长教育好自己的子女，对个别家长的子女教育工作进行帮助和指导。这种群众性的组织是家长进行自我教育、自我指导、互相帮助的好形式。早在1952年我国政府颁布的《小学暂行规程（草案）》中就规定："小学应成立家长委员会，由家长代表、教育委员、校长等组成。定时举行会议，反映家长对学校的意见，听取学校的工作报告，以密切家庭和学校的联系，并协助学校解决困难。"但并没有多少学校建立和坚持下来。

家长委员会这类组织在国外早已出现，成为学校工作的有力助手，成为家长共同研讨家庭教育的群众团体。如德国莱茵兰-普法尔茨州在各级各学校设立家长代表、班级家长会议、校家长顾问委员会，在教育行政部门设立区家长顾问委员会、州家长顾问委员会，参与学校和教育行政部门的工作，协助学校组织指导家庭教育工作。法国也在各级学校建立家长委员会。罗马尼亚在各级学校设立家长公民会，在地方直至中央教育行政部门设立家长理事会。苏联在学校普遍设立家长委员会，作为学校开展各项教育活动的有力助手，组织指导家庭教育工作。国外这些家长的群众性组织，在协助学校开展学生教育工作和指导家庭教育工作中，都发挥了巨大作用。以苏联的家长委员会为例，它既不是代替学校的工作，也不是重复学校的工作，而是学校工作的补充，在教育孩子的工作中赋予新的内容，使学校教育工作和社会生活紧密结合。家长委员会和学校教师一起讨论教育和培养孩子的各式各样的问题，例如，空闲的时候和暑假期间如何把孩子们组织起来、如何做那些“难弄”的孩子的工作等。在工厂车间、农村、科学实验室等各个领域向孩子们提供生活经验，帮助孩子们树立道德上和政治上的最高准则和积极的生活态度。关心、指导家庭教育，特别注意帮助那些对孩子不关心和不能以身作则的家长。家长委员会与一切违反社会主义利益、摧残儿童生活和精神健康的现象做毫不妥协的斗争。苏联学校的家长委员会，其工作内容和工作形式是多方面的。有群众文艺委员会、经济委员会、普及教育委员会、教育宣传委员会等。它们的活动内容根据具体的条件而定。家长委员会成员可以参加适合自己个性、爱好的某一个委员会。以普及教育委员会为例，其成员和教师一起共同关心孩子在学校时的情况，如孩子的生活、是否上好课、上课的兴趣和情绪等，并加以督促。家长委员会组织家长和孩子们一起参加晚会和星期日旅游，组织学生到自己父母工作的工厂、集体农庄、国营农场实习劳动，劳动中的教育工作由家长负责。针对一些父亲不关心子女教育的情况，苏联学校的家长委员会还附设“父亲委员会”，每班有一位父亲参加，做好父亲的工作。其任务是：(1) 做淘气孩子的工作；(2) 同不好对付的家长（尤其是父亲）打交道；(3) 管理少年事务；(4) 组织技术革新小组；(5) 开展群众体育工作；(6) 旅行、参观企业；(7) 职业学习指导；等等。苏联等国的国情同我国不同，它们的“家长委员会”一类组织的活动不见得在我国都能行得通，但还是值得我们参考和借鉴的。

根据我国学校和社会的实际情况，我们的家长委员会可以设学校和班级家长委员会（或班级家庭教育领导小组）两级组织。要认真选择家长委员会成员，通过民主选举或与学校领导、班主任推荐相结合的方式，推举那些有教育工作能力和组织能力、教育子女效果好、思想好、作风正派、有威信又热心于这项工作的家长参加，特别要物色好家长委员会的主要负责人。家长委员会可以有班主任、学校负责人参加，作为正式成员，也可以列席。家长委员会要定期开会，听取学校负责人、班主任和任课教师介绍学校、班级的学生情况和学校每一阶段的工作任务，同学校负责人、教师一起分析研究学生思想动态，商讨家庭教育如何配合学校工作，向家长提出教育的要求和建议，指导家庭教育工作。家长委员会要组织家长经常总结、交流教育子女的经验，组织学生走出校门参加社会活动、公益劳动，协助学校改善物质条件，发动有专长的家长辅导学生的课外科技、文体活动。

家长委员会不但可以在中小学、幼儿园、托儿所建立，还可以在机关单位、居民大院、城市街道、厂矿企业建立，其名称也可以叫"家长委员会"、"家庭教育指导小组"等。其任务、活动内容、活动方式可以参考学校的家长委员会。

五、利用各种宣传工具

利用舞台、电影、电视、广播、书籍、刊物、报纸、网络等宣传工具向家长传授教育子女的科学知识，用正确的教育思想和科学的教育方式方法武装家长的头脑。这种指导方式，受教育的对象相当广泛，具有形象、具体、生动的特点，易于吸引家长和为家长所理解、接受。我国封建社会出版的各种《家训》、《家范》、《家诫》，就是通过书籍普及家庭教育知识。近年来，我国文化、宣传部门越来越关心家庭教育，做了许多富有成效的工作。在人民物质生活水平日益提高和精神生活追求比较强烈的今天，这种指导家庭教育的方式是大有可为的。

第三节　努力办好各种类型的家长学校

近些年来，我国社会上出现了一种引人注目的新型学校——家长学校。家长学校，顾名思义，就是对在家庭里承担抚养教育子女任务的父母和其他长者进行教育和训练的学校，是在新形势下出现的一种指导家庭教育的新方式，可以说是我国教育发展史的新生事物，是社会主义精神文明建设中的一个创举。家长学校的出现，反映了我国社会主义精神文明建设的不断深入，反映了家庭教育的蓬勃发展，标志着我国的家庭教育进入了一个新阶段，这对于加强改善我国的家庭教育工作，开创家庭教育的新局面，建立社会主义家庭教育体系，促进整个教育事业的发展，有着重要的意义和深远的影响。

家长学校是一个统称，具体的类型有"家长学校"、"父母学校"、"母亲学校”、“奶奶姥姥班”，也包括那些对“未来父母”进行教育和训练的学校，如“新婚夫妇学校”、“孕妇学校”等。家长学校的任务是，系统地向家长（包括未来的父母）传授抚养教育子女的科学知识，交流推广成功的教育子女的经验，提高家长的教育能力和教育素质。开办家长学校的目的不是仅仅为解决家庭教育过程中遇到的个别问题，而是从根本上提高家长的素质。

家长学校这一新生事物刚一破土而出，就立刻引起社会各界的关注，普遍受到人们的欢迎和支持。从20世纪80年代初开始的三五年间，家长学校已经开办了几万所，普及到29个省、自治区、直辖市。已经开办起的家长学校，越办越好，吸引了越来越多的家长。没有开办家长学校的地区，也纷纷积极筹办。1986年全国妇女联合会和国家教委联合表彰了100所办得好的家长学校，有力地推动了家长学校的发展。家长学校正日益显示出巨大的优越性和强大的生命力，成为我国社会主义教育体系的重要组成部分和建设社会主义精神文明的重要阵地。

家长学校是一个新生事物，究竟怎样才能办好，各地正在摸索。外国的做法我们可以借鉴，尽可能吸取适合于我国的办学经验。但是，必须注意到，家庭教育作为不同于学校教育、社会教育的一种特殊的教育形式，具有更强烈的民族性。作为培训家长、指导家庭教育的家长学校，必须从中国的实际出发，努力摸索总结出一套适合于中国国情的办学经验来，以便进一步得到巩固和发展。

要办好家长学校，促进家长学校的推广普及，必须解决好以下几个问题。

一、要采取多种形式办学

所谓办学形式，一般是指由谁来办学，教学时间如何安排，以及采取什么样的教学方式等。家长学校属于业余学校，从学员到办学人员、教师都不是专职的，也没有专门的固定的教学场所和时间。如不从实际出发，不采取灵活多样的办学形式，就不能吸收更多的家长参加学习，也不利于发动更多的单位、部门办学。因此，办学形式要多样化，不能“一刀切”。

发动一切有关单位、部门办学，为家长广开学路，创造更多的学习机会。

首先是发动中小学、幼儿园、托儿所办学。对在校、园、所的儿童、青少年的家长进行培训，最好分别由子女所在的校、园、所出面举办家长学校。苏联的家长大学就是由学校举办的。我国已经办起的家长学校绝大多数也是由学校举办的。由学校负责培训学生家长是理所当然、顺理成章的事。因为学校教育在整个教育体系中占主导地位，是教育的主体，除了搞好校内的教育工作以外，必须密切联系并支持社会教育，指导家庭教育，要成为发展各种教育的基础。马卡连柯说过："有些家庭是好的，有些家庭是不好的。我们不能说家庭想怎样教育，就可以怎样教育，我们应当组织家庭教育，而且作为国家的教育的代表的学校，应当是组织的基础。"苏霍姆林斯基十分重视学校对家庭教育的指导。他认为，只有学校和家庭这两个"教育者"一致行动，对儿童统一要求，志同道合，抱着一致的信念，从同样的原则出发，在教育目的和教育手段上都不发生分歧，才能实现儿童的和谐的、全面的发展。而"如果没有整个社会首先是家庭的高度的教育学素养，那么不管教师付出多大的努力，都收不到完满的效果"。因此，他坚定地认为："教育学应当成为所有的人都懂得的一门科学——无论教师或家长都应当懂得它。"于是，他在巴甫雷什中学开办了"家长学校"。他深有体会地说："没有家长学校，我们就不能设想会有完满的家庭—学校教育。"① 我国的实践也证明，由学校举办家长学校，不仅是必要的，也是可行的，有许多有利条件。比如，学校教育和家庭教育的对象是一致的，学校和家庭关系密切，有共同的希望，有共同的语言，比较容易有统一的认识。学校了解学生情况，又具有办学的经验和能力，有大批懂得教育理论、具有丰富教育经验的教师。由学校举办家长学校，对家长进行指导、培训，既能做到有强烈的针对性，又可以保证指导、训练工作系统化，从而避免指导、培训工作一般化和与儿童、青少年实际脱节的现象，能收到良好的效果。另外，学校有教学的物质设施，这也是其他部门所不具备的条件。因此，发动中小学、幼儿园、托儿所办家长学校，是指导家庭教育、普及教育子女的科学知识的最重要的形式。

---

① [苏] 苏霍姆林斯基著，杜殿坤编译：《给教师的建议》，教育科学出版社 1984 年版，第 407—409 页。

除教育部门外，对未入园、所的学龄前儿童的家长进行系统培训，可以由妇联、城市街道，或是委托就近的小学举办。对新婚夫妇进行系统培训，可以由妇联、医疗保健部门、共青团组织、工会组织办学。还要大力提倡有条件的机关、企事业单位、部队、机关单位集中居住的宿舍区办学。利用广播、电视、出版等途径开办“广播家长学校”、“电视家长学校”、“函授家长学校”等。总之，要通过多种渠道，对尽可能多的家长进行系统指导。

关于教学时间的安排，可以相对集中，安排紧凑一些，如一周或半个月集中上课；也可以分散、灵活。例如，苏霍姆林斯基的家长学校，是在子女入学的两年以前家长就入学开始学习，每两周听一次课，直到他们的孩子从中学毕业为止。当然，也可以集中和分散相结合。

教学方式可以面授，也可以函授。

二、要选择好教学内容

家长参加家长学校的学习，要自愿，不能强制；参加学习的目的也不是为了取得什么文凭，而是要掌握教育子女的科学知识，解决家庭教育中的实际问题。要想能把家长招进来，留得住，使家长学校得以巩固发展，最关键的一环是组织好教学内容。要使家长一入家长学校学习就有收获，学习的知识能指导家庭教育实际，从而把家长学习的积极性激发起来。

为此，各种形式的家长学校选择教学内容应注意以下几点。

第一，要有针对性。家长学校要给学员传授哪些方面的知识，选择哪些讲课的课题，这要从家长的实际出发，适应家长的要求，是家长抚养教育子女时所急需的。既不能完全按照心理学、生理学、教育学等学科的教科书系统去讲，也不能不区别听课对象，千篇一律。为了做到讲课有针对性，应根据学员子女的不同年龄阶段，分成不同类型的学校或班级，分别给予不同方面的知识。

苏霍姆林斯基所办的巴甫雷什中学的家长大学，有三种学习班：第一种是为尚无子女的年轻夫妇举办的，第二种是为学龄前儿童的父母举办的，第三种是为各年级学生的家长举办的。学校把听课学员又按孩子的年龄划分为五个组：(1) 学前组，是 3～7 岁儿童的父母，也包括未来的父母在内；(2) 一、二年级组，是 7～9 岁儿童的父母；(3) 三、四年级组，是 9～11 岁儿童的父母；(4) 五至七年级组，是 11～15 岁少年的父母；(5) 八至十年级组，是 15～17 岁男女青年的父母。家长们一般在自己的孩子入学的两年前就报名参加家长学校，在那里连续听课，直到他们的孩子中学毕业为止。学习期间，每月上 2 次课，每次 1 小时，讲课内容是针对家庭教育中存在的问题提出具体切实的建议，把心理学和教育学的理论知识跟家庭教育的实际紧密联系起来，使家长听课以后能够同自己孩子的精神生活联系起来。苏霍姆林斯基所办的家长学校，讲课内容非常有针对性，可供我国家长学校参考。

为了使讲课内容更具有针对性，适合家长的需要，确定讲课题目时，最好先做深入的调查研究，通过家长、教师和学生等三个渠道了解各个年龄阶段孩子的身心发育特点，家庭教育中常常出现哪些问题和矛盾，家长都有哪些带有普遍性的要求和希望，根据实际需要选择讲课内容。

第二，要有实践性。所谓实践性，就是讲课内容要能指导家庭教育实践，能帮助家长解决家庭教育实践中遇到的种种问题和困难。家长参加家长学校的学习，一般都是带着问题来的，希望通过听课学习受到启发，得到具体指导。因此，家长学校所选择的教学内容，要做到既讲理论、规律、原则，又讲方法，要在理论和实践的结合上下功夫。一般情况下，讲课的内容大体应包括这样几部分：问题的提出，分析原因，发展的后果，解决问题方式方法的建议等。比如，孩子厌食、偏食，原因是什么，如不尽快纠正会产生什么不良后果，如何矫正这种毛病；中学生为什么不像小时候那样听话，什么原因，是进步还是退步，如何对待，如何解决；等等。

第三，要有系统性。家长学校同一般的学生家长会议不同。家长会议一般是根据某一阶段的任务和问题，就事论事地探讨解决问题的方法。家长学校则是较为系统地向家长传授教育子女的科学知识，以便从根本上提高家长作为教育者的素质。家长应具备系统的教育子女的科学知识。

所谓系统性，有两层意思：从横的方向讲，就是给家长以全面的抚养教育子女的科学知识。从学科知识系统来说，要给予心理学、生理学、教育学、伦理学、社会学等学科知识。具体地说，对各个年龄阶段孩子的家长，都要给予卫生保健、身体锻炼、传授知识、发展能力和智力、道德品质教育、行为习惯训练、性格情操陶冶等多方面的知识，使家长能够在子女的德、智、体、美、劳诸方面教育和训练上都能做工作。从纵的方向讲，就是要按照孩子们各个不同的年龄阶段，给予家长相应的知识，从孩子出生、学龄前到小学阶段、中学阶段，连续而不间断地给家长一套较为完整的知识，使家长从孩子一出生到长大成人都能用科学的方法对子女进行教育。

第四，要有时代特点。教学内容除了一般的家庭教育理论知识外，还要反映时代特点，随时吸取新的科学理论成果，把那些崭新的学术理论思想交给家长。比如，关于非智力因素的作用及如何培养非智力素质的理论知识等。另外，在新的形势下，家长的观念在不断变化，儿童、青少年自身也一定会体现一些时代特点，家庭教育也面临着一些新情况，这些在教学内容中都应有所反映。如早期教育如何进行，如何发展孩子的特长和创造力，如何看待孩子们的独立意识，独生子女教育问题等。应随着社会的发展和情况的不断变化，随时给家长提供新的理论指导。

第五，要突出家庭教育的特点。家庭教育除了具有一般教育的规律外，还有着特殊的规律。要使家长能够灵活地运用教育学、心理学的科学知识，有效地开展家庭教育，顺利地解决家庭教育中的各种疑难问题，教学内容要始终突出家庭教育的特点。要引导家长认识家庭这个特殊的社会组织形式，家庭的哪些因素影响着子女的成长，家庭这个教育环境同学校有什么区别，有哪些有利因素，有哪些不利因素，家庭教育中最容易出现什么样的偏向，家庭教育应特别注意哪些问题，家长应具备哪些修养，具备哪些心理品质，等等。这些情况和问题没有弄清楚，就很容易生搬硬套教育学、心理学的知识，效果肯定不理想。

要具备和突出家庭教育的特点，教学内容就必须深入浅出，通俗易懂。家长学校的教学内容，其深浅难易程度，要从绝大多数家长的实际水平出发，尽可能地深入浅出，通俗易懂，能为多数家长所理解。对于一些较深奥的、专业性较强的教育学、心理学等内容，最好使用大众化的语言加以具体形象的描述。要多列举一些实际例子，尤其是那些非常典型的古今中外的故事，包含着深刻的教育子女的道理，应随时恰当地引入，并从中引出带有规律性的结论，这样较容易给家长以深刻的启示。

三、教学方式要多样化

家长学校不同于其他学校。它既是“业余学校”，又担负着特殊的任务，教学方式不能像传授理论知识或技艺的学校那样，应有自己的特色。家长学校除了由专家、教授、教师、医生等讲授理论知识以外，还要请有丰富经验的家长现身说法，介绍他们教育子女的做法和体会。听家长们自己介绍教育子女的经验，会感到更亲切，便于真正提高家长们的教育能力。参加学习的家长，一般都正在从事家庭教育实践活动，他们有经验，有教训，有成功，也有失败，可以根据实际，提出一些共同关心的专题，组织家长讨论。还可以设立咨询站，作为辅助形式，进行个别指导。

家长在家长学校里，一方面要系统地学习教育子女的科学知识，另一方面也要进一步了解子女，这也是一种学习。有条件的中小学、幼儿园，可以举办家长开放日活动，邀请家长参加孩子们的活动，如班会、队会、校会、文娱会演、体育运动会、节日庆祝活动，也可以定期让家长听课。通过此类活动，不仅可以进一步了解自己的孩子，也可以向学校教师学到教育儿童、青少年的科学方法。

由儿童、青少年给家长上课，也是一种教学形式。在家庭教育中，子女是受教育者。他们亲身接受家长的教育，有权评论而且也有能力评论家长的教育工作，评论也是比较客观的。由孩子们讲一讲他们喜欢什么样的家长，不喜欢什么样的家长；怎样教育他们才接受得了，怎样教育效果不好；等等。这样做，对家长的教育也会是非常深刻的。

四、加强家长学校的教材建设

家长学校虽然不是一种正规的学校，也不能把家长学校正规化。但家长学校是向家长传播教育子女科学知识的重要渠道，担负着提高家长能力和素质的重要任务。

有的中小学和幼儿园以及农村、城市街道，也想办家长学校，但没有教材，又缺乏这方面的教师，因此，迟迟办不起来。近些年，在城市，家长学校发展得很快，逐步普及。但在广大农村、边远地区，办家长学校的问题还没有提到日程上来，而这些地区又恰恰很需要进行家庭教育科学知识的普及。

也有一些地区，家长学校倒是办起来了，但坚持没有多久，就自行消失了。什么原因呢？仍旧是缺乏系统的家长学校教材。

要广泛地普及家长学校，使家长学校能坚持开办下去，巩固下来，必须有供各级各类家长学校采用或参考的教材。

在全国范围内，由于我国各个地区、城乡、内地与边疆，政治经济文化发展不平衡，家长的文化水平和教育能力差别比较大，不便编写、推行全国统一的家长学校教材，但不能采取放任自流的态度。最好是编写、推行一套系统的家长学校教学大纲，以供各地参考。在大纲中，提出各年龄阶段儿童青少年的家长，应当掌握的最起码的家庭教育科学知识，并根据需要，提供相应的参考书目。

加强家长学校教材建设，重点应放在各地的乡土教材的建设。各省、市、县，应组织有教育教学经验的中小学和幼儿园教师以及教育学、心理学工作者，结合当地政治、经济、文化发展实际，编写符合本地家长文化水平和教育能力的地方教材。

编写家长学校教材，首先要注意科学性。在理论观点上，不能出现错误。在内容上，不求全，不求多，但不能出现任何科学性的错误。因为许多家长本来就缺乏这方面的科学知识，他们对教材的内容坚信不疑，不科学的内容会误人子弟。

编写家长学校教材，要注意联系当地的政治、经济、文化和家庭教育实际，选用当地家长熟悉的资料。这不仅可以使家长感到亲切，有利于调动他们学习的积极性，而且学得会，用得上，效果好。

五、加强家长学校的管理

家长学校不是一种正规教育，是家长自愿参加学习的一种临时性的成人学校。尽管办起来比较容易，但要坚持下去，还是有一定难度的。因为家长对家庭教育重要性的认识有高有低，家长的职业、文化素养又不同，家长们都分散在各个单位和部门，不可能有统一的闲暇时间；而家长学校又是一种松散的学校，家长学校的学员经常发生变化。不加强组织管理，是难以坚持下去，不断提高教学效果的。因此，必须根据家长学校的特点，采取相应的方式方法，加强组织管理。

在举办家长学校的单位，如学校、街道、村镇等单位，要建立家长学校领导小组，由各举办单位的干部、教师代表和参加家长学校的家长代表参加。家长学校领导小组负责制订教学计划、组织执行教学计划、收集家长反映、不断改进教学工作等任务。

家长学校应当有一定的管理制度，如点名、考核、评比等。以表扬先进为主，最好不要点名批评家长，更不要采取其他惩罚措施。可以组织家长交流教育子女的经验，可以在家长学校范围内定期组织咨询，也可以在家长中评选先进，给予适当的表扬或奖励。

举办家长学校的上级单位，要定期检查家长学校开办的情况，进行经验交流和评选先进。办得好的要给予一定的奖励。

家长学校的经费问题，最好由有关单位筹集，或在教育经费中有专项列支。当然，也可以在学员中适当收费，但不能以赢利为目的，只是为了应付某些必要的经费开支。

开办家长学校，一方面要大胆实践，不断总结经验教训；另一方面，也要借鉴外国和我们中国过去的某些经验。外国的，如苏联的家长大学。中国过去的，例如 1941 年，当时的国民政府教育部曾经发布过一个文件，叫作《家庭教育讲习班暂行办法》，提出中小学、文化团体和妇女团体要举办家庭教育讲习班。文件中对于开办这种讲习班的宗旨、由谁主持、教学时间、教学方式、教材、经费、修业期限、考核办法等，都做出了规定。这种讲习班虽同我们今天的家长学校不同，也未能在全国普遍开办起来，但其做法，还是可以供我们参考的（详见本书附录）。

家长学校在新形势下，究竟如何办，怎样办才能为家长所接受，这是一个新问题。各地应从本地实际出发，创造出符合本地情况的受家长欢迎的家长学校，为普及家庭教育科学知识做出新贡献。

第四节 加强家庭教育立法

加强家庭教育的指导，一方面要通过宣传教育提高广大家长和社会各界对家庭教育重要性的认识，普及家庭教育的科学知识；另一方面，也要加强家庭教育的立法工作。

宣传教育可以提高人们的认识，使之进一步重视家庭教育，承担教育子女的任务，按照正确的教育思想、教育原则和科学的方法去教育子女。但是，由于人们政治觉悟、文化素养、自身经历、教育能力等方面的不同，对于家庭教育重要性的认识是有差别的。有的人充分认识到家庭教育的重要性，切切实实去抓；有的人认识不到家庭教育的重要性，不认真去抓。负责指导家庭教育工作的部门和个人，有的重视，有的不重视。重视家庭教育指导工作的人在位，家庭教育工作就受重视；不重视家庭教育工作的人在位，家庭教育工作就不受重视。在家庭教育工作上，“人在政举，人去政亡”的现象普遍存在。而家庭教育是关系到千家万户切身利益，关系到民族素质提高的大问题，是实现社会主义现代化战略重点之一，不切实加强家庭教育工作的指导，使之处于放任自流、各行其是的状态，会造成不可弥补的损失。因此，家庭教育也要立法。

教育立法是现代教育的主要标志之一，也是国家干预和管理教育的一种重要手段。世界各国，在20世纪初，尤其是第二次世界大战以后，大都实行法律主义，坚持“以法治教”，将本国的教育政策具体化为法律条文形式，并赋予强制力量，以实现其国家教育的目的。

世界上许多国家，都相当重视教育立法，不仅加强学校教育立法，家庭教育也作为教育立法的内容。

1985年11月27日，苏联最高苏维埃通过了新修订的《苏联和各加盟共和国国民教育立法纲要》。《立法纲要》在前言中指出：“教育在我国是真正全民的事业。国家、家庭、社会组织和劳动集体共同保障年青一代共产主义教育的实现。”家庭被作为实现这一目标的重要力量之一。

该纲要第十一章，对“家长及其代理人培养和教育儿童的权利与义务”做了明确、具体的法律规定。

其中第六十四条，规定“家长及其代理人的权利”是：“按规定程序决定送子女进儿童学前机构、普通学校、中等职业技术学校、中等专业学校就学；参加有关子女的教育和培养问题的讨论；参加子女就学的教育教学机构所开展的课外（教学以外）活动、校外教育工作及保健工作；选举和被选入教育教学机构所附设的家长委员会、社会业余文娱活动委员会和其他机关。”

其中第六十五条，规定“家长及其代理人的义务”是：“根据苏联宪法，苏联公民必须关心子女的教育，训练他们从事社会公益劳动，把他们培养成为社会主义社会的合格成员。”要求家长及其代理人必须做到：“用崇高的共产主义道德、热爱祖国、人道主义、同志情感、集体主义、尊敬老人、爱护社会主义财产和大自然的精神教育儿童；使其养成守秩序、有纪律、有组织性、遵守苏联法律和社会主义公共生活规则的好习惯；培养子女的个人卫生习惯、从事劳动的技能，训练他们参加社会公益活动；关心他们在美育和体育方面的发展，增进他们的健康；在子女达到入学年龄时决定送他们进普通学校学习，保证他们天天上学，不使他们无故缺课；为子女适时地获得普通中等教育和职业教育创造必要的条件，促使其参加社会公益劳动和生产劳动。对子女的家庭教育要同他们的学校教育及其他教学机构的教育、学前及校外机构的教育有机地结合起来，并要取得工会、共青团和其他社会组织的积极帮助。各劳动集体要创造条件以促进家庭的巩固、子女教育的改善，协助家长及其代理人教育子女。”

其中第六十六条，规定“在居民中普及教育知识”，要求：“国民教育机关和机构要会同科学文化机关和机构、会同教育学会和其他社会组织，利用各种大众传播媒介，保证在居民中间普及教育知识，在子女教育方面对家长及其代理人给予教育学上的帮助。”

1975 年，法国经国民议会和参议院投票通过的教育法对家庭教育问题也做了明确的规定。其中，第一条规定：“每个儿童都有权接受家庭教育。”“家庭要协助完成子女所受的义务学校教育。”“国家保证尊重儿童的人格和家庭的教育。”第十三条规定：“每所小学、初中或高中，由学校教职人员、学生家长和学生组成一个学校共同体。”“教师与每个学生家庭建立相互通报信息的联系，这种联系至少要保持到学生成年。”第十四条规定：“学生家长选举其代表组成家长委员会，由学校主持定期召集会议。有关地方当局的代表有权列席这些会议。”

新中国成立前，我国的教育立法较受重视，形成了较完备的教育法体系。不仅各级各类学校教育有立法，就连家庭教育也制定了一些专门性的法令。1938年12月，国民政府教育部颁布了《中等以下学校推行家庭教育办法》。1940年9月又颁布了《推行家庭教育办法》，将1938年12月颁布的《中等以下学校推行家庭教育办法》中的内容纳入了本办法之中。该法令首先规定推行家庭教育工作的机关团体和各机关团体应负的责任：“第一条：各级教育行政机关应督导各级学校、社会教育机关及文化团体、妇女团体，按照本办法之规定，积极推行家庭教育。第二条：各省市教育厅局应于社会教育之科股，指定职员一人，办理家庭教育行政事宜。第三条：各县市政府应组织家庭教育委员会，主持全县市家庭教育计划及推行事宜。第四条：各县市所属区署乡镇公所及保办公处，应分别责成教育指导员、文化股主任及文化干事等，依照本法之规定，协同当地教育机关团体，推行家庭教育。第五条：各级学校推行家庭教育，均由各该校社会教育推行委员会主持办理之。但女子学校及女生超过学生总数半数以上之学校，得组织家庭教育委员会，主持各该校所在地家庭教育推行事宜。第六条：各级社会教育机关推行家庭教育，均由办理教导工作部分主持之。第七条：各级学校及社会教育机关推行家庭教育，全体教职员及学生均应参加，并得以女职员为主办人员。男教职员眷属曾相当教育者，得邀请参加家庭教育推行工作。”

该办法还规定了推行家庭教育工作的具体方式方法，如家庭教育公开讲演、家庭教育通讯研究、家庭技术之指导、家庭指导人员之训练、家庭教育问题之研究、家庭教育图书杂志之编译、恳亲会、家庭教育讲习会、家事公开讲演、儿童健康比赛、儿童教育指导、育婴指导、学生家庭访问、主妇会、家庭医药卫生指导、家政管理指导、子女婚姻指导、礼俗改良指导、家庭消费合作指导、家庭实行新生活指导等。

对于制订每年度家庭教育推行计划、推行家庭教育经费来源、推行家庭教育的指导及考核、推行家庭教育工作总结等事项，该办法也都有详细规定（详见本书附录）。

1941 年 5 月 28 日，国民政府教育部还根据《推行家庭教育办法》中有关条文，制定并颁布了《家庭教育讲习班暂行办法》，规定了家庭教育讲习班由谁来举办、讲习班的宗旨、谁来主持、谁来参加、举办次数和时间、讲习方式、编写教材、组织机构、场地设施、经费、检查考核等事项（详见本书附录）。

上述这些家庭教育法令，对新中国成立前我国的家庭教育工作，具有重要的推动作用。

新中国成立以后，我国的新宪法和婚姻法，都明确规定了抚养教育子女是父母的义务。《义务教育法》中，规定了家长有送子女接受九年义务教育的责任。

2012 年 10 月 26 日第十一届全国人民代表大会常务委员会第二十九次会议通过修正的《中华人民共和国未成年人保护法》第一章“总则”第四条规定：“国家、社会、学校和家庭对未成年人进行理想教育、道德教育、文化教育、纪律和法制教育，进行爱国主义、集体主义和社会主义的教育，提倡爱祖国、爱人民、爱劳动、爱科学、爱社会主义的公德，反对资本主义的、封建主义的和其他的腐朽思想的侵蚀。”在第二章里，专门制定了“家庭保护”条款，规定父母或其他监护人应当依法履行对未成年人的监护职责和抚养义务，尊重未成年人接受教育的权利，以健康的思想、品行和适当的方法教育未成年人，引导未成年人进行有益身心健康的活动，不得允许或者迫使未成年人结婚等家庭保护的责任（详见本书附录）。

2012 年 10 月 26 日第十一届全国人民代表大会常务委员会第二十九次会议通过修正的《中华人民共和国预防未成年人犯罪法》明确规定，家庭应“做好预防未成年人犯罪工作，为未成年人身心健康发展创造良好的社会环境”。在第二章“预防未成年人犯罪的教育”中的第十条，规定：“未成年人的父母或其他监护人对未成年人的法制教育负有直接责任。”在第三章“对未成年人不良行为的预防”中的第十四条，具体规定：“未成年人的父母或者其他监护人和学校应当教育未成年人不得有下列不良行为：旷课、夜不归宿；携带管制刀具；打架斗殴、辱骂他人；强行向他人索要财物；偷窃、故意毁坏财物；参与赌博或者变相赌博；观看、收听色情、淫秽的音像制品、读物等；进入法律、法规规定未成年人不适宜进入的营业性歌舞厅等场所；其他严重违背社会公德的不良行为。”该法律的其他条款还规定了未成年人的父母或者监护人以下的管理教育责任：应当教育未成年人不得吸烟、酗酒；要制止未成年人组织、参加实施不良行为的团伙；不得让不满十六周岁的未成年人脱离监护单独居住；不得放任不管，不得迫使其离家出走，放弃监护职责；未成年人父母离异的，离异父母双方对子女都有教育的义务，任何一方都不得因离异而不履行教育子女的义务；继父母、养父母对受其抚养教育的未成年继子女、养子女，应当履行本法规定的父母对未成年子女在预防犯罪方面的职责；等等。在第七章“法律责任”中规定：“未成年人的父母或者其他监护人不履行监护职责，放任未成年人有本法规定的不良行为或者严重不良行为的，由公安机关对未成年人的父母或者其他监护人予以训诫，责令其严加管教。”（详见本书附录）

上述这些有关法律规定，对于促使社会和家长重视家庭教育，应当说有一定的作用。但是，还远远不能适应家庭教育发展的需要。随着社会主义现代化建设事业的发展，特别是素质教育的推行，家庭教育越来越显示出它的重要性，迫切需要进行专门的家庭教育立法，以保证家庭教育更好地开展起来，充分发挥它的职能作用。

家庭教育立法的任务，应当是明确家庭教育在整个教育体系中的地位和作用；规定家长对子女、对社会应尽的义务和应享有的权利；规定家庭教育工作的组织、管理、指导，组织、管理、指导的途径、方式，领导机构，经费来源，普及教育科学知识的具体方式方法和措施，考核评估办法等，从而做到“以法治家庭教育”，振兴我国社会主义家庭教育事业。

总之，家庭教育作为整个教育体系的重要组成部分，国家、社会有责任加以指导，广大家长也迫切要求进行指导。我们应当根据家庭教育的特点，从家庭教育的实际出发，采取多种途径和形式切实加以指导，促使家庭教育现代化、科学化，以便把我国的家庭教育提高到一个新的水平，开创我国社会主义家庭教育的新局面。

[思考与研究]

1. 为什么必须加强家庭教育的指导?

2. 要办好家长学校，应注意抓好哪几个环节?

3. 为什么说指导学生的家庭教育是学校分内的事?

4. 你们当地的家长学校工作有什么经验，有什么问题?

第十三章
新形势下的家庭教育

家庭是社会的细胞，是社会的缩影。家庭从来就不是抽象的，总是一定历史时代的家庭，任何家庭都具有鲜明的时代特征。家庭教育虽然是在家庭内部、在具有血缘关系或法律上认可的收养关系的家长和子女之间进行的，是一种私人教育，但家庭不是和社会生活相隔绝的，社会政治、经济、文化的变革，势必要通过种种渠道渗透到家庭生活中，作为家庭生活重要内容和家庭基本职能的家庭教育，肯定要受到影响，也同样具有鲜明的时代特征。因此，我们研究家庭教育，不仅要探索家庭教育的一般特点和规律，还要探索家庭教育的时代特征，揭示当代家庭教育的特殊规律。

当前，我国社会进入了一个新的历史阶段，社会政治经济正在发生急剧变革。政治经济体制改革的全面进行及其产生的社会效益，在家庭生活中产生了多方面的巨大的反映。对于家庭教育来说，既带来了有利条件，产生了积极的促进作用；同时，也随之出现了一些前所未有的新情况，带来了一些从未有过的新问题。而且，随着改革的不断深化，时间的推移，新情况、新问题还会层出不穷。要保持家庭教育的主动权，使家庭教育工作适应社会发展的需要，开创我国家庭教育的社会主义新局面，我们不能不重视对家庭教育面临的新情况、新问题的关注和研究，探索适应这些新情况、解决这些新问题的对策。

第一节　当前我国家庭教育面临的新情况和新问题

一、家庭物质生活水平普遍提高

近些年来，我国实行政治经济体制的全面改革，重新调整了生产关系，生产关系更加适应我国现阶段生产力发展的水平，调动了人民群众的社会主义积极性，生产力进一步得到解放，国民经济迅速发展，人们的收入大幅度增加，家庭的物质生活水平大大提高。可以相信，随着社会主义市场经济的发展，人们的物质生活水平还会继续提高。

家庭的物质生活条件是家庭得以存在的前提条件，物质生活水平是影响家庭教育进行和效果的一个重要条件，不具备一定的物质生活条件，家庭就会解体，家庭教育就难以进行。像历史上奴隶社会的奴隶家庭和资本原始积累时期的工人家庭，起码的物质生活条件都不具备，正常的家庭生活难以维持，何以正常进行家庭教育？

现在，我国城乡人民群众的家庭物质生活水平大大提高，收入增加了，生活条件更优越了，这使家庭生活更幸福，给儿童创造了和睦的生活环境和舒适的生活条件，保证了儿童的充足的物质营养，可以大大增加对子女的智力投资。物质生活条件好了，家长在子女的教育上提出了更高更迫切的要求；物质生活条件的改善和日益满足，使得家长也有了教育子女的更强烈的愿望和浓厚的兴趣。这一切，是对子女教育工作有利的一面。

与此同时，家庭物质条件的改善和家庭生活水平的提高，也给子女的成长和家庭教育工作带来了一些新的情况和问题。孟子说：“富岁子弟多赖（懒），凶岁子弟多暴。”① 是说丰收的年头，由于物质条件的优越，子弟们容易变得懒惰；而闹灾荒的年头，由于物质生活条件的困难，子弟们容易产生暴行。这话说得很有道理。现在，家庭的物质生活条件好了，生活更幸福、舒适了，子女们普遍缺乏劳动能力、劳动习惯和热爱劳动的思想，怕苦怕累，不能吃苦耐劳，不懂得节俭，不认为艰苦朴素是一种美德，严重缺乏艰苦奋斗的精神。当然，这里也有教育本身的问题。现在物质生活条件好了，许多家长不太重视这方面的教育，认为老一辈人艰苦奋斗还不就是为子孙后代创造优越的物质生活条件，让他们过上更幸福的生活吗？有的家长自小过着比较清贫的生活，现在条件好了，就想让孩子尽情享受，以得到精神上的补偿。因此，现在的家长普遍忽视劳动和艰苦奋斗的教育。另外，物质生活条件的改善和物质生活水平的提高，使得家长也难以进行这方面的教育。比如，家庭收入多了，家庭生活电

① 《孟子·告子上》。

气化，家务劳动社会化，家务劳动的减少，使子女参加劳动的机会也减少了。而没有一定的劳动实践，是很难培养劳动能力、劳动习惯，养成热爱劳动、艰苦奋斗精神的。再比如，过去对青少年儿童进行艰苦朴素、艰苦奋斗教育，请苦大仇深的老工人、老贫农、老红军进行忆苦思甜、新旧对比，效果很好；家长利用家史进行教育，子女也会听得津津有味，给他们留下深刻的印象。现在，这些教育方式方法都不灵了。

吃苦耐劳、艰苦奋斗是我们中华民族的传统美德，不仅创业需要，守业也需要。未来社会的建设者仍然需要具备艰苦奋斗精神。没有这种素质，很难承担起建设社会主义现代化强国的历史重任。从个人角度讲，一个人对待劳动和物质生活条件的态度，和能否在事业上有所成就关系十分密切。法国卢梭说："节约与勤勉是人类两大名医。"古人说："勤能补拙。""成由俭，败由奢。"没有吃苦耐劳、艰苦奋斗的精神，多么聪明的人也不会在事业上有所成就。而这种素质的培养和形成，必须经过长时间的磨炼，必须从小抓起。在生活条件较为优越的情况下，如何培养儿童青少年吃苦耐劳、艰苦朴素的品质，是当前我国家庭教育普遍面临的一个新问题。

二、家庭生活日益信息化

随着改革开放的日益深入，打破了长期以来社会生活的封闭状态。当今的社会已经进入信息化的时代，科学技术、交通、通信事业的发展和现代化，社会信息流通渠道畅通，信息传播量增大，信息传递迅速。家庭作为社会的细胞，随着社会的信息化也日益信息化。人们物质生活条件改善以后，精神生活也日益丰富，人们相互之间交往增多，社会联系广泛。报纸、杂志、书籍大量涌入家庭，特别是电视机、电脑、手机等进入家庭，更是大大增加了传入家庭的信息量。家庭的日益信息化，开拓了人们的眼界，丰富了人们的知识，人们的环境"变大"了，而整个世界在人们的心目中"变小"了，过去人们讲"秀才不出门，全知天下事"，这在交通、通信不发达的时代，仅仅是一种幻想，今日却变为现实。有人说，现在一个文盲通过看电视，一天内得到的知识，需要一个学者一个月伏案查阅资料。现在儿童、青少年通过看电视、上网一年内所得到的信息量，相当于他们祖父辈一生所得到的信息量。这种说法毫不夸张。当今的儿童从家庭的信息化中受益匪浅，这是有目共睹的。

同时，必须指出的是，家庭生活的日益信息化，也给儿童教育带来一些新的问题。首先，大量信息涌入家庭，难免泥沙俱下，一些不健康的书报杂志和文艺节目，对于分辨是非善恶和筛选能力较差、缺乏“免疫力”的儿童很容易产生消极影响。其次，电视节目对儿童的吸引力特别大，儿童又缺乏自我克制能力，很容易使儿童过于迷恋电视，一旦入迷，难以自拔。适当地有选择地让儿童看电视，是有益处的。而过于迷恋，不但于他们的身体发育不利，在心理发展中更为有害。看电视过多，容易消磨儿童的意志，影响儿童追求精神的发展。因为电视节目形象、具体、生动、有趣，很容易吸引少年儿童。他们习惯于这有趣的活动，而对于没有趣味的枯燥的活动，如学习、劳动、写作业等，则很难做到精力集中、持之以恒，易产生烦躁情绪。看电视过多，时间长了也会大大减少儿童和他人交谈、交往的机会，影响他们社会交往、口头表达能力的发展。过于迷恋电视，易使儿童产生一种称作“电视病”的心理疾病，这已经引起人们的重视。在当今家庭生活日益信息化的新的环境中，如何发挥各种信息传播手段的优势，克服其消极因素，是我们家庭教育面临的又一个新问题。

三、家庭结构简单

家庭结构指的是家庭成员的序列和数量。家庭结构决定儿童生活所面临的家庭成员关系的复杂程度，这是影响儿童教育工作和儿童身心发展的一个重要因素。

中国过去的家庭一般都结构复杂，成员多，规模大，“三代同居”、“五世同堂”的大家庭很普遍。之所以大家庭很普遍，一是由于中国的传统观念是“多子多福”，把儿女当成“福气的材料”，子女的数量较多；二是过去中国有早婚的传统，人们生儿育女早，老人见到第三代、第四代、第五代人的家庭很多；三是子女长大成人不能离开父母，结婚生子后也不能同父母分居。

家庭教育是人们实现社会化的重要过程和途径。早期家庭教育是人们学习生活技能和行为规范以取得社会适应性的必由之路。家庭结构复杂，有利于这一过程的实现。

随着社会的进步，中国的家庭结构日益简单化。过去多是主干家庭，即大家庭；现在则是核心家庭，即由父母和子女两代人组成的小家庭居多，约占我国家庭总户数的 70%。家庭结构简单，人口数量少，规模小，家庭成员之间的关系更为亲密，家庭的内聚力更强，教育子女的迫切性和一致性有利于子女的成长。家庭关系简单，父母对子女的教育也不易受外界干扰。这是有利的一个方面。

家庭结构简单也给儿童的家庭教育带来了一些新的困难。第一，家庭结构简单，人口数量少，家庭成员之间的关系也简单，在这样的家庭里，儿童所受到的处理人与人之间的关系方面的锻炼就相应地少一些，不大利于培养孩子适应社会生活的能力，影响儿童社会化的进程。国外有人研究表明，生活在两代人同居的家庭的儿童，不如生活在三代人同居的家庭的儿童的社会适应能力强。第二，在我国居多数的核心家庭，在城镇基本是双职工家庭，在农村这些家庭多数也是夫妻都要参加生产劳动。家长和孩子接触机会少，生活照料上往往不太周到。第三，两代人的家庭，父母爱和关注的焦点全都集中在孩子身上，往往出现溺爱的现象。家庭结构简单带来的教育上的困难和不足，如何解决和弥补，这又是一个新问题。

四、家庭稳定程度降低

家庭是子女出生的地方，是生活时间最长久的场所。家庭不仅给子女提供物质生活条件，也给子女提供精神生活条件。稳定的家庭是子女的“避风港”、“安乐窝”，子女可以从家庭里获得幸福，得到温暖，有利于子女身心健康成长发展。

长期以来，家庭是社会生活中较为稳定的社会组织形式。到近现代社会，由于生产方式的改变，家庭关系开始松动。20 世纪以来，夫妻离异、家庭解体已经成为一种相当普遍的社会现象，并且是与日俱增，愈演愈烈。20 世纪 80 年代以来，西方国家和一些东欧国家离婚率迅速上升，美国的离婚率每年都在 40%以上，法国每四对夫妻中就有一对以离婚而告终。

在我国，随着社会的发展，时代的变革，近年来离婚率也呈上升趋势。

从我国离婚者的平均婚姻寿命看，却呈下降趋势。

离婚率的上升和离婚者平均婚姻寿命的下降，表明我国青少年儿童受父母离婚的影响，成为一个重大的社会问题。夫妻离异、家庭解体，对儿童青少年造成了难以估量的打击和伤害，其伤害程度仅次于亲人去世。

当父母感情已经破裂的时候，相互之间的各种“冷战”、“热战”，给子女以强烈的刺激，惊吓、紧张、恐怖、不知所措，导致子女思想行为、精神状态反常。很多生活在破裂家庭中的孩子呆板、忧郁、孤僻、伤感、自悲，甚至出现严重的心理疾病。有的青少年走上犯罪的道路，就是由于父母分居、离婚而造成的。

在过去，中国的家庭和外国相比，是比较稳固的，儿童青少年受父母离异的打击和伤害，相对也是比较少的。改革开放以来，人们的思想观念发生了一些变化，离婚现象与日俱增，如何减少夫妻离异、家庭解体对儿童青少年造成的消极影响，这又是一个新问题。

五、家长重视子女的智力开发和文化学习

随着社会的发展和文化科学技术的进步，对劳动后备力量的文化素质也提出了更高的要求。改革开放以来，我国重视知识，重视人才，尊重知识、知识分子，成为普遍的社会舆论。广大群众从社会发展趋势上，从迎接世界新技术革命的挑战上，从经济体制改革中，都从思想上对掌握科学文化知识的必要性有了进一步的认识。在这种形势下，广大家长深切地感到未来社会人才竞争的激烈和形势的严峻，普遍重视子女的早期智力开发和文化科学知识的学习。除了设法让子女有一个好学校读书以外，还自觉地充分发挥子女“首任教师”的作用，重视家庭智育，亲自辅导，聘请家庭教师，购买各种科学文化读物，送孩子参加各种专业知识和技能的培训班，不惜花费时间、精力和重金进行智力投资。这一切，对于提高儿童、青少年的文化素质和提高整个中华民族的文化素质，都有很大的好处。

但是，在家庭教育中也出现了一些片面性。第一，只重视智力开发和文化

学习，而忽视思想品德教育和行为习惯的培养。在智力开发和文化学习上，要求很高，下功夫抓，而对思想品德和行为习惯则要求很低，甚至没有要求，采取放任自流的态度。第二，只抓文化科学知识的学习，而不注重生活能力的培训。认为有了文化知识就有了一切，而对独立生活和适应社会生活能力的培养，则放在可有可无的地位。第三，只重视书本知识的学习，忽视社会生活知识的学习。书本知识是人类实践经验的总结，应当努力掌握；社会生活知识对于人的生存和生活也是相当重要的。第四，只重视智力因素的培养，而忽视非智力因素的培养。智力因素，诸如观察力、记忆力、思维力、想象力等，固然很重要；如果没有良好的非智力因素，智力因素也不可能得以充分发挥。第五，只重视学习成绩，而忽视学习能力的培养。学习成绩在一定程度上能反映子女的学习情况，但不是唯一的标准；如果不具备较强的学习能力，是不可能使子女的学习潜力得以充分发挥的，在学业上不可能有长足的发展。

除此以外，在抓子女智力开发和文化知识的学习上，还有任意加重负担、态度粗暴、实行体罚、盲目投资等方面的问题。

在当前，如何实行科学的家庭教育，克服片面性和非科学性，全面关心子女，使子女在德、智、体诸方面得以全面地、协调地发展，是我国家庭教育面临的又一个新问题。

六、独生子女教育

科学研究表明，家庭子女数量多少，也是影响家庭教育实施和效果的一个重要因素。

进入20世纪80年代以来，我国家庭出现了大批独生子女，独生子女在儿童、青少年中的比例与日俱增。家里只有一个孩子，家庭经济负担减轻，物质生活条件相应地要优越一些，给子女的教育工作和德、智、体诸方面的发展，提供了较为充足的物质基础，诸如加强物质营养、增加智力投资等；家里只有一个孩子，家长对孩子的爱更强烈、更集中，对孩子在生活上的照料更为周到，无疑对孩子身心健康成长有利；家里只有一个孩子，家长把期望全都寄托在唯一的孩子身上，期望高，教育的迫切性更强，主动性和积极性更高，抓得更紧更切实，也更有效。这是独生子女教育固有的优势。

与此同时，独生子女的大批出现，也给我们的教育工作带来了一些新的困难和问题。中国的家庭过去一向子女数量较多，从 20 世纪 80 年代至 2015 年实行一对夫妇只生一个孩子的政策，一下子把生育孩子的数量控制到了最低限度，这巨大的变化，对传统的“多子多福”的观念是一个不小的冲击，家长心理上产生了一种失落感。因此，把独生子女视为珍宝，娇惯溺爱的现象普遍严重，许多家庭是“有爱无教”。其具体表现是把孩子的地位摆得过高，使之处于特殊化的地位，成为家庭里的“特等公民”。只享有权利，没有一点儿义务。一切都由着孩子，迁就放任。一切都属于孩子，任其独享。一切都服从孩子，可以指挥一切。人们把某些独生子女称为“小太阳”、“小皇帝”，就是指的特殊地位。马克思主义唯物论认为，存在决定意识。居于特殊化的地位，必然会滋长特殊化的思想意识和行为习惯。

教育独生子女的传统和经验，我们的家庭很缺乏。国外独生子女大批出现和对于独生子女教育规律的探索，已有一百多年的历史。国外的独生子女家庭教育经验，我们当然可以借鉴。但是家庭教育具有强烈的民族特点，国情不同，国外的经验不能在我国生搬硬套。而独生子女的家庭环境与教育的确有其特殊性，独生子女家庭教育的理论研究和指导，远远不能适应实际需要。因此，探索独生子女家庭教育的规律，摸索出一套适合中国国情的家庭教育经验，实现家庭教育科学化，是摆在我国家庭教育面前的一个十分紧迫的任务。

七、个体工商业者子女教育

改革开放以来，我国城乡出现了一个新的社会群体，就是个体工商业者。随着我国社会主义市场经济的发展，个体工商业者的数量逐年增长。

家庭生活方式和生产劳动方式对子女来说，本身就是一种教育。个体工商业者家庭的生活方式和生产劳动方式是比较特殊的，因此，在子女的家庭教育方面也有其特点。

个体工商业者家庭，一般收入较多，经济条件优越，物质生活水平高，可以保证子女有充足的物质营养、优越的物质生活条件，家庭有能力进行智力投资。生活在个体工商业者家庭的子女，在日常生活中耳濡目染，潜移默化，家长的商品意识、经济头脑以及经商的能力，会对子女产生影响，使之有较强的适应商品经济生活的能力。

但是，个体工商业者家庭的子女，在家庭生活中往往也会受到一些不良影响。由于个体工商业者家庭经济条件比较优越，子女平时生活水平较高，手中有钱，可以任意花钱，盲目追求高消费，如不加强管理和教育，金钱会对儿童青少年产生腐蚀作用，不求进取，贪图物质享受。从事工商业活动，一心想发财致富，对于工商业者来说，本无可厚非；但未成年的子女过早地受到这种思想影响，对他们的成长是不利的。个体工商业者的劳动很繁忙，无所谓上下班，很少有空闲时间在生活上照顾、管理和教育子女，或是把教育子女的责任完全推给学校，或是采取放任自流的态度，使一些子女在品学上都受到不良影响。在个体工商业者家庭里，由于家庭暴富，而某些人文化素养和道德水平低下，往往在夫妻关系上产生裂痕，以至夫妻分居、离异。这种情况比从事其他工作的家庭要严重得多，对子女在心理上造成很大伤害。

个体工商业者队伍情况比较复杂，有的文化素质较高，有的文化素质很低；有的思想道德水平比较高，有的则很低下。家庭的经济状况、生活状况差别也很大。尽管多数个体工商业者对子女期望较高，希望子女长大继续从事个体工商业的是少数，多数人都希望子女能够接受高等教育，但是，由于家长没有能力或没有精力和时间对子女进行管理教育，往往失于放任自流状态。特别是一些易地行商的个体工商业者，由于流动性大，居住条件差，对子女的照顾、管理和教育困难更多，其中不少学龄子女都不能按时入学接受义务教育。

关于个体工商业者家庭子女的教育问题，应当引起人们重视。作为家长，应当增强教育意识和责任感，努力创造条件，抓好子女的家庭教育。至于行商者的子女入学接受义务教育问题，应当引起全社会的关注，妥善予以解决。

第二节　家庭教育改革

家庭教育和学校教育、社会教育一样，受社会政治经济的制约和影响，反过来也必须为一定的政治经济服务，这是不以人们的主观意志为转移的。

我国的家庭教育，长期以来形成了自己特有的民族传统。家庭作为民族文化的载体，通过家庭教育保存和传递民族文化，传播中华民族的传统美德。但是，中国的家庭教育长期以来是建立在自给自足的小农经济基础之上的，带有浓重的封建保守的色彩。上述种种新情况和新问题，反映了当前我国家庭教育与社会生活脱节，与社会政治经济变革不适应。为使家庭教育适应我国政治经济的变革，为政治经济的变革服务，成为传播社会主义精神文明的重要渠道，造就适应社会主义现代化建设事业需要的一代新人，必须对我国的家庭教育进行改革。

一、更新评价子女的标准

家长如何评价子女，用什么样的标准评价子女，对子女来说，这是一个“指挥棒”。评价子女的标准，就是子女发展的方向，实际上就是家庭教育的培养目标。培养目标在教育工作中是一个带有根本性的大问题，要取得教育的成功，必须认真对待。

在我国家长的心目中，评价子女好不好的首要标准是“听不听话”。“听话”，则是好孩子；“不听话”，则不是好孩子。我国的家长平时不都是这样说吗：“这是个好孩子，真听话。”“那孩子不好，太不听话了。”

我们提出这样的问题，不是反对孩子听家长的话，不是有意要鼓动子女反对家长，去做违逆家长意志的事。家长的话是正确的、合理的，做子女的应当听从。问题是，把“听不听话”作为评价子女的标准，作为衡量子女好不好的尺度，就失之偏颇了。

家长把“听不听话”作为评价子女的首要标准，从表面上看是强调子女对家长的态度，实质上是要求子女养成顺从的性格。在家里要听父母长辈的话，在学校要听老师的话，到社会上要听领导的话。这样要求子女时时、事事、处处都听别人的，按别人的意志行事，而不主张子女有自己独立的见解，遇事不动脑筋进行独立思考，遇到问题不能独立分析、处理和解决，不能自主、自立，那么，这样的人很难适应社会生活，很难有所作为。对于这样的评价子女的标准，鲁迅先生早在几十年前就曾经进行过批评。在《从孩子的照相说起》一文中，他指出："驯良之类并不是恶德。但发展开去，对一切事无不驯良，却决不是美德，也许简直倒是没出息。'爸爸'和前辈的话，固然也要听的，但也须说得有道理。"他又指出："但中国一般的趋势，却只在向驯良之类——'静'的一方面发展，低眉顺眼，唯唯诺诺，才算一个好孩子，名之曰'有趣'。活泼，健康，顽强，挺胸仰面……凡是属于'动'的，那就未免有人摇头了，甚至于称之为'洋气'。"① 鲁迅先生认为把"听话"、"驯良"作为对子女的首要要求，只能造成奴才的性格，对此他深感忧虑。

把"听不听话"作为评价子女的首要标准，这是封建家庭教育思想的流毒。在封建社会，"三纲五伦"的伦理纲常是人们的行为规范，也直接影响和制约家庭教育。在家庭教育中，以孝道作为首要的教育内容，培养"孝子"则是首要的培养目标。何为"孝"? 孔子的解释是"无违"二字，不违背父母的意志即为"孝"。从"孝"的字形结构上看，上半部是个"老"字头，下半部是个"子"字。东汉许慎的《说文解字》一书解释说："子从老为孝。"就是说，"孝"的本质含义，就是儿子服从老子。培养"孝子"，就是首先要造就子女顺从的性格。在封建社会，要求人们都要把"孝"作为"百行之首"。为了给做儿女的树立"孝子"的榜样，要人们去效法，还有人编写了《二十四孝》一书，在社会上广为流传。

造就人们顺从的性格，这是符合封建统治阶级的阶级利益的，对巩固封建统治地位，维护封建秩序是很有好处的。家庭教育培养了人们的顺从的性格，到社会上就能够顺从统治阶级，逆来顺受，忍受压迫，不"犯上作乱"。过去有句话，叫作"忠臣出于孝门"。在家里是顺从的孝子，在社会上必然是顺从的臣民。封建统治阶级极力鼓吹孝道教育的用心昭然若揭。

封建社会家长评价子女的标准，适应封建统治阶级的需要，维护了封建社会的统治秩序。那么，在今天的社会，就与社会生活格格不入了。

在过去，我国社会是以自给自足的小农经济为基础，家庭是一个生活单位，也是生产单位，是封闭的社会组织形式，人们缺乏独立思考、独立见解，

① 《鲁迅全集》第6卷，人民文学出版社2005年版，第83—84页。

尚可以适应那种社会生活。今天，我们进行的是社会化的大生产，子女长大以后都要进入社会，离开家庭，再只是要求子女“听话”、“顺从”，缺乏独立思考、独立见解，恐怕就难以适应今天的社会生活了。特别是我们今天实行改革开放，人们的活动范围更广了，社会生活内容进一步丰富了，要求人们要有开拓进取的精神。新的生产方式和社会生活对人们提出了新的要求，要是再一味地强调要求子女“听话”、“顺从”，就很难在社会实践中有什么作为了。因此，必须更新旧的评价子女的标准，要求并努力培养子女具有独立思考能力和独立见解。

我国传统的评价子女的标准，和西方许多国家评价子女的标准大相径庭。在外国，家长评价子女好不好、有没有出息的标准，不是“听不听话”、顺从不顺从，而是独立意识强不强，遇事能不能独立思考，有没有独立见解。在家庭教育中，并不特别强调子女要听父母的话，而是允许子女有自己独立的见解，支持子女按自己的主观意志行事，并且努力创造条件培养子女独立思考的能力，遇事能有独立见解。外国家长的这种评价标准，是发达的市场经济的社会生活促使其形成的。今天，我们实行社会主义市场经济，也要求家长更新评价子女的标准，适应现实的社会生活。

二、建立新型的父母子女关系

家庭教育是在父母子女之间进行的，家长和子女是一种什么样的关系，本身就是一种教育。

中国过去长期以来在家庭里盛行封建家长制，家长是“一家之主，尊中至极”，享有特权，权力极大，且极其广泛，一人统摄全家财政大权。而家长以外的其他家庭成员没有任何权利，完全处于无权地位。特别是晚辈人，不但没有经济、政治权利，甚至连独立的人格都没有，处于家长的附属和被统治地位。实际上，封建家庭家长和子女的关系是封建统治阶级和被统治阶级之间关系的缩影。

“父为子纲”是封建家庭父母和子女关系的准则。所谓“纲”，即是“支配”的意思。父母和子女之间是一种支配与被支配的关系。父母的意志即是子女的意志，父母的话对子女来说就是法律，必须无条件地听从，不许违抗，如若违抗，便可以任意惩处，甚至可以处死，且不负任何法律责任。在这种关系下，必然扼杀子女的个性，使子女没有独立人格，形成自卑、逆来顺受、屈从于强权的奴隶性格。多少年代，我们中国人就是在这种家长和子女的关系中生活的。

新中国成立以后，我国虽然从制度上废除了封建家长制，对封建家长制的思想意识也进行过多种形式的批判，但由于几千年漫长的封建社会历史，封建家长制的思想意识盘根错节，根深蒂固，至今仍旧在一些人头脑里残存。许多家庭里，家长和子女之间事实上是不平等的，家长对子女仍旧没有什么民主可言。家长可以做的事，子女不能做；家长可以说的话，子女不能说。子女的事，一切由家长做主，子女无权过问；家里的事，仍旧是家长独断专行，一个人做主，说了算数。家长不尊重子女的个性和人格，强迫子女按家长的意志行事，子女不遵从，动辄打骂，实施体罚。直至今日，打骂体罚子女的现象，仍旧相当普遍，极个别的甚至体罚子女致残、致死。前些年发生的夏斐事件和夏辉事件等，在社会上引起了极大的震动。

封建家长制的思想意识之所以仍旧在中国残存，是有其极为深刻的思想渊源的。为了维护封建统治秩序，儒家思想家先是提出了“君臣、父子、夫妇、兄弟、朋友”所谓“五伦”关系，后来又提出所谓“三纲”，即“君为臣纲，父为子纲，夫为妻纲”。规定为臣、为子、为妻的，必须绝对服从为君、为父、为夫的。于是，整个封建社会，以家庭为本位，严密地罩上了一张以“三纲五伦”为核心，以等级观念为特色的人身依附的封建伦理网络。同时，它提倡“君义臣忠”、“父慈子孝”、“夫义妇节”、“兄友弟恭”等，规定了人人必须尽各种各样的义务，唯独没有规定他们各自的权利。应当指出，在任何时代的任何社会中，个人无疑总是要与其他人发生联系才能存在的，绝对独立的个人是不可能有的。但是，问题在于，这是一种什么样的联系。现代民主观念认为，这种联系应当建立在人与人相互平等的基础上；但中国古代儒家却以“三纲五伦”去规范人际关系，强调人与人“上下有别”，“尊卑贵贱有差”。一句话，人只有各就其位，屈从于封建等级制度的模式，才有存在的价值；只有按等级名分，依附于他人，才有可能生存。因此，在家庭里，子女依附父母，父母支配子女，便成为天经地义的事，并且一直延续到今天。

“父为子纲”的父母子女关系的模式，抹杀子女的独立人格和个性，在封建社会无人指责。那么，在今天的社会里，应当说不能允许存在。

随着改革开放的深入，社会政治生活的民主化，市场经济的发展，社会生活需要新一代人具有民主、平等、自主、自立、自强的意识；在社会生活的影响下，儿童青少年也追求民主、平等、自主、自立、自强，追求自身价值的实现和个性的充分发展。这是一股不可逆转的历史潮流。如果家长的思想观念不更新，不主动调整父母子女关系，建立新型的民主、平等的父母子女关系，势必会造成父母子女关系的紧张，家长就会丧失教育子女的主动权。

父母和子女是两代人，由于生活的历史时代、社会背景以及生活经历的不同，两代人之间对一些社会问题的价值观和生活感受不同，存在着差异、隔膜和对立，这在社会学上叫作“代沟”。“代沟”在社会生活中到处可见，在家庭里表现得尤为突出。这是因为，两代人在家里的接触最为频繁，彼此最为熟悉，又有血缘关系，根本利益一致，往往可以无所顾忌地表示对某些社会问题与生活问题的态度与看法。

“代沟”是每时每刻都存在的。因为社会环境总是处于变动之中，子女所处的社会环境同父母年轻时所处的社会环境已不可能完全相同，反映到他们的思想与行为模式上，便不可避免地存在某些差异。而在社会政治经济发生剧烈变革的时期，在完全不同生活环境里成长起来的两代人，他们的思维与行为模式已不是一般意义上的差异，而往往表现为冲突和对立。

在改革开放的今天，家庭里两代人之间的差异日益扩大，“代沟”日益加深。原因是改革开放就是社会政治经济发生剧烈变革。

儿童、青少年思想活跃，兴趣广泛，感觉敏锐，感受能力强，他们对外界事物充满好奇心，最容易接受新事物、新思想、新观念，而做父母的中老年人，也能逐渐认识、接受新事物、新思想、新观念，但往往比儿童青少年要慢“半拍”。在改革开放的今天，新事物、新思想、新观念层出不穷，思想敏锐的儿童青少年很快能接受，中老年人迟迟不能接受，这样“代沟”势必日益加深。中国有句老话，叫作“后生可畏”。这是在社会发生剧烈变革的时代，较为开明的中老年人对年轻一代人的赞誉，他们看到了儿童、青少年一代的主流。而“父为子纲”思想意识较为严重的父母，对儿童、青少年新思想、新观念和新的行为模式，则持看不惯、否定或反对态度，与他们格格不入。像这样的父母，很难再继续拥有子女教育者和子女生活道路上引路人的资格，教育的主动权将会完全丧失。

所以，在现代社会，做父母的必须更新自己的思想观念，破除封建家长制思想，和子女建立平等、民主的新型关系。

在欧美国家的家庭里，父母和子女的关系一般来说是比较平等民主的。做父母的认为子女虽然是自己的子女，但子女是独立的个体，不是父母的私有财产和附属品。他们尊重子女的人格和个性，不强制子女服从自己的意志。对于子女应该有要求，要进行管理教育，但是他们较为尊重子女自己的意志和意愿，子女自己的事情尽可能让子女自己做主，自己独立支配自己的言行。这些情况，与中国的许多父母，形成了鲜明的对照。

在平等、民主的父母子女关系下，子女生活在一个较为宽松的生活环境之中，能够主动地成长，自主、自立思想比较强，他们有自尊心、自信心和自强精神，适应社会生活的能力也相当强。我们做父母的，应当适应社会发展的潮流，为子女创造有利于健康成长的家庭生活环境。

三、建立新型的家庭教育模式

专偶制的个体家庭是生产资料私有制的产物，从它产生的那一天起，就是一种较为封闭的社会组织形式。专偶制的个体家庭，在相当长的历史时期内，既是独立的生活单位，也是生产单位。由于家庭成员之间具有婚姻和血缘关系，关系非常亲密，感情极为亲近，政治经济根本利益一致，其生活方式和生产方式都是封闭的，与社会生活很少直接发生关系。家庭教育作为家庭生活的重要内容和家庭的基本职能之一，是在家庭的日常生活之中和生产劳动过程中随时随地进行的一种教育，而家庭生活方式和家庭生产方式本身就是一种教育。所以，长期以来，家庭教育是在一种封闭的状态下进行的。

中国的家庭教育尤为封闭。在过去的几千年间，中国是一个典型的封建家族社会。自给自足的自然经济形式和生产方式，使家庭生活和社会生活是相隔绝的，甚至在邻里之间也是“鸡犬之声相闻，老死不相往来”。中国传统的家庭住宅建筑，如北方的四合院，四边高高的墙，把庭院围得严严实实的，从外面只能看到屋顶；大门内外的影壁墙，把庭院与外部世界完全隔开。即或不是四合院，也要在住房的周围筑起高高的围墙。这种家庭建筑格式，从文化模式的角度，生动、形象而且逼真地反映了中国家庭与世隔绝的封闭状态。“家丑不可外扬”、“家财不可外露”、“我们都是自家人”、“一家人不说两家话”等，这些经常挂在中国人嘴边的强调家庭内外有别的口头语，充分反映了中国人自我封闭的心态和中国家庭的封闭性。而“各家羊各家拴”的说法，更能表明中国家庭教育的严重封闭状况。

封闭的家庭教育模式，必然造就思想僵化保守、心理闭锁和性格拘谨的人。在过去自给自足的小农经济形式下，子女长大以后，仍旧在自己家庭这个小天地里生活和从事家庭生产劳动，在封闭的家庭教育模式中塑造出来的人，尚可以适应当时的社会生活。而在今天，我国实行改革开放，实行社会化的大生产，大力发展市场经济，子女长大以后，要离开家庭，进入社会生活，参加社会工作。在这种形势下，不打破封闭的家庭教育模式，子女长大后，在心理和行为上就很难适应现代的社会生活，很难有所作为。因此，解决家庭教育模式的封闭状态和开放的社会生活格格不相容的矛盾，开放家庭教育，是改革我国家庭教育的一项重要任务。

家庭教育要实行开放，并不是说家长对子女撒手不管，放任自流，而是要把家庭教育搞活，使家庭教育过程始终保持和家庭内外的信息交流与沟通。对外，要与社会生活保持密切联系；对内，教育者和受教育者要相互配合，充分调动和发挥教育者和受教育者两个方面的主观能动性，使家庭教育生动、活泼、主动地进行。

实行家庭教育开放，应当做到以下几点。

第一，要充分利用社会生活教育子女。

教育子女是由家长负责。它既是家长的义务，也是家长的权利。对子女进行教育的内容和培养目标，是由家长决定的。一般的父母，都是希望子女只听从自己的教育，按照自己的意志行事，朝自己所期望的方向发展。面对纷繁复杂的社会生活和不可能控制的社会环境，许多父母生怕现实的社会生活干扰自己的子女教育工作，企图完全利用个人或家庭集体的管理教育，阻止社会环境对子女的影响。这种想法是典型的封闭家庭教育意识，这种企图是不现实的。因为当代儿童、青少年都生活在现实社会中，每时每刻都直接或间接地与现实社会生活保持着千丝万缕的联系，现实社会环境通过各种渠道，随时都对他们施加着种种影响。在古代社会，交通、通信和信息不发达的时候，家长尚可以隔断这种联系，消除这种影响；在社会和家庭都实现信息化的今天，这是根本不可能的。

在今天，随着社会的发展和时代的进步，应当说今天的家长比过去的家长，自身素质高多了，家庭生活方式也比过去文明多了。尽管如此，任何一个家长的素质、教育能力和教育思想观念，任何一个家庭的生活方式，总是有一定局限性的。单靠家长的教育和一个家庭生活的熏陶，不可能造就出具有现代人格的人来。我们家庭教育工作是否成功，培养出来的人是好还是不好，是合格还是不合格，并不是完全以家长个人的好恶为标准来检查、衡量，而是要经受社会生活的考验和选择。“物竞天择”，“适者生存”，“优胜劣汰”，全由社会生活考核并决定弃取。“闭门造车”，出门很难合辙。把子女拢在家门内，关起门来，完全按照家长的主观意志进行塑造，这种家庭教育肯定要失败。

著名教育家马卡连柯说过：“教育儿童是由家庭负责，或者也可以说，由父母负责。不过家庭集体的教育，不能凭空造就儿童。仅凭有限的家庭影响或有限的父亲的训诫，还不够成为造就未来的人的资料。只有多种多样的苏维埃现实生活，才是教育他们所需要的资料。”① 这种说法，很有道理。

家庭是儿童、青少年进入社会生活前的“演习场”，家庭教育是儿童、青少年实现社会化的必由之路。为造就一代新人，家庭教育必须实行开放。首先，家长要创造条件，放手让子女接触社会生活，以社会为“课堂”，以社会生活为“教材”，向活生生的社会生活学习。在社会生活中，让子女用自己的眼睛去看社会，用自己的头脑去分析社会现象，亲身实践和体验社会生活，接受真实的教育。其次，家长要加强学习，关心社会生活的变化，及时了解新事物，不断接受新思想、新观念，用崭新的教育思想观念指导自己的家庭教育

---

① 《马卡连柯全集》第4卷，人民教育出版社1957年版，第16页。

实践。

第二，给子女以自主权利，让他们在实践中主动接受教育。

我们所说的家庭教育，一般是指家长对子女实施的教育。家长管理教育子女天经地义，子女接受家长教育理所应当。但是，受到“父为子纲”传统影响的家长，对子女管束过严，对子女进行注入式的教育。子女的言行举止完全由家长操纵、支配，子女不能支配自己的言行和掌握自己的命运，没有一点儿自主权。在家庭教育中，子女完全是被动地接受家长的管理和教育，家长说什么就听什么，家长让怎样做就怎样做；不是家长说的不能听，不是家长让做的不能去做。如违背家长意志，擅自做主和行动，便遭惩处。像这样过严过苛的管理教育，就是把子女的头脑给禁锢起来，手脚都束缚起来，有脑不能独立思考，有手脚不能自己动作，完全像木偶人，“牵之则动，弃之则息”。这种封闭式的管理教育，会使子女缺乏个性，缺乏主动性、自觉性和创造性，缺乏独立生活和适应社会生活的能力。这样的孩子，老老实实，规规矩矩，很乖，很听话，从不擅自行动，从不做违逆家长意志的事，让家长放心，家长倒是很喜欢。然而，这样的孩子一旦离开家庭、父母，进入社会生活，需要独立应付周围环境和支配自己言谈举止的时候，便会无所措手足，不知如何是好。就像鲁迅先生所指出的那样：中国有的家庭管教孩子，“是终日给予冷遇或呵斥，甚而至于打扑，使他畏葸退缩，仿佛一个奴才，一个傀儡，然而父母却美其名曰‘听话’，自以为是教育的成功，待到放他到外面来，则如暂出樊笼的小禽，他决不会飞鸣，也不会跳跃”①。

家长之所以对子女管理教育过严过苛，除了封建家长制旧意识起作用外，和我们社会上对人们的评价标准与赏罚机制也有直接关系。我们社会上不大重视人们的现实表现，而是过于重视过去的表现；不太看一个人有没有实际能力、开拓进取精神和业绩如何，而是过于重视人在经历中有没有过失和污点。一个人平庸无能不怕，只要过去没有过失，历史上没有污点，便可以重用、提拔；而一个人能力再强，业绩再大，开拓进取精神再强，只要历史上有过失、污点，哪怕是微不足道的，使用起来也不放心，更谈不上重用提拔。在这种评

① 《上海的儿童》，《鲁迅全集》第4卷，人民文学出版社2005年版，第580页。

价人的标准和赏罚机制影响下，人们在社会生活中，奉行“不求有功，但求无过”的信条，处处谨小慎微，不求进取；在家庭里对子女，便是严加管束，子女的一切言行都要受到父母的严格监督，不许自作主张，擅自行动，免得一失足造成终生悔恨。

对于未成年子女，由于他们缺乏社会生活的实践经验，家长必要的管束和指导还是必要的。但不能过严过苛，不能只让子女消极被动地接受父母的教育。为使子女能适应未来的社会生活，家长应进一步解放子女，给子女以独立自主的权利，让子女自己支配自己的言行，放手让他们在实践中经受锻炼，主动接受教育。要正确对待子女在实践中的错误、挫折和失败。只要加强引导，错误会使人变得聪明，挫折会使人更加清醒，失败会成为成功的先导。“吃一堑，长一智”、“实践出真知”，这正是从这个意义上说的。

第三，父母要接受子女的教育。

父母教育子女，年长者教育年幼者，长辈教育晚辈，这是一般人们对家庭教育的理解。事实上，这不是家庭教育的全部，是狭义的家庭教育。广义的家庭教育，应当说是家庭成员之间的相互教育。不论是父母还是子女，年长者还是年幼者，长辈还是晚辈，一个家庭的所有成员，既都是教育者，也都是受教育者。这才是家庭教育的全部含义。

在日常生活中，子女教育父母，年幼者教育年长者，晚辈教育长辈，是存在这种事实的。比如，子女向父母提建议、批评，父母接受了，这是教育活动；父母不接受，那也不能否认子女是在教育父母。子女向父母宣传新思想、新观念，介绍新事物，不论父母接受不接受，这也是教育活动。

不仅在现代家庭里，在逐步形成了民主、平等父母子女关系的今天，有子女教育父母、年幼者教育年长者、晚辈教育长辈的现象，就是尊卑长幼、等级名分意识特别强烈的封建家长制的古代家庭里，这种现象也同样存在。比如，古代的《孝经》一书中说：“父有争子，则身不陷于不义。”《孔子家语》中说：“父有争子，不陷无礼。”这里所说的“争子”，即是指能规劝父母的儿子。宋朝司马光在《温公家范》中谈到子孙孝敬父祖时，认为尊敬父祖，唯命是从，这是“孝”；同样，规劝父祖，也是“孝”。父祖之命，该听从的，如不听从，是子孙的罪过；但父祖之命，不该听从的，却听从了，实际上是助长父祖的过失。本应规劝却不规劝，就像是对待毫无关系的人那样，同样也是不孝。①

古人所说的“规劝”，实际上也是教育。只是由于封建社会，人们的尊卑长幼、等级名分思想太严重了，不承认这是教育。

从古到今，人们只承认狭义的家庭教育，而不承认广义的家庭教育，除了封建家长制的意识在起作用外，还有一个重要原因是：在古代社会，由于生产方式落后，生产力水平低下，科学文化知识不丰富，人与人之间相互传递的主要是生活和生产的直接经验，不是间接经验。而首先掌握直接经验的，直接经验丰富的，是那些在年龄和经历上占有优势的父母、年长者和长辈，因此，家庭里的教育者主要是父母、年长者和长辈，而受教育者自然只能是在年龄和经历不占优势的子女、年幼者和晚辈。存在决定意识。古代社会主要是这种教育模式，有这样的“客观存在”，于是就出现了以“上所施，下所效也”为含义的“教”字，以“养子使作善也”为含义的“育”字。“教”和“育”两个字连在一起所形成的“教育”一词，自然就成为这样一个特定的定义：年长者对年幼者施加影响，年幼者跟着学，把年幼者培养造就成年长者所希望的那样的人。

社会发展到今天，科学文化高度发达，人与人之间相互传递的，不仅仅是生活和生产的直接经验，也要传递间接经验，即科学文化的理论知识。而首先掌握科学文化理论知识的人，不见得是父母、年长者和长辈，而往往是有文化或文化水平较高的子女、年幼者和晚辈。特别是那些新知识、新思想、新观念，常常首先被思想活跃、敏锐、开放的子女、年幼者和晚辈所接受和掌握，而父母、年长者和长辈，往往由于生活的历史条件、经历和思想的局限性，而迟迟不能接受和掌握。在这种情况下，教育者的资格和身份，就不可能再完全为父母、年长者和长辈所独有，子女、年幼者和晚辈同样可以成为教育者。

父母接受子女的教育，年长者接受年幼者的教育，长辈接受晚辈的教育，不仅是必要的，也是有可能的。这样，有许多好处，首先，可以提高家长的素

---

① 《温公家范》卷三。

质和威信；其次，可以协调父母和子女、年长者和年幼者、长辈和晚辈的关系；最后，可以增强子女、年幼者和晚辈的自尊心、自信心和上进心。

“教育者必先受教育。”这是人们在长期实践中总结出来的经验，对于加强和改善教育工作是很有益的。这个道理，同样适用于家庭教育。

当前，我国正在进行改革开放。开放的社会对于家庭教育提出了新的要求。家庭教育只有真正实行开放，才能更好地为改革开放服务，培养出的人才才能适应并立足于开放了的社会。

[思考与研究]

1. 为什么必须研究、了解当前我国家庭教育面临的新情况和新问题？

2. 你们当地的家庭教育哪些新情况和新问题比较突出，为什么？

3. 你认为我国有哪些家庭教育观念不适应社会主义市场经济发展的需要，应树立哪些新的观念？

附录

中华人民共和国义务教育法

（1986 年 4 月 12 日第六届全国人民代表大会第四次会议通过；2006 年 6 月 29 日第十届全国人民代表大会常务委员会第二十二次会议修订；根据 2015 年 4 月 24 日第十二届全国人民代表大会常务委员会第十四次会议《全国人大常务委员会关于修改〈中华人民共和国义务教育法〉等五部法律的决定》第二次修订，由中华人民共和国主席令第 25 号发布，自公布之日起施行）

第一章　总　　则

第一条　为了保障适龄儿童、少年接受义务教育的权利，保证义务教育的实施，提高全民族素质，根据宪法和教育法，制定本法。

第二条　国家实行九年义务教育制度。

义务教育是国家统一实施的所有适龄儿童、少年必须接受的教育，是国家必须予以保障的公益性事业。

实施义务教育，不收学费、杂费。

国家建立义务教育经费保障机制，保证义务教育制度实施。

第三条　义务教育必须贯彻国家的教育方针，实施素质教育，提高教育质量，使适龄儿童、少年在品德、智力、体质等方面全面发展，为培养有理想、有道德、有文化、有纪律的社会主义建设者和接班人奠定基础。

第四条　凡具有中华人民共和国国籍的适龄儿童、少年，不分性别、民族、种族、家庭财产状况、宗教信仰等，依法享有平等接受义务教育的权利，并履行接受义务教育的义务。

第五条　各级人民政府及其有关部门应当履行本法规定的各项职责，保障适龄儿童、少年接受义务教育的权利。

适龄儿童、少年的父母或者其他法定监护人应当依法保证其按时入学接受并完成义务教育。

依法实施义务教育的学校应当按照规定标准完成教育教学任务，保证教育教学质量。

社会组织和个人应当为适龄儿童、少年接受义务教育创造良好的环境。

第六条　国务院和县级以上地方人民政府应当合理配置教育资源，促进义务教育均衡发展，改善薄弱学校的办学条件，并采取措施，保障农村地区、民族地区实施义务教育，保障家庭经济困难的和残疾的适龄儿童、少年接受义务教育。

国家组织和鼓励经济发达地区支援经济欠发达地区实施义务教育。

第七条　义务教育实行国务院领导，省、自治区、直辖市人民政府统筹规划实施，县级人民政府为主管理的体制。

县级以上人民政府教育行政部门具体负责义务教育实施工作；县级以上人民政府其他有关部门在各自的职责范围内负责义务教育实施工作。

第八条　人民政府教育督导机构对义务教育工作执行法律法规情况、教育教学质量以及义务教育均衡发展状况等进行督导，督导报告向社会公布。

第九条　任何社会组织或者个人有权对违反本法的行为向有关国家机关提出检举或者控告。

发生违反本法的重大事件，妨碍义务教育实施，造成重大社会影响的，负有领导责任的人民政府或者人民政府教育行政部门负责人应当引咎辞职。

第十条　对在义务教育实施工作中做出突出贡献的社会组织和个人，各级人民政府及其有关部门按照有关规定给予表彰、奖励。

第二章　学　　生

第十一条　凡年满六周岁的儿童，其父母或者其他法定监护人应当送其入学接受并完成义务教育；条件不具备的地区的儿童，可以推迟到七周岁。

适龄儿童、少年因身体状况需要延缓入学或者休学的，其父母或者其他法定监护人应当提出申请，由当地乡镇人民政府或者县级人民政府教育行政部门批准。

第十二条　适龄儿童、少年免试入学。地方各级人民政府应当保障适龄儿童、少年在户籍所在地学校就近入学。

父母或者其他法定监护人在非户籍所在地工作或者居住的适龄儿童、少年，在其父母或者其他法定监护人工作或者居住地接受义务教育的，当地人民政府应当为其提供平等接受义务教育的条件。具体办法由省、自治区、直辖市规定。

县级人民政府教育行政部门对本行政区域内的军人子女接受义务教育予以保障。

第十三条　县级人民政府教育行政部门和乡镇人民政府组织和督促适龄儿童、少年入学，帮助解决适龄儿童、少年接受义务教育的困难，采取措施防止适龄儿童、少年辍学。

居民委员会和村民委员会协助政府做好工作，督促适龄儿童、少年入学。

第十四条　禁止用人单位招用应当接受义务教育的适龄儿童、少年。

根据国家有关规定经批准招收适龄儿童、少年进行文艺、体育等专业训练的社会组织，应当保证所招收的适龄儿童、少年接受义务教育；自行实施义务教育的，应当经县级人民政府教育行政部门批准。

第三章　学　　校

第十五条　县级以上地方人民政府根据本行政区域内居住的适龄儿童、少年的数量和分布状况等因素，按照国家有关规定，制定、调整学校设置规划。新建居民区需要设置学校的，应当与居民区的建设同步进行。

第十六条　学校建设，应当符合国家规定的办学标准，适应教育教学需要；应当符合国家规定的选址要求和建设标准，确保学生和教职工安全。

第十七条　县级人民政府根据需要设置寄宿制学校，保障居住分散的适龄儿童、少年入学接受义务教育。

第十八条　国务院教育行政部门和省、自治区、直辖市人民政府根据需要，在经济发达地区设置接收少数民族适龄儿童、少年的学校（班）。

第十九条　县级以上地方人民政府根据需要设置相应的实施特殊教育的学校（班），对视力残疾、听力语言残疾和智力残疾的适龄儿童、少年实施义务教育。特殊教育学校（班）应当具备适应残疾儿童、少年学习、康复、生活特点的场所和设施。

普通学校应当接收具有接受普通教育能力的残疾适龄儿童、少年随班就读，并为其学习、康复提供帮助。

第二十条　县级以上地方人民政府根据需要，为具有预防未成年人犯罪法规定的严重不良行为的适龄少年设置专门的学校实施义务教育。

第二十一条　对未完成义务教育的未成年犯和被采取强制性教育措施的未成年人应当进行义务教育，所需经费由人民政府予以保障。

第二十二条　县级以上人民政府及其教育行政部门应当促进学校均衡发展，缩小学校之间办学条件的差距，不得将学校分为重点学校和非重点学校。学校不得分设重点班和非重点班。

县级以上人民政府及其教育行政部门不得以任何名义改变或者变相改变公办学校的性质。

第二十三条　各级人民政府及其有关部门依法维护学校周边秩序，保护学生、教师、学校的合法权益，为学校提供安全保障。

第二十四条　学校应当建立、健全安全制度和应急机制，对学生进行安全教育，加强管理，及时消除隐患，预防发生事故。

县级以上地方人民政府定期对学校校舍安全进行检查；对需要维修、改造的，及时予以维修、改造。

学校不得聘用曾经因故意犯罪被依法剥夺政治权利或者其他不适合从事义务教育工作的人担任工作人员。

第二十五条　学校不得违反国家规定收取费用，不得以向学生推销或者变相推销商品、服务等方式谋取利益。

第二十六条　学校实行校长负责制。校长应当符合国家规定的任职条件。校长由县级人民政府教育行政部门依法聘任。

第二十七条　对违反学校管理制度的学生，学校应当予以批评教育，不得开除。

第四章　教　　师

第二十八条　教师享有法律规定的权利，履行法律规定的义务，应当为人师表，忠诚于人民的教育事业。

全社会应当尊重教师。

第二十九条　教师在教育教学中应当平等对待学生，关注学生的个体差异，因材施教，促进学生的充分发展。

教师应当尊重学生的人格，不得歧视学生，不得对学生实施体罚、变相体罚或者其他侮辱人格尊严的行为，不得侵犯学生合法权益。

第三十条　教师应当取得国家规定的教师资格。

国家建立统一的义务教育教师职务制度。教师职务分为初级职务、中级职务和高级职务。

第三十一条　各级人民政府保障教师工资福利和社会保险待遇，改善教师工作和生活条件；完善农村教师工资经费保障机制。

教师的平均工资水平应当不低于当地公务员的平均工资水平。

特殊教育教师享有特殊岗位补助津贴。在民族地区和边远贫困地区工作的教师享有艰苦贫困地区补助津贴。

第三十二条　县级以上人民政府应当加强教师培养工作，采取措施发展教师教育。

县级人民政府教育行政部门应当均衡配置本行政区域内学校师资力量，组织校长、教师的培训和流动，加强对薄弱学校的建设。

第三十三条　国务院和地方各级人民政府鼓励和支持城市学校教师和高等学校毕业生到农村地区、民族地区从事义务教育工作。

国家鼓励高等学校毕业生以志愿者的方式到农村地区、民族地区缺乏教师的学校任教。县级人民政府教育行政部门依法认定其教师资格，其任教时间计入工龄。

第五章　教育教学

第三十四条　教育教学工作应当符合教育规律和学生身心发展特点，面向全体学生，教书育人，将德育、智育、体育、美育等有机统一在教育教学活动中，注重培养学生独立思考能力、创新能力和实践能力，促进学生全面发展。

第三十五条　国务院教育行政部门根据适龄儿童、少年身心发展的状况和实际情况，确定教学制度、教育教学内容和课程设置，改革考试制度，并改进高级中等学校招生办法，推进实施素质教育。

学校和教师按照确定的教育教学内容和课程设置开展教育教学活动，保证达到国家规定的基本质量要求。

国家鼓励学校和教师采用启发式教育等教育教学方法，提高教育教学质量。

第三十六条　学校应当把德育放在首位，寓德育于教育教学之中，开展与学生年龄相适应的社会实践活动，形成学校、家庭、社会相互配合的思想道德教育体系，促进学生养成良好的思想品德和行为习惯。

第三十七条　学校应当保证学生的课外活动时间，组织开展文化娱乐等课外活动。社会公共文化体育设施应当为学校开展课外活动提供便利。

第三十八条　教科书根据国家教育方针和课程标准编写，内容力求精简，精选必备的基础知识、基本技能，经济实用，保证质量。

国家机关工作人员和教科书审查人员，不得参与或者变相参与教科书的编写工作。

第三十九条　国家实行教科书审定制度。教科书的审定办法由国务院教育行政部门规定。

未经审定的教科书，不得出版、选用。

第四十条　教科书价格由省、自治区、直辖市人民政府价格行政部门会同同级出版行政部门按照微利原则确定。

第四十一条　国家鼓励教科书循环使用。

第六章　经费保障

第四十二条　国家将义务教育全面纳入财政保障范围，义务教育经费由国务院和地方各级人民政府依照本法规定予以保障。

国务院和地方各级人民政府将义务教育经费纳入财政预算，按照教职工编制标准、工资标准和学校建设标准、学生人均公用经费标准等，及时足额拨付义务教育经费，确保学校的正常运转和校舍安全，确保教职工工资按照规定发放。

国务院和地方各级人民政府用于实施义务教育财政拨款的增长比例应当高于财政经常性收入的增长比例，保证按照在校学生人数平均的义务教育费用逐步增长，保证教职工工资和学生人均公用经费逐步增长。

第四十三条　学校的学生人均公用经费基本标准由国务院财政部门会同教育行政部门制定，并根据经济和社会发展状况适时调整。制定、调整学生人均公用经费基本标准，应当满足教育教学基本需要。

省、自治区、直辖市人民政府可以根据本行政区域的实际情况，制定不低于国家标准的学校学生人均公用经费标准。

特殊教育学校（班）学生人均公用经费标准应当高于普通学校学生人均公用经费标准。

第四十四条　义务教育经费投入实行国务院和地方各级人民政府根据职责共同负担，省、自治区、直辖市人民政府负责统筹落实的体制。农村义务教育所需经费，由各级人民政府根据国务院的规定分项目、按比例分担。

各级人民政府对家庭经济困难的适龄儿童、少年免费提供教科书并补助寄宿生生活费。

义务教育经费保障的具体办法由国务院规定。

第四十五条　地方各级人民政府在财政预算中将义务教育经费单列。

县级人民政府编制预算，除向农村地区学校和薄弱学校倾斜外，应当均衡安排义务教育经费。

第四十六条　国务院和省、自治区、直辖市人民政府规范财政转移支付制度，加大一般性转移支付规模和规范义务教育专项转移支付，支持和引导地方各级人民政府增加对义务教育的投入。地方各级人民政府确保将上级人民政府的义务教育转移支付资金按照规定用于义务教育。

第四十七条　国务院和县级以上地方人民政府根据实际需要，设立专项资金，扶持农村地区、民族地区实施义务教育。

第四十八条　国家鼓励社会组织和个人向义务教育捐赠，鼓励按照国家有关基金会管理的规定设立义务教育基金。

第四十九条　义务教育经费严格按照预算规定用于义务教育；任何组织和个人不得侵占、挪用义务教育经费，不得向学校非法收取或者摊派费用。

第五十条　县级以上人民政府建立健全义务教育经费的审计监督和统计公告制度。

第七章 法律责任

第五十一条 国务院有关部门和地方各级人民政府违反本法第六章的规定，未履行对义务教育经费保障职责的，由国务院或者上级地方人民政府责令限期改正；情节严重的，对直接负责的主管人员和其他直接责任人员依法给予行政处分。

第五十二条 县级以上地方人民政府有下列情形之一的，由上级人民政府责令限期改正；情节严重的，对直接负责的主管人员和其他直接责任人员依法给予行政处分：

（一）未按照国家有关规定制定、调整学校的设置规划的；

（二）学校建设不符合国家规定的办学标准、选址要求和建设标准的；

（三）未定期对学校校舍安全进行检查，并及时维修、改造的；

（四）未依照本法规定均衡安排义务教育经费的。

第五十三条 县级以上人民政府或者其教育行政部门有下列情形之一的，由上级人民政府或者其教育行政部门责令限期改正、通报批评；情节严重的，对直接负责的主管人员和其他直接责任人员依法给予行政处分：

（一）将学校分为重点学校和非重点学校的；

（二）改变或者变相改变公办学校性质的。

县级人民政府教育行政部门或者乡镇人民政府未采取措施组织适龄儿童、少年入学或者防止辍学的，依照前款规定追究法律责任。

第五十四条 有下列情形之一的，由上级人民政府或者上级人民政府教育行政部门、财政部门、价格行政部门和审计机关根据职责分工责令限期改正；情节严重的，对直接负责的主管人员和其他直接责任人员依法给予处分：

（一）侵占、挪用义务教育经费的；

（二）向学校非法收取或者摊派费用的。

第五十五条 学校或者教师在义务教育工作中违反教育法、教师法规定的，依照教育法、教师法的有关规定处罚。

第五十六条 学校违反国家规定收取费用的，由县级人民政府教育行政部门责令退还所收费用；对直接负责的主管人员和其他直接责任人员依法给予处分。

学校以向学生推销或者变相推销商品、服务等方式谋取利益的，由县级人民政府教育行政部门给予通报批评；有违法所得的，没收违法所得；对直接负责的主管人员和其他直接责任人员依法给予处分。

国家机关工作人员和教科书审查人员参与或者变相参与教科书编写的，由县级以上人民政府或者其教育行政部门根据职责权限责令限期改正，依法给予行政处分；有违法所得的，没收违法所得。

第五十七条　学校有下列情形之一的，由县级人民政府教育行政部门责令限期改正；情节严重的，对直接负责的主管人员和其他直接责任人员依法给予处分：

（一）拒绝接收具有接受普通教育能力的残疾适龄儿童、少年随班就读的；

（二）分设重点班和非重点班的；

（三）违反本法规定开除学生的；

（四）选用未经审定的教科书的。

第五十八条　适龄儿童、少年的父母或者其他法定监护人无正当理由未依照本法规定送适龄儿童、少年入学接受义务教育的，由当地乡镇人民政府或者县级人民政府教育行政部门给予批评教育，责令限期改正。

第五十九条　有下列情形之一的，依照有关法律、行政法规的规定予以处罚：

（一）胁迫或者诱骗应当接受义务教育的适龄儿童、少年失学、辍学的；

（二）非法招用应当接受义务教育的适龄儿童、少年的；

（三）出版未经依法审定的教科书的。

第六十条　违反本法规定，构成犯罪的，依法追究刑事责任。

第八章　附　　则

第六十一条　对接受义务教育的适龄儿童、少年不收杂费的实施步骤，由国务院规定。

第六十二条　社会组织或者个人依法举办的民办学校实施义务教育的，依照民办教育促进法有关规定执行；民办教育促进法未作规定的，适用本法。

第六十三条　本法自 2006 年 9 月 1 日起施行。

中华人民共和国未成年人保护法

（1991年9月4日第七届全国人民代表大会常务委员会第二十一次会议通过，1991年9月4日中华人民共和国主席令第50号公布；2006年12月29日第十届全国人民代表大会常务委员会第二十五次会议第一次修订通过，2006年12月29日中华人民共和国主席令第60号公布；根据2012年10月26日第十一届全国人民代表大会常务委员会第二十九次会议通过，2012年10月26日中华人民共和国主席令第65号公布，自2013年1月1日起施行的《全国人民代表大会常务委员会关于修改〈中华人民共和国未成年人保护法〉的决定》第二次修正）

第一章　总　　则

第一条　为了保护未成年人的身心健康，保障未成年人的合法权益，促进未成年人在品德、智力、体质等方面全面发展，培养有理想、有道德、有文化、有纪律的社会主义建设者和接班人，根据宪法，制定本法。

第二条　本法所称未成年人是指未满十八周岁的公民。

第三条　未成年人享有生存权、发展权、受保护权、参与权等权利，国家根据未成年人身心发展特点给予特殊、优先保护，保障未成年人的合法权益不受侵犯。

未成年人享有受教育权，国家、社会、学校和家庭尊重和保障未成年人的受教育权。

未成年人不分性别、民族、种族、家庭财产状况、宗教信仰等，依法平等地享有权利。

第四条　国家、社会、学校和家庭对未成年人进行理想教育、道德教育、文化教育、纪律和法制教育，进行爱国主义、集体主义和社会主义的教育，提倡爱祖国、爱人民、爱劳动、爱科学、爱社会主义的公德，反对资本主义的、封建主义的和其他的腐朽思想的侵蚀。

第五条　保护未成年人的工作，应当遵循下列原则：

（一）尊重未成年人的人格尊严；

（二）适应未成年人身心发展的规律和特点；

（三）教育与保护相结合。

第六条　保护未成年人，是国家机关、武装力量、政党、社会团体、企业事业组织、城乡基层群众性自治组织、未成年人的监护人和其他成年公民的共同责任。

对侵犯未成年人合法权益的行为，任何组织和个人都有权予以劝阻、制止或者向有关部门提出检举或者控告。

国家、社会、学校和家庭应当教育和帮助未成年人维护自己的合法权益，增强自我保护的意识和能力，增强社会责任感。

第七条　中央和地方各级国家机关应当在各自的职责范围内做好未成年人保护工作。

国务院和地方各级人民政府领导有关部门做好未成年人保护工作；将未成年人保护工作纳入国民经济和社会发展规划以及年度计划，相关经费纳入本级政府预算。

国务院和省、自治区、直辖市人民政府采取组织措施，协调有关部门做好未成年人保护工作。具体机构由国务院和省、自治区、直辖市人民政府规定。

第八条　共产主义青年团、妇女联合会、工会、青年联合会、学生联合会、少年先锋队以及其他有关社会团体，协助各级人民政府做好未成年人保护工作，维护未成年人的合法权益。

第九条　各级人民政府和有关部门对保护未成年人有显著成绩的组织和个人，给予表彰和奖励。

第二章　家庭保护

第十条　父母或者其他监护人应当创造良好、和睦的家庭环境，依法履行对未成年人的监护职责和抚养义务。

禁止对未成年人实施家庭暴力，禁止虐待、遗弃未成年人，禁止溺婴和其他残害婴儿的行为，不得歧视女性未成年人或者有残疾的未成年人。

第十一条　父母或者其他监护人应当关注未成年人的生理、心理状况和行为习惯，以健康的思想、良好的品行和适当的方法教育和影响未成年人，引导未成年人进行有益身心健康的活动，预防和制止未成年人吸烟、酗酒、流浪、沉迷网络以及赌博、吸毒、卖淫等行为。

第十二条　父母或者其他监护人应当学习家庭教育知识，正确履行监护职责，抚养教育未成年人。

有关国家机关和社会组织应当为未成年人的父母或者其他监护人提供家庭教育指导。

第十三条　父母或者其他监护人应当尊重未成年人受教育的权利，必须使适龄未成年人依法入学接受并完成义务教育，不得使接受义务教育的未成年人辍学。

第十四条　父母或者其他监护人应当根据未成年人的年龄和智力发展状况，在作出与未成年人权益有关的决定时告知其本人，并听取他们的意见。

第十五条　父母或者其他监护人不得允许或者迫使未成年人结婚，不得为未成年人订立婚约。

第十六条　父母因外出务工或者其他原因不能履行对未成年人监护职责的，应当委托有监护能力的其他成年人代为监护。

第三章　学校保护

第十七条　学校应当全面贯彻国家的教育方针，实施素质教育，提高教育质量，注重培养未成年学生独立思考能力、创新能力和实践能力，促进未成年学生全面发展。

第十八条　学校应当尊重未成年学生受教育的权利，关心、爱护学生，对品行有缺点、学习有困难的学生，应当耐心教育、帮助，不得歧视，不得违反法律和国家规定开除未成年学生。

第十九条　学校应当根据未成年学生身心发展的特点，对他们进行社会生活指导、心理健康辅导和青春期教育。

第二十条　学校应当与未成年学生的父母或者其他监护人互相配合，保证未成年学生的睡眠、娱乐和体育锻炼时间，不得加重其学习负担。

第二十一条　学校、幼儿园、托儿所的教职员工应当尊重未成年人的人格尊严，不得对未成年人实施体罚、变相体罚或者其他侮辱人格尊严的行为。

第二十二条　学校、幼儿园、托儿所应当建立安全制度，加强对未成年人的安全教育，采取措施保障未成年人的人身安全。

学校、幼儿园、托儿所不得在危及未成年人人身安全、健康的校舍和其他设施、场所中进行教育教学活动。

学校、幼儿园安排未成年人参加集会、文化娱乐、社会实践等集体活动，应当有利于未成年人的健康成长，防止发生人身安全事故。

第二十三条　教育行政等部门和学校、幼儿园、托儿所应当根据需要，制定应对各种灾害、传染性疾病、食物中毒、意外伤害等突发事件的预案，配备相应设施并进行必要的演练，增强未成年人的自我保护意识和能力。

第二十四条　学校对未成年学生在校内或者本校组织的校外活动中发生人身伤害事故的，应当及时救护，妥善处理，并及时向有关主管部门报告。

第二十五条　对于在学校接受教育的有严重不良行为的未成年学生，学校和父母或者其他监护人应当互相配合加以管教；无力管教或者管教无效的，可以按照有关规定将其送专门学校继续接受教育。

依法设置专门学校的地方人民政府应当保障专门学校的办学条件，教育行政部门应当加强对专门学校的管理和指导，有关部门应当给予协助和配合。

专门学校应当对在校就读的未成年学生进行思想教育、文化教育、纪律和法制教育、劳动技术教育和职业教育。

专门学校的教职员工应当关心、爱护、尊重学生，不得歧视、厌弃。

第二十六条　幼儿园应当做好保育、教育工作，促进幼儿在体质、智力、品德等方面和谐发展。

第四章　社会保护

第二十七条　全社会应当树立尊重、保护、教育未成年人的良好风尚，关心、爱护未成年人。

国家鼓励社会团体、企业事业组织以及其他组织和个人，开展多种形式的有利于未成年人健康成长的社会活动。

第二十八条　各级人民政府应当保障未成年人受教育的权利，并采取措施保障家庭经济困难的、残疾的和流动人口中的未成年人等接受义务教育。

第二十九条　各级人民政府应当建立和改善适合未成年人文化生活需要的活动场所和设施，鼓励社会力量兴办适合未成年人的活动场所，并加强管理。

第三十条　爱国主义教育基地、图书馆、青少年宫、儿童活动中心应当对未成年人免费开放；博物馆、纪念馆、科技馆、展览馆、美术馆、文化馆以及影剧院、体育场馆、动物园、公园等场所，应当按照有关规定对未成年人免费或者优惠开放。

第三十一条　县级以上人民政府及其教育行政部门应当采取措施，鼓励和支持中小学校在节假日期间将文化体育设施对未成年人免费或者优惠开放。

社区中的公益性互联网上网服务设施，应当对未成年人免费或者优惠开放，为未成年人提供安全、健康的上网服务。

第三十二条　国家鼓励新闻、出版、信息产业、广播、电影、电视、文艺等单位和作家、艺术家、科学家以及其他公民，创作或者提供有利于未成年人健康成长的作品。出版、制作和传播专门以未成年人为对象的内容健康的图书、报刊、音像制品、电子出版物以及网络信息等，国家给予扶持。

国家鼓励科研机构和科技团体对未成年人开展科学知识普及活动。

第三十三条　国家采取措施，预防未成年人沉迷网络。

国家鼓励研究开发有利于未成年人健康成长的网络产品，推广用于阻止未成年人沉迷网络的新技术。

第三十四条　禁止任何组织、个人制作或者向未成年人出售、出租或者以其他方式传播淫秽、暴力、凶杀、恐怖、赌博等毒害未成年人的图书、报刊、音像制品、电子出版物以及网络信息等。

第三十五条　生产、销售用于未成年人的食品、药品、玩具、用具和游乐设施等，应当符合国家标准或者行业标准，不得有害于未成年人的安全和健康；需要标明注意事项的，应当在显著位置标明。

第三十六条　中小学校园周边不得设置营业性歌舞娱乐场所、互联网上网服务营业场所等不适宜未成年人活动的场所。

营业性歌舞娱乐场所、互联网上网服务营业场所等不适宜未成年人活动的场所，不得允许未成年人进入，经营者应当在显著位置设置未成年人禁入标志；对难以判明是否已成年的，应当要求其出示身份证件。

第三十七条　禁止向未成年人出售烟酒，经营者应当在显著位置设置不向未成年人出售烟酒的标志；对难以判明是否已成年的，应当要求其出示身份证件。

任何人不得在中小学校、幼儿园、托儿所的教室、寝室、活动室和其他未成年人集中活动的场所吸烟、饮酒。

第三十八条　任何组织或者个人不得招用未满十六周岁的未成年人，国家另有规定的除外。

任何组织或者个人按照国家有关规定招用已满十六周岁未满十八周岁的未成年人的，应当执行国家在工种、劳动时间、劳动强度和保护措施等方面的规定，不得安排其从事过重、有毒、有害等危害未成年人身心健康的劳动或者危险作业。

第三十九条　任何组织或者个人不得披露未成年人的个人隐私。

对未成年人的信件、日记、电子邮件，任何组织或者个人不得隐匿、毁弃；除因追查犯罪的需要，由公安机关或者人民检察院依法进行检查，或者对无行为能力的未成年人的信件、日记、电子邮件由其父母或者其他监护人代为开拆、查阅外，任何组织或者个人不得开拆、查阅。

第四十条　学校、幼儿园、托儿所和公共场所发生突发事件时，应当优先救护未成年人。

第四十一条　禁止拐卖、绑架、虐待未成年人，禁止对未成年人实施性侵害。

禁止胁迫、诱骗、利用未成年人乞讨或者组织未成年人进行有害其身心健康的表演等活动。

第四十二条　公安机关应当采取有力措施，依法维护校园周边的治安和交通秩序，预防和制止侵害未成年人合法权益的违法犯罪行为。

任何组织或者个人不得扰乱教学秩序，不得侵占、破坏学校、幼儿园、托儿所的场地、房屋和设施。

第四十三条　县级以上人民政府及其民政部门应当根据需要设立救助场所，对流浪乞讨等生活无着未成年人实施救助，承担临时监护责任；公安部门或者其他有关部门应当护送流浪乞讨或者离家出走的未成年人到救助场所，由救助场所予以救助和妥善照顾，并及时通知其父母或者其他监护人领回。

对孤儿、无法查明其父母或者其他监护人的以及其他生活无着的未成年人，由民政部门设立的儿童福利机构收留抚养。

未成年人救助机构、儿童福利机构及其工作人员应当依法履行职责，不得虐待、歧视未成年人；不得在办理收留抚养工作中牟取利益。

第四十四条　卫生部门和学校应当对未成年人进行卫生保健和营养指导，提供必要的卫生保健条件，做好疾病预防工作。

卫生部门应当做好对儿童的预防接种工作，国家免疫规划项目的预防接种实行免费；积极防治儿童常见病、多发病，加强对传染病防治工作的监督管理，加强对幼儿园、托儿所卫生保健的业务指导和监督检查。

第四十五条　地方各级人民政府应当积极发展托幼事业，办好托儿所、幼儿园，支持社会组织和个人依法兴办哺乳室、托儿所、幼儿园。

各级人民政府和有关部门应当采取多种形式，培养和训练幼儿园、托儿所的保教人员，提高其职业道德素质和业务能力。

第四十六条　国家依法保护未成年人的智力成果和荣誉权不受侵犯。

第四十七条　未成年人已经完成规定年限的义务教育不再升学的，政府有关部门和社会团体、企业事业组织应当根据实际情况，对他们进行职业教育，为他们创造劳动就业条件。

第四十八条　居民委员会、村民委员会应当协助有关部门教育和挽救违法犯罪的未成年人，预防和制止侵害未成年人合法权益的违法犯罪行为。

第四十九条　未成年人的合法权益受到侵害的，被侵害人及其监护人或者其他组织和个人有权向有关部门投诉，有关部门应当依法及时处理。

第五章　司法保护

第五十条　公安机关、人民检察院、人民法院以及司法行政部门，应当依法履行职责，在司法活动中保护未成年人的合法权益。

第五十一条　未成年人的合法权益受到侵害，依法向人民法院提起诉讼的，人民法院应当依法及时审理，并适应未成年人生理、心理特点和健康成长的需要，保障未成年人的合法权益。

在司法活动中对需要法律援助或者司法救助的未成年人，法律援助机构或者人民法院应当给予帮助，依法为其提供法律援助或者司法救助。

第五十二条　人民法院审理继承案件，应当依法保护未成年人的继承权和受遗赠权。

人民法院审理离婚案件，涉及未成年子女抚养问题的，应当听取有表达意愿能力的未成年子女的意见，根据保障子女权益的原则和双方具体情况依法处理。

第五十三条　父母或者其他监护人不履行监护职责或者侵害被监护的未成年人的合法权益，经教育不改的，人民法院可以根据有关人员或者有关单位的申请，撤销其监护人的资格，依法另行指定监护人。被撤销监护资格的父母应当依法继续负担抚养费用。

第五十四条　对违法犯罪的未成年人，实行教育、感化、挽救的方针，坚持教育为主、惩罚为辅的原则。

对违法犯罪的未成年人，应当依法从轻、减轻或者免除处罚。

第五十五条　公安机关、人民检察院、人民法院办理未成年人犯罪案件和涉及未成年人权益保护案件，应当照顾未成年人身心发展特点，尊重他们的人格尊严，保障他们的合法权益，并根据需要设立专门机构或者指定专人办理。

第五十六条　讯问、审判未成年犯罪嫌疑人、被告人，询问未成年证人、被害人，应当依照刑事诉讼法的规定通知其法定代理人或者其他人员到场。

公安机关、人民检察院、人民法院办理未成年人遭受性侵害的刑事案件，应当保护被害人的名誉。

第五十七条　对羁押、服刑的未成年人，应当与成年人分别关押。

羁押、服刑的未成年人没有完成义务教育的，应当对其进行义务教育。

解除羁押、服刑期满的未成年人的复学、升学、就业不受歧视。

第五十八条　对未成年人犯罪案件，新闻报道、影视节目、公开出版物、网络等不得披露该未成年人的姓名、住所、照片、图像以及可能推断出该未成年人的资料。

第五十九条　对未成年人严重不良行为的矫治与犯罪行为的预防，依照预防未成年人犯罪法的规定执行。

第六章 法律责任

第六十条 违反本法规定，侵害未成年人的合法权益，其他法律、法规已规定行政处罚的，从其规定；造成人身财产损失或者其他损害的，依法承担民事责任；构成犯罪的，依法追究刑事责任。

第六十一条 国家机关及其工作人员不依法履行保护未成年人合法权益的责任，或者侵害未成年人合法权益，或者对提出申诉、控告、检举的人进行打击报复的，由其所在单位或者上级机关责令改正，对直接负责的主管人员和其他直接责任人员依法给予行政处分。

第六十二条 父母或者其他监护人不依法履行监护职责，或者侵害未成年人合法权益的，由其所在单位或者居民委员会、村民委员会予以劝诫、制止；构成违反治安管理行为的，由公安机关依法给予行政处罚。

第六十三条 学校、幼儿园、托儿所侵害未成年人合法权益的，由教育行政部门或者其他有关部门责令改正；情节严重的，对直接负责的主管人员和其他直接责任人员依法给予处分。

学校、幼儿园、托儿所教职员工对未成年人实施体罚、变相体罚或者其他侮辱人格行为的，由其所在单位或者上级机关责令改正；情节严重的，依法给予处分。

第六十四条 制作或者向未成年人出售、出租或者以其他方式传播淫秽、暴力、凶杀、恐怖、赌博等图书、报刊、音像制品、电子出版物以及网络信息等的，由主管部门责令改正，依法给予行政处罚。

第六十五条 生产、销售用于未成年人的食品、药品、玩具、用具和游乐设施不符合国家标准或者行业标准，或者没有在显著位置标明注意事项的，由主管部门责令改正，依法给予行政处罚。

第六十六条 在中小学校园周边设置营业性歌舞娱乐场所、互联网上网服务营业场所等不适宜未成年人活动的场所的，由主管部门予以关闭，依法给予行政处罚。

营业性歌舞娱乐场所、互联网上网服务营业场所等不适宜未成年人活动的场所允许未成年人进入，或者没有在显著位置设置未成年人禁入标志的，由主管部门责令改正，依法给予行政处罚。

第六十七条　向未成年人出售烟酒，或者没有在显著位置设置不向未成年人出售烟酒标志的，由主管部门责令改正，依法给予行政处罚。

第六十八条　非法招用未满十六周岁的未成年人，或者招用已满十六周岁的未成年人从事过重、有毒、有害等危害未成年人身心健康的劳动或者危险作业的，由劳动保障部门责令改正，处以罚款；情节严重的，由工商行政管理部门吊销营业执照。

第六十九条　侵犯未成年人隐私，构成违反治安管理行为的，由公安机关依法给予行政处罚。

第七十条　未成年人救助机构、儿童福利机构及其工作人员不依法履行对未成年人的救助保护职责，或者虐待、歧视未成年人，或者在办理收留抚养工作中牟取利益的，由主管部门责令改正，依法给予行政处分。

第七十一条　胁迫、诱骗、利用未成年人乞讨或者组织未成年人进行有害其身心健康的表演等活动的，由公安机关依法给予行政处罚。

第七章　附　　则

第七十二条　本法自 2007 年 6 月 1 日起施行。

中华人民共和国预防未成年人犯罪法

（1999 年 6 月 28 日第九届全国人民代表大会常务委员会第十次会议通过，1999 年 6 月 28 日中华人民共和国主席令第 17 号公布，自 1999 年 11 月 1 日起施行；根据 2012 年 10 月 26 日第十一届全国人民代表大会常务委员会第二十九次会议通过，2012 年 10 月 26 日中华人民共和国主席令第 66 号公布，自 2013 年 1 月 1 日起施行的《全国人民代表大会常务委员会关于修改〈中华人民共和国预防未成年人犯罪法〉的决定》修正）

第一章　总　　则

第一条　为了保障未成年人身心健康，培养未成年人良好品行，有效地预防未成年人犯罪，制定本法。

第二条　预防未成年人犯罪，立足于教育和保护，从小抓起，对未成年人的不良行为及时进行预防和矫治。

第三条　预防未成年人犯罪，在各级人民政府组织领导下，实行综合治理。

政府有关部门、司法机关、人民团体、有关社会团体、学校、家庭、城市居民委员会、农村村民委员会等各方面共同参与，各负其责，做好预防未成年人犯罪工作，为未成年人身心健康发展创造良好的社会环境。

第四条　各级人民政府在预防未成年人犯罪方面的职责是：

（一）制定预防未成年人犯罪工作的规划；

（二）组织、协调公安、教育、文化、新闻出版、广播电影电视、工商、民政、司法行政等政府有关部门和其他社会组织进行预防未成年人犯罪工作；

（三）对本法实施的情况和工作规划的执行情况进行检查；

（四）总结、推广预防未成年人犯罪工作的经验，树立、表彰先进典型。

第五条　预防未成年人犯罪，应当结合未成年人不同年龄的生理、心理特点，加强青春期教育、心理矫治和预防犯罪对策的研究。

第二章 预防未成年人犯罪的教育

第六条 对未成年人应当加强思想、道德、法制和爱国主义、集体主义、社会主义教育。对于达到义务教育年龄的未成年人，在进行上述教育的同时，应当进行预防犯罪的教育。

预防未成年人犯罪的教育的目的，是增强未成年人的法制观念，使未成年人懂得违法和犯罪行为对个人、家庭、社会造成的危害，违法和犯罪行为应当承担的法律责任，树立遵纪守法和防范违法犯罪的意识。

第七条 教育行政部门、学校应当将预防犯罪的教育作为法制教育的内容纳入学校教育教学计划，结合常见多发的未成年人犯罪，对不同年龄的未成年人进行有针对性的预防犯罪教育。

第八条 司法行政部门、教育行政部门、共产主义青年团、少年先锋队应当结合实际，组织、举办展览会、报告会、演讲会等多种形式的预防未成年人犯罪的法制宣传活动。

学校应当结合实际举办以预防未成年人犯罪的教育为主要内容的活动。教育行政部门应当将预防未成年人犯罪教育的工作效果作为考核学校工作的一项重要内容。

第九条 学校应当聘任从事法制教育的专职或者兼职教师。学校根据条件可以聘请校外法律辅导员。

第十条 未成年人的父母或者其他监护人对未成年人的法制教育负有直接责任。学校在对学生进行预防犯罪教育时，应当将教育计划告知未成年人的父母或者其他监护人，未成年人的父母或者其他监护人应当结合学校的计划，针对具体情况进行教育。

第十一条 少年宫、青少年活动中心等校外活动场所应当把预防未成年人犯罪的教育作为一项重要的工作内容，开展多种形式的宣传教育活动。

第十二条 对于已满十六周岁不满十八周岁准备就业的未成年人，职业教育培训机构、用人单位应当将法律知识和预防犯罪教育纳入职业培训的内容。

第十三条 城市居民委员会、农村村民委员会应当积极开展有针对性的预防未成年人犯罪的法制宣传活动。

第三章　对未成年人不良行为的预防

第十四条　未成年人的父母或者其他监护人和学校应当教育未成年人不得有下列不良行为：

（一）旷课、夜不归宿；

（二）携带管制刀具；

（三）打架斗殴、辱骂他人；

（四）强行向他人索要财物；

（五）偷窃、故意毁坏财物；

（六）参与赌博或者变相赌博；

（七）观看、收听色情、淫秽的音像制品、读物等；

（八）进入法律、法规规定未成年人不适宜进入的营业性歌舞厅等场所；

（九）其他严重违背社会公德的不良行为。

第十五条　未成年人的父母或者其他监护人和学校应当教育未成年人不得吸烟、酗酒。任何经营场所不得向未成年人出售烟酒。

第十六条　中小学生旷课的，学校应当及时与其父母或者其他监护人取得联系。

未成年人擅自外出夜不归宿的，其父母或者其他监护人、其所在的寄宿制学校应当及时查找，或者向公安机关请求帮助。收留夜不归宿的未成年人的，应当征得其父母或者其他监护人的同意，或者在二十四小时内及时通知其父母或者其他监护人、所在学校或者及时向公安机关报告。

第十七条　未成年人的父母或者其他监护人和学校发现未成年人组织或者参加实施不良行为的团伙的，应当及时予以制止。发现该团伙有违法犯罪行为的，应当向公安机关报告。

第十八条　未成年人的父母或者其他监护人和学校发现有人教唆、胁迫、引诱未成年人违法犯罪的，应当向公安机关报告。公安机关接到报告后，应当及时依法查处，对未成年人人身安全受到威胁的，应当及时采取有效措施，保护其人身安全。

第十九条　未成年人的父母或者其他监护人，不得让不满十六周岁的未成年人脱离监护单独居住。

第二十条　未成年人的父母或者其他监护人对未成年人不得放任不管，不得迫使其离家出走，放弃监护职责。

未成年人离家出走的，其父母或者其他监护人应当及时查找，或者向公安机关请求帮助。

第二十一条　未成年人的父母离异的，离异双方对子女都有教育的义务，任何一方都不得因离异而不履行教育子女的义务。

第二十二条　继父母、养父母对受其抚养教育的未成年继子女、养子女、应当履行本法规定的父母对未成年子女在预防犯罪方面的职责。

第二十三条　学校对有不良行为的未成年人应当加强教育、管理，不得歧视。

第二十四条　教育行政部门、学校应当举办各种形式的讲座、座谈、培训等活动，针对未成年人不同时期的生理、心理特点，介绍良好有效的教育方法，指导教师、未成年人的父母和其他监护人有效地防止、矫治未成年人的不良行为。

第二十五条　对于教唆、胁迫、引诱未成年人实施不良行为或者品行不良，影响恶劣，不适宜在学校工作的教职员工，教育行政部门、学校应当予以解聘或者辞退；构成犯罪的，依法追究刑事责任。

第二十六条　禁止在中小学校附近开办营业性歌舞厅、营业性电子游戏场所以及其他未成年人不适宜进入的场所。禁止开办上述场所的具体范围由省、自治区、直辖市人民政府规定。

对本法施行前已在中小学校附近开办上述场所的，应当限期迁移或者停业。

第二十七条　公安机关应当加强中小学校周围环境的治安管理，及时制止、处理中小学校周围发生的违法犯罪行为。城市居民委员会、农村村民委员会应当协助公安机关做好维护中小学校周围治安的工作。

第二十八条　公安派出所、城市居民委员会、农村村民委员会应当掌握本辖区内暂住人口中未成年人的就学、就业情况。对于暂住人口中未成年人实施不良行为的，应当督促其父母或者其他监护人进行有效的教育、制止。

第二十九条　任何人不得教唆、胁迫、引诱未成年人实施本法规定的不良行为，或者为未成年人实施不良行为提供条件。

第三十条　以未成年人为对象的出版物，不得含有诱发未成年人违法犯罪的内容，不得含有渲染暴力、色情、赌博、恐怖活动等危害未成年人身心健康的内容。

第三十一条　任何单位和个人不得向未成年人出售、出租含有诱发未成年人违法犯罪以及渲染暴力、色情、赌博、恐怖活动等危害未成年人身心健康内容的读物、音像制品或者电子出版物。

任何单位和个人不得利用通讯、计算机网络等方式提供前款规定的危害未成年人身心健康的内容及其信息。

第三十二条　广播、电影、电视、戏剧节目，不得有渲染暴力、色情、赌博、恐怖活动等危害未成年人身心健康的内容。

广播电影电视行政部门、文化行政部门必须加强对广播、电影、电视、戏剧节目以及各类演播场所的管理。

第三十三条　营业性歌舞厅以及其他未成年人不适宜进入的场所、应当设置明显的未成年人禁止进入标志，不得允许未成年人进入。

营业性电子游戏场所在国家法定节假日外，不得允许未成年人进入，并应当设置明显的未成年人禁止进入标志。

对于难以判明是否已成年的，上述场所的工作人员可以要求其出示身份证件。

第四章　对未成年人严重不良行为的矫治

第三十四条　本法所称“严重不良行为”，是指下列严重危害社会，尚不够刑事处罚的违法行为：

（一）纠集他人结伙滋事，扰乱治安；

（二）携带管制刀具，屡教不改；

（三）多次拦截殴打他人或者强行索要他人财物；

（四）传播淫秽的读物或者音像制品等；

（五）进行淫乱或者色情、卖淫活动；

（六）多次偷窃；

（七）参与赌博，屡教不改；

（八）吸食、注射毒品；

（九）其他严重危害社会的行为。

第三十五条　对未成年人实施本法规定的严重不良行为的，应当及时予以制止。

对有本法规定严重不良行为的未成年人，其父母或者其他监护人和学校应当相互配合，采取措施严加管教，也可以送工读学校进行矫治和接受教育。

对未成年人送工读学校进行矫治和接受教育，应当由其父母或者其他监护人，或者原所在学校提出申请，经教育行政部门批准。

第三十六条　工读学校对就读的未成年人应当严格管理和教育。工读学校除按照义务教育法的要求，在课程设置上与普通学校相同外，应当加强法制教育的内容，针对未成年人严重不良行为产生的原因以及有严重不良行为的未成年人的心理特点，开展矫治工作。

家庭、学校应当关心、爱护在工读学校就读的未成年人，尊重他们的人格尊严，不得体罚、虐待和歧视。工读学校毕业的未成年人在升学、就业等方面，同普通学校毕业的学生享有同等的权利，任何单位和个人不得歧视。

第三十七条　未成年人有本法规定严重不良行为，构成违反治安管理行为的，由公安机关依法予以治安处罚。因不满十四周岁或者情节特别轻微免予处罚的，可以予以训诫。

第三十八条　未成年人因不满十六周岁不予刑事处罚的，责令他的父母或者其他监护人严加管教；在必要的时候，也可以由政府依法收容教养。

第三十九条　未成年人在被收容教养期间，执行机关应当保证其继续接受文化知识、法律知识或者职业技术教育；对没有完成义务教育的未成年人，执行机关应当保证其继续接受义务教育。

解除收容教养、劳动教养的未成年人，在复学、升学、就业等方面与其他未成年人享有同等权利，任何单位和个人不得歧视。

第五章　未成年人对犯罪的自我防范

第四十条　未成年人应当遵守法律、法规及社会公共道德规范，树立自尊、自律、自强意识，增强辨别是非和自我保护的能力，自觉抵制各种不良行为及违法犯罪行为的引诱和侵害。

第四十一条　被父母或者其他监护人遗弃、虐待的未成年人，有权向公安机关、民政部门、共产主义青年团、妇女联合会、未成年人保护组织或者学校、城市居民委员会、农村村民委员会请求保护。被请求的上述部门和组织都应当接受，根据情况需要采取救助措施的，应当先采取救助措施。

第四十二条　未成年人发现任何人对自己或者对其他未成年人实施本法第三章规定不得实施的行为或者犯罪行为，可以通过所在学校、其父母或者其他监护人向公安机关或者政府有关主管部门报告，也可以自己向上述机关报告。受理报告的机关应当及时依法查处。

第四十三条　对同犯罪行为作斗争以及举报犯罪行为的未成年人，司法机关、学校、社会应当加强保护，保障其不受打击报复。

第六章　对未成年人重新犯罪的预防

第四十四条　对犯罪的未成年人追究刑事责任，实行教育、感化、挽救方针，坚持教育为主、惩罚为辅的原则。

司法机关办理未成年人犯罪案件，应当保障未成年人行使其诉讼权利，保障未成年人得到法律帮助，并根据未成年人的生理、心理特点和犯罪的情况，有针对性地进行法制教育。

对于被采取刑事强制措施的未成年学生，在人民法院的判决生效以前，不得取消其学籍。

第四十五条　人民法院审判未成年人犯罪的刑事案件，应当由熟悉未成年人身心特点的审判员或者审判员和人民陪审员依法组成少年法庭进行。

对于审判的时候被告人不满十八周岁的刑事案件，不公开审理。

对未成年人犯罪案件，新闻报道、影视节目、公开出版物不得披露该未成年人的姓名、住所、照片及可能推断出该未成年人的资料。

第四十六条　对被拘留、逮捕和执行刑罚的未成年人与成年人应当分别关押、分别管理、分别教育。未成年犯在被执行刑罚期间，执行机关应当加强对未成年犯的法制教育，对未成年犯进行职业技术教育。对没有完成义务教育的未成年犯，执行机关应当保证其继续接受义务教育。

第四十七条　未成年人的父母或者其他监护人和学校、城市居民委员会、农村村民委员会、对因不满十六周岁而不予刑事处罚、免予刑事处罚的未成年人，或者被判处非监禁刑罚、被判处刑罚宣告缓刑、被假释的未成年人，应当采取有效的帮教措施，协助司法机关做好对未成年人的教育、挽救工作。

城市居民委员会、农村村民委员会可以聘请思想品德优秀，作风正派，热心未成年人教育工作的离退休人员或其他人员协助做好对前款规定的未成年人的教育、挽救工作。

第四十八条　依法免予刑事处罚、判处非监禁刑罚、判处刑罚宣告缓刑、假释或者刑罚执行完毕的未成年人，在复学、升学、就业等方面与其他未成年人享有同等权利，任何单位和个人不得歧视。

第七章　法律责任

第四十九条　未成年人的父母或者其他监护人不履行监护职责，放任未成年人有本法规定的不良行为或者严重不良行为的，由公安机关对未成年人的父母或者其他监护人予以训诫，责令其严加管教。

第五十条　未成年人的父母或者其他监护人违反本法第十九条的规定，让不满十六周岁的未成年人脱离监护单独居住的，由公安机关对未成年人的父母或者其他监护人予以训诫，责令其立即改正。

第五十一条　公安机关的工作人员违反本法第十八条的规定，接到报告后，不及时查处或者采取有效措施，严重不负责任的，予以行政处分；造成严重后果，构成犯罪的，依法追究刑事责任。

第五十二条　违反本法第三十条的规定，出版含有诱发未成年人违法犯罪以及渲染暴力、色情、赌博、恐怖活动等危害未成年人身心健康内容的出版物的，由出版行政部门没收出版物和违法所得，并处违法所得三倍以上十倍以下罚款；情节严重的，没收出版物和违法所得，并责令停业整顿或者吊销许可证。对直接负责的主管人员和其他直接责任人员处以罚款。

制作、复制宣扬淫秽内容的未成年人出版物，或者向未成年人出售、出租、传播宣扬淫秽内容的出版物的，依法予以治安处罚；构成犯罪的，依法追究刑事责任。

第五十三条　违反本法第三十一条的规定，向未成年人出售、出租含有诱发未成年人违法犯罪以及渲染暴力、色情、赌博、恐怖活动等危害未成年人身心健康内容的读物、音像制品、电子出版物的，或者利用通讯、计算机网络等方式提供上述危害未成年人身心健康内容及其信息的，没收读物、音像制品、电子出版物和违法所得，由政府有关主管部门处以罚款。

单位有前款行为的，没收读物、音像制品、电子出版物和违法所得，处以罚款，并对直接负责的主管人员和其他直接责任人员处以罚款。

第五十四条　影剧院、录像厅等各类演播场所，放映或者演出渲染暴力、色情、赌博。恐怖活动等危害未成年人身心健康的节目的，由政府有关主管部门没收违法播放的音像制品和违法所得，处以罚款，并对直接负责的主管人员和其他直接责任人员处以罚款；情节严重的，责令停业整顿或者由工商行政部门吊销营业执照。

第五十五条　营业性歌舞厅以及其他未成年人不适宜进入的场所、营业性电子游戏场所，违反本法第三十三条的规定，不设置明显的未成年人禁止进入标志，或者允许未成年人进入的，由文化行政部门责令改正、给予警告、责令停业整顿、没收违法所得，处以罚款，并对直接负责的主管人员和其他直接责任人员处以罚款；情节严重的，由工商行政部门吊销营业执照。

第五十六条　教唆、胁迫、引诱未成年人实施本法规定的不良行为、严重不良行为，或者为未成年人实施不良行为、严重不良行为提供条件，构成违反治安管理行为的，由公安机关依法予以治安处罚；构成犯罪的，依法追究刑事责任。

第八章　附　　则

第五十七条　本法自 1999 年 11 月 1 日起施行。

家长教育行为规范

妇字〔2004〕43号

一、树立为国教子、以德育人的思想，自觉履行抚养和教育子女的法律责任和道德义务。

二、培养子女增强爱国情感，从小树立民族自尊心、自信心和自豪感。

三、教育子女树立正确的理想信念，为担负起建设祖国、振兴中华的光荣使命做好准备。

四、培养子女良好的道德品质和文明行为，学会处理人与人、人与社会、人与自然等基本关系。

五、培育子女的劳动意识、科学精神和法制观念，帮助子女增强自学、自理、自护、自强、自律能力。

六、确保子女接受义务教育，鼓励子女参加健康有益的文化体育活动，促进子女身心健康全面发展。

七、树立正确的家庭教育观念，掌握科学的教育知识与方法，针对子女年龄、个性特征实施教育，与子女互动互学，共同提高。

八、举止文明，情趣健康，敬业进取，言行一致，以良好的品行修养为子女作表率。

九、建立民主、平等、和睦的家庭关系，形成有助于子女健康成长的良好家庭环境。

十、主动配合学校教育、社会教育，支持子女参加学校活动和社会实践，保持教育的一致性。

教育部关于加强家庭教育工作的指导意见

教基一〔2015〕10号

各省、自治区、直辖市教育厅（教委），新疆生产建设兵团教育局：

为深入贯彻党的十八大和十八届三中、四中全会精神以及习近平总书记系列重要讲话精神，落实教育规划纲要，积极发挥家庭教育在少年儿童成长过程中的重要作用，促进学生健康成长和全面发展，现就加强家庭教育工作提出如下指导意见。

一、充分认识加强家庭教育工作的重要意义

家庭是社会的基本细胞。注重家庭、注重家教、注重家风，对于国家发展、民族进步、社会和谐具有十分重要的意义。家庭是孩子的第一个课堂，父母是孩子的第一任老师。家庭教育工作开展的如何，关系到孩子的终身发展，关系到千家万户的切身利益，关系到国家和民族的未来。近年来，经过各地不断努力探索，家庭教育工作取得了积极进展，但还存在认识不到位、教育水平不高、相关资源缺乏等问题，导致一些家庭出现了重智轻德、重知轻能、过分宠爱、过高要求等现象，影响了孩子的健康成长和全面发展。当前，我国正处在全面建成小康社会的关键阶段，提升家长素质，提高育人水平，家庭教育工作承担着重要的责任和使命。各地教育部门和中小学幼儿园要从落实中央“四个全面”战略布局的高度，不断加强家庭教育工作，进一步明确家长在家庭教育中的主体责任，充分发挥学校在家庭教育中的重要作用，加快形成家庭教育社会支持网络，推动家庭、学校、社会密切配合，共同培养德智体美劳全面发展的社会主义建设者和接班人。

二、进一步明确家长在家庭教育中的主体责任

1. 依法履行家庭教育职责。教育孩子是父母或者其他监护人的法定职责。广大家长要及时了解掌握孩子不同年龄段的表现和成长特点，真正做到因材施教，不断提高家庭教育的针对性；要始终坚持儿童为本，尊重孩子的合理需要和个性，创设适合孩子成长的必要条件和生活情境，努力把握家庭教育的规律

性；要提升自身素质和能力，积极发挥榜样作用，与学校、社会共同形成教育合力，避免缺教少护、教而不当，切实增强家庭教育的有效性。

2. 严格遵循孩子成长规律。学龄前儿童家长要为孩子提供健康、丰富的生活和活动环境，培养孩子健康体魄、良好生活习惯和品德行为，让他们在快乐的童年生活中获得有益于身心发展的经验。小学生家长要督促孩子坚持体育锻炼，增长自我保护知识和基本自救技能，鼓励参与劳动，养成良好生活自理习惯和学习习惯，引导孩子学会感恩父母、诚实为人、诚实做事。中学生家长要对孩子开展性别教育、媒介素养教育，培养孩子积极学业态度，与学校配合减轻孩子过重学业负担，指导孩子学会自主选择。切实消除学校减负、家长增负，不问兴趣、盲目报班，不做“虎妈”“狼爸”。

3. 不断提升家庭教育水平。广大家长要全面学习家庭教育知识，系统掌握家庭教育科学理念和方法，增强家庭教育本领，用正确思想、正确方法、正确行动教育引导孩子；不断更新家庭教育观念，坚持立德树人导向，以端正的育儿观、成才观、成人观引导孩子逐渐形成正确的世界观、人生观、价值观；不断提高自身素质，重视以身作则和言传身教，要时时处处给孩子做榜样，以自身健康的思想、良好的品行影响和帮助孩子养成好思想、好品格、好习惯；努力拓展家庭教育空间，不断创造家庭教育机会，积极主动与学校沟通孩子情况，支持孩子参加适合的社会实践，推动家庭教育和学校教育、社会教育有机融合。

三、充分发挥学校在家庭教育中的重要作用

1. 强化学校家庭教育工作指导。各地教育部门要切实加强对行政区域内中小学幼儿园家庭教育工作的指导，推动形成政府主导、部门协作、家长参与、学校组织、社会支持的家庭教育工作格局。中小学幼儿园要建立健全家庭教育工作机制，统筹家长委员会、家长学校、家长会、家访、家长开放日、家长接待日等各种家校沟通渠道，逐步建成以分管德育工作的校长、幼儿园园长、中小学德育主任、年级长、班主任、德育课老师为主体，专家学者和优秀家长共同参与，专兼职相结合的家庭教育骨干力量。将家庭教育工作纳入教育行政干部和中小学校长培训内容，将学校安排的家庭教育指导服务计入工

作量。

2. 丰富学校指导服务内容。各地教育部门和中小学幼儿园要坚持立德树人根本任务，将社会主义核心价值观融入家庭教育工作实践，将中华民族优秀传统家庭美德发扬光大。要举办家长培训讲座和咨询服务，开展先进教育理念和科学育人知识指导；举办经验交流会，通过优秀家长现身说法、案例教学发挥优秀家庭示范带动作用。组织社会实践活动，定期开展家长和学生共同参与的参观体验、专题调查、研学旅行、红色旅游、志愿服务和社会公益活动。以重大纪念日、民族传统节日为契机，通过丰富多彩、生动活泼的文艺、体育等活动增进亲子沟通和交流。及时了解、沟通和反馈学生思想状况和行为表现，营造良好家校关系和共同育人氛围。

3. 发挥好家长委员会作用。各地教育部门要采取有效措施加快推进中小学幼儿园普遍建立家长委员会，推动建立年级、班级家长委员会。中小学幼儿园要将家长委员会纳入学校日常管理，制订家长委员会章程，将家庭教育指导服务作为重要任务。家长委员会要邀请有关专家、学校校长和相关教师、优秀父母组成家庭教育讲师团，面向广大家长定期宣传党的教育方针、相关法律法规和政策，传播科学的家庭教育理念、知识和方法，组织开展形式多样的家庭教育指导服务和实践活动。

4. 共同办好家长学校。各地教育部门和中小学幼儿园要配合妇联、关工委等相关组织，在队伍、场所、教学计划、活动开展等方面给予协助，共同办好家长学校。中小学幼儿园要把家长学校纳入学校工作的总体部署，帮助和支持家长学校组织专家团队，聘请专业人士和志愿者，设计较为具体的家庭教育纲目和课程，开发家庭教育教材和活动指导手册。中小学家长学校每学期至少组织 1 次家庭教育指导和 1 次家庭教育实践活动。幼儿园家长学校每学期至少组织 1 次家庭教育指导和 2 次亲子实践活动。

四、加快形成家庭教育社会支持网络

1. 构建家庭教育社区支持体系。各地教育部门和中小学幼儿园要与相关部门密切配合，推动建立街道、社区（村）家庭教育指导机构，利用节假日和业余时间开展工作，每年至少组织 2 次家庭教育指导和 2 次家庭教育实践活动，将街道、社区（村）家庭教育指导服务纳入社区教育体系。有条件的中小学幼儿园可以派教师到街道、社区（村）挂职，为家长提供公益性家庭教育指导服务。

2. 统筹协调各类社会资源单位。各地教育部门和中小学幼儿园要积极引导多元社会主体参与家庭教育指导服务，利用各类社会资源单位开展家庭教育指导和实践活动，扩大活动覆盖面，推动有条件的地方由政府购买公益岗位。依托青少年宫、乡村少年宫、儿童活动中心等公共服务阵地，为城乡不同年龄段孩子及其家庭提供家庭教育指导服务。鼓励和支持有条件的机关、社会团体、企事业单位为家长提供及时便利的公益性家庭教育指导服务。

3. 给予困境儿童更多关爱帮扶。各地教育部门和中小学幼儿园要指导、支持、监督家庭切实履行家庭教育职责。要特别关心流动儿童、留守儿童、残疾儿童和贫困儿童，鼓励和支持各类社会组织发挥自身优势，以城乡儿童活动场所为载体，广泛开展适合困境儿童特点和需求的家庭教育指导服务和关爱帮扶。倡导企业履行社会责任，支持志愿者开展志愿服务，引导社会各界共同参与，逐步培育形成家庭教育社会支持体系。

五、完善家庭教育工作保障措施

1. 加强组织领导。各地教育部门要在当地党委、政府的统一领导下，把家庭教育工作列入重要议事日程，建立家庭教育工作协调领导机制，制订实施办法。积极争取政府统筹安排相关经费，中小学幼儿园要为家庭教育工作提供必要的经费保障。把家庭教育工作作为中小学幼儿园综合督导评估的重要内容，开展督导工作。中小学幼儿园要结合实际制定推进家庭教育工作的具体方案，做到责任到人，措施到生。

2. 加强科学研究。各地教育部门要坚持问题导向，通过设立一批家庭教育研究课题，形成一批高质量家庭教育研究成果。依托有相关基础的高等学校或其他机构推动成立家庭教育研究基地，发挥各级教育学会家庭教育专业委员会和家庭教育学会（研究会）等社会组织、学术团体的作用，重视家庭教育理论研究和家庭教育学科建设，探索建立具有中国特色的家庭教育理论体系。

3. 加强宣传引导。各地教育部门要开展家庭教育工作实验区和示范校创建工作，充分培育、挖掘和提炼先进典型经验，以点带面，整体推进。教育部将遴选确定部分地区为全国家庭教育实验区，部分学校为全国家庭教育示范校。各地教育部门和中小学幼儿园要树立先进家庭典型，宣传优秀家庭教育案例，引导全社会重视和支持家庭教育工作，为家庭教育工作营造良好的社会环境和舆论氛围。

教育部

2015年10月11日

关于指导推进家庭教育的五年规划（2016—2020年）*

为深入贯彻党的十八大和十八届三中、四中、五中、六中全会精神，认真落实习近平总书记系列重要讲话精神特别是关于"注重家庭、注重家教、注重家风"的重要指示，按照中央文明委关于深化家庭文明建设工作的总体部署和要求，推动"十三五"时期家庭教育工作创新发展，促进儿童全面健康成长，特制定本规划。

一、总体要求

（一）指导思想

以马克思列宁主义、毛泽东思想、邓小平理论、"三个代表"重要思想、科学发展观为指导，深入贯彻习近平总书记系列重要讲话精神，紧紧围绕"五位一体"总体布局和"四个全面"战略布局，牢固树立和贯彻落实创新、协调、绿色、开放、共享的发展理念，落实《国民经济和社会发展第十三个五年规划纲要》以及《国家中长期教育改革和发展规划纲要（2010—2020年）》《中国儿童发展纲要（2011—2020年）》提出的相关目标任务，以培育和践行社会主义核心价值观，加强儿童思想道德教育为核心，以强化家长家庭教育主体责任，提高家长家庭教育水平，培养儿童优良品质和健康人格，促进儿童健康成长为目标，以文明家庭创建活动及家庭教育宣传实践活动为载体，着力推动中华优秀传统文化、家庭美德以及科学的儿童发展观宣传教育，着力建立健全适应城乡发展、满足家长和儿童需求的家庭教育指导服务体系，促进家庭教育工作均衡深入发展，为营造有利于儿童健康成长的家庭和社会环境创造条件，为促进国家发展、民族进步、社会和谐发挥重要基础作用。

（二）基本原则

坚持立德树人。要始终把培育和践行社会主义核心价值观作为家庭教育的核心和根本，突出思想道德教育，引导儿童树立正确的世界观、人生观、价值

* 《关于指导推进家庭教育的五年规划（2016—2020年）》由全国妇联、教育部、中央文明办、民政部、文化部、国家卫生计生委、国家新闻出版广电总局、中国科协、中国关工委于2016年11月2日联合印发（妇字〔2016〕39号）。

观，养成好思想、好品格、好习惯，努力成长为有知识、有品德、有作为的新一代社会主义合格建设者。

坚持需求导向。要始终把家长和儿童的需求作为家庭教育工作的出发点和落脚点，注重解决家庭教育中的突出问题。以需求和问题为导向，确立家庭教育工作目标，完善家庭教育政策措施，创新家庭教育指导方式，为家长提供多元化、有针对性的指导服务。

坚持家长尽责。要通过家庭教育指导服务，进一步强化家长的监护主体责任，引导家长依法履行家庭教育职责。帮助家长全面学习家庭教育知识，系统掌握家庭教育科学理念和方法，时时处处用正确行动、正确思想、正确方法教育引导孩子。

坚持政府主导。要推动各级政府在指导推进家庭教育中发挥主导作用，建立健全部门联动的工作机制，制定出台相关法律法规及政策措施，加大政府财政投入，鼓励社会力量参与支持，促进家庭教育资源均衡配置，切实为家庭提供普惠性、常态化的家庭教育公共服务。

坚持创新发展。要将家庭教育事业发展置于国家创新发展和互联网快速发展的宏观背景下，以家庭教育理论创新为基础，注重思想观念创新、体制机制创新、专业人才培养和指导服务模式创新，大力提升家庭教育指导服务的科学性和实效性。

（三）总体目标

加快家庭教育事业法制化、专业化、网络化、社会化建设，到2020年基本建成适应城乡发展、满足家长和儿童需求的家庭教育指导服务体系。

——进一步突出家庭教育的核心和根本。将培育和践行社会主义核心价值观融入家庭教育全过程，形成以家庭道德教育为核心的内容体系和服务体系。

——进一步拓展家庭教育指导服务阵地。继续巩固发展学校、家庭、社区相衔接的指导服务网络，城市社区、学校建立家庭教育指导服务站点或家长学校的比率达到90%，农村社区（村）、学校建立家庭教育指导服务站点或家长学校的比率达到80%。深入挖掘家庭教育公共文化服务资源，大力拓展新媒体服务阵地，搭建基本覆盖城乡的信息共享服务平台。

——进一步提高家庭教育指导专业化水平。逐步引入专业化的指导服务力量，提升家庭教育指导服务的质量和水平，增强指导服务的科学性和实效性，基本满足普惠性的家庭教育公共服务需求。

——进一步深化家庭教育科学研究。推动家庭教育学科建设，努力构建具有中国特色的家庭教育理论体系。在此基础上，推动完善家庭教育政策措施，出台家庭教育法律法规，初步构建以法律制度为基础的法律法规政策框架。

——进一步健全家庭教育工作机制。逐步建立与经济社会发展相适应的管理体制和保障机制，建立科学的监测评估制度。

二、重点任务

（一）准确把握家庭教育核心内容

1. 注重突出家庭道德教育内容。将社会主义核心价值观宣传教育融入到课题研究、指导服务、亲子活动等家庭教育各个环节。注重弘扬中华优秀传统文化，引导家庭成员树立和坚持正确的家庭观、国家观和民族观。注重对家长和儿童进行爱国主义教育、诚信教育、孝敬教育、勤俭节约教育、生态文明教育、安全教育、法治教育、心理健康教育等，倡导“尊老爱幼、男女平等、夫妻和睦、勤俭持家、邻里团结”家庭美德，使社会主义核心价值观更好地走进家庭，形成有利于儿童成长的家庭环境。

2. 积极拓展家庭教育活动载体。围绕社会主义核心价值观宣传教育，广泛开展“寻找最美家庭”活动，开展“五好家庭”“文明家庭”以及“书香家庭”“和谐家庭”“廉洁家庭”“绿色家庭”“学习家庭”等各具特色的文明家庭创建活动，引导广大家庭以德治家、以学兴家、文明立家、忠厚传家。积极开展传家训立家规扬家风活动，让好的家风成为生活方式和生活常态。组织开展“争做合格家长培养合格人才”等家庭教育宣传实践活动，教育引导家长注重培养儿童的优良品质、健康人格和良好行为习惯。不断强化活动的互动性和参与性，扩大活动的覆盖面和影响力，打造一批使家长儿童切实受益的品牌活动。

3. 正确引导家庭教育舆论导向。要充分发挥新闻媒体优势，宣传家庭教育正确理念和知识，宣传优秀家庭教育案例，弘扬和传承好家风、好家训、好家教，引导全社会重视和支持家庭教育。建立由专家、指导服务者、专业社会工作者等组成的家庭教育媒体舆情监测团队，组织开展舆情分析，回应热点难点问题，为家庭教育营造良好的社会环境和舆论氛围。

（二）建立健全家庭教育公共服务网络

4. 强化社区家庭教育服务功能。依托城乡社区公共服务设施、城乡社区教育机构、儿童之家、青少年宫、儿童活动中心等，普遍建立家长学校或家庭教育指导服务站点，城市社区达到 90%，农村社区（村）达到 80%。继续推动有条件的机关、社会团体、企事业单位创办家长学校，开展规范化的家庭教育指导服务活动。着力推动将家庭教育指导服务作为城乡社区服务站工作的重要内容，纳入城乡社区公共服务体系，逐步构建政府主导、社会协同、公众参与的普惠性的家庭教育公共服务模式，确保每年至少组织 2 次家庭教育指导和 2 次家庭教育实践活动。

5. 巩固发展学校家庭教育指导服务阵地。在中小学、幼儿园、中等职业学校建立家长学校，城市学校建校率达到 90%，农村学校达到 80%。各级教育行政部门要切实加强对中小学、幼儿园、中等职业学校家庭教育工作的指导管理，将家庭教育指导服务作为学校和幼儿园工作的重要任务，纳入师资培训和教师考核工作，指导家长学校做到有师资队伍、有教学计划、有指导教材或大纲、有活动开展、有成效评估，确保中小学家长学校每学期至少组织 1 次家庭教育指导和 1 次家庭教育实践活动，幼儿园家长学校每学期至少组织 1 次家庭教育指导和 2 次亲子实践活动，中等职业学校每学期至少组织 1 次规范的家庭教育指导服务活动。

6. 统筹推进家庭教育公共文化服务。公共图书馆、博物馆、文化馆、纪念馆、美术馆、科技馆等公共文化服务阵地，每年至少开展 2 次公益性的家庭教育讲座或家庭教育亲子活动，积极开发家庭教育公共文化服务产品，提升儿童和家长科学文化素养。深入实施全民阅读工程，定期向广大家长和儿童推荐优秀图书，开展多种形式的家庭读书活动，加强亲子阅读研究与指导，倡导广大家庭多读书、读好书、善读书，使家长和儿童养成阅读习惯。

（三）提升家庭教育指导服务专业化水平

7. 提升指导服务队伍专业化水平。在发展壮大家庭教育专职工作者队伍、专家队伍、志愿者队伍、“五老”队伍基础上，进一步制定家庭教育指导者专业标准和培训规划。各地依托有条件的高校、研究机构或互联网平台等，建立家庭教育指导者培训基地，开发适合本地区实际的培训课程和大纲，科学系统培训家庭教育指导服务队伍，提升家庭教育指导服务队伍专业化水平。

8. 培育专业化的指导服务机构。加大推进政府购买家庭教育公共服务的力度，积极搭建社会组织服务平台，在50%的城市社区和有条件的农村社区（村）家庭教育指导服务站点引入专业社会工作者，指导鼓励相关社会组织为儿童和家庭提供常态化、规范化的家庭教育指导服务，完善准入和监管评估机制，建立健全行业规范，加强行业自律，推进家庭教育社会组织规范有序发展，逐步培育形成家庭教育社会支持体系。

（四）大力拓展家庭教育新媒体服务平台

9. 积极搭建新媒体服务平台。继续在广播、电视、报刊等传统媒体设立家庭教育专栏、专题，开展公益宣传，探索建立远程家庭教育服务网络。进一步加快网络家长学校建设，提升网络服务的可及性及有效性。大力拓展微博、微信和手机客户端等新媒体服务平台，借势借力有影响力的自媒体平台，基本搭建覆盖城乡、传统媒体与新媒体深度融合的家庭教育信息共享服务平台。

10. 不断增强网络服务功能。积极开发各类数字化的家庭教育服务产品，组织开展线上线下互动的家庭教育公益文化活动，拓展家园、家校共育的信息服务渠道，为家长提供便捷的、个性化的指导服务。

（五）促进家庭教育均衡协调发展

11. 促进地区间家庭教育工作均衡发展。大力实施贫困地区儿童营养改善项目等相关民生工程，宣传科学育儿知识。均衡家庭教育资源配置，依托远程教育、移动互联网指导服务平台等，为资源匮乏的地区提供优质的家庭教育资源。采取有效措施，鼓励家庭教育相关社会工作服务机构以及家庭教育志愿者、“五老”队伍等深入贫困地区，开展家庭教育指导服务。

12. 加强儿童早期家庭教育指导服务。在80%的妇幼保健机构建立孕妇学校和儿童早期发展基地，50%的婚姻登记处建立新婚夫妇学校或提供婚姻家庭辅导、婚育健康及育儿知识宣传服务。充分发挥各类家庭教育指导服务站点作用，开展儿童早期家庭教育知识宣传普及。鼓励妇幼保健机构、幼儿园面向社区和家庭开展儿童早期家庭教育服务与指导，探索建立儿童早期发展社区家庭支持模式。

13. 强化特殊困境儿童群体家庭教育支持服务。城乡社区家庭教育指导服务站点要注重建立家庭指导服务综合信息平台或台账，及时掌握儿童家庭监护情况、成长发展状况等，重点摸排所辖社区留守、流动、贫困、重病、重残等特殊困境儿童家庭情况，逐步建立登记报告制度，并依托驻区（村）专业社会工作者、“五老”队伍、儿童福利督导员等，为他们开展常态化的、专业化的家庭支持服务以及所需的转介服务。同时，注重强化父母对儿童的监护主体责任，指导父母创设有利于儿童成长的家庭环境。

（六）深化家庭教育科学研究

14. 确立“十三五”重点研究课题。针对新时期家庭教育面临的新情况和新问题，确立“十三五”家庭教育重点研究课题，推动将家庭教育重点研究课题纳入国家和地方社会科学基金项目或哲学社会科学研究课题攻关项目。各级家庭教育学会（研究会）、教育学会家庭教育专业委员会、家庭教育指导中心等要加强对研究课题的跟踪指导和管理，提升研究质量和水平，形成一批高质量的研究成果。

15. 促进家庭教育学科体系建设。推动高校在相关专业开设家庭教育课程，将其作为终身教育的重要内容。有条件的高校设置家庭教育相关专业，进一步完善课程和教材体系，加快家庭教育学科建设。依托有基础的高等院校或研究机构等，建立家庭教育研究基地，开展家庭教育理论研究、监测评估和实践探索。

16. 注重家庭教育研究成果转化。逐步探索建立为家庭教育指导和决策服务的数据库平台，健全理论研究成果转化机制。依据《全国家庭教育指导大纲》，因地制宜，开发多种形式、适合不同年龄段儿童的家庭教育指导服务产品，建立和创新有地方特色、有群体适应性的家庭教育指导模式。

（七）加快家庭教育法制化建设

17. 推进家庭教育立法进程。全国层面，由全国妇联、教育部协同有关部门全面启动家庭教育法的研究工作，形成立法草案，推动立法进程。有条件的地方可先行先试，推动出台家庭教育地方性法规，为家庭教育事业发展提供法制保障。

18. 制定完善家庭教育政策措施。将家庭教育事业发展纳入国家和地方“十三五”经济社会发展规划、部门相关专项规划等，纳入经济社会发展整体布局。围绕家庭教育发展中的重点难点问题，有针对性地制定实施家庭教育政策措施，有效解决家庭教育面临的突出问题，推动家庭教育工作科学规范发展。

三、组织保障

（一）健全规划实施机制

建立健全由党委领导，政府负责，妇联、教育部门共同牵头，文明办、民政、文化、卫生计生、新闻出版广电、科协、关工委等部门共同参与的规划实施领导协调机制，做到定期沟通工作，研究解决突出问题，联合开展督导调研。县级以上妇联组织、教育部门要明确专人牵头负责推动规划实施。建立第三方评估等监测评估机制，对规划实施情况进行有效监测评估。

（二）落实部门职责任务

各地、各部门要按照规划的总体要求，因地制宜制定切实可行的家庭教育工作规划和实施方案。要进一步落实部门职责任务，文明办负责将家庭教育纳入群众性精神文明创建活动和未成年人思想道德建设工作测评体系，作为评选文明城市、文明村镇、文明单位、文明家庭、文明校园和未成年人思想道德建设工作先进城市、先进单位等重要内容，推进构建学校、家庭、社会协调互动的教育网络；教育部门负责与妇联、关工委等共同办好中小学、幼儿园、中等职业学校家长学校，推动高等学校加强家庭教育学科建设和科学研究；妇联、卫生计生、教育等部门负责推进 0—3 岁儿童早期家庭教育指导服务；文化、新闻出版广电部门负责推动公共文化机构积极开展家庭教育服务，开发相关公共文化服务产品；民政部门负责将完善家庭教育服务功能纳入城乡社区服务体系规划，与妇联、教育、卫生计生、关工委等共同做好城乡社区家庭教育指导服务工作，与妇联、教育等部门共同加强对家庭教育服务类社会组织的规范管理；中国科协负责协调推动各类科普教育基地开展家庭科普教育相关工作。

（三）加大财政投入力度

积极争取各级政府加大对家庭教育事业财政投入以及购买服务的力度，推动将家庭教育经费纳入地方财政预算或实施相关民生工程，保障家庭教育工作获得必需的财力支持。积极拓展经费来源渠道，鼓励和支持社会力量参与家庭教育工作，形成政府主导、社会力量支持补充的家庭教育财政保障机制。

（四）加强工作示范引导

采取多种形式，及时总结推广地方和部门实施规划和指导推进家庭教育的典型经验，将家庭教育优秀典型纳入“最美家庭”“五好家庭”“文明家庭”等激励表彰范畴，充分发挥引领和辐射带动作用，推动规划全面落实。

推行家庭教育办法

1940 年 9 月 28 日

部令三二〇四六号公布

第一条　各级教育行政机关应督导各级学校、社会教育机关及文化团体、妇女团体，按照本办法之规定，积极推行家庭教育。

第二条　各省市教育厅局应于主管社会教育之科股，指定职员一人，办理家庭教育行政事宜。

第三条　各县市政府应组织家庭教育委员会，主持全县市家庭教育计划及推行事宜。其办法另订之。

第四条　各县市所属区署乡镇公所及保办公处，应分别责成教育指导员、文化股主任及文化干事等，依照本办法之规定，协同当地教育机关团体，推行家庭教育。

第五条　各级学校推行家庭教育，均由各该校社会教育推行委员会主持办理之。但女子学校及女生数超过学生总数半数以上之学校，得组织家庭教育委员会，主持各该校所在地家庭教育推行事宜。其办法另订之。

第六条　各级社会教育机关推行家庭教育，均由办理教导工作部分主持之。

第七条　各级学校及社会教育机关推行家庭教育，全体教职员及学生均应参加，并得以女教职员为主办人员。男教职员眷属曾受相当教育者，得邀请参加家庭教育推行工作。

第八条　中等以下学校及社会教育机关推行家庭教育，以举办家庭教育（讲习）班为主要工作，其详细办法另订之。

第九条　全国专科以上学校，除各师范学院及设有教育学系之大学或独立学院应办理左列（下列）事项两种以上外，其他各院校应就性质所近就左列（下列）事项酌量办理：

一、家庭教育公开讲演；

二、家庭教育通讯研究；

三、家庭技术之指导；

四、家庭指导人员之训练；

五、家庭教育问题之研究；

六、家庭教育图书杂志之编译；

七、其他。

第十条　全国中等学校，除必须举办家庭教育班外，应各就性质所近，办理左列（下列）事项两种以上：

一、恳亲会；

二、家庭教育讲习会；

三、家事公开讲演；

四、儿童健康比赛；

五、各项家事比赛；

六、儿童教育指导；

七、育婴指导；

八、家庭医药卫生指导；

九、家政管理指导；

十、家庭副业指导；

十一、家庭实行新生活指导；

十二、家庭教育通讯研究；

十三、其他。

第十一条　全国国民学校、中心学校、小学幼稚园及民众学校除必须举办家庭教育班外，应各就学校班级数及教职员数之多寡，斟酌办理左列（下列）事项两种以上：

一、学生家庭访问；

二、恳亲会；

三、特约模范家庭；

四、主妇会；

五、各项家事比赛（如家庭整洁、烹调、缝刺等比赛）；

六、儿童教育指南；

七、育婴指导；

八、家庭医药卫生指导；

九、家政管理指导；

十、子女婚姻指导；

十一、礼俗改良指导；

十二、家庭消费合作指导；

十三、家庭副业指导；

十四、家庭实行新生活指导；

十五、其他。

第十二条　各级女子学校及女生超过学生总数半数以上之学校，除应遵照第九、第十、第十一各条分别办理家庭教育外，并应秉承或协助当地教育行政机关，负设计推动所在地家庭教育之责。

第十三条　全国民众教育馆应一律以推行家庭教育为主要工作。除必须举办家庭教育班外，省市立民众教育馆应按照第十条所列各事项办理四种以上，县市立民众教育馆应按照第十一条所列各事项办理三种以上。

其他各社会教育机关，均应各就所长，推行家庭教育。除必须举办家庭教育班外，省市立社会教育机关，应比照第十条所列各事项办理三种以上，县市立社会教育机关应比照第十一条所列各事项办理二种以上。

第十四条　各级学校及社会教育机关，于每年度开始时，应将家庭教育推行计划，于兼办社会教育计划，或本学校机关工作进行计划内，专项列报主管教育行政机关核准施行（各级学校以学年度为准，社会教育机关以历年度为准，以下同此）。

第十五条　各级学校及社会教育机关推行家庭教育所需经费应于各该学校机关经费内动支，不足之数，得呈请主管教育行政机关酌予补助。

第十六条　各级教育视察人员于视察各级学校及社会教育机关时，对于家庭教育推行情形，应随时予以指导及考核。

第十七条　各级学校及社会教育机关，于每年度终了时，应将本年度内推行家庭教育情形，编制报告，或并于兼办社会教育或本学校机关工作总报告内，呈报主管教育行政机关备案。

第十八条　各地方文化团体、妇女团体推行家庭教育应参照本办法之规定，商承各县市家庭教育委员会单独办理各项工作或参加各级学校及社会教育机关协同工作。

第十九条　本办法自公布日施行。

家庭教育讲习班暂行办法

1941 年 5 月 28 日

部令二〇五三七号公布

（一）本办法根据《推行家庭教育办法》第八条之规定订定之。

（二）中等以下学校、社会教育机关及各文化团体、妇女团体推行家庭教育，应以举办家庭教育讲习班为主要工作。

（三）家庭教育讲习班以训练妇女、推行家庭良好教育，激发民族意识，灌输家事常识，改善家政管理，促进社会进步为宗旨。

（四）家庭教育讲习班之举办，其主持人员规定如下：

一、各学校：由家庭教育委员会主持之，其未组设此项委员会者，由本校社会教育推行委员会主持之，因规模甚小，未设置上述两委员会者，由校长主持之。

二、各社会教育机关，由办理教导工作部分主持之。

三、各文化及妇女团体，由有机关教育或训练部分主持之。

（五）各学校、机关、团体举办家庭教育讲习班时，由主持人员指定一部分教职员、学生办理之，但女教职员及学生应全数参加或轮流工作，男教职员眷属得邀请担任家庭教育讲习班各项工作。

（六）凡负管理家务及教养儿童责任之妇女，均应加入附近学校、机关、团体所设之家庭教育讲习班，在校学生之母姊及教职员之家属，均须首先加入，以资倡导。

（七）家庭教育讲习班之教学时间及方式如左（下）：

一、各学校：每星期日举行集合教学一次，每次以二小时为度，寒暑假期内如有学生留校，每星期举行集合教学一次或两次，其时间由各校自定之。其他假日须举行讲演、讨论、展览或娱乐等活动。

二、各社会教育机关：每星期举行集合教学至少两次，其日期及时间自行订定，每次以二小时为度。遇有纪念节日集合举行各种临时活动。

三、各文化及妇女团体：每星期至少集合教学一次，每次以二小时为度，其日期及时间自行订定。

（八）家庭教育讲习班集合教学时，以讲习讨论为主，其教材可采用部编家庭教材，各省市教育行政机关得编印地方性补充教材，分发应用，但应呈报教育部备案。

（九）家庭教育讲习班得视班数及学生数之多少，酌设主任一人及教导事务等职员数人，由主办学校、机关、团体酌聘之。

（十）参加家庭教育讲习班之学生，如具有相当教育程度或擅长家事者，得实施互教制，指定担任教学及指导等事宜。

（十一）家庭教育讲习班之办理，应利用原有学校、机关、团体之房舍及设备。

（十二）家庭教育讲习班之经费，由原有学校、机关、团体支给之，并须列入预算。各县市教育行政机关得斟酌地方经费状况，专案列支家庭教育经费，以便择优补助。

（十三）家庭教育讲习班之修业期限，定为六个月至一年，以部编家庭教材讲授完毕为度。期满考查成绩及格者，由县市教育行政机关发给证明书。

（十四）家庭教育讲习班每届结业后，其学生应即组设或加入当地妇女会。

（十五）教育行政机关以各学校及各社会教育机关办理家庭教育讲习班之成绩，列入考绩，其办法另订之。

家庭教育实验区设施计划要点

（一）设区目的　教育部为试验实施家庭教育有方法，以谋推行尽利起见，特设立家庭教育实验区（以下简称为本区）。

（二）设区地点　家庭教育实验区暂开办两区，其地点为四川省江津县属白沙镇及四川省嘉陵江三峡实验区属北碚镇两处。其详细之区域划分，由承办机关勘定之并呈报教育部备案。

（三）承办机关　本区一切进行事宜，由教育部指定国立女子师范学院及国立重庆师范学校分别规划办理之。

（四）实验期限　本区实验期限暂定为三年，但得酌予缩短或延长之。

（五）组织　国立女子师范学院及国立重庆师范学校应遵照教育部颁布之推行家庭教育办法第五条之规定，各组织家庭教育委员会，办理本区一切事宜。

前项委员会，以左列（下列）人员为委员组成之：

（1）院长（或校长）；

（2）训导主任；

（3）家庭教育委员会秘书；

（4）担任教育学科之教员一人或二人；

（5）当地县政府及区公所代表各一人；

（6）当地有关学校、团体、机关代表及其他热心家庭教育人士若干人。

前项委员均由院长（或校长）拟定，呈报教育部核准后聘任之。

前项委员会，设正副主席各一人，正主席由院长（或校长）担任，副主席由全体委员公推之。

前项委员会，设秘书一人，干事及助手各若干人，由院长（或校长）酌聘之。

（六）工作人员　本区之工作，凡国立女子师范学院及国立重庆师范学校之有关教职员均应参加，由院长（或校长）指定之。各该院校之学生，一律以推行家庭教育作为办理社会教育及从事社会服务之主要工作，而女子师范学院之家政学系、教育学系学生，更应全体参加，其详细办法由各该家庭教育委员会定之。

（七）实验目标　本区实验目标，兹就政治、经济、教育、卫生等方面分别要项如下：

甲、政治方面

(1) 能了解并信仰三民主义。

(2) 具有国家观念及参加政治的兴趣与习惯。

(3) 具有抗战必胜、建国必成的信念。

(4) 具有注意时事的习惯。

(5) 具有守法及服从纪律的习惯。

(6) 具有使用直接民权的能力。

(7) 能积极参与地方自治活动及各种民众组织。

(8) 能实行新生活。

(9) 能按时参加国民月会，实行国民精神总动员。

乙、经济方面

(1) 能有节俭储蓄的良好习惯。

(2) 能选择正当的职业，并具有乐业的精神。

(3) 能编制家庭预算，量入为出。

(4) 能制备家庭簿记，作简明日用的计算。

(5) 能利用空间，经营有益之家庭副业。

(6) 能实行合理的经济的婚丧礼节。

(7) 能一致参加或提倡组织消费生产等合作社。

(8) 能具有改善衣食住行的能力。

丙、教育方面

(1) 幼稚园、托儿所设立完成，学龄前儿童全部受有相当的教育。

(2) 国民学校中心学校设立普通学龄儿童及失学成年男女全部入学。

(3) 全体居户均有担当的家庭教育设备。

(4) 成立各种读书研究会社，民众均具有进修补习的机会。

(5) 设置各种社会教育机关，推行社会教育，促进社会进步。

(6) 破除鬼神迷信，普及科学知识。

丁、卫生方面

(1) 能信从正式医生，革除疾病迷信。

(2) 能预防传染疾病，施行预防接种。

(3) 具有普通医药常识，设置家庭简易药箱。

(4) 具有家庭看护及急救的常识和技能。

(5) 能注重居住、衣服、饮食卫生，如改良厕所，人畜隔离，注意采光通气，防除蚊蝇、老鼠，注重食物清洁，饮水清洁及勤于沐浴更衣等。

(6) 能按期实行健康检查。

(7) 能踊跃参与各项体育游艺活动。

(8) 革除早婚、迟婚、缠足等恶习。

(9) 能注意妊妇卫生，采用新法接生。

(10) 能实施婴儿及学龄前儿童卫生。

(八) 设施方法　本区之事业设施，应注意下列各点：

(1) 推行之始，应集合参加工作之学生，于课外给予集中或个别之训练，与以必要之智识及技能之补充。

(2) 指导学生举行家庭访问及社会调查，借以明了当地居户家庭之实际状况，及政治、经济、教育、卫生与娱乐等环境情形。

(3) 根据社会调查之统计结果，将当地一般家庭，按其性质，分若干类：如佃农家庭，自耕农家庭，地主家庭，工人家庭，劳动者家庭，商人家庭，教育者家庭，公务员家庭，抗属家庭等，每种家庭中择其与理想家庭标准比较符合者二三家，作为模范家庭，借作施教对象之中心。其标准由各该院校拟定，经报教育部核定后施行。

(4) 本区应尽量利用各种有效的教育工具及方法，以推行家庭教育，如公演话剧，放映电影幻灯，收听教育播音，举行歌咏演奏，及各种展览与比赛等，均宜分别定期举办。

(5) 本区工作之进行，应尽量与有关机关、团体、学校联络合作，其须新设中心学校、国民学校及社会教育机关者，得商请地方政府分期设立之。

(6) 本区工作之进行，应以办理家庭教育班为主要工作，务须普及于全区。

（7）本区推行家庭教育时，对于本区政治、经济、教育、卫生及娱乐环境之设计改善，及全体民众之组织与训练应积极协助当地主管行政机关进行。

（8）参加工作之学生，应各认定负责推行之家庭若干家，并须定期比赛，至每期结束时，由家庭教育委员会逐项至各户考查，以为评定各负责指导学生成绩之依据。

（9）本区工作开始时，应统盘筹划，将全部实验工作订定分期进度，呈经教育部核定后施行。

（10）本区于每年度开始前应依照分期工作进度，拟具本年度详细工作计划，呈报教育部备案。

（九）经费　本区所需开办费，得向国立女子师范学校及国立重庆师范学校分别拟具预算，呈报教育部核拨之，经常费应由各该院校拟具支付预算，呈报教育部核定后于各该院校经常费内匀支，如有不足得呈经教育部核准，酌予补助。

（十）奖惩　凡参与推行家庭教育之学生，均按其工作之勤惰与成绩之优劣，每年由承办机关严加考核，报经教育部核准后，分别奖惩之。

（十一）附则　国立女子师范学院及国立重庆师范学校经教育部指定承办家庭教育实验区后，其遵章应办之其他社会教育及战时后方服务等事项，得酌予减免其全部或一部。

第一版后记

我的《家庭教育学》一书就要问世了，我由衷地感到欣慰，尽管它还有许多不尽如人意之处，但它是我十多年辛勤劳动的成果，是汗水的结晶。

我于1965年从北京师范大学教育系学校教育专业毕业，分配到北师大附中，先后做过班主任、少先队总辅导员、团委书记、党总支副书记。15年以后的1980年，我又回到北师大，在教育科学研究所专门从事家庭教育理论研究，至今已有十多年的时间。

当我选定家庭教育这个科研方向时，社会上的家庭教育已经开始“热”了起来，而这个学科的研究，在国内却是一片空白。开垦这样一块处女地，困难重重。我一没有科研经费，二没有助手，三没有导师指点。但我没有向困难低头，因为社会的需要给了我极大的勇气和动力。

在这十多年当中，我先后发表了300多篇家庭教育方面的文章，约有60万字；到20多个省自治区、直辖市做了近300场家庭教育学术报告；出版了家庭教育专著15部，约有300万字；在1986年，我首次在我国高等学校开设了家庭教育学课，并于1992年首次招收了我国家庭教育学的硕士研究生。我的《家庭教育学》一书就是在这样科研和教学的基础上撰写出来的。

我从事家庭教育科学研究，坚持了以下几个结合：一是基础理论研究和应用研究相结合，二是家庭教育现实问题研究和家庭教育历史研究相结合，三是家庭教育的宏观研究和微观研究相结合，四是家庭教育科学研究和教学相结合，五是家庭教育理论研究和科学普及相结合，六是对我国家庭教育的研究和国外家庭教育研究相结合。

我希望这部书能成为广大家长的良师益友，成为家庭教育工作指导者、教学科研人员的参考书。

这部书的出版，得益于人民教育出版社的大力支持和鼎力相助，对此，我由衷地表示感谢。著名教育家、中国教育学会副会长顾明远教授极为关心本书的撰写和出版，并写了热情洋溢的序言；中国书法家协会主席、北京师范大学博士生导师启功先生拨冗为拙著题签，不胜铭感，谨致谢忱。

赵忠心

1993年2月

于北京师范大学

第三版后记

我的这部《家庭教育学》是1994年7月在人民教育出版社出版的第一版，2001年印行第二版。

前些年，人教社就提出，希望我对本书进行必要的修改，印行第三版。

这部书已经发行了二十多年了，受到广大读者的欢迎。从初版至今，已累计印刷20多次，累计印数达20多万册，是同类高等学校教材中发行量最大的，是新中国成立以后家庭教育领域唯一的“常销书”。

社会在不断地向前发展。特别是改革开放的时代，社会发展迅速，可以说是日新月异，新事物、新思想层出不穷。市场经济社会就是知识经济社会。社会的竞争，从本质上说，就是文化知识素养的竞争。为适应社会发展的需要，人们越来越重视读书学习，以提高自己的文化素养。在家庭教育领域，不仅开设家庭教育学课程的高等学校越来越多，中小学、幼儿园担负家庭教育指导责任的教师和社会上从事家庭教育指导工作的人员，也越来越重视加强家庭教育基础理论的学习和修养。鉴于这日益高涨的需求，很有必要对本书中已经过时的部分内容进行修改、调整，增添一些新的内容，以使《家庭教育学》一书以崭新的面貌展示在读者面前。

我很理解人教社的希望和要求。我也有这个想法。

但时过境迁，物是人非。当年，撰写这部书的时候，是我五十岁前后，年富力强。时至今日，我已年逾古稀，精力衰退，心有余而力不足了。我没有勇气接这个活儿了。就一直拖着，拖着……

没想到，人教社知道我的难处，委托张镕涵和冯卫斌同志负责本书的修改和编辑。我非常感激人教社，感激责任编辑。由衷地感谢！

修改、编辑图书，这是一件十分繁杂的事，也是非常辛苦的事。通过这次审核、修改，我对编辑工作有了深切的体会。几十万字的书，四百多页，得一字字、一句句、一行行、一段段、一页页地审核。不能一目十行，走马观花，看个大概可不成，你得“下马看花”。不仅需要细心，还需要有耐心、静心，要沉下心来，要坐得住，屏得住呼吸，心平气和；心浮气躁、草草了事不行。

我的《家庭教育学》一书是教育部指定的高等学校文科教材，是高校学生阅读、学习的范本，不仅内容要科学、可靠、可信，形式也要严密、严谨，就是标点使用、遣词造句也必须规范。作为学术著作，免不了要引用前人的资料。行文中引用别人的话语或资料，必须注明作者、出处。这体现了对原作者的尊重。我这部书引用资料的出处，都是二十三年以前的版本，责任编辑都帮我更换成了最近的版本。这是个很大的工程，编辑为我的书付出了多少辛劳、汗水，我最清楚。

我深深体会到，编辑工作不仅是辛苦的，也是很有学问的。我虽然写过很多的书和文章，但有很多的编辑知识，还是若明若暗，一知半解，自愧不如。特别使我感动的是，编辑是“为他人做嫁衣”。但我的书的责任编辑，却像是在给自己做事那样的认真负责，一丝不苟；像是送女儿出嫁那样，细细端详，精心打扮，努力做到尽善尽美，不留遗憾。面对人教社编辑精益求精、认真负责的精神，我不禁肃然起敬！

孔子说：“三人行，必有我师焉。择其善者而从之，其不善者而改之。”应该虚心向一切有长处的人学习。《礼记》中说：“能博喻，然后能为师。”就是说，能者为师。出版社的编辑是编辑方面的专家，就是我的老师。

在这次修改、编辑的过程中，我不仅从人教社编辑身上学到了认真负责的工作态度、严谨的工作作风和高度的职业修养，也学到了很多知识，增长了许多见识。真是学无止境啊！

再次感谢出版社的领导，感谢本书的责任编辑！同时也希望读者对《家庭教育学》一书继续提出宝贵意见。

赵忠心

2017 年 9 月 10 日